公共哲学

罗尔斯与哈贝马斯对话

董礼　著

中国社会科学出版社

图书在版编目(CIP)数据

公共哲学：罗尔斯与哈贝马斯对话/董礼著.—北京：中国社会科学出版社，2023.3

ISBN 978-7-5227-1077-8

Ⅰ.①公… Ⅱ.①董… Ⅲ.①社会哲学—研究 Ⅳ.①B0

中国版本图书馆CIP数据核字(2022)第231792号

出版人 赵剑英
策划编辑 孙萍
责任编辑 彭丽
责任校对 闫萃
责任印制 王超

出　　版 中国社会科学出版社
社　　址 北京鼓楼西大街甲158号
邮　　编 100720
网　　址 http://www.csspw.cn
发行部 010-84083685
门市部 010-84029450
经　　销 新华书店及其他书店

印　　刷 北京明恒达印务有限公司
装　　订 廊坊市广阳区广增装订厂
版　　次 2023年3月第1版
印　　次 2023年3月第1次印刷

开　　本 710×1000 1/16
印　　张 25
插　　页 2
字　　数 360千字
定　　价 139.00元

凡购买中国社会科学出版社图书，如有质量问题请与本社营销中心联系调换
电话：010-84083683

版权所有 侵权必究

目　　录

导　论

基于第二次世界大战和战后遗留问题不同处理的共同政治经历而展开的公共思考，罗尔斯与哈贝马斯的美国和德国解释具有一种隐性的对话性质。就罗尔斯与哈贝马斯参与两国当时公共政治实践的经历来看，确实存在不同的进路，也导致了相异的旨趣。罗尔斯的父母对政治均有浓厚兴趣，罗尔斯大学毕业后被派往太平洋战区服役两年。他的基督教信仰也因为太平洋战争而变得荡然无存，越南战争使罗尔斯从一开始就相信这是一场非正义的战争。罗尔斯主要思考两个问题：是什么样的原因造成了这场充满残暴的不义之战，以及公民如何反对这场战争。对这些问题思考的结果就是《正义论》，《政治自由主义》则着重讨论正义观在民主社会的公民生活中扮演何种角色。哈贝马斯出身于新教氛围浓厚的家庭，在纳粹时期度过了童年和少年时期，未遭受过种族和政治迫害，也未经历过流亡命运。第二次世界大战后初期的经历，尤其是年轻的联邦共和国统治集团对罪恶的纳粹政权遗留问题的处理方式，以及德国民主生活方式建构过程中暴露的缺憾，使得哈贝马斯成为政治人。尽管哈贝马斯对社会和政治环境保持批判距离，但他始终视自己为社会政治事件的积极参与者。哈贝马斯并没有躺在批判理论的遗产上，而是实现了批判理论的转型，使其社会理论转向交往理论。以语言的实践理性潜能为出发点，以对自由互认的对称关系预期的主体间性为落脚点，阐述了一种现代意义上的人文主义。哈贝马斯始终思考个人与社会的关系，凸显了哲学家与公共知识分子之间的相互关系及其作用。罗尔斯始终关注的问题是，一个正义的社会制度安排是如何可能？人的生活是否以及在何种程度上是可以改善的？

在两者的人生经历和论述之间，确实有章可循。如果从二者对政治问题的不同解释切入，我们就会发现构成二者之间差异的难题主要是对公共性问题的阐释难题。正是这一难题，构成了罗尔斯与哈贝马斯对公共哲学的不同立场、制度安排以及结果阐释。罗尔斯的建构主义和哈贝马斯的重构主义，其实都不能很好地解释清楚公共性问题的难题——如何有效处理公私关系。因为他们都受到各自哲学传统，以及不同国家现实的影响，都将一种哲学理想与现实生活直接联系起来，构成了一种二元结构。二者都看到了现实政治中理想的重要性，对于一个理想世界的可实现性的合理理念，能够让我们与这个世界和谐共处。在现代性语境中，要想处理好公私之间的公共性问题，必须要以健全的公共社会为基础寻找出路。于是，有效性才能进入公共性问题的思考语境。就此而言，罗尔斯与哈贝马斯之间的公共哲学解释尽管多有差异，但他们的解释效度还是有些不能令人满意的地方。所以，我们可以从综合二者对公共性问题的解释中引申出关于公共哲学的一般性思考，以及公共社会对民主立宪制度的有效性问题。

隶属英美分析哲学与欧洲大陆哲学的罗尔斯与哈贝马斯都是当代伟大的哲学家，当然，这种伟大还体现在大家对二者研究的学术兴趣。20 世纪英美“分析”与欧洲“大陆”哲学的划分延缓了两种实践理论的相遇，而罗尔斯与哈贝马斯的对话让这种相遇变成现实。美国的李普曼 1956 年提出公共哲学问题，欧美公共哲学研究逐渐发展起来。本书以西方学术经验为研究背景，以罗尔斯与哈贝马斯的公共哲学对话为讨论对象，将公共生活的不同层面与公共哲学理论的不同构成作为审视公共话题的前提，以一种综合的视角关注公共性问题。本书以罗尔斯与哈贝马斯为研究对象，属于比较哲学研究的范畴，紧扣二者对话的文本并指出深层次的哲学问题（即公共哲学）以及思考问题的方式，对二者“对话”的可能性进行逻辑分析，尝试提出一种“综合的”公共哲学。

公共哲学有其自身必须深入系统解决的问题域，这一问题域由基本问题与围绕基本问题而需要连带论证的重大问题组成。公共哲学的基本问题有：对于健全的公共社会而言，公民的成员之间获得认同的基础是什么。就罗尔斯与哈贝马斯而言，这一问题又包含一系列问题：一是公共性问题，即公共哲学的主题；二是针对相同的问题，比较公共哲学的不同证成；三是分析共性和差异，得出一种综合的公共哲学的可能路径。本书一共分为六章。

第一章主要讨论罗尔斯与哈贝马斯对话何以可能。从发生学上看，二者出自康德传统。无论是罗尔斯的正义论，还是哈贝马斯的商谈伦理学，都带有康德哲学的影子。从地域属性看，二者分别代表英美与欧陆哲学。罗尔斯具有深厚的英美分析哲学根基，但他超越了分析哲学提出了一个新自由主义的政治哲学体系。哈贝马斯是欧洲大陆哲学的杰出代表及其思想支配者，他博采众长，采用英美分析哲学来改造法兰克福学派的批判理论。从形式上看，二者对话具有针对性。罗尔斯与哈贝马斯直接对话是《哲学杂志》1995 年公开发表的两篇文章，以至讨论深远。从内容上看，二者论争存在共同点。罗尔斯与哈贝马斯之间存在诸多共同之处：二者都接受理性多元论的事实，都承认正当与善，都同意正当对善的优先性，都认为正当对善的优先性具有功能性等。但共同点并不能抹杀他们之间的巨大差异。认同差异并不掩盖对话可能性，这种可能性在于共同的深层哲学问题——公共哲学。对公共哲学的一般理解，主要澄清公共哲学的来源、公共哲学的基本理论、公共哲学的研究范式等。公共哲学的首要困难是如何确立自己的主题和范围。公共哲学之所以“公共”，基于公共社会并有其自身的理论特质。公共哲学主要探讨公共领域的哲学问题，包括一些政治哲学，以及法律哲学和公共道德问题。公共哲学对罗尔斯与哈贝马斯分别指严格的政治哲学与社会批判理论，他们对话是公共哲学的内在要求。最后对罗尔斯与哈贝马斯对话的文本进行分析和梳理，并指出二者在何种意义上是对话而非论争。

第二章主要澄清公共哲学的主题。公共哲学建立在公共性问题的基础之上，主题关乎公共理性及其运用。对公共性问题溯源，分析公共性与公共理性的关系，澄清公共性问题何以成为公共哲学的主题。在罗尔斯与哈贝马斯的对话中，公共性问题主要是指理性的公共使用，在罗尔斯的哲学中是公共理性，在哈贝马斯的哲学中则是交往理性。文化多元化与世界化构造了公共的生活世界，公共哲学对现代社会的良序构建与发展具有重要作用。从社会角度，以哲学的方式研究公共性问题，成了公共哲学题中应有之义。从哲学层面审视公共性问题与公共社会的关系及其内涵，对于实践理性哲学意义重大。区分“健全的公共社会”与“不健全的公共社会”，以此深度回应公共性问题并探寻公共生活的合理性根基。罗尔斯的社会理论依靠两个正义原则实现一种良序社会，哈贝马斯的社会理论则依靠的是交往和商谈，二者都是建立和维持公共社会完整性的基础。罗尔斯与哈贝马斯关于公共社会的讨论，共同回答了良好的社会秩序是如何可能的，都在不同程度上回应了公共性问题，并探寻了公共生活的合理性根基。健全的公共社会之公共生活诉诸公共领域的“公共性”，罗尔斯的“公共理性”与哈贝马斯的“交往理性”将公共哲学的主题确定在现代社会的理性及其公共运用范围内，凸显公共哲学作为人类社会文明和公共生活智慧的特征，使其获得自律的理论品格。罗尔斯与哈贝马斯的核心立场是他们各自对理性公共运用的合法性分析，显示了他们从不同的路径来对待实践理性问题。

第三章主要分析公共商谈的代表设置问题。正视文化多元化的社会事实，意味着放弃对某种单一化普遍理性的追求。健全的公共社会需要正视多元论的社会，同时又要处理好与普遍性问题的关系，以此回应公共性问题对公共哲学的实质。就公共哲学的实质与核心问题而言，当代公共哲学是对全球多元主体差异化交往问题（即公共性问题）的解答。这种主体交往朝向一种公共商谈的实践，公共社会的公共商谈实践诉诸公共商谈理想，即代表设置问题。在顺畅的交流中，对话者提出的有效性主张一般能够得到主体间的认可。罗尔斯的政治自由主义采用“原初状态”的证明，哈贝马斯完备性的普遍主义的社会政治哲学则依靠“理想的辩谈情境”。两种不同的代表设置具有不同的目的和作用，论证和意图也明显不同。在公共生活领域，语言的公共性取决于其语用学意义上的普遍客观性，哈贝马斯关于沟通对话之“理想语言”的语用学探讨是有意义的。哈贝马斯对语言分析方法能在言语行为中作为理性基础，哈贝马斯把这种新方法运用到社会的本质和社会秩序可能性的探究。人们在根本的政治问题上产生道德分歧时，应该在怎样从道德中调节政治行为上取得共识，哈贝马斯的这样一种公共哲学比罗尔斯的理论更具完备性。

第四章主要诠释公共商谈与共识问题。公共理性成为普遍理性，并不依靠理想假设或外在权威，而要通过公共对话在相互沟通基础上达成共享性理解。公共商谈中的公共理性为某些问题的讨论提出一个指引。公共理性是以公民身份建立的一种政治共同体的共同理性，这种公共理性的理想能够推导出一种普遍的规范性标准。在公共慎思中达成共识，必须依赖于一种不偏不倚的理念来引导，这就给理性增添了一种共识的力量。一种与对话和交往密切相关的公共理性观念，在处理有关道德和认知冲突时可能更富有成效，公共商谈是达成共识的有效途径。罗尔斯与哈贝马斯都认可在多元社会寻求共识，罗尔斯的“公共理性”通过文化多元论前提下合乎理性的“重叠共识”达成基本政治原则，这种共识较弱；哈贝马斯倾向于“交往理性”通过复杂的社会观念和实践批判，进行多元文化和各种理性之间的对话，形成商谈伦理学所必需的语言、语境和言述之语用学与语言学条件的“商谈共识”，这种共识较强。现代语境中，多元性共识则要求，即使存在持续的分歧，也应该在公共慎思中保持持续性合作。健全的公共社会要求达成较强意义上的共识，这种共识更倾向于哈贝马斯的商谈共识。

第五章主要探讨政治正义的公共哲学诠释。公共理性基于健全的公共社会之生活事实和文化背景，以小限度普遍化论证方式求得，公共哲学循着公共性问题的论证方式对正义作最低限度诠释。在现代多元主义背景下，民主社会的公民如何对公共事务展开讨论，是健全公共社会所要面临的主要问题。哈贝马斯注重程序正义，罗尔斯也看重程序正义但并不否定实质正义。罗尔斯和哈贝马斯对“正义”的不同理解显示，罗尔斯关注的是社会正义的原则，基本社会制度既在这个原则框架内分配权利和义务，又调节社会合作利益和负担分配。哈贝马斯试图将平等权利的哲学问题与分配正义的政治问题分开。罗尔斯的建构主义是实质中的程序，哈贝马斯的重构主义是程序中的实质。罗尔斯与哈贝马斯的共同点在于以康德理论和自主的正义观念出发，形成了公共正义的自主观念。罗尔斯的非形而上学与哈贝马斯的后形而上学在道德上提供了道德证成，反映了道德原则在政治正义观念之间的区别。古代人的自由与现代人的自由、现代社会个体自由与公共秩序，本质上反映了公共自主与私人自主的关系。从罗尔斯和哈贝马斯之间的争论中形成一个综合的超越性的理论选择。罗尔斯的正义倾向于实质诊断、先验性观点、直觉认识，哈贝马斯坚持正义的形式性、历史性和变动性，分别走向正义的确定论和不确定论，公共哲学的政治正义是健全的公共社会的最低限度要求。

第六章主要提出一种综合的公共哲学解析。朝向公共的政治正义，构建综合的公共哲学，是当代公共哲学的理性选择。如何在一般公共哲学意义上理解罗尔斯与哈贝马斯的公共哲学对话，是我们需要面对的基本问题。综合的公共哲学建构，政治正义是最小限度。虽然都关心世界主义的构建，但罗尔斯与哈贝马斯世界视域中的公共哲学构建呈现不同特色。构建当代公共哲学，阐释其理论限度、言说方式和解释方法等。公共哲学的理论限度包含两个方面的意思，一是公共哲学的主题和空间，也就是公共哲学是什么的问题；二是公共哲学在什么样的层面上能够发生作用。公共哲学有一种跨学说交流的倾向，哈贝马斯是这个方面的典范。哈贝马斯在讨论问题的同时尽量缩小二者之间的差异，罗尔斯在讨论问题的同时逐渐凸显了自己的理论特质。讨论罗尔斯与哈贝马斯之间的公共哲学对话，就是要以一种综合性的视角超越二者之间的差异。唯其如此，才能有助于我们深入理解当代哲学问题及其公共哲学建构。

无疑，上述问题是根据罗尔斯与哈贝马斯对话的文本以及一般公共哲学的内涵所做出的界分。只有在澄清了上述问题的基础上，公共哲学的理论内涵才能相对清晰地呈现出来，也才能进一步探讨与公共哲学相关的其他问题。如若不然，谈论公共哲学越多，公共哲学越是隐而不显。通过分析罗尔斯与哈贝马斯对公共哲学的不同理解，揭示两者进行对话的潜在可能性，尝试构建一种新型的、综合性的公共哲学形态，对当前中国公共哲学的研究将是重要补充。

第一章　罗尔斯与哈贝马斯对话何以可能

1995 年，美国《哲学杂志》（*The Journal of Philosophy*）刊登哈贝马斯评论罗尔斯政治自由主义以及罗尔斯回应的两篇长文，[①] 揭开了罗尔斯与哈贝马斯这两位世纪学人之间对话的盖子。事实上，哈贝马斯较早讨论过罗尔斯，从开创性著作《道德意识与交往行为》到《证明和应用》《交往行为理论》和《在事实与规范之间》均有述及，直到罗尔斯《政治自由主义》的出版才使得对话逐渐变得清晰起来。他们的公开对话是以《哲学杂志》刊登两位的文章这种形式出现的，哈贝马斯对罗尔斯的进一步回应则是《包容他者》发表。历史地看，罗尔斯与哈贝马斯的对话具有某种随机性，这种说法实际上暴露了二者对话的历时性因素。应当说，两者对话具有一定的问题针对性，这种看法说明二者对话带有共时性因素。基于这样的思考，我们应该在梳理相关文本的基础上追问他们进行对话的积极因素。本书不是对一般公共哲学的分析，而是立足罗尔斯与哈贝马斯对话的文本，试图探寻二者对话的公共哲学内涵。

---

① 这两篇论文是：Jürgen Habermas，“Reconciliation through the Public Use of Reason：Remarks on John Rawls's Political Liberalism”，*The Journal of Philosophy*，Vol. 92，No. 3（Mar.，1995），pp. 109－131；John Rawls，“Political Liberalism：Reply to Habermas”，*The Journal of Philosophy*，Vol. 92，No. 3（Mar.，1995），pp. 132－180. 需要说明的是，文中多次引用这两篇文章，罗尔斯的文章参考万俊人《政治自由主义》的译文，哈贝马斯的论文参考曹卫东《包容他者》的译文。

一　康德：哲学发生学基础

哲学发生学是研究哲学如何产生、如何发展的学问。从思想来源上看，无论是罗尔斯的正义论，还是哈贝马斯的商谈伦理学，都带有康德哲学的影子。沿着这种思路，康德似乎是一个绕不过去的哲学家。作为德国哲学家，哈贝马斯自然从康德那里吸取了重要思想。当然，康德哲学更是罗尔斯正义论的直接理论来源。

1. 罗尔斯与康德

罗尔斯注重对杰出前辈的吸收，博采众长，将他们的思想纳入自己的理论。罗尔斯对前人的思想借鉴，大多是通过将作者的思想纳入其写作的语境。在这些前辈中，处于首要位置的就是康德。无论是写作还是讲座，罗尔斯都多次提到康德。事实上，罗尔斯一直在思考他的理论与康德的理论之间的关系。对于康德，罗尔斯不仅仅是学习和借鉴，康德的《道德形而上学原理》和《实践理性批判》等道德哲学著作甚至决定了罗尔斯的研究方案。总体看来，罗尔斯的正义论与康德哲学具有紧密联系。罗尔斯的《正义论》凸显了康德哲学的重要地位，称“作为公平的正义”是高度康德式的。然而康德哲学具有浓厚的先验主义色彩，这使得康德的政治哲学带有乌托邦色彩。罗尔斯曾把自己的理论称为关于正义的“康德主义解释”，他继承了康德的许多概念和方法，这使得他的理论带有浓厚的康德主义色彩。但由于罗尔斯对康德的理论进行了限制和修改性解释，又使得他的理论与康德哲学有许多内在差别。虽然罗尔斯试图避免康德哲学的先验论，但其正义论自身仍带有理论缺陷。或许，这也是罗尔斯正义论成为空中楼阁的原因之一。

在《正义论》第40节，罗尔斯提出了正义理论的“康德式”解释，这是他第一次阐述跟康德的关系。罗尔斯的思路是这样的：原初状态中各派的慎思与善良意志个人的慎思一致，后者以康德绝对命令来检测自己的行为。当然，这并不是一种严格的一致性。罗尔斯试图按照康德的方式表达理性个人如何做出道德决定，他“始于这样的想法，即道德原则是理性选择的目标”[①]。“对原初状态的描述类似于本体自我，它意指自由而平等的理性存在物，……原初状态可以被看作，在一个经验理论框架内对康德自律观和绝对命令的程序性解释。”[②] 不难看出，罗尔斯试图将原初状态的设置和康德的自律观念联系起来。在罗尔斯看来，“康德认为，当一个人所选择的行为准则是作为其自由而理性之存在物本质的最充分可能的表达时，他是在自律地行为……无知之幕使得原初状态中的人们无法得到那些能使他们选择他律的知识”[③]。罗尔斯还试图将正义原则与绝对命令联系起来，认为“正义原则类似于绝对命令”[④]。康德借助绝对命令来理解一个运用其本质为自由而平等之理性存在物的人的行为原则。但奥利弗·约翰逊指出，这一类比是失败的[⑤]，因为原初状态中的各派是做最大限度计算的理性主体，而并非自由自律的本体意义上的主体。而另一种比较中立的观点认为，这是罗尔斯对康德的一种修正性解读。[⑥] 达沃尔不赞成康德得出结论的方式，没有把各派表达成为自由、自律以及是理性的。后来，达沃尔的修正被罗尔斯作了进一步阐释，将各派知识合理的自律与现有社会的公民自律区别开来。[⑦] 只是这样一种回

---

① John Rawls, *A Theory of Justice*, Cambridge, MA: Harvard University Press, Revised edition, 1999, p. 221.

② John Rawls, *A Theory of Justice*, Cambridge, MA: Harvard University Press, Revised edition, 1999, pp. 225 – 226.

③ John Rawls, *A Theory of Justice*, Cambridge, MA: Harvard University Press, Revised edition, 1999, p. 222.

④ John Rawls, *A Theory of Justice*, Cambridge, MA: Harvard University Press, Revised edition, 1999, p. 222.

⑤ Oliver Johnson, "Autonomy in Kant and Rawls : A Reply", *Ethics*, Vol. 87, 1977, pp. 251 – 254.

⑥ Stephen Darwall, "A Defense of the Kantian Interpretation", *Ethics*, Vol. 86, 1976, pp. 164 – 170.

⑦ John Rawls, *Collected Papers*, S. Freeman (ed.), Cambridge, MA: Harvard University Press, 1999, pp. 303 – 322.

答并不令人满意，也没有改变之前罗尔斯与康德的关系。因为，利用原初状态的思想实验来确证正义原则，由于无知之幕确实能够将人们与自身偏好和个人利益切断。但是，我们的反思仍然与一般人的利益和需要联系在一起，罗尔斯对基本善的解释反映了这个问题。

在《正义论》之后，康德继续出现在20世纪70年代罗尔斯的一系列论文中。但是，在《政治自由主义》中，罗尔斯删去了康德的名字，把康德式的道德建构主义变成了政治建构主义。当然，我们可以如此理解：一方面，罗尔斯想要把他的观念与康德的实践哲学之间做出一种不对称的关系，他要使康德主义者们确信，他的观念和方法是对康德的继承和发展，是康德式的解释。尤其是罗尔斯在对康德的两个理论中保持中立：他不想肯定或者否定人们的努力实现意志自律。与罗尔斯不同，康德在他的政治哲学之外发展出了一套道德哲学。而这也不一定意味着前者与后者之间有依赖关系，或者后者是前者的重要组成部分，罗尔斯也不想肯定或者否定价值和原则在人类理性中的价值源泉。另一方面，康德的实践哲学对罗尔斯来说，不仅是其完备性学说的一个方面，对其个人来说也是极为重要的。与罗尔斯的政治哲学相比，罗尔斯本人的世界观可能在更为广泛的意义上是康德式的。[①] 当然，撇开博格的讨论，我们发现，后期罗尔斯从他的道德哲学中发展出政治哲学，并对二者作出区分。我们很难否认这不是受到了康德的影响，这可能还有一个更重要的原因，那就是即便后期罗尔斯脱离了康德的语境，但仍然带有康德的影子。或许，我们可以这样认为，罗尔斯之所以这样做更是一种策略上的考虑。不过，罗尔斯本人并没有讨论他与康德之间的根本分歧，罗尔斯试图强调他要给出一个康德式的解释，而不是一个关于康德的解释。[②] 如果罗尔斯的观念

---

① ［美］涛慕思·博格：《罗尔斯：生平与正义理论》，顾肃等译，中国人民大学出版社2010年版，第200—201页。

② 罗尔斯在1980年曾经写过《道德建构主义中的康德式建构主义》，明确指出他的这种观念就是康德式的变体。Cf. John Rawls, *Collected Papers*, S. Freeman (ed.), Cambridge, MA: Harvard University Press, 1999, p. 303.

能够表明某些方面是符合康德的观念，即便二者之间有分歧，这样的康德式解释也算是成功的。

从文本角度看，罗尔斯的几本著作对康德都有论述。在 1977 年以前，罗尔斯开了一门伦理学课程，涉及亚里士多德、休谟、康德和密尔等哲学家的著作。20 世纪 70 年代中期，罗尔斯开始重点关注康德的道德哲学。比如，在《正义论》中，罗尔斯就多次提到康德，甚至我们所熟悉的《道德哲学史讲义》也并非严谨的学术作品，只是帮助我们来理解道德哲学史上的重要哲学家的思想。这本书的一半篇幅都在讨论康德，由此可见一斑。当然，还有个问题需要注意，那就是在《政治哲学史讲义》中，原来重点关注的康德没了踪影，这也说明罗尔斯的后期政治哲学已经在慢慢离开康德。此外，由于《正义论》和《政治自由主义》的特殊关系，虽然后期罗尔斯没有讨论康德，但是基本的前提都在正义论中给定，而且是后期罗尔斯的基础。因此，与其说是对康德的偏离，倒不如说前期罗尔斯更忠实于康德，而后期罗尔斯对康德的解读已经发生了某些变化。

其一，康德和罗尔斯都是义务论伦理学。

在西方伦理学史上，对实践理性的论述源远流长，但是将其系统化阐述的代表人物要数康德。关于实践理性的论述，康德的《道德形而上学原理》和《实践理性批判》旨在建立一种实践理性。作为一种纯粹的伦理学，义务论强调道德的纯粹性，一个人的行为值不值得做，不是看行为人的结果是否是善，而是要看行为人的出发点是否是善。如果行为人抱着善良的初衷去做事，其行为那就是道德的。康德的道德哲学是一种先验学说，实践理性专门讨论道德问题。就其目的而言，道德法则是理性存在者获得自由的根本原则。康德指出：“自由是我们先天地知道其可能性仍然不理解的唯一理念，因为它是我们所知道的道德法则的条件。”① 也就是说，自由和道德法则是互为条件的，自由是道德法则存在的理由，道德法则以

① ［德］康德：《实践理性批判》，韩水法译，商务印书馆 1999 年版，第 2 页。

自由为认识理由。如果没有自由，道德法则就不会在我们的内心找到。就其本质而言，道德法则和绝对命令其实是同一概念的不同表达罢了。就其价值行为来看，道德法则须内化为主体信念，并渗透到主体的行为进而产生意志自律。这就揭示了康德义务论的本质在于善良意志，人们普遍遵守道德法则，把人当作目的，人们获得自由。虽然每个具体人的善良意志并不相同，但是有道德法则，这就为人们把握善良意志提供了价值标准。在现实生活中，人们自觉遵守道德法则其实就是意志自由。就其价值目标来看，义务论的目标是人人都是目的王国。由于自由和道德法则在本质上是一个东西，是一个先天综合判断，人的经验不能分析，所以，自由和法则没有依据。如果非要给自由或者法则找个依据，那这个依据只能是人。在康德看来，按照道德法则行为，就成了每个理性的存在者的责任，罗尔斯因循了康德的这个思路。

在罗尔斯的正义论中，罗尔斯整合了康德的实践理性学说，为其正义论提供价值支撑。比如，罗尔斯的“正义原则”是对康德“绝对命令”的继承和延续。“在推出正义原则和绝对命令时没有任何偶然因素作为前提。”① 罗尔斯的原初状态是对康德的物自体世界的符合。罗尔斯的相互冷漠是原初状态中理性人的动机②，与康德的意志自律相符合，康德的“意志自律性，是意志由之成为自身规律的属性，而不管意志对象的属性是什么。所以自律原则就是：在同一意愿中，除非所选择的准则同时也被理解为普遍规律，就不要作出选择”③。就康德和罗尔斯对主体的理性不受外在对象干扰来看，相互冷漠和意志自律是一致的。但二者的这种一致性，在很大程度上表现为二者的对立性。也就是说，虽然罗尔斯的正义论对康德的义务论符

① John Rawls, *A Theory of Justice*, Cambridge, MA: Harvard University Press, Revised edition, 1999, p. 222.

② John Rawls, *A Theory of Justice*, Cambridge, MA: Harvard University Press, Revised edition, 1999, p. 125.

③ ［德］康德：《道德形而上学原理》，苗力田译，上海世纪出版集团 2005 年版，第 61 页。

合有其限度，但很明显罗尔斯是用康德义务论资源来论证自己的正义论的。正如罗尔斯所言："两个正义原则给了康德的人是目的观念以一种更强有力的和更有特色的解释。它们甚至排除了把人们看作促进相互利益的手段的倾向。在社会体系的设计中，我们必须把人仅仅作为目的而决不作为手段。"① 这也正是罗尔斯把其正义论称为"作为公平的正义"的原因所在。

其二，康德和罗尔斯都是建构主义的。

罗尔斯从未间断对康德道德哲学进行研究，将康德的道德哲学解读为"道德建构主义"并首次提出"建构主义"的概念。"道德建构主义"是康德道德哲学的基本特征，"康德的道德建构主义的一个本质特征是，赋予正义与德性义务以内容特称的绝对命令被看作一个由建构程序（绝对命令程序）确定的，该程序的形式和结构映射出我们的两种实践理性能力以及我们作为自由而平等的人的道德地位。我们看到，康德认为自由而平等、合理而理性的人的观念，是一个隐含在我们日常的道德意识中的理性事实"，"这个建构程序的形式和结构被认为是对纯粹的和经验的实践理性全部要求的程序性再现"，同时，"康德学说的特点是一个相对复杂的人的观念对具体确定其道德观点的内容起核心作用"②。罗尔斯认为康德的道德建构主义中，道德不是人们凭借理论理性而发现某种现在且独立的价值秩序，也不是人们运用各种道德概念描述现存世界的概念图式，更不是人们对各种非道德概念与道德概念运用之间的平衡；而是人们的判断和行动之规范性道德法则，根源于人的实践理性自身。道德法则体现了人的自律本性。但是，由于人处于自然秩序当中，各种欲求会干扰人的实践理性，人们就会误以为存在根本的自然法则所决定的实践理性，从而形

---

① John Rawls, *A Theory of Justice*, Cambridge, MA: Harvard University Press, Revised edition, 1971, p. 183. 需要说明的是，这里之所以引用 1971 年版本的《正义论》英文版，主要是因为 1999 年版的《正义论》英文版中没有这一句话，译文参考何怀宏等 1988 年译本。

② John Rawls, *Lectures on the History of Moral Philosophy*, B. Herman (ed.), Cambridge: Harvard University Press, 2000, p. 237.

成他律的道德观念。所以，纯粹的实践理性、道德法则和人的自由对于道德主体来讲，显得含混不清。康德道德哲学正是为了让人们不丧失对道德的追求，不陷入各种怀疑主义以及道德他律，通过对理性的反思来澄清道德的本真性，通达自身自由。

罗尔斯的解读清晰地展现了这一基本特征，康德的道德建构主义再现了以实践理性为基础的“建构程序”原则。“始终都要记住康德只关注充分合理而理性且真诚的行动主体的道德推理过程。绝对命令程序是刻画这种行动主体在其道德思考中所隐含运用的慎思框架的一个图式。他把运用这一程序所预设的某种作为我们共享人性之部分的道德感知能力视为理所应当的。”① 这些都隐含了绝对命令程序在康德的道德建构主义当中的地位。尽管绝对命令展示了道德法则在道德主体上的根源，但作为非理性的人类主体只是一种理性的理念。这种纯粹的理念，不能适用于我们。道德法则仅凭内容条件和自有条件不能阐明纯粹实践理性的客观实在性，“康德的观点是，一个概念要想具有客观实在性，也就是说要想运用某种事物并以此为真，只以一个分析显示其连贯性和可知性是不够的，他的《道德形而上学原理》前两章的全部工作认为，道德法则依然是一个‘虚构概念’。康德想说明的是道德法则的确运用于某种事物，特别是它运用于我们。在它确实如此时，我们是出乎而不仅仅是合乎它的行动的”②。要想说明道德法则在人类主体身上的根源，也就是说明纯粹实践理性的客观性，就必须使得道德法则从“理性理念”上升到“理性事实”。这就是康德写作《实践理性批判》时将道德法则的“本真性”如何归于“理性事实”的问题。事实上，罗尔斯的《正义论》在论证结构上与康德的道德建构主义高度一致，甚至可以认为是康德道德哲学的一个翻版。因为，罗尔斯认为康德的道德哲学与《正义论》都是从实践理性

① John Rawls, *Collected Papers*, S. Freeman (ed.), Cambridge, MA: Harvard University Press, 1999, p. 498.

② John Rawls, *Lectures on the History of Moral Philosophy*, B. Herman (ed.), Cambridge: Harvard University Press, 2000, p. 254.

出发来看待道德的，而且“原初状态”的设置本质上就是一个建构程序，类似康德的“绝对命令”。值得一提的是，康德的道德建构主义与罗尔斯的正义论在证成方式上也是一致的，即一种“反思平衡”论证，二者都展示出了一种反思的可能性，只是罗尔斯将道德主体的深思熟虑理解为道德法则与社会世界之间的平衡，以绝对命令的形式拟定出来。由此可见，罗尔斯解读康德道德哲学的方式与《正义论》高度一致，或者说，罗尔斯对康德道德哲学的建构主义解读就是《正义论》的证成原型。

需要说明的是，康德和早期罗尔斯的建构主义是一种道德建构主义，而后期罗尔斯则是一种政治建构主义。事实上，康德的“道德建构主义”伦理学与罗尔斯的《正义论》在论证结构上高度一致。康德式建构主义的解释旨在说明正义原则如何能够基于自由平等而又通情达理的道德人的观念，并在此基础上建构起来。这种建构程序展现了道德人和良序社会等主要特征，这是罗尔斯关于理性出自自身并给自己立法道德自律观念的尝试性解读和应用，也是向政治自由主义和政治建构主义的一个过渡。不过，康德的建构主义主体带有形而上学的特点，而罗尔斯的建构主义主体则不具有形而上学特征；康德属于构成性自律，而罗尔斯则是学说性自律；等等。

其三，罗尔斯的程序正义方法论是对康德绝对命令程序的发挥和运用。

罗尔斯“作为公平的正义”意味着，在公平的最初条件下以一致同意方式达成具有正义的契约。这种论证满足了纯粹程序正义的要求，只要合理的程序被适当执行，那么产生的任何结果都将是正义的。当然，这种正义论的另一个称呼是“康德式建构主义”，即通过建构程序达成从特定人格定义到正义原则之间的联系。[①] 实质上，罗尔斯的正义论是对康德绝对命令的阐发和运用。简单回顾一下康德的绝对命令的公式：第一，“只要按照你同时认为也能成为普遍规律的

---

① John Rawls, *Collected Papers*, S. Freeman (ed.), Cambridge, MA: Harvard University Press, 1999, p. 304.

准则行动”；第二，“始终把人当作目的，而不能把人当作工具”，即能够对一切有理性者普遍有效的客观法则乃是出于理性自身目的的原则；第三，“每个有理性东西的意志的观念都是普遍立法意志的观念”①。罗尔斯的正义理论正是源自对这些公式的阐释，认为绝对命令程序是一种检验行为者主观准则能否成为普遍道德原则的机制。罗尔斯借助对自然法则公式的解释，完成了对这种机制的论证。罗尔斯把自然法则公式体现出来的绝对命令程序分为四个步骤②，挖掘了康德绝对命令学说中的形式要素，即任何行为准则都要符合普遍性的要求。如果不能接受普遍性的准则检验，也就无法被所有人遵守，必须被排除掉。罗尔斯的程序性解释不仅仅适用于自然法则，而且也适用于人性及其自律。而且绝对命令的程序功能，在自然法则当中体现得最为明显。借助程序性的检验机制，我们主观上不符合道德要求的各种欲求就会受到限制，因此，我们的行为准则体现了理性一贯性。罗尔斯借助一种单纯的程序形式，而无任何实质标准，就可以断定结果是否合乎道德要求。换句话说，只要有一种正确的程序，就能产生正当的结果。或许，这就是罗尔斯阐发的纯粹程序正义的方法论。与此同时，这种纯粹程序正义在罗尔斯的原初状态论证中也起到了相似的作用。显然，康德的绝对命令程序启发了罗尔斯，借助这种观念罗尔斯采用了一种程序性的方法来讨论正义问题，并把传统的契约论提到了更高的抽象水平。本质上，罗尔斯用一种契约程序方法建立一种道德推理模式。

其四，罗尔斯自由平等的人的理念源自康德的理性存在者。

罗尔斯的正义论规定了一种特定的人的观念，即自由平等的理性人的观念。原初状态下的人借助对人的这种自我理解，才能选择平等的自由原则为最优先的正义原则。罗尔斯这种对人的概念的理解，也

---

① ［德］康德：《道德形而上学原理》，苗力田译，上海世纪出版集团 2005 年版，第 39—51 页。

② John Rawls, *Collected Papers*, S. Freeman (ed.), Cambridge, MA: Harvard University Press, 1999, pp. 499 – 500.

是来自康德，即康德关于理性存在者的规定。罗尔斯认为康德的自由而平等的理性存在者观念首先表现在绝对命令的人性公式中："你的行动，要把你自己人身中的人性，和其他人身中的人性，在任何时候都同样看作是目的，永远不能只看作手段。"① 罗尔斯把人性理解为：处于自然中的理性人既包括善良意志和品格的道德人格力量，也包括自然的能力。② 按照康德的人性公式，人们应尊重他人的道德禀赋和自然能力，人们在实现自我要求的同时，不能以社会利益的名义，牺牲他人的基本权利。

康德的自律公式要求，自我服从自己构建的普遍法则，这种自我立法体现了人的自由，人们服从的法则是基于一贯的理性。罗尔斯认为康德的目标是证明卢梭的观点："即自由就是按照我们给予自己的法则而行动，这并不导致一种严厉命令的道德，而是导向一种互尊和自尊的伦理学。"③ 我们知道，康德在《道德形而上学原理》中区分了自律与他律，自律按照内在的自我立法而行动，而他律受外在对象影响；康德在《实践理性批判》中对形式和质料两原则的区分，显示了自律的形式法则与追求幸福的他律的质料原则都是从自我立法的角度理解自由。罗尔斯把康德的自由平等的理性人观念与绝对命令结合起来得到康德道德建构主义。"正当和正义的诸第一原则被看作由一个建构的程序（绝对命令）所规定，而该程序的形式与结构反映了我们理性而合理的自由的道德人格。"④ 在康德的道德建构主义中，具体的道德规则被建构起来，各种具体的义务按照绝对命令程序，反映了自由而平等的道德人的观念。

---

① ［德］康德：《道德形而上学原理》，苗力田译，上海世纪出版集团 2005 年版，第 48 页。

② Cf. John Rawls, *Lectures on the History of Moral Philosophy*, B. Herman (ed.), Cambridge: Harvard University Press, 2000, pp. 187 – 188.

③ John Rawls, *A Theory of Justice*, Cambridge, MA: Harvard University Press, Revised edition, 1999, p. 225.

④ John Rawls, *Collected Papers*, S. Freeman (ed.), Cambridge, MA: Harvard University Press, 1999, p. 512.

此外，罗尔斯还反复引述康德的人性公式来说明人的平等和互惠观念，把人当作目的而不仅仅是手段。康德区分纯粹实践理性与一般实践理性，罗尔斯则提出了理性与合理性概念，后来称之为人的两种道德能力，即正义感和善观念的能力。这些都被罗尔斯看作一个公民应该具有的最小限度的道德能力，也是罗尔斯自由而平等、理性而合理的人的观念。

其五，正义之善与德福一致的论证如出一辙。

康德在道德法则有效性基础上，提出人的情感是对道德法则的敬重。道德法则本身也会唤起一种对道德法则的敬重的情感，从而吸引我们在义务的基础上行动。这种感性动机使得道德的性质完全确立。人们按照道德律要求行为是有德行的，而德行对于我们来说是至上的善，但并不是完满的善。作为理性存在者的人有追求幸福的权利，只有当德行和幸福按照比例结合才是圆满的善，康德称之为至善。但是，从幸福到德行不可能，这会导致意志他律；从德行到幸福也不可能，这会导致我们按照自律法则行为。这就是德福不一致问题。康德基于现象和物自体的区分，从德行到幸福，把德行看作善的首要条件，把幸福看作必然结果，就可能实现德福一致。康德预设了意志自由、灵魂不朽和上帝存在三个公设来保证德行与幸福的结合。德行优先于幸福，在德行基础上到达至善。罗尔斯正当与善的一致性论证，其结构与康德德福一致的论证结构类似。罗尔斯对正义稳定性论证包括两个部分：第一，正义观念能够产生正义感；第二，按照正义感去行动，与个人的合理生活计划一致。其中，第一部分是第二部分的论证前提，合起来就是正当与善的一致性论证。① 从这个论证来看，罗尔斯正当与善的一致性论证与康德德福一致的论证相似，或者说，康德的论证是罗尔斯论证的原型。康德的两个步骤与罗尔斯的两个步骤相一致。进一步看，这种论证结构的深层次根基是正当优先于善的理

---

① Cf. Chapter Ⅶ & Chapter Ⅷ, John Rawls, *A Theory of Justice*, Cambridge, MA: Harvard University Press, Revised edition, 1999.

论模型。[1]

事实上，罗尔斯关于稳定性问题的论证，是基于对正义人格的理解基础上的，这是重要的理论支点。罗尔斯对正义人格问题极其敏感，[2] 对正义人格问题的阐释符合康德道德哲学：具有正义人格的人能够在康德式的道德自律要求下同时遵循公共领域和非公共领域的道德要求。[3] 针对作为公平正义的一种解释，依赖于康德的道德人格观把正义原则解释成主体的道德能力与实践理性能力，这两种能力在一致性论证中起着重要作用，是一种康德式解释。

其六，康德与罗尔斯论公共理性。

在康德看来，启蒙和公共理性是联系在一起的，二者存在内在一致性。通过区分理论理性和实践理性，通过证成实践理性来呈现公共理性对启蒙的意义。实践理性揭示了公共理性与道德律令、人格以及正义等问题实质。康德将自由看作启蒙的根本条件，只有人们在自由状态中才能勇敢并公开使用自己的理性，这就把启蒙引入了政治领域，成为公共性问题。康德指出，理性的公开运用是实现社会正义的前提，“人民的启蒙就是把人民对于自己所属国家的义务和权利公开地教导他们。因为这里所涉及的仅仅是自然的和出自普通人类悟性的权利，所以它们在人民中间的天然宣告者和阐扬者就不是国家所设置的官吏而是自由的权利的教师，也就是哲学家。……禁止公开化也就妨碍了一个民族朝着改善前进，哪怕是在有关他们的最低要求上，即

---

① 鉴于本书的主题，这个问题只是在这里提出来，不做深入分析。在康德看来，道德法则对于幸福的优先性，任何人追求幸福都必须满足德行的要求，道德要求不以任何条件为转移。而在罗尔斯那里，正当原则优先于任何个人的合理生活计划，且前者约束后者。如果违背了正义原则而追求个人目的都是不正义的。无论在任何环境中，我们的生活方式必须与正义原则一致。Cf. John Rawls, *A Theory of Justice*, Cambridge, MA: Harvard University Press, Revised edition, 1999, p. 395.

② Cf. §77 & §78, John Rawls, *A Theory of Justice*, Cambridge, MA: Harvard University Press, Revised edition, 1999.

③ Cf. §18 & §85, John Rawls, *A Theory of Justice*, Cambridge, MA: Harvard University Press, Revised edition, 1999.

仅仅有关他们的自然权利上"[①]。也就是说，在社会正义方面公共性作为公共权利的本质，体现为共同体生存价值的一种先验普遍权利。公共权利是所有公民都能享受的普遍权利，任何法律都应该无条件维护公民的权利。罗尔斯把康德的这一思路延伸了，重新以启蒙为主题对公共理性作了阐述。罗尔斯认为公共理性与非公共理性相对，持有不同价值观的人在交流时使用公共理性。在经验中，公共理性通过不同的宗教学说、道德学说和哲学学说形成重叠共识。公共理性是处理公共生活的理性准则，而不是限制人们生活的价值原则。对公共理性的诠释，本质上体现了现代社会对公民道德的关注。

总体上看，罗尔斯的正义论在研究方式和论证方法上受到了康德影响。康德的《道德形而上学原理》的方法是："它分析地从普遍认识过渡到对这种认识的最高原则的规定；再反过来综合地从这种原则的验证、从它的源泉回到它在那里得到应用的普遍认识。"[②] 这种方法首先找出一组道德判断，然后分析这些判断得出一定的原则，再将这些原则到日常实践中加以验证。罗尔斯《正义论》中反思平衡的方法就是这个方法的体现。事实上，《正义论》的逻辑结果与《实践理性批判》第一部第一卷"纯粹实践理性的分析论"论证结果如出一辙：《正义论》的理论、制度和目的这三部分，正好对应康德对原则、原则的应用和对道德动机的影响。比如，罗尔斯对原初状态的解释就带有明显的康德式特点，原初状态是对康德自律以及绝对命令在经验理论中的程序性解释。我们知道，康德是先验哲学的创造者，其先验哲学为道德哲学奠定基础。康德《纯粹理性批判》的终极目的不仅要解决认识论问题，更要解决道德哲学问题，或者说是一种实践关切。在后来的《实践理性批判》中，康德就将道德律作为反思人类实践理性的前提，康德道德哲学建构的目的就是将其引入政治哲学。这也反

---

① ［德］康德：《历史理性批判文集》，何兆武译，商务印书馆 1990 年版，第 157—158 页。

② ［德］康德：《道德形而上学原理》，苗力田译，上海世纪出版集团 2005 年版，第 7 页。

映了现代意义的哲学家对政治领域的关注。如果说程序性是一种形式主义，那么这里就是一种实质性学说。罗尔斯对康德哲学的先验主义和形式主义不满，提出“作为公平的正义”的论证思路，使康德的超验王国近在眼前。这也正好因应了前面的论述，罗尔斯继承了康德哲学的程序主义解释。

2. 哈贝马斯与康德

作为德国人，哈贝马斯的哲学是德国式的，自然也受到德国古典哲学的影响。众所周知，哈贝马斯的著作无论是数量还是范围，都相当惊人。对于研究者来说，如果没有渊博的知识，要想读懂哈贝马斯是艰难的。况且，哈贝马斯是一个令人难以接近的哲学家，要想概括哈贝马斯与康德之间的关系，并非易事。我们也只能选择性地概括阐述哈贝马斯与康德某些重要观点，力图对哈贝马斯与康德之间的关系有一个基本的认知。康德的著作对哈贝马斯的影响最多的仍然是康德的《道德形而上学原理》和《实践理性批判》，《纯粹理性批判》次之，这与前面谈到康德对罗尔斯的影响似乎有某些暗合之处。在哈贝马斯 89 岁生日之际，西班牙《国家报》刊登了对他的专访，哈贝马斯称“康德 + 黑格尔 + 启蒙 + 去魅的马克思主义 = 哈贝马斯”①，足见康德对哈贝马斯的影响。

哈贝马斯是当代哲学家中所受影响最为多元化的一个，尤其是他身处德国，德国的政治问题及其德国精神表现得特别鲜明。在所有的德国文化中，关于道德与政治的现代性要素，以及启蒙传统，康德是个绕不过的人物。在此过程中，哲学被赋予了极高的意义。康德的《纯粹理性批判》，以及《什么是启蒙?》《道德形而上学原理》等将公共理性的概念普遍化，使得哲学在人类认知能力的普遍特征之中发挥探索和宽容精神。在 20 世纪 80 年代《道德意识与交往行为》中的一篇文章《作为替身和解释者的哲学》中，哈贝马斯曾经指出，哲学

---

① 转引自澎湃新闻，网址：https：//baijiahao. baidu. com/s？ id = 1602484894787926514&wfr = spider&for = pc。

在康德和黑格尔那里达到顶峰的德国传统哲学，不再宣称自己扮演法官的角色，也不再一劳永逸地决定自然科学能够认识什么？以及科学在一个广阔的文化领域占据合法地位。① 当然，哈贝马斯的思路表明了他对康德和黑格尔的态度。哈贝马斯继承了黑格尔对康德先验哲学的批判和改造，赞成早期黑格尔思想中的历史诠释学方法。由于哈贝马斯反对黑格尔的客观主义观念论，所以他批判黑格尔把实践还原为现实必然性的历史功能主义，用康德的观点来重构规范的实践哲学，走的是从康德到黑格尔再回到康德的路径。

第一，现代性是指纯粹理性的哲学概念与理性人的主题。这一思想主题从笛卡尔开始，一直延续到康德。哈贝马斯并不是单纯地维护现代性的传统概念，也不是简单地对其进行批判，而是强调了保留理性的某些方面。在哈贝马斯理论中，他在规范概念的重构方面是依循康德，把康德视作一个规范主义者或者理性主义者。理性重构的本质在于，哈贝马斯使用了其所批判的形而上学方法。我们知道，康德称其哲学为先验哲学，因为它所追求的是使得关于世界的经验成为可能的先天条件。虽然哈贝马斯对理性重构也追求“可能的条件”，但他并不试图发现经验的一般条件。他提出了一种被称作“弱先验论”② 的理论：“（言说和行为主体之间的）相互理解通常是如何可能的？”③ 这个问题不是先天提问，取决于对交往行为主体的后天的使用语言和言说的分析。实质上，这是一个依赖于实证经验的先验论的弱化版本。对相互理解条件的重构需要对日常言说者之间的交流进行分析，重构理论得出的结论必须不断接受日常经验的检验，而且这种重构研究并非是某种先天形式。与之相对，哈贝马斯在《什么是普遍语用学？》中解释道：“我们将先验概念理

① Jürgen Habermas, *Moral Consciousness and Communicative Action*, C. Lenhardt and S. W. Nicholsen (trans.), Cambridge, MA: MIT Press, 1990, pp. 1 – 3.

② Barbara Fultner, *Jürgen Habermas: Key Concepts*, Routledge, 2014, pp. 41 – 44.

③ Jürgen Habermas, *Justification and Application*, Ciaran P. Cronin (trans.), The MIT Press, 1994, p. 131.

解为，在所有相关的经验中反复出现的概念结构。”[①] 与康德的先验论证相比，先验研究必须依靠认识主体的能力，这一认识主体通过判断哪些经验是相关的经验，然后进行分析达到一般的必要的范畴性的先决条件。每次对可能经验概念体系的重构，都必须被看作某种假说性建议，使之能接受新的经验检验。只有当重构的必然性、普遍性断言不再被驳回时，在所有相关经验中重复的概念结构才是先验的。这是一种弱化的先验版本，其中关于结构可以被先验论证的主张被抛弃了。其实，相对于康德而言，先验哲学和实证调查之间有很明显的区别。哈贝马斯甚至完全不用这个先验术语，他担心别人对他产生误解。后来，哈贝马斯主张，后形而上学哲学能够用弱先验论的方式展开研究。正如盖斯所说，“哈贝马斯在某种重要的意义上仍是一位先验的哲学家”[②]。哈贝马斯将自己的哲学定义为“后形而上学”研究，虽然我们很难在哈贝马斯的思想中发现究竟什么是“后形而上学思想”的精确定义，但我们可以从他的论述中，发现康德的影子。后形而上学思想首先是针对康德哲学中的传统形而上学问题，即上帝存在、灵魂不朽和意志自由。而后形而上学不认为能对这些问题给予明确答案，哈贝马斯认为人类的持久兴趣表达受到限制，不可能为我们所了解。

第二，哈贝马斯的伦理学在更多意义上属于康德伦理学。哈贝马斯曾经总结了康德伦理学的四个特征：首先，康德伦理学是义务论的。康德的义务论伦理学是以一个狭窄的道德观念为基础，仅涉及正当的行为。在康德看来，道德理论需要解释信条、戒律和行为规范的有效性。其次，康德伦理学是认知主义的，康德区分了理论理性和实践理性，应然命题具有的道德真理性不能被同化为陈述命题所具有的断言有效性。而哈贝马斯则认为康德的断言命题的真理性能够在类比

① Jürgen Habermas, *Communication and the Evolution of Society*, Thomas McCarthy (trans.), Beacon Press, 1979, pp. 21–22.

② ［英］雷蒙·盖斯：《批评理论的理念》，汤云等译，商务印书馆 2018 年版，第 5 页。

中理解规范的正确性。再次，康德伦理学是形式主义的，康德的绝对命令形式承担了道德哲学论证的基础作用。最后，康德伦理学是普遍主义的，哈贝马斯认为康德的伦理学是普遍适用的，这类道德原则具有普适性。哈贝马斯和康德都坚持道德认知主义和普遍化原则，但是哈贝马斯的商谈伦理学却与康德区别开来：其一，商谈伦理学放弃了康德关于理智王国与现象王国的区分；其二，商谈伦理学克服了康德内在伦理学的独白性特点，放弃期望每个个体在自身孤独精神中检验行为准则，寄希望于对利益普遍化的相互理解，在这种主体间展开公共商谈；其三，哈贝马斯的商谈伦理学借助普遍的论证推出道德命题来解决难题，而康德则通过理性事实的强制经验以避开难题。这也正是康德伦理学与哈贝马斯商谈伦理学的差别所在。哈贝马斯的话语伦理学坚持了康德伦理学的普遍主义和认知主义传统，试图克服其独断主义和教条主义缺陷，坚持发展了黑格尔的主体间性，又克服了黑格尔对语言交往的忽视。

从本质上讲，哈贝马斯的商谈伦理学是康德义务论伦理学的继承和发展。哈贝马斯商谈伦理学的特点是在探究形式上始终坚持理性的立场、注重道德形式而不关注道德内容，追求道德原则的客观性和普遍有效性，坚持对道德原则的批判性，这些都使得哈贝马斯在本质上属于义务论的康德主义者。在一定程度上可以说，哈贝马斯的话语伦理学是对康德式义务论伦理学的重建，连他自己都承认他所构建的伦理学是一种康德式的实用主义。哈贝马斯被称为“康德式实用主义者”之一。① 哈贝马斯的话语伦理学与康德义务论伦理学密不可分：二者都属于义务论伦理学，二者都是认知主义的，二者都注重形式主义，二者都是普遍主义的。哈贝马斯之所以注重康德，主要是因为在多元主义社会中，为了克服道德的无序状态来重建现代社会的规范并捍卫道德原则的普遍有效性，而不陷入怀疑主义的陷阱。“哈贝马斯的道德的对话伦理学代表着当代道德哲学

---

① Jürgen Habermas, *Truth and Justification*, Cambridge, Massachusetts: The MIT Press, 2003, p. xi.

中的一种捍卫康德式认知主义和义务论的道德理论中最有创见性的尝试”①，“是对康德绝对命令的一种道德证明的对话程序的改造”②，具有很深的康德烙印。

第三，哈贝马斯的交往理性曾被比作康德实践理性的“语言哲学版”③，两者之间具有千丝万缕的关系。直到《在事实与规范之间》，哈贝马斯才直言不讳道：“我用交往行为理论另辟途径，用交往理性来代替实践理性，这不仅仅是变换标签而已。”④ 这实质上反映了康德与哈贝马斯之间的联系与差别。对于康德的自主观念，哈贝马斯坚定不渝地维护这一启蒙运动以来的理想。哈贝马斯的交往理性正是替代康德的实践理性，进而推进康德的自主观念的结果。这一变化在于消除康德的独白性质，却放弃了实践理性本质上的独立性，最终导致交往理性无法继续承载康德的自主观念。这种状况使得哈贝马斯在改造康德的自主观念中，引发了事实与规范之间的悖论。尽管康德的自主观念至今仍受到各种质疑，但哈贝马斯始终维护这一始自启蒙运动的理性方案。康德的自主观念核心在于理性存在者的自我立法，只有理性存在者才能构成价值的终极目标，“你的行动，要把你自己的人身中的人性，和其他人身中的人性，在任何时候都同样看作是目的，永远不能只看作手段”⑤。因此，交往理性在重申康德“公共—普遍”自主观念时，必须接纳普遍自主观念所包含的目的限制，让所有人成为平等的反思主体并相互承认。“一种由自由和平的个体所组成的包容的并自我立法的共同体，这

---

① Jürgen Habermas, *Justification and Application: Remarks on Discourse Ethics*, Cambridge: Polity Press, 1993, p. xi.

② Kenneth Baynes, *The Normative Grounds of Social Criticism: Kant, Rawls, and Habermas*, Albany: State University of New York, 1992, p. 137.

③ ［斯洛文尼亚］齐泽克：《意识形态的崇高客体》，季广茂译，中央编译出版社 2002 年版，第 2 页。

④ ［德］哈贝马斯：《在事实与规范之间：关于法律和民主法治国的商谈理论》，童世骏译，生活·读书·新知三联书店 2014 年版，第 3—4 页。

⑤ ［德］康德：《道德形而上学原理》，苗力田译，上海世纪出版集团 2005 年版，第 48 页。

些个体都应该互相以他人为自我目的。”[①] 交往理性方案既然承接了实践理性方案的普遍自主立场，如何失去了普遍自主观念所包含的目的性限制，便成了哈贝马斯所要面对的问题。问题的根源在于，交往理性试图调和事实与规范之间的张力，伴随着自主模式的改变，则会在二者之间产生新的问题。这也可以看作哈贝马斯与康德之间的一个悖论：实践理性所持的目的性约束与交往理性所持的程序性约束必定产生矛盾，互相抵牾。哈贝马斯只是在其中做出了艰难的选择。关于哈贝马斯的交往理性方案究竟继承了康德什么样的内容，哈贝马斯回答道：“我不认为两个范式（心理主义和语言哲学）能够轻易地整合在单独且唯一的概念框架之下（至少我们在严格意义下使用‘范式’这个词时）。”[②] 或许，在康德与哈贝马斯之间，关于“先验”与“经验”，“事实”与“规范”之间的论争，正好体现了这两种方案之间的紧张和对立。

第四，哈贝马斯延续了康德的术语，把道德解释为一个责任体系，它的基础是无条件地尊重和关心所有人。道德责任对所有的具有语言和行为能力的人具有约束力，因此具有普遍的适用性。这种类似的有效性概念是通过普遍化原则确立的，这种普遍化原则认为，只有道德规范是有效的，所有受通常惯例影响的人为了满足每个人的利益，自由地接受他们所预期的结果。[③] 以为道德规范寻找客观根据为特征的道德证明是现代道德哲学的基本特征，康德的道德哲学是这一特征的重要代表。人类的行为冲突源自人的社会性，道德哲学就是关于如何解决这些冲突的知识。道德哲学是关于道德问题的学说，康德的道德哲学是一种义务论，突出了道德的利他性，是一种从先验主体出发的道德哲学论证。康德对经验主义的批判是其道德哲学的出发

---

① ［德］哈贝马斯：《对话伦理学与真理的问题》，沈清楷译，中国人民大学出版社 2005 年版，第 10 页。

② ［德］哈贝马斯：《对话伦理学与真理的问题》，沈清楷译，中国人民大学出版社 2005 年版，第 5—6 页。

③ Jürgen Habermas, *Moral Consciousness and Communicative Action*, C. Lenhardt and S. W. Nicholsen (trans.), Cambridge, MA: MIT Press, 1990, pp. 92 – 93.

点，经验主义又被称作自然主义伦理学。自然主义伦理学源自古希腊的伊壁鸠鲁以及斯多亚学派，旨在从人们的自然秉性出发对人们的行为是否符合道德进行评判。康德对自然主义的批判始于对功利主义的批判。康德指出，求得幸福是每个理性存在者的愿望，欲求能力决定根据。但是，康德认为从经验出发不能得出普遍的实践法则，因为这种决定根据受自然条件的限制，是一种“他律”。道德法则必须是独立于任何外在的条件，而又源自人类理性自身的法则。先验性凌驾于经验之上，二者总要发生矛盾，先验性不能成为指导并检验经验性的标准。于是，道德法则必须舍弃一切经验性质和感官内容，而且只能建立在理性存在者之中。康德在实践理性领域也实现了一场哥白尼式革命，实现了道德基础从外在的经验对象向先验主体的转换。康德认为，人是目的而非手段，任何理性存在者都不能把自己和外人当作工具，只能把自己当作目的。只有这样，道德法则才能对所有的理性存在者有效，凸显其普遍性。如此看来，康德的道德哲学论证符合道德的本质特点，但他却把道德的应然性解释为纯粹的理性事实。这也就意味着，普遍的道德法则是一种绝对的无条件，道德本性源自先验主体的自我意识。哈贝马斯认为道德法则导致了康德的理智王国与现象世界的根本对立。康德的先验假设认为自由意志属于目的王国的知性自我，造成了自律与他律的根本对立，从而限制了对个别的具体主体的考察。事实上，任何道德实践主体都必须存在经验的偶然性之中，超越真实历史的抽象主体并不存在。此外，康德还把人们的行为准则诉诸灵魂的独白，哈贝马斯则认为，只要我们从独白的角度出发，我们仍局限于独特的个体视角，结果，每个人都会以为他所想即是大家所愿。基于自我意识前定和谐的普遍性道德证明并不合法。哈贝马斯的话语伦理学就是要解决价值多元社会中，如何确立道德普遍性的问题。为此，哈贝马斯采用了程序主义的论证方法。这种方法强调，道德论证不能规定道德规范的内容，只能采取间接的方式决定行为规范的过程和方法。这种道德证明的目的是寻求道德规范的客观条件，也就是论证社会生活方式如何可能。这也是哈贝马斯程序主义的一个基本特点，即从个体角度解释社会的道德现象。而道德哲学就是解决人的社会属性问题，如何解决人们行为的冲突。现代性道德证明主要从个体视角论证道德法则，如果过分强调个体，那么推出的道德法则必然很难具有普遍意义。康德的道德法则是形式的普遍性，难免在道德内容上产生独断。这也就预示了康德的独白式道德哲学辩护不合法。"康德的潜在出发点是：在作出道德判断时，每个人都可以根据自己的想象而把自己转换到他者的位置上。"[①] 另外，康德留下的理智世界与现象世界的对立问题也给哈贝马斯造成麻烦。不同于康德的先验论证思路，哈贝马斯的道德证明思路更具有经验性。在他看来，道德的直觉经验来自个体的社会性，个体依赖于社会共同体。一个人之所以成为个体，就是通过共同体中的交往互动实现的。社会共同体是个体成长的基础，使得个体成员获得自我认同和道德关怀。也可以说，人的社会属性才是哈贝马斯论证道德哲学的基石。

第五，自康德发表《永久和平论》以来，西方学界对和平观念的讨论从未间断。无独有偶，罗尔斯和哈贝马斯都加入了这一讨论。罗尔斯曾经出版《万民法》，认为："我的基本观念遵循了康德《永久和平论》的论述，以及他的和平联盟观念。"[②] 哈贝马斯在《论康德的永久和平观念》一文中指出，康德的和平观念具有重要意义，康德在国家权利与国际权利之外提出了另一种权利，即"世界公民权利"。虽然罗尔斯和哈贝马斯都继承了康德的永久和平论理念，讨论如何从国家走向世界和平，但二者的路径不同。罗尔斯考虑人民层面的和平建构，哈贝马斯则更多从制度方面进行考虑。罗尔斯认同康德的国家主权观念，哈贝马斯则认同康德的世界公民观念。无论如何，罗尔斯与哈贝马斯对康德的改造，有一点是相同的，那就是将康德的消极和平观念改造成一种积极和平观念。事实上，罗尔斯对康德的改造要复

---

① ［德］哈贝马斯：《包容他者》，曹卫东译，上海人民出版社 2018 年版，第 70 页。

② ［美］罗尔斯：《万民法》，张晓辉等译，吉林人民出版社 2001 年版，第 10 页。

杂一些，这就是罗尔斯延续了康德永久和平论中的宽容精神，试图以和平方式解决自由社会与合宜社会之间的冲突。这也就是罗尔斯从《正义论》到《政治自由主义》中思想的延续，试图论证自由社会之可能性，而在《万民法》则论证了人民社会的可能性。

在讨论康德与罗尔斯的关系时，实际上是讨论在大的德国哲学背景下的康德哲学，不免涉及黑格尔哲学。当然，哈贝马斯自己也承认，黑格尔对他的影响很大。罗尔斯和哈贝马斯对现代政治理论的贡献，特别是对康德普遍化的自主原则的重塑及其政治的影响，已经表明公共理性的核心民主化进程和决定我们未来世纪生存的政治、社会和经济机构。罗尔斯和哈贝马斯批判继承了康德的认知主义、普世主义以及解放的自律理念，试图给出关于公共性的政治文化的原始理解。两人都是自觉的后康德式思想家，他们坚持这样的格言：为了批判性地运用理性，人们必须对理性的能力和局限有一个理论基础。①

总之，康德的绝对命令的推导过程，来自纯粹实践理性的分析。社会契约论的观念只有在法律允许的范围内才是合法的，当且仅当作为自由平等道德人的公民的同意才可以，也被引入纯粹实践理性的概念范畴。也即是说，在康德的道德和政治理论中，正当性标准是与实践理性概念相关的，实践理性在本质上是规范性的，而不是理性的自我选择概念。罗尔斯在《正义论》中也做了类似的尝试，引入了绝对命令和自主概念的程序性解释，并通过反思平衡的方法提供了令人信服的论证，这被看作康德主义的延续。此外，罗尔斯的正义原则不是以理性选择的中立模式为依据的，而是以理性选择作为参照，是一种自由平等的道德人的模式概念。而哈贝马斯的交往行为理论和他的商谈伦理学也是延续了康德的理论，我们将在后面的讨论中逐步澄清哈贝马斯的交往理性概念和商谈伦理学。康德在描述自主概念时就有几种不同的概念，他们对公共性问题的理解也是不同的。罗尔斯与哈贝马斯对自主概念的理解不同。或许，在道德观点的描述中，有一种具

---

① Todd Hedrick, *Rawls and Habermas*: *Reason*, *Pluralism*, *and the Claims of Political Philosophy*, Stanford University Press, 2010, p. 2.

体化的自主概念和方式。由于对公共性概念的不同理解，在指向社会契约论的状态和功能时也不同。基于以上对自主、公共性与社会契约论的不同理解，也产生了对正当与善的哲学上的区别。这种为社会批判的规范基础提供的辩护也是不同的，康德的道德法则的有效性和自主概念最终取决于理性的事实，罗尔斯反思平衡的过程代替了康德的上述观念，成了一种证成方法。与罗尔斯相似，哈贝马斯也拒斥一种终极基础的可能性，当然也避免了一种相对主义的解释。正是在这种意义上，哈贝马斯的重构主义与罗尔斯的建构主义区别开来。①

二 差异与共性：比较分析的视角

1. 地域属性：英美哲学与欧陆哲学

整个西方哲学共同出自古希腊传统。古希腊的哲人们以"爱智慧"与"逻各斯"赋予了两条截然不同的哲学道路：一条是以柏拉图的理念论为标志，另一条则以亚里士多德的逻辑学为标志。前者注重对生命的体验，而后者则把理性看作根本。及至现代，笛卡尔和培根将这种分化表现得更为明显，一边是理性传统的唯理论，另一边是经验传统的经验论，形成了二者之间的对立。德国古典哲学时期，康德试图以先天综合判断来解决这个历史遗留问题，虽然在一定程度上有所缓和，但也还是产生了"二律背反"。后来的黑格尔把这种对立推向极致，也就是绝对理念的自我发展。正是这个二分，使得当今英美哲学与欧陆哲学之间产生了巨大的鸿沟。不得不承认，这种鸿沟并不仅是由于地理位置的界线造成的，而主要是由于上述历史原因造成的，主要是不同的文化传统。如果在这个鸿沟之间架设桥梁的话，不仅需要哲学之间的交流与对话，更需要关注他们共同的问题。事实上，这个问题早有人在关注。罗尔斯与哈贝马斯的对话，让英美"分

---

① Kenneth Baynes, *The Normative Grounds of Social Criticism*: *Kant*, *Rawls*, *Habermas*, Albany: SUNY Press, 1992, pp. 7 – 8.

析”与欧洲“大陆”哲学的这两种实践理论的相遇变成现实，两位哲学家的对话蕴含着丰富深刻的公共哲学内涵。

当然，按照“英美分析”哲学与“欧洲大陆”哲学的标签进行分类，似乎并不理想。之所以如此划分，主要是针对其地域属性来说的。抛开他们的思想不论，单就这一点来说，我们很容易就将二者划分开来：罗尔斯是美国人，自然要归到英美分析哲学这一阵营；哈贝马斯是德国人，自然要归到欧洲大陆哲学这一阵营。但是，哲学的沉思要我们继续追问，是什么将二者如此划分，又是什么将二者联系起来。大西洋两边的美国和德国，一边是英美分析哲学，另一边是欧洲大陆哲学，对罗尔斯与哈贝马斯都有影响。众所周知，罗尔斯具有深厚的英美分析哲学根基，但他超越了分析哲学提出了一个新自由主义的政治哲学体系，目前这种理论在西方处于统治地位。生于德国的哈贝马斯是欧洲大陆哲学的杰出代表及其思想支配者，他博采众长，采用英美分析哲学来改造法兰克福学派的批判理论。

罗尔斯是美国哲学家、伦理学家，毕业于享有“分析哲学重镇”之称的普林斯顿大学，获博士学位。罗尔斯积20年之功力，潜心构筑了一种理想的正义论。这种正义论继承了西方的契约论传统，试图取代功利主义。作为一种伦理学理论，它具有自己的独特特点。20世纪以来，英美道德哲学一直由分析和实证传统占据主导地位。道德哲学家们大多专注于从形式方面来探讨道德陈述的语义及其逻辑关系，很少关心现实的道德问题，更不屑于构筑形而上的道德哲学体系。道德哲学变成了道德方面的逻辑学和认识论。罗尔斯正义论的出现，扭转了这种局面，将道德哲学由形式问题转到实质性问题，由怀疑和否定转到重新肯定，由实证分析转到思辨概括。本质上讲，这种转变可以说是对19世纪及其以前的古典哲学的非怀疑论传统的复归，是对康德和密尔等哲学传统的回归。道德理论是一种描述我们道德能力的企图，正义论则是描述我们正义感的企图，这与描述我们的语法需要语法理论相类似，描述我们的正义感也需要一定的理论和原则。罗尔斯在实质性地解释道德观念的同时，借鉴了意义分析。罗尔斯吸收了分析哲学的某些成果，在构造其正义论体系时努力避免独断论倾向，谨慎小心地进行逻辑分析和语言推敲，仔细琢磨证明方式，确立有限的目标以审慎得出结论。这种借助分析哲学的方法研究道德哲学的途径，在哲学领域实现了向实质性问题的转向，促进了道德哲学发展的进步。

以英美分析哲学与欧洲大陆哲学的划分来进行哲学标签，似乎有悖于现实。很多重要的分析哲学传统的哲学家在欧洲大陆成长，即使后来的学术生涯转移到英美，他们最初在欧洲大陆哲学语境中发展起来的思想的现实也是不能抹杀的。事实上，他们中的一些既被看作欧洲大陆哲学家，也被看作分析哲学家。或者可以说，现在欧洲大陆从事逻辑分析的哲学家数量已经大增，这一传统在很多国家和地区越来越被广泛地接受和采纳，尤其是德国的哲学家。当哲学家们拒绝阅读对方的著作或者不尊重对方时，一方认为另一方无节制的修辞缺乏严谨，另一方认为前者枯燥乏味、过分烦琐时，这是很不幸的。作为欧洲大陆的德国哲学家，哈贝马斯是一位多产的作家。在他身上，我们看到了相互尊重和互相聆听。一个来自欧洲大陆的哲学家对分析哲学的某些核心领域有着浓厚的兴趣，哈贝马斯为两种哲学传统之间的具有激励和富有成效的论辩提供了良好的契机。哈贝马斯对罗尔斯的讨论，就是一个欧陆哲学家对分析哲学传统进行思考的最新成果，罗尔斯对哈贝马斯的回应则是这种思考的延续。

如果说哈贝马斯的早期作品曾经对批判理论做出了重要贡献，那么正是他的批判路径将其后来的思想引向其他方向。20 世纪 60 年代，哈贝马斯尽管未参加过任何极端派别的运动，但是他的早期作品仍然提供了关于历史唯物主义、制度合法性以及理论与实践关系的批判性思考。但是，哈贝马斯随后的作品却越来越表现出分析哲学的特征，它坚持要求有根据的主张、形成系统论证并提供关于自然和科学本体论特征的描述。① 一些争论表明，哈贝马斯对分析哲学的关注究竟在

---

① ［美］斯蒂芬·埃里克·布朗纳：《批判理论》，孙晨旭译，译林出版社 2019 年版，第 9—10 页。

多大程度上远离了批判理论。哈贝马斯作为当代欧洲大陆的哲学家，对分析哲学的某些领域的最核心的问题具有真正的兴趣。哈贝马斯的著作是英美分析哲学和欧洲大陆哲学两种传统之间进行激励性的和富有成效的讨论的切入点。

罗尔斯以分析的笔法，在经济学与社会科学中展开讨论并著书立说，他通晓抉择理论和语言游戏论，而哈贝马斯则始终笼罩在德语语言地区的特点，并未与之展开深入细致的论战。对此问题的深入讨论，还要从哈贝马斯的研究说起。专业的社会学家们往往称哈贝马斯为哲学家，而专业的哲学家则倾向于称呼他为社会科学家。事实上，哈贝马斯是介于两者之间。或者说，哈贝马斯是一个跨专业的中介学者，将哲学与社会科学有机结合起来，共同昭示了他的理论。依据哲学家奥特弗利德·霍芬的话说，哈贝马斯评论帕森斯的话，也同样适用于他自己，因为哈贝马斯具有“把握一切理论家的博大风格”①。从哈贝马斯的经历及其理论风格看，哈贝马斯已经冲破了欧洲大陆和美国哲学理论传统之间的藩篱，同时也冲破了各个学科之间的藩篱。或者说，他的影响是无边界的。他通晓多种语言，并以美国“调查员团体”的确切认知，启发了哲学与科学理论之间的种种讨论，尤其引发了社会学与政治哲学之间的纷争。他百科全书式的知识，以及尖锐的批评令很多学者感到不安。他们愿意彼此讨论。

从20世纪90年代早期开始，哈贝马斯对美国哲学家罗尔斯的著作，尤其是他的自由主义观点以及美国的立宪民主日益感兴趣。哈贝马斯结合自身经历，主要通过分析西方式民主国家的优缺点以及他们面临的危机来完成自己批判理论的目标，这与罗尔斯通过与别人的对话，完成对自己理论的澄清似乎多少有些差别。需要说明的是，由于历史学家马丁·杰伊尊崇1968年一代的早期法兰克福学派理论家，法兰克福学派在美国受到欢迎，但是直至20世纪80年代后期，批判理论在学术圈仍被看作异类，甚至在进步知识分子之间被认为异乎寻

① 转引自［德］德特勒夫·霍斯特《哈贝马斯》，鲁路译，中国人民大学出版社2010年版，第177页。

常。随着新左派的衰落法兰克福学派重新被纳入学术界当中，在这中间，哈贝马斯贡献卓著，为批判理论中明显的形而上学和主观趋势提供了一种替代选择，也正是从他开始，奠定了后来的法兰克福学派诸如霍耐特和弗斯特等人的理论研究方向。

除跨学科研究之外，哈贝马斯对理想的捍卫也是不遗余力的。正如他在《作为示范者和解释者的哲学》中所指出的，哲学始终扮演双重角色，一方面判定其他科学是否合法，另一方面判定其他科学之间的关系如何。由于哈贝马斯哲学的理性功夫具有过人的天赋，他既不同于英美分析哲学的认识论、语言哲学和逻辑学，也不同于欧洲大陆哲学的主体不确定性理论，哈贝马斯认为理性是普遍的、基础性的，理性对我们的社会和个人的可辨基础就是规范性。哈贝马斯“理想的辩谈情境”开始了批判理论迈向分析哲学的第一步。

2. 对话形式：针对性依据

罗尔斯与哈贝马斯的直接对话是《哲学杂志》1995 年公开发表的两篇文章。哈贝马斯在谈到他与罗尔斯这场对话的时指出，罗尔斯和哈贝马斯早就开始接触。哈贝马斯认为重新审视与罗尔斯的辩论，阅读研究者们对这场世纪对话的深入评估并作出答复。诚然，哈贝马斯的答复带有一种不对称缺陷，这种不对称使人苦恼地看到，哈贝马斯比罗尔斯活得更长一些。这样的机会让哈贝马斯处于危险境地，因为他不能再继续担任对话的角色。鉴于这个我们都尊敬的高尚而慷慨的人，尤其是考虑到他杰出作品的重要性，这种偶然性就显得微不足道了。无论如何，没有人能在“没完没了的对话”中拥有最后发言权。回顾当时的辩论，编辑们提到了一个错失的良机。罗尔斯与《哲学杂志》协商，1991 年秋天邀请哈贝马斯来评论他的新作品，《政治自由主义》计划在哥伦比亚大学出版社出版。罗尔斯的《正义论》是实践哲学发展中一个划时代的转折，以此哈贝马斯感到自己被高估了。需要说明的是，罗尔斯与哈贝斯之间的通信一直提到哈贝马斯要写的“评论”。1992 年 5 月 26 日，罗尔斯寄给哈贝马斯一份手稿的副本，准备付印；1993年1月，罗尔斯感谢哈贝马斯的“评论”。直到1993年4月，罗尔斯寄给哈贝马斯一份刚出版的《政治自由主义》，并随信附上如释重负的题词：“我很高兴终于能把这本书寄给你了！”①

哈贝马斯道德哲学的核心在于以理性的假设取代道德的苛求，他的道德理论与罗尔斯1971年的划时代巨著《正义论》尽管存在分歧，但在道德哲学传统上是一致的，因此哈贝马斯称这些分歧是一种“家族内部争论”。1992年夏天，罗尔斯与哈贝马斯在巴特洪堡哲学学会展开了一场辩论，哈贝马斯就想借此表明他与罗尔斯道德哲学的特点，那就是尽管存在分歧，但共性大于差异。1995年，刚刚回到法兰克福的哈贝马斯在夫人的陪同下，参加了加州大学圣克鲁兹分校的学术会议。参加这次会议的有德沃金、艾米·古德曼、托马斯·内格尔和罗尔斯本人及其众多弟子。会议的重点也是讨论《正义论》，哈贝马斯在会上做了《“理性”与“真理”或世界观的道德》的报告，表达了罗尔斯的政治自由主义与自己康德式共和主义的区别。遗憾的是，自此之后两位受人尊敬的哲学同人再未谋面。更为不幸的是，罗尔斯在飞回波士顿的路途中罹患中风直到2001年11月去世。② 除了上文提到的在芬利森对罗尔斯与哈贝马斯对话中，哈贝马斯对批评者的回应中有对二者对话的回应，在2012年哈贝马斯在德文著作中《后形而上学2》③ 也给出了总结，可以说，这是哈贝马斯对罗尔斯理论所持立场的最终总结陈述。

从文本来看，哈贝马斯是最早分析罗尔斯正义理论的。《交往行为理论》《道德意识与交往行为》《证成与运用》《在事实与规范之间》和《包容他者》当中，哈贝马斯对罗尔斯的理论都有提到。从

---

① Gordon Finlayson and Fabian Freyenhagen, *Habermas and Rawls: Disputing the Political*, London/New York: Routledge, 2011, p. 283.

② ［德］斯蒂芬·穆勒-多姆：《于尔根·哈贝马斯：知识分子与公共生活》，刘风译，社会科学文献出版社2019年版，第311页。

③ Jürgen Habermas, *Postmetaphysical Thinking Ⅱ*, Ciaran Cronin (trans.), Polity, 2017.

罗尔斯这边看，他对哈贝马斯的回应只有一篇文章，那就是前面提到的《哲学杂志》发表的那篇文章。哈贝马斯曾经提到，《哲学杂志》的编辑 Michael Kelly 将罗尔斯与哈贝马斯设定为对立的角色，让他们展开争论。仅就文字数量上看，罗尔斯对哈贝马斯的讨论好像要少很多。因为从上面的介绍也可以看出来，哈贝马斯曾在多处讨论罗尔斯，并且专门写了讨论文章。如果从文献数量上看就认定二者的讨论是不对等的，那这就是错误的了，因为罗尔斯以其慎重的笔墨对哈贝马斯的批评展开回应，而且是以谨慎的分析笔法展现了二者的广度和深度。哈贝马斯曾经谦虚地指出，罗尔斯是他尊重的大哲学家，单单《正义论》就足以改变当时的哲学格局。

谈到对话，这里有一个问题需要讨论，那就是关于罗尔斯与哈贝马斯之间的讨论究竟是论争还是对话？首先，笔者要指出这种考察是一种哲学的考察，更倾向于二者之间是对话。原因有二：其一，从很多后面的研究者也可看到，大家也多用论争的意思。这是大家研究成果所直接体现的。按照对话的分析，应该能够包含这种对抗的意思。其二，罗尔斯与哈贝马斯的讨论，不管二者的意思是对抗的还是互补，都可以体现罗尔斯或者哈贝马斯的研究风格，并不是将对方的理论观点驳倒，而是在与对方的对话过程中逐渐将问题本身澄清，在这个过程中，不仅能够进一步将自己的理论推向深入，而且可以吸收对方的有益的东西，更能够体现二者之间的差异。这是对话的一个根本前提。因此，对话研究能够在肯定两者差异性基础上做综合的对话研究，通过视角转换分析二者共同的思想根源和思想联系，寻找对话的逻辑原因。

3. 对话内容：差异基础上的共性

商谈伦理学是哈贝马斯哲学的核心，哈贝马斯继承了法兰克福学派批判理论容易忽略的道德关怀。20 世纪 80 年代以来，哈贝马斯对商谈伦理学的研究交替使用“道德”和“伦理”两个术语，直到 1991 年才将这两个概念区分开来，用“商谈伦理学”来代替“道德的商谈理论”。20 世纪 90 年代以来，哈贝马斯修正了他的商谈伦理学，将商谈分为三类：道德商谈、伦理商谈和实用商谈。由于哈贝马斯对民主和法治的理论兴趣与日俱增，伦理商谈的概念越来越重要，但是他仍然坚持道德优先性。道德限定了伦理，伦理商谈是正当性的来源，道德允许的范围内伦理商谈发挥作用。

在这个问题上，美国政治哲学家罗尔斯的政治自由主义与其有较高的相似性。我们知道，罗尔斯捍卫了正当优先于善的命题，认为正当与善是两个互补概念。20 世纪 90 年代，哈贝马斯受了罗尔斯的影响，对商谈伦理学进行修正。罗尔斯认为，作为公平的正义必须是政治的而非形而上学的，现代社会不再具有文化同质性，包含了众多的世界观的完备性学说。所以，良序社会的基本结构就不能奠基于任何特定世界观的正确性之上，这就进一步认定了正义是政治的而非形而上学的命题的正确性。因此，哈贝马斯提出“规避策略”① 将冲突最小化，将有争议的道德和宗教价值观从政治论证过程中剔除。表面上看，政治证明诉诸普遍的世界观和价值观，这些观念能够跨越不同文化价值而获得普遍认可，这些价值就是罗尔斯所说的“重叠共识”的一部分。这些重叠共识的一个关键因素就是，社会是自由平等公民之间的公平合作体系，在罗尔斯看来是一个道德观念，但不是一种完备性学说，虽然能在完备性学说中产生共鸣。按照罗尔斯的理解，所有符合这个合理性标准的正当性观念都能够得到证明，但是与它们的正确性无关。也就是说，观念的真实性与政治合理性没有关系。

上面的例子表明，罗尔斯对哈贝马斯的影响有多重要。这也是他们诸多共同之处中的一个，本书着重分析罗尔斯与哈贝马斯之间的共同之处。第一，罗尔斯与哈贝马斯都接受理性多元论的事实；其次，二者都承认正当与善，或者说道德与伦理之间的重要差异，任何可靠的理论都必须将两者纳入进去；第二，二者一致同意正当对善的优先性；第三，两人都认为正当对善的优先性具有功能性的一面；等等。

---

① ［德］哈贝马斯：《包容他者》，曹卫东译，上海人民出版社 2018 年版，第 117 页。

但是，如此之多的共同点并不能抹杀他们之间的巨大差异。两者之间的著名论战就表明了他们之间的分歧所在。

第一，哈贝马斯认为在一个多元主义的社会中，世俗的道德具有优先性，而罗尔斯在这个问题上则带有不可知论色彩。比如，到底是宗教还是世俗生活决定了道德的本质，这是一个形而上学命题。哈贝马斯不同意罗尔斯的政治正义观，认为罗尔斯抛弃了正义观念的认知属性，只强调正义观念对维持社会稳定的功能性和目的性。而在罗尔斯看来，正义原则的合理性只与普遍接受性有关，而与价值本身毫无关系。哈贝马斯普遍的道德商谈原则（U）指出，当社会范式体现了普遍利益的前提并能够被所有人理性地接受，这些范式的合理性才能得到证明。道德正当性与有效性具有内在关联，类似于正确性。由此哈贝马斯提出了道德优先权的认识论基础，而不仅仅是道德优先权的功能基础。哈贝马斯的道德观念是一种知识，而不是对偶然价值观的表达。

对此，罗尔斯认为哈贝马斯把商谈伦理学建立在有争议的意义理论前提之上，不过是一种换了形式的新的形而上学。实际上，罗尔斯的政治哲学不仅回避了形而上学，还避开了哲学，政治哲学应该避免不必要的理论负担。其实，罗尔斯的看法应该是正确的，因为哈贝马斯的商谈伦理学框架与诸如意义、交往等有争议的哲学观点密切相关。但哈贝马斯还是要否认道德商谈理论属于形而上学的判断，而商谈理论则是一种特定的文化价值观念。道德商谈确保了一种具有形式主义的普遍性程序，这种程序没有任何替代方案，经过此程序的商谈参与者能够自己决定哪些是正当的道德，进而达成一致。于是，商谈就确立了道德许可的边界，伦理商谈也才能够继续。

在优先性问题上，罗尔斯与哈贝马斯之间的差异告诉我们，如果脱离了各自的哲学讨论语境进行抽象的比较，就会造成误解。罗尔斯的正当优先性观念与其政治哲学的独立性密切相关，以此为作为公平的正义提供基础，同时避免不必要的争议。而哈贝马斯的视野则较宽泛，他似乎对伦理、道德、政治和法律等社会层面都有兴趣，虽然他认为道德判断不应诉诸各自的文化价值观念，但他并不否认政治哲学像罗尔斯的那般独特。哈贝马斯认为政治哲学包含了解决争端的机制，并在三种不同的商谈中自由实践。

第二，在哈贝马斯的一系列著作中，哈贝马斯对伦理与道德进行区分[①]。只是后来他改变了这种区分，哈贝马斯把善纳入自己的正义构想之中，将正义当作所有人均等的善。[②] 正如在古希腊城邦中的个人，只有做符合正当性国家的公民，才能成为一个具有善的人，个人身份只能形成于向人格间关系的外化中维系主体间性的承认关系。[③] 这种罗尔斯与哈贝马斯之间的不同，在于哈贝马斯承接了马克思的解放观念，将人的公共信念与私人信念区分开来，人应当扬弃抽象的公民身份。对此，罗尔斯并不认同，他始终坚持道德观点与伦理观点的区分。所以，只要罗尔斯不进一步分析道德观点，只是将道德的多元论统一到道德基本原则之下，逻辑上必然会走入死胡同。如果要想克服掉这个弱点，哈贝马斯似乎是一条出路，将统一的道德与道德多元论结合起来。

第三，罗尔斯与哈贝马斯的另一个差别是，罗尔斯追求一种文化中所有人认可的，并且为行动奠基基础的正义构想。他从多元社会中的现实出发，认为只有具有一种普遍趋同性，才能公开讨论。托马斯·麦卡锡认为："只有可以合理地指望所有人都会基于某种共享正义构想，并对其表示认可的那些理由才能够被提出来。用一种否定形式加以表述，而这些理由绝对不应该显示出非普遍性的理论特点，无论这是道德的、宗教的还是哲学的学说。"[④] 罗尔斯写作

---

① Jürgen Habermas, *Justification and Application: Remarks on Discourse Ethics*, Cambridge: Polity Press, 1993, p. 105.

② ［德］哈贝马斯：《包容他者》，曹卫东译，上海人民出版社 2018 年版，第 67 页。

③ ［德］哈贝马斯：《包容他者》，曹卫东译，上海人民出版社 2018 年版，第 115 页。

④ Thomas McCarthy, "Kantian Constructivism and Reconstructivism: Rawls and Habermas in Dialogue", *Ethics*, Vol. 105, No. 1 (Oct., 1994), pp. 44 – 63.

《正义论》的目的就是让人们知道什么是正当的，什么是不正当的。[①] 麦卡锡认为这种观点哈贝马斯不会同意，哈贝马斯认为，所有道德原则都必须接受公共话语的检验。这有可能要放弃曾经取得的共识，达成新的一致。这一点同样适用那些已经得到认可且不具有永恒价值的原则。

以此来看，罗尔斯与哈贝马斯的理论构想与效用范围大不相同。我们知道，罗尔斯在欧美文化传统中阐发自己的正义理论的基本观点，也为这种文化传统确立了基本原则。而哈贝马斯并没有走上民族主义的狭隘的独特道路，而是走了一条跨文化的路径。因此，麦卡锡曾经敏锐地指出，哈贝马斯试图表明："我们的根本性道德直觉扎根于更为深层的、更为普遍的事物之中，而这就是我们传统的特点所在。"就此来看，哈贝马斯过高估计了趋同论的效用，如同麦卡锡一样，哈贝马斯的构想确实比罗尔斯的构想有更多优点。"赋予政治性商谈的参与者使命，寻找到一个共同的基础。"[②] 事实上，罗尔斯似乎也不理解哈贝马斯在何种意义上不是实质性的，而事实上，理想性话语的要求已经是实质性的了，"这一过程越是平等和公正，则它就越具有公开性，对参与者就越少强制，他们就越容易为那种更好的论证所引导，而所有受到影响的人们就越有可能接受那些真正普遍化的利益。这里，我们列举五种程序价值：不偏不倚、彼此平等、坦诚开放（不排除任何人的任何信息）、非强制性和相互一致，这些价值结合起来便能带来可普遍化利益以及所有参与人的一致性。这样的结果肯定是实质性的"[③]。实际上，根本就没有什么空洞的、无价值的、脱离语境的程序原则。之所以要强调理想的商谈要求，那是因为我们的文化中对于合理性具有极高要求。罗尔斯甚至猜测哈贝马斯看出自

---

① John Rawls, *A Theory of Justice*, Cambridge, MA: Harvard University Press, Revised edition, 1999, p. 25.

② Thomas McCarthy, "Kantian Constructivism and Reconstructivism: Rawls and Habermas in Dialogue", *Ethics*, Vol. 105, No. 1 (Oct., 1994), pp. 44 – 63.

③ John Rawls, *Political Liberalism*, New York: Columbia University Press, Paperback edition, 1996, p. 425.

己的构想是实质性的，哈贝马斯的观点“较之我的构想更为合适谦逊，‘由于对理性（合理）的意见和意志的形成过程更加信任，使得更多问题有待讨论’，哈贝马斯并不是说他把所有的实质性问题都看作是有待讨论的。在《事实与规范之间》的最后一段，哈贝马斯承认自己的构想不可能是纯粹形式的”[①]。哈贝马斯说：“就像法治国家本身一样，包括一个独断的核心：即自律的观念。根据这个观念，人类只有当他们所服从的法律也就是他们根据其主体间性地获得的洞见而自己制订的法律的时候，才是作为自由的主体而行动的。”[②] 哈贝马斯的构想方案应该是实质性的，从另一个方面来说，他的视野应该比罗尔斯的构想方案更加具有实质性。罗尔斯提到哈贝马斯的理想性话语的实质性条件，尤其使得规则的接受者和制定者有可能合二为一。这甚至比罗尔斯的正义原则更有效，当然，它在商谈中尚待应用。这同样意味着自律，也就是人自身行动规则的自行确立，而不是由哪怕是善良的他人确立起来。或许，这就是罗尔斯与哈贝马斯方案的本质区别所在。

4. 公共哲学：对话可能性

认同差异并不掩盖对话的可能性，这种共同性在于共同的哲学问题：公共哲学。根据《哲学杂志》编辑的设想，与哈贝马斯的商谈民主的程序主义相对应，罗尔斯的政治自由主义理所当然地被摆在了竞争性的立场上。在《论理性的公共运用：评罗尔斯的政治自由主义》一文中，哈贝马斯概括了三种基本的评价：第一，原初状态以及无知之幕的设置并未准确地塑造出正义原则，后者影响了正义的道义论观念；第二，根据“重叠共识”为政治的政治性观念进行公共辩护的理念，与认识的有效性并不对称，以此来换取正义概

---

① John Rawls, *Political Liberalism*, New York: Columbia University Press, Paperback edition, 1996, p. 426.

② ［德］哈贝马斯：《在事实与规范之间：关于法律和民主法治国的商谈理论》，童世骏译，生活·读书·新知三联书店 2014 年版，第 547 页。

念的中立性，这就导致了自由的基本权利凌驾于民主的合法性基础之上；第三，罗尔斯的政治正义观念意味着公民认同公共与非公共之间的严格区分，这种划分导致了消极自由置于政治参与之上，无法实现现代人的自由与古代人的自由之间的协调一致的目标。对此，罗尔斯展开激烈的回应，认为哈贝马斯的批评没有公正准确地对待他的立场复杂性，并且揭示了哈贝马斯立场的某些方面不如他自己的所领会的激进程度多。① 当然，哈贝马斯在后来的回应中进一步重申了自己的立场，认为罗尔斯的政治自由主义与哈贝马斯接近康德式的共和主义做了区别。②

我们发现，两人的分歧关键在于作为立宪民主正义理论之上的哲学实践理性构想，应该具有怎么样的性质和范围。实际上，虽然两人都采取了建构主义的方法来处理实践理性问题：他们都将立宪民主的正义原则等同于公民一致同意的恰当反思或者商谈的结果，但是，哈贝马斯更愿意相信，隐含在现代立宪民主中的合法性概念需要比罗尔斯更具完备性的实践理性理论有用。于是，哈贝马斯认为，罗尔斯关于理性的重叠共识的观念不足以为基本的宪法原则奠定合法性基础。如果它没有考虑到从共享的视角出发，根据同一理由，公民就不能使自己确信该原则的有效性。鉴于哈贝马斯的政治理论对道德和合法性做了重要区分，哈贝马斯认为这种作为“道德观点”的共享立场描述具有潜在的误导性，这种术语的变动能够反映一个基本事实，那就是公民为基本的宪法原则辩护的观点在抽象性和普遍性上与道德观点相类似。哈贝马斯进一步指出，这一视角隐含了说话者实际讨论中不可避免地要接受前提，以至于恰当的规范原则能够奠基于一种纯粹的程序主义方法。与之相对，罗尔斯拒绝了这一方法，他的理由是一种政

① Cf. John Rawls, “Political Liberalism: Reply to Habermas”, *The Journal of Philosophy*, Vol. 92, No. 3 (Mar., 1995), pp. 132–180.

② Cf. Jürgen Habermas, “Reconciliation through the Public Use of Reason: Remarks on John Rawls's Political Liberalism”, *The Journal of Philosophy*, Vol. 92, No. 3 (Mar., 1995), pp. 109–131.

治的正义理论必须是独立的，理性理论的任何部分都不能奠基在完备性的哲学学说之上，他着重指出了哈贝马斯的交往行为理论。罗尔斯是这样解释的，如果完全避免诉诸实质性的理念，没有一个正义理论能够是纯粹的程序正义的，就此而言，哈贝马斯的商谈理论也不例外。但是，他们重要的区别在于如何奠定各自的实质性原则的基础。在此，罗尔斯呼吁的是隐含在自由民主社会中的政治文化的规范理念，并且限制了理论的范围。哈贝马斯则认为规范的有效性是一种充分的普遍原则，并能够奠基于语言和行为的某些规范前提，而这些前提是交往行为者进行实践论证不可避免的预设。因此，就实践商谈程序来讲，这并不是一种关于理性人的完备的形而上学构想，而是规范性的约束来源。

不难看出，罗尔斯与哈贝马斯的核心立场都是基于他们各自对理性的公共运用的合法性功能分析，这种思路显示了二者从不同的路径来处理实践理性问题及意义。从两人的讨论可以看出，罗尔斯政治自由主义中关于公共理性的解释存在悬而未决的分歧。首先，在市民社会的背景文化中存在诸多思想的无限制碰撞，其中的实践及其理论提案都接受公开辩论；其次，参与者自由地诉诸他们各自的令人信服的理由，包括他们自身的各种完备性观点，并试图令同伴信服；最后，在这个公共论坛上，作为公平正义的政治正义观念，都必须是自我证明的。但是，当讨论政治关切事件时，政治社会以及公共理性观念成为参与公共政治生活的遵守典范，于是，一个被窄化的公共理性概念影响了罗尔斯政治正义的公共证成。因为，理性公民已经把政治观念嵌入了不同的完备性学说之中，私下证明了其正当性。如果为一种共享的政治观念进行公共辩护，就必须考虑具有理性的完备性学说的他人虽然基于不同的理由，但也必须赞同这种政治正义观念。这是因为完备性学说所表达的内容在公共变化中起不到规范的作用，也就不是一种进一步支持政治观念的理由。但是，不同公民出于不同的理由而赞成同一观念的共识却是受到大家尊重的。这种相互承认表现在公共理性的理想以及政治美德之中，在处理那些涉及宪法根本的政治议题时，必须避免援引自身的完备性学说。

哈贝马斯严厉批评了罗尔斯的这种观点。罗尔斯描绘了因公共辩护而产生的共识，奠定了现代宪法制度的正义原则与义务论内涵相一致，但是并不具备合理的动机。因为，重叠共识并不基于可共享的理由，公民们仅仅是观察到他们的同伴处于各自的理由接受了政治正义观念，却无法判断这种接受是否具有真实的理性基础。实质上，这是一种弱化了的公共辩护观念，这种做法使得罗尔斯坚持可公开辩护的理由只能够支持一种对合理性的弱化了的主张。但是，完备性学说的辩护却是需要广泛调动私人理由的，并且能够对道德的真理施以强有力主张。而哈贝马斯却认为，与形而上学与宗教世界观相连的善，不能要求正义原则具有普遍有效性。哈贝马斯认为关于公共理性的公开运用，以及一以贯之的程序主义观念，必然要求市民社会中非正式的政治讨论，还有在立法以及司法语境中关于宪法根本的公共商谈，都需要一个本质上的理性限制。当然，关于公共理性在实践中的运用，还涉及两人如何处理国际问题的分歧，等等。

罗尔斯与哈贝马斯针对“公共理性”问题做出的精致的理论研究表明，两者对公共哲学理论层次的定位不尽相同：罗尔斯对“公共理性”进行了较为严格的政治哲学限制，而哈贝马斯则更钟情于一种普遍理性的社会哲学。在罗尔斯看来，现代社会的根本危机源自人们各自持有不同的宗教学说、哲学学说和道德学说而逐渐丧失了共同的生活基础，功利主义的衰落和后现代主义的崛起日益瓦解了人们对社会制度的公共认同。罗尔斯将“公共理性”理解为一组文化多元论前提下理性的“重叠共识”所达成的政治正义原则。“公共理性”的实质“是一个民主国家的基本特征。它是公民的理性，是那些共享平等公民身份的人的理性。他们的理想目标是公共善，此乃政治正义观念对社会之基本制度结构的要求所在，也是这些制度所服务的目标和目的所在”①。而哈贝马斯坚持普遍性的进

① John Rawls, *Political Liberalism*, New York: Columbia University Press, Paperback edition, 1996, p. 213.

路，认为对“公共理性”的追寻必须通过复杂的社会观念以及实践批判，“一种新的、凌驾于国家之上的社会同一性，既同既定的领土无关，也不以既定的组织为准。世界性的社会的新的同一性，不能表现在世界观中……这种新的同一性应该可以视作理性谈话的基本根基①”。不难发现，就立场而言主要是“哈贝马斯和罗尔斯等当代理性主义社会哲学家们的立场，这一立场将公共哲学的主题确定在现代社会的公共理性及其运用的范围”②。

三　公共性主题：聚焦公共哲学

罗尔斯关注的焦点在于，在文化多元论的现代民主社会，一种道德理论如何获得普遍有效性？或者说一种伦理学如何成为现代民主社会的公共理性的基础？而《正义论》正是以这些问题为目标的，只是在立场上，正义论是一种道德理论；而在理论方法上，则追求一种普遍伦理学的方法。对于罗尔斯与哈贝马斯所讨论的共同话题，似乎我们可以称之为如何在多元社会里寻求共识，或者称之为政治统一与社会多元、公共性与私人性以及多元与普遍的关系问题。事实上，价值多元化是当今世界的一种普遍现象。既然罗尔斯与哈贝马斯的对话围绕价值多元化社会的公共哲学展开，那么首先看看公共哲学究竟是一种什么样的哲学。这就涉及对公共哲学的一般理解，这一部分主要讲述公共哲学的来源、公共哲学的基本理论、公共哲学的研究范式等等。最后，再回到罗尔斯与哈贝马斯公共哲学的对话。

1. 公共哲学的概念演变

公共哲学这个概念最先是由出生在美国的德国犹太裔政治评论家

---

① ［德］哈贝马斯：《重建历史唯物主义》，郭官义译，社会科学文献出版社2000年版，第113—115页。

② 万俊人：《公共哲学的空间》，《江海学刊》1998年第3期。

沃尔特·李普曼在论文集《公共哲学》[①] 中提出来的。新闻记者出身的李普曼虽然在这本著作中有了公共哲学的提法，但是对这一概念始终含混不清，甚至与西方政治哲学的概念相混淆："公共哲学被认为是自然法，但是这招致了巨大的语义学困惑。我相信这种哲学是西方社会体系形成的前提，而且在其他非西方共同体中无法正常远转。"[②] 李普曼的《公共哲学》主要有两大部分，第一部分是西方的没落（*The Decline of the West*），认为西方国家的衰老是公共哲学复兴的前提，第二部分才讲公共哲学。李普曼认为，我们应该回到古希腊时期的哲学当中追溯公共哲学的思想来源。

直到 20 世纪 80 年代，威廉姆·萨利文与罗伯特·贝拉进一步促进了公共哲学的发展，但他们的关注点在于美国社会的道德基础，为个人主义使得公众对公共生活的拒斥感到担忧。[③] 萨利文使用公共哲学这一术语来批判自由主义过分重视个人的权利而忽视了社会的作用，建议通过恢复托克维尔所说的公共精神，来重铸美国公民的道德和社会关系。贝拉通过人的心灵习性探讨公共哲学，在古代的公民传统与共和传统之间寻找个人主义的偏执意义。总的来看，萨利文和贝拉两者对公共哲学的思考主要是基于当时的美国社会及其遇到的各种困境，诸如越南战争等社会政治现实问题的思考。对公共哲学进行深入研究并进行系统阐释的是美国哲学家迈克尔·桑德尔，他参与到了 20 世纪 90 年代以公共理性为主题引发的学术纷争当中。他对这一时期的公共哲学的贡献主要是两部著作

---

① Cf. Walter Lippmann, *Essays in the Public Philosophy*, Transaction Publishers, 1955; Walter Lippmann, *The Public Philosophy*, New Brunswick, NJ: Transaction, 1989.

② Walter Lippmann, *Essays in the Public Philosophy*, Transaction Publishers, 1955, p. 101.

③ William M Sullivan, *Reconstructing Public Philosophy*, University of California Press, 1986. Robert NeellyBellah, Richard Madsen, William M. Sullivan, Ann Swidler, and Steven M. Tipton, (ed.), *Individualism & Commitment in American Life: Readings on the Themes of Habits of the Heart*, Harper & Row, 1987. 还有中译本罗伯特·贝拉：《美国透视——个人主义的困境》，张来举译，社会科学文献出版社 1992 年版。

《民主的不满——美国在寻求一种公共哲学》和《公共哲学：政治中的道德问题》。[①] 我们知道，桑德尔的哲学是从反抗罗尔斯开始的，他的公共哲学实质上是奠基在罗尔斯关于公共理性的争论基础之上的，罗蒂也参与了罗尔斯和哈贝马斯这一话题。针对公共领域悬置对道德和宗教的论证导致了政治话语的贫困化，桑德尔认为这侵蚀了道德自主与公民资源。

总地看来，这一时期的欧美公共哲学如火如荼，实现了理论自身的延续性。按照任剑涛的总结，公共哲学表现出了一些共同点：第一，对欧美世界的道德与社会状况忧心忡忡；第二，公共哲学家们集体往后看，试图开发古典公共生活的现代价值；第三，他们共同将西方主流的自由主义公共哲学视作导致所有社会政治问题的根源。[②] 事实上，公共哲学对公共权力的限定、对公民组织与国家社会空间以及市场运行的法律机制，等等，都没有进行深入的分析和强有力论证，这实际上正是公共哲学所要关注的焦点。值得注意的是，这一时期的公共哲学更多的是关注公民个人的道德生活，侧重政治体的构建与制度设计。

在亚洲，近年来日本学者也提出了构建公共哲学的设想。21 世纪第一个十年，在英语世界之外的日本学界曾就公共哲学探索与学科间的对话展开了一场学术运动，并产生了一些创新项目。近来，日本东京大学的校长佐佐木毅与金泰昌共同编著的十卷本丛书《公共哲学》，就反映了类似的研究努力。这些成果在 2009 年 6 月，由中国人民大学的林美茂等教授翻译出版了一套 10 卷本的《公共哲学》丛书，向

① Michael Sandel, *Democracy's Discontent*: *America in Search of a Public Philosophy*, Cambridge, Mass. : The Belknap Press of Harvard University Press, 1996. 中译本为《民主的不满——美国在寻求一种公共哲学》，曾纪茂译，江苏人民出版社 2008 年；Michael Sandel, *Public Philosophy*: *Essays on Morality in Politics*, Harvard University Press, 2005. 中译本为《公共哲学：政治中的道德问题》，朱东华等译，中国人民大学出版社 2013 年版。

② 任剑涛：《公共的政治哲学》，商务印书馆 2016 年版，第 5—6 页。

国人介绍日本学界的研究。[①] 其中最著名的要数山胁直司，他提出一种在21世纪作为一门综合性跨学科的跨国公共哲学观念。[②] 他认为西方的公共哲学19世纪末引入东亚国家，首先在现代日本引起了争论。

历史地看，公共哲学一直是西方哲学研究的优势传统。从古希腊苏格拉底、柏拉图和亚里士多德开始，中经近代启蒙思想家直到当代欧美哲学诸多名家，如罗尔斯、哈贝马斯和桑德尔等，都是这一传统的缔造者和传承者。追寻公共哲学的古典传统可以追溯到2000多年前的亚里士多德，他的实践哲学由伦理学、政治学和修辞学等组成。这种被视为公共哲学源头的哲学在中世纪对欧洲甚至整个世界产生了深远的影响，被认为是共和主义的公共哲学源头。西方进入现代以来，这种传统逐渐在欧洲发生了转型，以霍布斯、卢梭和康德为代表的社会契约论传统延续了公共哲学的光芒。我们熟知的卢梭的公意，是这一思想的典型表现。关于康德的公共哲学，在《永久和平论》中有所表现，康德认为这是为世界公民而写，并非为了一个特定国家。更为关键的是，康德的"公共理性""公共正义"等观念被看作世界公民的必备权利，上升到国家层面乃至国际层面。在某种意义上，卢梭和康德为后来的思想家探讨公共性问题提供了两个基本的路向。实际上，卢梭的"公意"具有绝对神圣的性质，但他又明确提出"公民宗教"。其实，康德强调一种面向公众并且公开运用的"公共理性"，这是一种普遍的遵守法则或绝对命令，所以他特别强调以权利和义务相结合的立宪和法治。后来，黑格尔把问题变得复杂化了，他认为不仅国家自我，甚至欧洲自我，都在公共的空间中扮演最重要角色。他在《法哲学》中描绘的新欧洲实际上是对康德世界主义的拒斥，将立宪国家的主权视为重要的公共机构，国家通过人民的自由实

---

① 这套丛书是由东京大学校长佐佐木毅和未来世代综合研究所金泰昌所长共同主持，包括《公与私的思想史》《公与私的社会科学》《日本的公与私》《欧美的公与私》《国家、个人和公共性》《从经济角度看公私问题》《中间团体开拓的公共性》《科学技术和公共性》《地球环境与公共性》《二十一世纪公共哲学的地平线》。

② ［日］山胁直司：《作为21世纪一门综合性跨学科的跨国公共哲学观念》，《第欧根尼》2011年第2期。

现合法化。但是，黑格尔非常看重世界历史，认为这才是人们自由的价值所在。黑格尔成了欧洲中心主义的代表，公共哲学也带有这一特色。黑格尔去世后的欧洲民族国家逐渐得到发展，以一种冲突的方式得以实现，尤其是德国与法国之间。这一时期，欧洲最认同的是公认偏爱国家身份，而不是国际身份。

这种背景下的公共哲学传到美国，公共哲学的观念才第一次出现在了李普曼的著作当中。李普曼的“公共哲学”将公共性视作政治与社会哲学的主题凸现，实际上是对当今世界政治、经济和社会发展进程的一种感悟。人类进入20世纪以来，我们的生活发生了剧烈变化，一方面，经济发展日益全球化，另一方面，政治与文化发展日趋多元化。在这个“全球化”时代，“一体化”和“多元化”并存，公共性问题成为人类面临的主要课题。西方现代性社会的实质是市民社会，它象征了公民的权利自主与人格独立，这种社会需要具备现代社会精神气质的人格类型。这是人类的一种新的存在范型。在这种范型中消弭了自我—个人与社会的两极相峙，使社会不再是个人—自我的异己存在，而是社会就是自我—个人的。在这种存在范型中，消解了个体之间的普遍对立，使个体不再是作为个体的，而是作为个性—自我的存在。在这种存在范型中，社会呈现出多元性特征，且社会在这个结构中进一步分化，但是，同时社会的整合能力又空前增强，它是自由的，又是有序的。在这种范型中存在的自我—个性化与社会的公共机构的强化，是两个基本方面。个性化是多样化、多元性、单独性、民间性，社会化是统一性、一元性、共同公共性。社会公共机构一方面是有效的社会管理机构，另一方面又得到公民的有效监督与制约，社会公共机构是公民的且是为了公民的，这是一个多元社会的存在范型。

中国的公共哲学研究始于20世纪90年代。研究者们从政治学、经济学、社会学、法学等多学科多角度论及与公共哲学相关的问题。由于公共哲学的这一学科特点，同时作为一种新型的哲学形态，它的研究对象本身也不固定，因此公共哲学作为一种学科从一开始诞生起

就具有明显的跨学科性和交叉性。根据袁祖社的分析，目前中国学者对什么是公共哲学的理解和定位有三种观点：①

第一种是“公有现实说”。其中，“公有现实”是指人们实践活动所创造的、我们共有的生活现实。这种观点认为，公共哲学就是一般意义上的西方传统哲学，其根本特征是对公共性的追求。由于哲学是根植于公有现实的一种理论形态，公有现实就成了公共哲学的起点和归宿，也就决定了公共哲学的“公共性”特点。西方哲学对公共性的追求实际上是一种理性主义逻辑和诉求。在“公共性”的背后，一方面是人的“类”意识的觉醒、本质觉醒，另一方面是这种对公共性的追求始终以一种极端的、独断的理论形态表现出来。这种公共哲学是一般社会公众的哲学，它所关注的中心就是公共领域。

第二种是“广义的社会政治哲学说”。由于人们认定哲学是一种爱智慧的学问，“公共哲学”的概念限定在对人类的公共生活智慧的追求范围内，而公共生活世界的形成是人类社会进步的重要标志。因此，公共哲学应该有独特的论题和层次，而不能把公共哲学看作囊括一切社会问题的解释系统。于是，当作哲学的一个分支的公共哲学，被看作一种现代的“公共行政哲学”，这种公共哲学以公共部门的行政为研究对象。公共行政哲学的基本范畴是公共与私人，这对范畴是分析政府行为的逻辑起点。作为国家形态的公共行政，其特点就在于它的“公共性”。

第三种是“交往实践说”。这种公共哲学作为全球化时代的实践反思与精神表现，交往实践体现了公共哲学的范式与特征。在这种意义上可以说，公共哲学就是交往实践哲学。原因有二：其一，公共哲学是相对于“启蒙哲学”而言。启蒙哲学从大写的、抽象的人出发，强调人类对全球范式的先验规范性，只有同质性而没有公共性；而公共哲学首先承认多元主体的存在及其相互之间的差异，进而区分公共领域与私人领域，认为公共领域的前提是承认多元的、差异化的私人

---

① 参见袁祖社《全球化与市场社会“公共生活”合理性的理性审视与价值吁求》，《哲学动态》2004 年第 3 期。

领域，强调在多元差异的主体间进行交往和对话，力争达成共识，并找寻合法性的规范基础。这种公共哲学换句话说就是在多元基础上寻求公共性。其二，交往实践观之所以成为公共哲学的基本视界，还在于公共哲学承诺了基本前提是差异主体，交往实践具有双向建构功能。

事实上，关于公共哲学的讨论汗牛充栋，涉及的问题广泛、内容丰富，大家的讨论也是莫衷一是、各抒己见。但有一点是肯定的，公共哲学肯定是关涉“公共”的各种学术讨论。虽然汉语学界没有系统性讨论公共哲学的著作，但是公共哲学的论域应该被清理出来，否则，各种关于公共哲学的讨论便成了无源之水、无本之木。尽管以公共冠名的各种学术问题甚嚣尘上，尝试讨论各种政治、经济、社会、文化和管理等公共问题，但是并没有一个让人满意的能够达成广泛共识的理论范式。实际上，在各个社会科学研究方法允许的范围内，那些试图以哲学的方式处理关于公共的具体问题似乎都能纳入公共哲学的范畴。或许，这也是公共哲学这一哲学的学科分支在目前的研究困境所在。比如，按照任剑涛教授的理解，根据处理公共问题的学科特点，就可以将公共哲学划分为如下几个层次：政治哲学层次、行政哲学层次、民主管理层次和公共工艺层次等。①

2. 公共性问题成为公共哲学的主题

公共哲学的首要困难是如何确立自己的主题和范围。尽管现代哲学家在理论立场和哲学方法上存在不少歧见，但有一点却是共同的，那就是他们都共同承认当代文化多元论的基本事实。由于文化多元化与全球化，一个立足全球文明的公共空间得以构造，新的公共生活世界开始形成，共同构成了人类发展的重要标志。公共哲学就是这一过程中人类对公共生活智慧的追求。具体来说，公共哲学的主题是公共理性及其公开运用，而公共哲学的话语几乎涵盖了社会的基本结构，

① 任剑涛：《公共的政治哲学》，商务印书馆 2016 年版，第 32 页。

包括政治体制、经济体制、文化观念形态、社会生活和公共事务等各个方面。事实上，如果确定了公共哲学的理论限度也就相当于确定了公共哲学的主题和空间，也就明确了公共哲学要说些什么。只有弄清公共哲学可以说些什么，我们才能进一步讨论公共哲学的表达方式以及如何才能进行清晰完整的理论论证。

本质上讲，哲学研究具有超越感性和无常的特点，把那些经验的、有限的、非本质的、变动不居的内容指向普遍的、确定的、公共性的终极目标，试图追寻现实存在中的合法性前提，以此为各领域间的对话和解释提供前提和基础，当然，这种形式是以概念以及逻辑的形式展现出来，同时表现为逻辑自洽的统一性。如果从哲学的角度就国内关于公共性问题思考进行总结，我们会发现如下几点：如何确立公共哲学的研究对象、如何找到并阐释公共哲学的核心主题、如何分析建构公共哲学的理论实质以及如何展现公共哲学研究的规范和逻辑。但是公共性问题本就属于多种学科交叉重叠，而且许多公共性问题具有实证性质，造成了客观上对这一问题的哲学研究稍显薄弱，哲学的表达方式也不一致，而且缺乏形成优势学科的条件，导致我们的研究不是自觉地集体参与进来。也就是说，我们目前的研究水平尚处在初级阶段，属于浅层次的提出问题、确定主题话语、确立问题意识、界定言说领域等阶段，尚未形成公共哲学系统研究的规范效应。

虽然国内学界对公共哲学上述不同看法表明，大家对什么是“公共哲学”在理解上存在一定差异，但是大都敏锐地觉察到全球化过程中中国社会需要大规模、高质量、深层次的“公共生活”，在这种公共社会中呼唤与之相适应的“公共理性”来发挥规范作用。这意味着不同观点之间确实存在深层的共通之处。从当代公共哲学的基本特点和价值追寻来看，具有以下几个规定性。

首先，公共哲学是全球化时代一种新的哲学形态，代表人类哲学发展的新趋势、新方向。20 世纪 80 年代以来，西方新自由主义迅速崛起，社会政治哲学逐渐取代语言哲学。于是，人文学科各个领域不约而同地展开了对社会公共秩序与个性自由和社会公正等普遍性问题的探索。以普遍存在的社会公共问题为研究对象的公共哲学表明，公共哲学从其一开始就立足于既一体化同时又存在着明显差异的人类生存现实。因此，就其理论形态而言，它不是西方传统哲学框架内的哲学体系的简单延续；就理论旨趣来说，它既不是以追求对象本体性以及世界终极解释为特征的本体论哲学，也不是近代以“自明”的“我思”为特征的近代启蒙理性哲学；就现实表现而论，它毋宁是对它以前旧哲学观念与形态的一种批判和扬弃的结果；就研究方法而言，它不追求对世界的同质性或者独断论解释，而是致力于寻求多元的主体间沟通、对话和理解的方式。它是一种平等的宽容的平权主体间的哲学，是一种生活态度、一种生存智慧。

其次，公共哲学是一种新的理性主义哲学。它努力探寻一种人类所共同需要的、旨在维系人类社会公共生活秩序的公共理性。这种公共哲学倡导公共文化与价值。这种新理性主义的公共哲学具有以下特征：第一个特征是重新规范了人自身，第二个特征是重新规范了人与人之间的相互关系，第三个特征是重新规范了人与自然之间的关系，第四个特征则综合了以上三种关系，这四个方面相互契合而构成一体。这种新理性主义的公共哲学也不同于以往的基督教理性主义，也不同于笛卡尔以来的一切理性主义，它立足于变化的社会现实，真正面向人类自身的生活世界，积极主动地认知、变革世界，协调处理各种社会矛盾与价值冲突。

最后，当代公共哲学着力再造立足于现实的生活世界，崇尚一种新的社会公众哲学。它着眼于培养现代意义上的世界公民的公共精神气质、公共人格与公共责任意识，致力于人类价值理想的当代重建。开启了西方社会现代化之门的启蒙运动和产业革命，带来了两方面后果：一方面，启蒙运动催生了现代人，放弃了诸如身份、等级等封建社会的桎梏和中世纪的神学压迫，使个体理性得以解放与自我价值得以高扬；另一方面，产业革命使人类劳动生产力飞速增进，逐渐摆脱了必然王国的奴役。而现代人的真正确立，则更有赖于自我的中心化以及自我扬弃。

人类步入21世纪，就预示着进入了“新全球化时代”，这在本质上属于现代公共性实践与反思的时代。公共哲学作为一种未来哲学发展演化的可能形态，理性地表达了人类生存的智慧。公共哲学立足全球公民背景下的生存情境，以全球意识和普遍思维为工具，批判地反思整体性“共在”“共生”和“共享”等经验事实，努力对人类公共生活的合理性与公共智慧不断追求，并试图揭示其价值内涵，以实现人类理性存在的文化自觉。于是在这种对全球化境遇中普遍现代性的偏执与本民族精神演进史规律的反思中，实现中国当代哲学发展的公共哲学转向，已经成为哲学思想发展的新气象。从概念本质上讲，公共领域不仅发生在一个国家内部，而且越来越受到全球化的影响。就其现实来看，当代公共领域面临公众参与度逐渐降低、国家与市民社会的距离加大，公共资源正在枯竭、公共产品分配不公、公共机构是否合理等合法性危机等一系列困境。这些困境的解决不只是一个国家的事件，更是全球化的需要。解答诸如文化、交往与公共性等的问题需要公共哲学。换言之，多元化交往使得公共性问题成为时代主题，公共哲学成为替代解答方案。从启蒙哲学到公共哲学的转型，正是这一时代需要的体现。公共哲学是时代实践的反思与精神表现，其基本形式是交往实践。就其本性来说，全球化时代的公共哲学是对多元主体交往的公共性问题的解答，是具有强烈的主体间性向度的哲学。

顾名思义，公共哲学是关于人类社会存在与发展的“公共问题”的理性反思。在理论层面上，它体现了人类对公共理性的反思与追求。从逻辑上讲，如果人类有公共生活，那么就必然面对公共性问题；如果人类有对公共问题的思考，那么就有对公共性问题批判和超越的公共哲学。关键的问题在于，公共哲学所谓的“公共问题”其本质究竟是什么？这是研究公共哲学必须要回答的关键问题。只有明确了这个问题，才能澄清公共哲学的本质；只有厘清公共哲学的问题域，才能真正明确公共哲学的理论诉求和价值追求。公共问题有广义和狭义之分，广义的公共问题关涉人类具有普遍意义的文化价值与实践问题。在这种意义上说，所谓公共问题是指关于宇宙和人生的普遍性、一般性和总体性的问题。狭义的公共问题，只关涉个人以外的社会政治生活。在这种意义上说，公共问题是指一般的社会政治问题，它关注社会生活的公共秩序与制度建设。公共哲学旨在讨论公共领域中的哲学问题，它既包括一些政治哲学，同时又包括法哲学和道德哲学。也就是说，它讨论的问题并不都属于政治哲学。比如，讨论公与私到底有无区别，公共道德与私人道德有无区别以及如何区别，等等。当然，公共哲学探讨公共领域的哲学基本问题对我们具有十分重要的现实意义。就内容和倾向而言，对公共哲学的探索不一而足、各有不同。但有一点是明确的，那就是公共哲学都承认寻求公共性具有迫切的必要性，都承认确实存在这样一种公共性基础。如果一个充分的社会只有多样性而没有公共性，那它根本无法生存。我们甚至可以说，越是文化多样性与价值多元化成为常态的社会，就越有必要寻求这种公共性。否则，如果一个社会缺少公共性多元化，那么这个社会的根基将慢慢消解。

在一种现代社会中探求公共哲学，公共伦理是一个绕不开的话题。公共伦理是公共哲学的题中应有之义，而且在公共哲学中占据优先地位。一般的哲学专注于本体论、认识论和逻辑学，公共哲学主要考虑价值和规范问题。而作为实践哲学的伦理学，则包括各种价值追求和行为规范的厘定，在这种意义上说，它包含了公共哲学的主要内容。一种严格的规范伦理学主要是对社会制度与个人道德的规范性及其理论依据的探讨，关涉人们作为团体或个人的社会行为，这应该得到公共哲学的优先关注。如果从伦理学的角度对公共哲学做一初步界定，还有许多问题需要进一步探讨：比如，如何理解“公共性”的含义；现代社会如何划分公共领域和私人领域，如何区分公共事务与私人事务；面对中国文化传统和政治社会现实如何构建公共哲学等；这种公共哲学与公共理性、公共权力、公共服务以及公共知识分子等范畴之间如何联系，等等。

当然，从理论发展的前瞻性来看，“公共哲学”仍然不是现实的存在，还只是一个可能的存在。但是，作为一种建设性的哲学反思方略，我们终将需要一种国际视野和天下一体的气度，以此来建构一套以全球共识与价值理解为基础的现代公共哲学这一新的形态。在这种意义上说，“公共哲学”将担负探寻、重建具有时代特色的“公共性”主题。以罗尔斯与哈贝马斯对话为契机，对公共哲学的公共理性主题的理解、阐释，在某种程度上已经决定了公共哲学未来的发展趋向，这将为我们开辟一个全新的、综合的公共哲学领域，终将成为当代哲学繁荣发展的理论突破口。在当前全球化与市场经济背景条件下，公共哲学的出现契合了当代中国“公共社会”建设的时代主题，它着力于中国公共社会建设中的突出难题与一般公共哲学的前瞻性与适应性研究，此外，还可借此进一步探索公共哲学的研究范式对推进中国哲学的发展所具有的方法论意义。

四 罗尔斯与哈贝马斯：一个公共哲学对话

公共哲学（在哈贝马斯那里相当于社会批判理论，在罗尔斯、诺齐克那里相当于政治哲学）在现代西方争论颇为热烈，自由主义与新自由主义、自由主义与社团主义、保守主义与激进主义之争构成了一幅幅多姿多彩的理论画卷。本节主要讨论罗尔斯与哈贝马斯在公共哲学主题上展开对话是何以可能的？具体而言，对罗尔斯与哈贝马斯对话所进行的分析包括：第一，从文本学的角度看，二者确实存在对话，国内外相关研究文献比较丰富；第二，从对话的主题看，二者之间确实是围绕公共哲学展开对话，这从相关的研究文献也能看出来，这里梳理了国内外针对此主题的研究文献；第三，从对话的本质来看，为什么是对话而不是论争，这要具体分析论争与对话之间的差异，得出为什么是对话，除对话的含义更广泛之外，这种研究范式对于哈贝马斯与罗尔斯围绕公共哲学的讨论更能得出符合我们的研究成果，那就是基于一种西方学术经验，尝试提出一种综合的公共哲学。这种对话不仅表明他们的思想形成具有历史一致性，而且表明他们的思想在逻辑上也是相当一致的。通过对相关研究成果的分析，我们可以揭示这两种哲学传统的共同思想根源以及它们之间可能存在的思想联系，从而寻得二者之间开始交流乃至融合的逻辑原因。

1. 对话的文本学分析

（1）罗尔斯与哈贝马斯的直接对话：

21 世纪“分析”和“大陆”哲学的划分产生了令人遗憾的结果是，延缓了这两种发展与不同的实践理论在我们这个时代的相遇。我们知道，罗尔斯和哈贝马斯已经沿着康德的实践哲学开出两种不同的路线。尽管有些不同，他们仍然足够紧密以至于他们的不一致深有教育意义。这种讨论不仅在德语世界，在英语世界也很广泛。1992 年秋哈贝马斯《在事实与规范之间》的出版，以及 1993 年春罗尔斯《政治自由主义》的出版，使得这种讨论逐渐变得清晰起来。以这些作品为起点，笔者试图将这种对话推向深入。以罗尔斯为代表的英美分析哲学为一方与以哈贝马斯为代表的欧洲大陆哲学为另一方之间的讨论，对话的焦点在于正义与真理及合理性的关系、政治自由主义等问题。

罗尔斯和哈贝马斯这两位风格迥异的哲学大师在进入 20 世纪 80 年代以后，哲学思想均发生了重要变化。为了更好地了解两人的争论，这里有必要简要地介绍其主要变化。罗尔斯在 20 世纪 80 年代中期以后改变了对正义的理解或解释，其中包括他有关真理和合理性在正义中的地位的观点。众所周知，《正义论》是罗尔斯在 1971 年出版的被称为当代西方政治哲学重要的著作之一。在该书中，罗尔斯基本肯定正义与真理和合理性不可分开。他指出：“正义是社会制度的首要美德，正像真理是思想体系的首要美德一样。一个理论如果不真实，则无论它如何雅致和经济，都要被抛弃或修改。”① 可见他是将正义与真理问题紧密联系在一起考虑的。而且他还指出，关于正义的理论是关于合理性理论的一部分。但到了 1985 年，罗尔斯的观点却

① John Rawls, *A Theory of Justice*, Cambridge, MA: Harvard University Press, Revised edition, 1999, p. 3.

起了重要的变化，他在这一年发表的《作为公平的正义：政治的而非形而上学的》和两年后发表的《重叠共识的理念》这两篇论文反映了这种变化。他认为政治正义不需要包含真理观念，因为政治意义上的正义理论的特点之一正是它有“认识论上的节制”，这里即指它不讲求真理。罗尔斯在1993年出版的另一部重要著作《政治自由主义》中进而将这一观点作了系统阐述。显而易见，罗尔斯的这些变化在保持其正义理论最基本观点的同时亦为适应整个西方哲学向“后现代”方向的转变作了相应的调整。

与此呼应，在欧洲大陆的哈贝马斯亦发生了哲学转向，只是与罗尔斯恰恰相反。哈贝马斯肯定合理性与真理在人类实践中的重要地位和作用。他在1981年在德国出版的两卷本巨著《交往行为的理论》中，通过阐释马克斯·韦伯的理性理论来系统论述他自己有关交往理性的理论，强调合理性在人类实践中的重要地位。他认为，欧洲社会的现代化主要表现为理性化的普遍历史过程，并从文化、社会与个性这三个不同的领域一一作了说明。他提出交往实践是所有人类实践的基础，交往理性是人类理性的核心与基础，而交往理性的三大准则之一便是真理。正好与罗尔斯欲使真理淡出正义观念的努力相反，哈贝马斯转而强调真理是人类交往与实践的基础。

这两位哲学家在哲学转向上的差别最终导致一场引人注目的哲学论战。哈贝马斯1992年在德国出版《在事实与规范之间》一书时就已拉开了论战的序幕①。由于事关重大，美国哲学界有意让两位哲学家通过争论来系统阐述各自的观点。1995年3月，在哥伦比亚大学出版的《哲学杂志》执行主编迈克尔·凯勒（Michael Kelley）的撮合下，两人展开了激烈的交锋，由哈贝马斯攻擂，罗尔斯守擂，在该杂志上你来我往，将他们数年来的争论推上了一个新的起点，亦让世界哲学界更清楚地了解了他们的理论分歧所在。在许多不同的场合，哈贝马斯讨论罗尔斯的正义论，特别是在其开创性的著作《道德意识与

---

① ［德］哈贝马斯：《在事实与规范之间》，童世骏译，生活·读书·新知三联书店2014年版，第70—80页。

交往行为》[①] 中，在其补充性的“商谈伦理学评论”（《证成和应用》）中，在他 1981 年的文章 *Treffen Hegels Einwände gegen Kant auch auf die Diskursethik zu?*[②] 中，在《哲学杂志》与罗尔斯的理论交锋，以及他的杰作《交往行为理论》中。罗尔斯与哈贝马斯的论辩逐步展开，是哈贝马斯对其交往理性理论的详细阐述。实际上，两卷本的《交往行为理论》保留了一个对罗尔斯的外围暗示。官方公开的罗尔斯与哈贝马斯的争论，仍然是由纽约哥伦比亚大学的编辑迈克尔·凯勒在《哲学杂志》转载 1996 年罗尔斯《政治自由主义》的文章。哈贝马斯进一步评论罗尔斯的回答，是在 1996 年发表的《包容他者：政治理论研究》和在《卡多佐法律评论》（*Cardozo Law Review*）以及一个由迈克尔·凯勒编辑的罗尔斯与哈贝马斯辩论的多卷本。1997 年，罗尔斯在《芝加哥法学评论》（*University of Chicago Law Review*）（夏季号）上发表了《公共理性新论》一文，对自己以往的观点进行了修正，其中一些明显受到了哈贝马斯的影响，也可以视为对后者批评的简洁回应。该文后来被收入《万民法》一书第二部分的第三节，标题为“民主社会中的宗教与公共理性”。

1995 年，哈贝马斯在夫人陪同下参加了加利福尼亚大学圣克鲁兹分校举行的会议，参加这次会议的有德沃金、艾米·古德曼、托马斯·内格尔还有罗尔斯及其学生。会上重点讨论罗尔斯 25 年前的《正义论》，哈贝马斯做了《“理性”与“真实”》[③] 的报告，进一步阐述了罗尔斯政治自由主义与哈贝马斯康德式共和主义的区别。此

---

① Jürgen Habermas, *Moral Consciousness and Communicative Action*, C. Lenhardt and S. W. Nicholsen (trans.), Cambridge, MA: MIT Press, 1990.

② 该文翻译并收录在英文版的《道德意识与交往行为》中。Cf. Jürgen Habermas, “Morality and Ethical Life: Does Hegel’s Critique of Kant Apply to Discourse Ethics?” in *Moral Consciousness and Communicative Action*, C. Lenhardt and S. W. Nicholsen (trans.), Cambridge, MA: MIT Press, 1990, pp. 195 – 216.

③ 此文先被哈贝马斯收录在《包容他者》中，后又被詹姆斯·戈登·芬利森和法比恩·弗里耶哈恩的《哈贝马斯与罗尔斯：关于政治的争论》收录，Cf. James Gordon Finlayson and Fabian Freyenhagen, *Habermas and Rawls: Disputing the Political*, London/New York: Routledge, 2011.

后，罗尔斯在飞回波士顿的途中得了中风，直到2002年11月去世，哈贝马斯与罗尔斯再未谋面。[①] 进入21世纪以来，哈贝马斯出版了一本著作，进一步对罗尔斯的观点做了回应和总结，这本书就是《后形而上学思想2》。[②] 需要说明的是，这本书里面有哈贝马斯对罗尔斯进一步回应的一篇文章，这篇文章也被同时收录在《哈贝马斯与罗尔斯：关于政治的争论》（*Habermas and Rawls*: *Disputing the Political*）中。

（2）西方学者对罗尔斯与哈贝马斯对话的典型研究

首先提到的是三本著作，按时间先后顺序依次如下：肯尼斯·贝恩斯的《社会批判的规范性基础：康德、罗尔斯与哈贝马斯》[③]，主要探讨了作为康德主义的罗尔斯与哈贝马斯之间的异同。托德·亨德里克的《罗尔斯和哈贝马斯：理性、多元论与政治哲学的诉求》[④] 综合评价了第二次世界大战后两个杰出的政治哲学家：罗尔斯与哈贝马斯。这两个人的问题是，我们如何在强制性法律的规定下自由并自律，我们如何使用我们的理性来公正地实践我们的政治权利。在多元的现代民主国家，公民不可能对社会规范在关注私人与社会的完备性形而上学或者宗教学说的基础上达成一致；这两个哲学家因此促使关于为了理性的公共运用如何规范地绑定框架基本的问题是可能和证成的。亨德里克探索了保障罗尔斯政治自由主义的理性观念，以及支撑哈贝马斯立宪民主国家的程序观念的交往理性理论。这本书挑战了当今英美世界流行的罗尔斯主义，而捍卫了哈贝马斯常被人知之甚少的作为较好选择的理论。詹姆斯·戈登·芬利森和法比恩·弗里耶哈恩

---

① ［德］斯蒂芬·穆勒-多姆：《于尔根·哈贝马斯》，刘风译，社会科学文献出版社2019年版，第310页。

② Jürgen Habermas, *Postmetaphysical Thinking Ⅱ*, Ciaran Cronin (trans.), Polity, 2017.

③ Kenneth Baynes, *The Normative Grounds of Social Criticism*: *Kant*, *Rawls*, *and Habermas*, Albany: State University of New York Press, 1992.

④ Todd Hedrick, *Rawls and Habermas*: *Reason*, *Pluralism*, *and the Claims of Political Philosophy*, Stanford University Press, 2010.

的《哈贝马斯与罗尔斯：关于政治的争论》[1] 的论文集，其中约瑟夫·希思（Joseph Heath）认为正义是先验的而非形而上学的，安东尼·西蒙·拉丹（Anthony Simon Laden）认为尽管罗尔斯与哈贝马斯的家族纷争始于康德主义，最后却分道扬镳，雷纳·福斯特（Rainer Forst）分析了罗尔斯与哈贝马斯的对话中的正义的证成，詹姆斯·格莱德希尔（James Gledhill）认为在罗尔斯与哈贝马斯的争论中，哈贝马斯挑战了罗尔斯关于哲学和政治学之间的关系的可能性，克里斯多夫·麦克马洪（Christopher McMahon）讨论了二者关于道德公正的问题，凯瑟琳·奥达尔（Catherine Audard）探讨了罗尔斯与哈贝马斯论政治领域中的宗教，杰弗里·弗林（Jeffrey Flynn）从罗尔斯与哈贝马斯的辩论扩展出两种人权范型，詹姆斯·博曼（James Bohman）从超越重叠共识角度，论述罗尔斯与哈贝马斯的世界主义界限；最后哈贝马斯给出了总的回应。

佩里·安德森在其文集《思想的谱系——西方思潮左与右》[2]中，通过平行并置和错综比较，对“分属于政治领域中的左、中、右三派”的当代数位思想家和作家做了一番“光谱扫描”。对哈贝马斯的《在事实与规范之间》与罗尔斯的《政治自由主义》进行了比较分析。在第二部分哲学系列中，佩里·安德森首先以《设计共识：约翰·罗尔斯》为题，详细地评述了罗尔斯的《正义论》《政治自由主义》等诸多作品的具体特征。其中，安德森鲜明地指出了《政治自由主义》一书存在的严重问题和弊病：“它在结构方面的组织很差，带有太多由互不关联的讲义拼凑起来的痕迹，有很高的重复率，同时又缺乏独立的研究方向。它属于作者对其早期名著进行修订或辩护的特有次品，仅有的成绩在于为早期作品造了一个乏味的影子。”在第五章《规范事实：尤尔根·哈贝马斯》中，安德森主要围绕《公共领

---

① James Gordon Finlayson and Fabian Freyenhagen, *Habermas and Rawls*: *Disputing the Political*, London/New York: Routledge, 2011.

② Perry Anderson, *Spectrum*: *From Right to Left in the World of Ideas*, London: Verso, 2005.

域的结构转型》《在事实与规范之间》《沟通行为理论》等一系列专著进行了深入论述。特别是在《公共领域的结构转型》一书中，哈贝马斯鲜明地指出现实社会问题的焦点逐渐从工具理性转向了后来的沟通理性：不是对自然的征服，而是人们之间的共识，而这种共识是在一个新兴的公共领域中通过理性批评式的观点交换来达成的，并且独立于绝对主义的权利。众所周知，哈贝马斯是当今享有世界声誉的一流思想家，“公共空间”的理论日益被多数人所熟悉。哈贝马斯在研究当今社会“公共空间”的时候，主要通过连续性的制度回路——婚姻家庭、文字世界、咖啡屋和沙龙、周刊和小说、流动的图书馆和报纸，以及导向资产阶级立宪国家顶峰的民法典，来进一步追溯公共领域的崛起。他还指出，出版、印刷、广播等传播手段的逐渐大众化，日益摧毁了真正独立的公众群体。此时，文化不再是某种批判理性的单一领域，而蜕变成为一种意识形态的精神消费。哈贝马斯认为，当今社会的许多政治决策已经远离议会，不再反映公正无私的辩论中达成的理性共识的结果，而是反映不同博弈势力的特殊利益之间的妥协，这可以说切中肯綮，一语道破了西方资本主义政治制度的极大秘密。

有代表性的论文有：托马斯·麦卡锡的《康德主义的建构和重构：罗尔斯与哈贝马斯的对话》,① 作者首先回顾了罗尔斯与哈贝马斯之间的文本对话，以这些作品为起点，在此我将试图将这种对话推向深入。假定读者们至少熟悉罗尔斯正义论的大概轮廓，麦卡锡在第一部分描绘哈贝马斯关于道德与政治理论的基本特征。在第二部分，作者从哈贝马斯的视角发展出一条对罗尔斯的批判理论。在第三部分，有一个来自罗尔斯视角的对哈贝马斯的反对线索。需要说明的是，这种辩证的考察不是为了终结在任何意义上的讨论，而仅仅是为了在一定的方向上点出来，这就是第四部分所要详细阐述的。罗尔斯有一种“观察者”视角。查尔斯·拉莫尔的《政治自由主义的道德

---

① Thomas McCarthy, “Kantian Constructivism and Reconstructivism: Rawls and Habermas in Dialogue”, *Ethics*, Vol. 105, No, (Oct., 1994), pp. 44 - 63.

基础》[①] 中，哈贝马斯曾把他与罗尔斯之间的争论称作“家庭内部”之争。本书通过对这场争论的细致比较，阐述了作者对政治自由主义的道德基础的理解。对罗尔斯而言，自由主义的正当性原则之所以要强调合理的同意，其根源在于尊重人的原则；对哈贝马斯来说，商谈原则所享有的政治权威同样来自尊重人的原则。罗尔斯的“独立性”和哈贝马斯的“自主性”都是表面的，罗尔斯不应那么“保守”，哈贝马斯不应那么“激进”，政治自由主义必须亮明自己的道德立场。Nythamar Fernandes de Oliveira 的《公共理性新论的批评：康德作为罗尔斯与哈贝马斯的仲裁者》[②] 认为，罗尔斯和哈贝马斯批判继承了康德的认知主义、普世主义和大众解放的自律理念，试图给出关于公共性的政治文化的原始理解，康德可以被认为是站在罗尔斯和哈贝马斯之间的仲裁者。梅丽莎·耶茨的《罗尔斯和哈贝马斯论公共领域中的宗教》[③] 这篇最近的文章认为，哈贝马斯赞同罗尔斯的政治自由主义。像罗尔斯一样，他认为法律和公共政策应该在中立性条件下才是正当的，也就是说人们持有相互冲突的世界观可以相互接受。哈贝马斯也像罗尔斯一样区分了理性宗教的公民（他们应该包含有公共话语的观点）和那些非理性的公民（他们期盼理性公民自我现代化）。但在分享罗尔斯主义的这些特性时，哈贝马斯容易收到一些相同的针对罗尔斯的反对意见。在本书中，笔者评估了哈贝马斯克服两种经常针对罗尔斯的意见：一是宗教公民不公平的被期待在公共话语中分裂他们的身份，二是公民的负担不对称地分布。笔者认为，他虽然可以克服第二个问题，但是第一个仍然是个问题。Funda · Gencoglu-Onbasi 在《民主、多元主义和公共理性的理念：罗尔斯与哈贝马斯

---

① Charles Larmore, “The Moral Basis of Political Liberalism”, *The Journal of Philosophy*, Vol. 96, No. 12 (Dec. ,1999), pp. 599 – 625.

② Nythamar Fernandes de Oliveira, “Critique of Public Reason Revisited: Kant as Arbiter Between Rawls and Habermas”, *Veritas* , 45/4, 2000, pp. 583 – 606.

③ Melissa Yates, “Rawls and Habermas on Religion in the Public Sphere”, *Philosophy Social Criticism*, Vol. 33, 2007, pp. 880 – 891.

的比较视角》[1] 中认为，公共理性的概念由当代两位最具影响力的政治思想家哈贝马斯和罗尔斯发展，以及当代公民的概念，公民社会和公共领域的观念，等等，都试图处理棘手的差异和平等之间的关系。这篇文章以一种比较的视角分析了两个概念化的公共理性，关键是他们彼此太重要而不能分离开，更不能被忽视。尽管哈贝马斯本人描述了对罗尔斯的批评是“家族内部纷争”，他表示以一种“友好的”批评方式；以此方式也可以发现罗尔斯理论的优点，本书坚持对公共理性的使用，是基于罗尔斯与哈贝马斯之间概念的不同。詹姆斯·A. 邓森三世在《理论的谦逊：哈贝马斯与罗尔斯论哲学的角色及其与公共话语的关系》[2] 中指出，罗尔斯与哈贝马斯共同面临的问题：在现代社会中，那些有着不同的、往往是不可通约的善念的个人能否和平共处？现代社会，具有分歧的并且不相容的善理念（观念）的个体如何和平相处？作者认为哈贝马斯的回答与罗尔斯的回答有个显著不同。首先，讨论了理论的作用，他们都同时认为理论具有主体间性的作用；其次，是否每个人的形而上学的和宗教的信仰包含在公共话语之内，还是应该被限制在私人领域。这个问题是关于“完备性学说”的，也是罗尔斯与哈贝马斯之间不同的最根本之处；最后，作者考察了每个人的哲学的作用及其与公共话语的关系。作者认为，罗尔斯和哈贝马斯的理论都具有某种“谦逊”，但希望拒绝罗尔斯完备性学说与公共话语的分离，而倾向于哈贝马斯所宣称的那样，宗教的和形而上学的信仰是公共的政治的话语的一部分。

川本隆史指出，罗尔斯与哈贝马斯的对抗“雷声大雨点小”。笔者推测，其中的一个原因可能是哈贝马斯专门以方法论为目标，并没有深入罗尔斯正义原理内部进行探究。从《历史唯物论的重

① Funda Gencoglu-Onbasi, “Democracy, Pluralism and the Idea of Public Reason: Rawls and Habermas in Comparative Perspective”, *CEU Political Science Journal*, Vol. 6, No. 3, 2011, pp. 433 - 457.

② James A. Dunson Ⅲ, “Theoretical Modesty: Habermas and Rawls on the Role of Philosophy and its Relationship to Public Discourse”, *Practical Philosophy*, January, 2008.

建》（1976 年）发表时开始，哈贝马斯就一直与罗尔斯纠缠不清，在《交往行为理论》（1981 年）的基础上构想了《协商伦理学》，并在《道德意识和交往行为》（1983 年）一书中指出：设定了原初状态的罗尔斯和康德同样认为，所有的个人都能够以单独实现基本规范的正当化为目标。其结果是，罗尔斯否认在原初状态中提出的各个原理是参与社会基本制度讨论的人们共同提出的。但是，在道德的议论中应该解决的课题不能如罗尔斯那样唱独角戏般解决，而需要大家的共同努力。我们应该追求的是当事人全体共同参加的“实际的”议论。这段文字招致喝倒彩：如果不是独角戏，而是对话，就什么都行吗？但是，在本次讨论中，伟大的哈贝马斯已经进一步阐明了这个问题的意见。就是说，他认为哲学的作用应该限定在“阐明道德观点和民主的正统化程序、理性的讨论以及分析谈判”上。哲学应该把此时此刻必须解答的实质性问题交给生活者的聪明才智去解决。即便如此，也并不是不允许哲学家（扮演的不是权威者的角色而是知识人的角色）参加公共性的讨论。哈贝马斯与罗尔斯都想要面对现实社会存在的问题，虽然他们的姿态存在微妙的差异，但是都在努力探求社会学和伦理学在现代能做些什么。我想以二人的理论实质为线索，在日本继续努力一步一步开展福柯的“再问题化”工作——“重新审视自明的东西、被认为公理的东西，动摇各种习惯、思维与行为方式，扫除一般通用的根深蒂固的观念，重新测定各种规则和制度。”因为罗尔斯本人也已经着手做动摇支配国际关系的公理和共同观念的工作。①

（3）国内学者对罗尔斯与哈贝马斯对话的研究分析

国内对罗尔斯与哈贝马斯的比较研究，主要是以论文的形式呈现，以主题来划分如下：

---

① ［日］川本隆史：《罗尔斯：正义原理》，展献兵译，河北教育出版社 2001 年版，第 187—189 页。

①公共性问题：[1]

艾四林：哈贝马斯和罗尔斯都秉承了康德的永久和平观念，探讨如何从民族国家走向世界大同，都试图对康德在《永久和平论》中所表达的和平理想加以改造，但二人的路径不尽相同。赵祥禄：罗尔斯的无知之幕限制了公共理性，道德哲学不应该放弃道德真理的追问，哈贝马斯的道德商谈模式更能保证社会的团结。杨礼银：罗尔斯将争取民主的公民不服从问题纳入他的正义论体系，但罗尔斯的这一论述也有其缺陷，哈贝马斯在公民不服从问题上给出了更有说服力的论述。谭安奎：罗尔斯的政治领域与哈贝马斯的公共领域之间的关系，构成了二人理论争论中最独特且最持久的方面，这两个领域之间被设定的冲突其实是一场误会，前者是一种议题，后者是一种空间。

②对正义的理解：[2]

陈勋武、顾速：讨论了罗尔斯与哈贝马斯之争的理论焦点是正义是否包含真理。贾中海：以哈贝马斯为代表的欧陆哲学同以罗尔斯为代表的分析哲学围绕正义问题展开了关于事实与价值、共识与真理关系问题的论战。王晓升：哈贝马斯和罗尔斯都主张把道德正义和政治正义区分开来，哈贝马斯强调道德正义在政治正义中的作用，而罗尔

① 这些文章有，艾四林：《康德和平思想的当代意义——哈贝马斯、罗尔斯对康德和平思想的改造》，《复旦学报》（社会科学版）2004 年第 4 期；赵祥禄：《论哈贝马斯与罗尔斯对公共理性的争论》，《山西师大学报》（社会科学版）2007 年第 5 期；杨礼银：《论罗尔斯和哈贝马斯的“公民不服从”理论》，《武汉大学学报》（人文科学版）2009 年第 4 期；谭安奎：《议题与空间：罗尔斯与哈贝马斯之间的一场误会》，《中国人民大学学报》2010 年第 6 期。

② 这些文章有，陈勋武、顾速：《正义是否包含真理？——罗尔斯与哈贝马斯有关正义理论之争》，《哲学动态》1996 年第 12 期；贾中海：《哈贝马斯对罗尔斯事实与价值关系二元论的批判》，《学习与探索》2005 年第 3 期；王晓升：《正义制度建构中道德因素的作用——罗尔斯和哈贝马斯方案剖析》，《社会科学辑刊》2008 年第 1 期；冯颜利、张朋光：《哈贝马斯的正义观与当代价值——兼论哈贝马斯与罗尔斯正义观的主要异同》，《华中师范大学学报》（人文社会科学版）2013 年第 5 期。

斯对此则根本否认。冯颜利、张朋光：哈贝马斯是当代著名思想家，他在与罗尔斯的争辩中发展和完善了自己的正义思想。与罗尔斯以“原初状态”为前提、以政治正义为本质、以自由平等为核心的正义理论不同，哈贝马斯立足于理想的市民社会和生活世界之背景，以社会交往和主体间性学说为理论基础，提出和论证了以“理想语境”为前提、以程序正义为本质、以“合法性”为核心内容的正义学说，期冀通过人们之间的理性商谈这种合理程序来促进社会公平正义的实现。

③对共识的追寻：[①]

最早讨论罗尔斯与哈贝马斯对话的是何怀宏，对罗尔斯、哈贝马斯的共同课题，我们也许可以称之为是在一个多元社会里寻找共识，或者说多元与普遍的关系问题，这是最早论述。童世骏：点明了罗尔斯与哈贝马斯之见关于“共识”的差异，还认为罗尔斯的国际政治理论作为一种“虚拟对话的普遍主义”，介于自由民族主义的“独白的普遍主义”和哈贝马斯的“对话的普遍主义”之间。顾肃：指出两人的分歧主要集中在真理与社会共识的关系问题，即真理是否为政治社会成员达成共识的唯一基础或必要前提。罗尔斯并不否认真理可以是一个基础，或者共识可能包含真理，但他否认真理是达成共识的唯一基础或必要条件。而哈贝马斯则坚持这种必要条件关系，即有共识必然有真理，无真理即无共识，共识必然包含真理。罗尔斯认为两者是或然关系，哈贝马斯认为是必然的确定的关系。英美分析哲学传统下的自由主义者采取更加宽容的立场对待正义问题，并不要求社会的正义唯一地对应于真理。

---

①　这类文章有，何怀宏：《寻求共识》，《读书》1996 年第 6 期；童世骏：《关于“重叠共识”的“重叠共识”》，《中国社会科学》2008 年第 6 期；童世骏：《国际政治中三种普遍主义——伊拉克战争以后对罗尔斯和哈贝马斯的国际政治理论的比较》，《华东师范大学学报》（哲学社会科学版）2003 年第 6 期；顾肃：《论自由正义理论的道义基础》，《哲学分析》2011 年第 6 期。

④对政治的证明：[①]

万俊人指出，当代社会政治哲学的两位大师第一次正式开始对话意义非凡，哈贝马斯的书评与罗尔斯的回应文章占据了著名的《哲学杂志》1995 年 3 月号的全部版面。周赟认为，罗尔斯、哈贝马斯创设了一种程序论理论，对多元时期的法之合法性问题予以了强有力的回应。高玉平提到，罗尔斯提出了非完备性的政治证明方式，哈贝马斯提出程序主义的证明方式。程序主义的证明方式没有割裂政治与道德的关系，政治哲学不能脱离伦理信念的支持。胡军良、薛冰分析了哈贝马斯与罗尔斯这两位当代康德主义者虽都以"准先验主义"的理路来重建公共领域的规范基础，但却陷入了"家族内部之争"的重重迷雾之中。二者争论的焦点主要表现在："对话共识"与"重叠共识"之争；"程序正义"与"实质正义"之争；真理与正义相连还是"真理与正义相离"之争。明辨这些论争，将有助于我们认识他们在道德哲学运思上的理论秉性，把捉二者在政治哲学诉求上的基本实质。崔平认为，围绕现代民主法治国之合理性问题，罗尔斯和哈贝马斯提供了两种截然不同的道德论证，二者之间存在思维方法、哲学立场、论证结构上的根本差异，以致互相之间实际上不可对话和难以融通。

值得一提的是，2000 年《浙江学刊》第 6 期以罗尔斯与哈贝马斯争论为契机，组织了四篇文章，从不同的角度对此做了比较深入的探讨。包利民的文章通过对争论的分析，考察了建立现代制度伦理的"理想主义"的不同途径，并明显倾向于罗尔斯；盛晓明的文章则侧重于揭示哈贝马斯在结合多元与一体、理想与现实上比罗尔

---

① 相关文章有，万俊人：《进退之间》，《读书》2000 年第 5 期；周赟：《论程序主义的合法性理论——以罗尔斯、哈贝马斯相关理论为例》，《环球法律评论》2006 年第 6 期；高玉平：《从哈贝马斯与罗尔斯的争论谈道德哲学与政治证明的关系》，《道德与文明》2009 年第 4 期；胡军良、薛冰：《哈贝马斯与罗尔斯"家族内部之争"的三重迷雾》，《理论导刊》2010 年第 12 期；崔平：《当代西方正义理论的深层分裂及其哲学根源——以哈贝马斯和罗尔斯为视角》，《天津社会科学》2013 年第 1 期。

斯的高超之处；应奇（提出是一种对话）的文章考察了两人在综合自由主义与共和主义上的各自方式与得失；孙仲的文章从“另一个阵营”出发，对整个理想主义的构想本身提出质疑。郁喆隽[①]认为宗教世俗化命题所预言的宗教衰落和私人化并没有如期而至。进入21世纪，宗教在全球范围内更多地进入了公共领域，成为重要的公共话题讨论的参与方。大西洋两岸重要的政治哲学学者不约而同地关注到这一现象。从20世纪90年代末起，美国政治哲学家罗尔斯和德国社会理论家哈贝马斯各自就“宗教能否进入公共领域”的问题进行了系统的讨论。他们从不同的立场进行阐发，触及了新自由主义和话语伦理学的核心预设与理论，并引发了一系列重要后续讨论。在这一过程中，他们也分别对各自的原初立场进行了修订。基于《政治自由主义》《在自然主义与宗教之间》等文本，作者分析了罗尔斯和哈贝马斯的分歧。

2. 对话主题界定

通过上面的分析可以看出，毫无疑问，这些讨论文本是罗尔斯与哈贝马斯的对话，但是，我们应该深入分析哲学讨论，究竟是围绕什么来的。分析两种理论的差异揭示其相似性，指出蕴含的深层公共哲学问题及其思考方式，具有鲜明的问题意识和广泛的深入性。与我们认定“哲学”是“爱智慧”原始意义，那么我们对“公共哲学”的定义则应该首先将其限定在人们对公共的生活智慧的追求。从对话的主题看，二者之间确实是围绕公共哲学展开对话的。这种公共的生活世界是人类社会文明的重要标志，她的形成及其运作与人类理性的公共运用有着同样重要的意义。

罗尔斯与哈贝马斯对现代社会的“公共理性”问题予以关注，而且曾经给出了深入细致的理论分析。罗尔斯认为，功利主义的衰落以及后现代主义的兴起正在逐步瓦解人们对现代社会制度的基本认同。

---

① 郁喆隽：《宗教应当/可以进入公共领域吗？——罗尔斯与哈贝马斯之争》，《宗教社会学》2016年第四辑。

由于现代社会危机的根源来自人们各自持有的互不相同的宗教学说、哲学学说、道德学说等完备性学说，导致人们逐渐丧失了共同的生活基础。于是，罗尔斯将公共理性理解为在理性多元论的前提下合乎理性的达成重叠共识而加以遵循的基本政治原则。这些原则包括民主立宪的合法性原则、政治的中立性原则以及诸如自由、平等和正义等社会的基本政治理念。罗尔斯认为公共理性的实质是："公共理性是一个民主国家的基本特征。它是公民的理性，是那些共享平等公民身份的人的理性。他们的理想目标是公共善，此乃政治正义观念对社会之基本制度结构的要求所在，也是这些制度所服务的目标和目的所在。"①

而哈贝马斯则秉持与罗尔斯不同的普遍理性主义进路，哈贝马斯坚持对"公共理性"的追寻，必须通过复杂的社会观念以及实践批判来进行，只有这样，多元文化和多种理性之间的对话与形成对话所需要的语言、语境以及言述的语用学条件，才能不言而喻地成为公共哲学的基本课题。对此，哈贝马斯认为："一种新的、凌驾于国家之上的社会的同一性，既同既定的领土无关，也不以既定的组织为根基。新的同一性，不可能再由从属关系或成员资格来决定——如果从属关系或成员资格有正式规定，那么，这些从属关系或成员资格由参加和退出的条件来专门加以规定（例如国籍、党籍，等等）。甚至，集体的同一性，今天也只有以反思的形式才是可以想象的，也就是说，集体的同一性是在具有普遍的和同样的机遇参加这样一些交往过程的意识中建立起来的，在这些交往过程中，同一性的形成是一个连续的学习过程。"② 后来，哈贝马斯接着说，"一个正在形成的世界性的社会的新的同一性，不能表现在世界观中；虽然它必须——如果这种新的同一性应该成为对后传统的自我同一性的类似于结构的补充的话——

---

① John Rawls, *Political Liberalism*, New York: Columbia University Press, Paperback edition, 1996, p. 213.

② ［德］哈贝马斯：《重建历史唯物主义》，郭官义译，社会科学文献出版社2000年版，第113页。

设想使普遍主义的道德起作用”①。但是，这种新的同一性可以视为理性基本规范，而这无疑会与集体的同一性相对立。

不难看出，罗尔斯与哈贝马斯等当代理性主义哲学家的目的在于对西方传统的社会政治哲学进行根本性的重构，从而保证“公共哲学”具有对社会政治问题的公正解释能力。基于这种认识，他们各自有各自的立场：公共哲学的主题是现代社会的公共理性及其规范运用。有所不同的是，罗尔斯对公共理性有着较为严格的限制，体现了他的政治哲学特色；而哈贝马斯更注重系统化的普遍理性主义的社会哲学。虽然他们之间的差异并不是根本性的，但无论以何种方式来探寻公共理性，对公共理性主题的确证最终可以凸显公共哲学作为人类社会文明与公共生活智慧的基本特征，从而获得了公共哲学的理论自律。

历史地看，由于人类社会的复杂性，无论如何我们都不能把公共哲学看作囊括所有社会问题和社会层面的系统解释。我们也不能从私人或个人的哲学立场上来理解，这应该是以一种哲学的方式界定公共哲学的最起码的方式。当然，结合前面的论述和公共哲学特有的主题和层次来看，我们更倾向于将罗尔斯与哈贝马斯等理性主义哲学家们的立场，确定为在现代社会中理性的公共运用，或者说公共理性及其运用。相较而言，罗尔斯的“公共理性”有较为严格的政治哲学限制，而哈贝马斯的“公共理性”则更侧重于一种系统化了的普遍性的理性主义社会哲学。因此，罗尔斯与哈贝马斯对公共哲学的理解就其理论层次来讲就出现了不同的定位：罗尔斯以严格的政治哲学视角认为公共理性是一组理性多元论前提下的“重叠共识”所达成的政治原则。这些政治原则包括民主立宪的合法性原则、政治的中立性原则以及诸如自由、平等等社会的基本结构理念；哈贝马斯则遵循普遍理性主义的进路，认为公共理性必须通过复杂的社会观念和实践批判，实行多种文明与理性之间的对话，并形成对话所必需的语用学和语言学

---

① ［德］哈贝马斯：《重建历史唯物主义》，郭官义译，社会科学文献出版社2000年版，第115页。

条件。如此，我们可以说罗尔斯与哈贝马斯的对话顺理成章地揭示了公共哲学的主题。需要说明的是，虽然罗尔斯与哈贝马斯的两种思路都在努力摆脱传统的形而上学思维框架，力图让针对公共哲学的讨论避免各种先验主义或本质主义前提预设基础所带来的不可证明性。但是罗尔斯对公共哲学的严格政治哲学限定，实质上是将对公共哲学的讨论限制在了一种较低的理性化层次，即罗尔斯提出的“最低限度的最大可能性规则”。而哈贝马斯普遍的理性主义立场则保持对公共哲学的相对较高的理性化诉求，即哈贝马斯对公共商谈必需的“理想语言”的语用学分析鲜明地揭示了哲学的意向。

虽然哈贝马斯将罗尔斯严格的政治哲学与哈贝马斯的社会批判理论在公共哲学的主题范围与理论层次上称为“家族内部的分歧”，这并不具有根本性的差异，但是，他们对传统社会的政治哲学或者社会哲学重构才是根本性的。我们知道，西方政治哲学的传统起源于柏拉图和亚里士多德的城邦国家理论，后在罗马帝国的斯多亚派理论中得到充分扩展，其后在文艺复兴中发展出的政治和法律理论成果，成为现代西方民族国家政治哲学的滥觞。直到 17 世纪，从霍布斯和洛克到康德和黑格尔，再到功利主义的实质性理论有所突破，诸如民主、民权和政体等基本观念，以及社会阶层的划分理论，还有自由、平等和博爱等基本理念等异彩纷呈、不一而足。但是，关于社会政治哲学的主题界限以及论证方式却呈现出某些不变的连贯性，即以大一统式的哲学方式来思考哲学问题——公共哲学。因为 20 世纪以前的哲学被冠以“科学之母”的名义，况且对人类社会事务的哲学解释无法避免“普遍人性”的前提预设，这一时期的政治哲学都带有先验色彩和主题被泛化的特点。进一步讲，无论从哪个角度看，我们都不能把公共哲学解释成包括所有社会政治问题的系统理论。事实上，即便相对于个体哲学或者私人哲学，公共哲学的界限标示也不能这样来理解。因此，确定公共哲学的主题及其论证方式是我们研究公共哲学的首要前提。

由于上述历史背景，当代政治哲学与社会批判理论不可避免地受其影响，总体上体现了公共哲学的优越性。就其指向来看，以罗尔斯为代表的政治哲学，与以哈贝马斯为代表的社会批判理论在公共哲学上有许多共同特征，这对我们的研究来说提供了可以遵循的逻辑理路：其一，对道德形而上学的回避促使我们确立公共哲学的理论边界，并且巩固了公共哲学的理论地位，在现实的实质性层面体现了对公共哲学的解释和制度实践成为可能。其二，不论以何种方式来追寻公共理性，我们对公共理性的公共性主题确认最终能够凸显公共哲学作为人类文明与公共智慧的普遍特征，从而使得公共哲学获得理论自律的品格。其三，公共哲学的理论取向在实践上能够满足现代人类对日益社会化和分层化的知识的需求，在理论上能够对现代社会科学和人文科学的交叉综合研究提出更高要求这一新的发展趋势。其四，在传统知识权威与现代学术语境的转换过程中，作为分支的公共哲学为哲学发展开辟了新的研究课题和论证方式。

就罗尔斯与哈贝马斯而言，笔者认为哈贝马斯在《公共领域的结构转型》1990 年版的序言中有一个很好的概括。哈贝马斯指出，罗尔斯等人论述了如何合理地解决那些具有道德特征的实践问题，即政治问题。这实际上是一种道德视角，从这个视角出发，人们能够不掺杂任何党派色彩而对什么是共同的利益做出判断。不管人们如何表达并阐述普遍原则和道德准则，他们的广泛讨论表明，普遍利益以及代表普遍利益的规范是坚实的基础。而哈贝马斯则认为，他尝试提出了一种商谈伦理学，通过商谈和辩论的方式来解决道德实践问题。商谈伦理学不仅要从辩论必要的实际前提所包含的规范成分中获取一种普遍道德标准，这一准则本身与现实规范的有效性要求和商谈方式相连。只要一切可能的当事人担负辩论参与者的角色，无论他们是否赞同，都会制约规范的有效性。也就是说，在涉及政治问题的道德内核时，对这些问题的解释依赖于一种公共的辩论实践机制。①

---

① 参见［德］哈贝马斯《公共领域的结构转型》，曹卫东等译，学林出版社 1999 年版，第 25 页。

3. 论争还是对话?

罗尔斯与哈贝马斯围绕公共哲学进行对话，这属于比较哲学的范畴。在肯定两者差异性基础上做综合的对话研究，通过视角转换分析二者共同的思想根源和思想联系，寻找对话的逻辑原因。

推动和加强西方哲学的比较研究是我们西方哲学研究的应有之义。在总结近年来西方哲学比较研究工作的基础上，今后的研究似有以下几点要注意：首先，不能只满足于对西方哲学的一知半解，而应当尽量做到全面和深入，把握其实质。其次，要重视和发扬西方哲学的优良传统，要看到各种哲学的优势，在哲学的比较研究中不能妄自菲薄，否则也是一种片面性。再次，虽然两种哲学有很大的不同，但不能因过分强调这些不同而满足于简单的类比，使我们的研究流于肤浅，我们特别需要通过西方哲学比较研究创造出真正能体现二者共同智慧的哲学成果。最后，西方哲学比较研究必须促进我们自己的哲学事业的发展。中国学者研究西方哲学，绝不是为了造出一个黄皮肤的“西方”哲学家，而是为了中国哲学事业的发展和促进世界哲学文化的交流。中国哲学家应当在自强不息、兼容并蓄的基础上，写出真正能反映时代精神和具有原创性的哲学著作。

从研究领域和属性角度来看，罗尔斯与哈贝马斯围绕公共哲学的对话研究属于现代英美哲学与欧洲大陆哲学之间的比较研究。如前所述，在西方哲学研究中有这样一种观点或者态度，即喜欢把以分析哲学为主的英美哲学，与以现象学与存在主义为主的欧洲大陆哲学对立起来，甚至造成了某些严重的隔阂。当然，西方学者在不同场合会承认这样的对立与隔阂，尤其是在他们的研究以及著作中往往表现出二者之间的不同。与之相对，我们也应当看到，近年来西方哲学的发展也呈现出两种思潮合流的趋势。① 针对西方哲学的这一发展趋势进行比较研究，中国学者具有某种独特的“旁观者”优势。这体现在，既

① 参见江怡《语言问题：一种思维模式的选择——论现代英美哲学与欧陆哲学的合流》，《中国社会科学》1991 年第 2 期。

能使得我们的研究更加深入西方哲学的论域，同时又能凸显“中国特色”这一切入点。近年来，国内学者在这方面进行了一些研究，取得了一定的成果。他们认为，虽然英美哲学与欧洲大陆哲学的风格殊异，但它们毕竟有共同的思想根源和历史传承，也有许多共同旨趣，可以成为它们理论交会点的共同论题，其中语言问题、意识的意向性问题等即为其例。而且两大思潮本身也不是独善其身的，而是既有理论上的互动，也有理论建构的共同基础，比如可以将语境主义看成连接两者的桥梁。本书的研究正是在这一基础上展开的。

之所以会出现两条研究路径，强调二者之间的对抗或者竞争，原因有二：一是由于在西方哲学研究中有这样一种观点或态度，即乐于强调以分析哲学为主调的英美哲学，与以现象学、存在主义为主调的欧洲大陆哲学的隔阂和对立。一些西方学者在不同场合承认这样的隔阂或对立，或在他们的著作中表现出两者的明显不同。二是罗尔斯与哈贝马斯的理论交锋经过罗尔斯放大以后，发现二者是站在各自的立场或者理论体系内展开讨论，所以，表面看来二者是在竞争，而非沟通或者对话。应当说，在某种表达或者术语的相似性上，我们很容易判断罗尔斯与哈贝马斯两种思想或者理论观点之间的异同。通过分析两种理论之间的差异来揭示出他们之间的相似之处，则需要我们付出更多的努力。在一定意义上说，通过差异去寻找并认识相似性，远比在相似性的基础上理解差异更为困难。我们对罗尔斯与哈贝马斯之争的理解正是试图按照这种思路展开。当然，这种研究的目的不是简单地表明两者理论之间存在的差异，而是要表明在二者之间可能发生某种潜在的变革。这种变革，不仅仅是指哲学家之间比以往更为密切的交往上，而是在思想上，或者说他们所指出的深层次哲学问题以及思考这些问题的基本方式上。罗尔斯与哈贝马斯哲学在各自发展中面临一些具体的哲学问题，并促进了这二者之间的沟通与对话。

哈贝马斯的理论著作晦涩难懂，举世公认。这不仅仅因为他的论题极为广泛，他所使用的语言带有德国哲学的传统语言的抽象性和深奥性，还因为他在论述时大量使用了独创的新词汇、术语和概念。何止哈贝马斯这样，作为独创性的哲学家，罗尔斯的理论也有大量独创的术语和概念，只是他具有分析哲学的背景，能把这些术语和概念在自己的理论体系中分析阐述论证的非常清楚而已。罗尔斯与哈贝马斯都不仅承认有寻求一种公共性的迫切要求，而且也承认确有这样一种公共性存在的基础或者可能性。一个充分多元化的社会，如果只有多样性而没有公共性，它就无法发展甚至生存。我们还可以强调说，越是文化多样性和价值多元化将成为一种“常态”或者“正当”的社会，越是有必要寻求一种公共性，否则，缺少公共观念的多元化将慢慢消解社会的根基。

需要说明的是，哈贝马斯之所以成为一个有争议性的人物，是因为他在60多年的时间里，作为政论家和批判的公共知识分子始终处于在场状态。他持续介入公共事务，在若干相当激烈的讨论中留下了自己的印记。也因为他“立场鲜明地介入公共事务”①，他的很多争论引起了巨大反响和广泛传播。人们最初关注哈贝马斯是在公共领域注意到他几乎利用可以利用一切机会在纸质媒体发表言论，表达了具有冲击性和争议性的观点。这种印象造成了他高密集度的发表意见的媒体曝光率。或许，这也是他的一种交往策略，那就是在他发表时事评论时利用论战手段引起公众关注并影响公共议程。因此，我们抛开其策略，单从其理论内容来讲，争论是多年来思想交锋的结果。话虽如此，但是哈贝马斯从来没有将罗尔斯称作论敌，只是一种家族内部的争论。

考察二者思想来源的相通之处，并不是意味着，它们都从康德哲学中得到了相同的内容。事实上，正是由于选择角度或取舍内容的不同，才造成了罗尔斯与哈贝马斯之间业已存在的巨大差异。认同这种差异并不能掩盖二者之间的相互沟通或者对话的潜在可能性。这种可能性不仅存在于他们对康德哲学的共同兴趣，而且存在于它们共同关心的政治哲学问题中之中。正是这些问题，罗尔斯与哈贝马斯才真正

---

① ［德］斯蒂芬·穆勒－多姆：《于尔根·哈贝马斯：知识分子与公共生活》，刘风译，社会科学文献出版社2019年版，第458页。

实现了视域融合；正是这些问题，才促进了当代政治哲学的发展。在当代政治哲学复兴的背景下，本书立足罗尔斯与哈贝马斯争论的理论文本，试图消解罗尔斯与哈贝马斯的理论论争“对抗”“争论”的一面，对罗尔斯与哈贝马斯的理论论争以一种“对话”“沟通”的方式加以尝试性解读。罗尔斯与哈贝马斯之间的对话，虽然没有弥合二者之间的思想分歧，但是，这场哲学讨论与思想交锋却促进了二者更加明确自己的观点，思考并弥补了各自思想的漏洞。事实上，这已经达到了哲学对话的最初目的。同时，这场对话促使双方在更深层面和更广的领域思考公共哲学的基本问题，大大拓展了现代哲学的理论空间。

第二章　公共哲学的主题

公共哲学建立在公共性问题基础之上，主题关乎公共理性及其运用。文化多元化与世界化构造了公共的生活世界，公共哲学对现代社会的良序构建与发展具有重要作用。区分“健全的公共社会”与“不健全的公共社会”，以此深度回应公共性问题并探寻公共生活的合理性根基。健全的公共社会之公共生活诉诸公共领域的“公共性”，罗尔斯的“公共理性”与哈贝马斯的“交往理性”将公共哲学的主题确定在现代社会的理性及其公共运用范围内，凸显公共哲学作为人类社会文明和公共生活智慧的特征，使其获得自律的理论品格。

一　公共性问题

本节主要讨论以下问题：公共性问题溯源、公共性与公共理性的关系以及公共性何以成为公共哲学的主题。在罗尔斯与哈贝马斯的对话中，公共性问题主要是指理性的公共使用，在罗尔斯的哲学中是公共理性，在哈贝马斯的哲学中则是交往理性。

1. 问题溯源

在西方哲学中，关于公共性问题的讨论非常热烈，研究文献汗牛充栋。公共性是关于社会生活等多方面的特殊性质，它是与私人性相对的。从语言学角度看，公共性起源于拉丁文。在古拉丁文中，名词

poplicus 具有“人民”的意思，当形容词用时则有“与人民有关”的意思。后来，poplicus 这个词受了具有“成年人”意思的 pubes 这个词的影响逐渐演变成了 publicus，这个词本身就有了“成年人”的意思。直到大约 14 世纪初，publicus 在古法语中才慢慢变成了 public。后来，15 世纪英语中的 public 就是来源于法语，到 16 世纪，public 才开始有“社区向所有人开放”的意思。随着社会历史的发展，到 17 世纪初，public 有了“社会”和“社区”的含义。直到 18 世纪，公共性（publicity）的含义才逐渐演变出来。

从词源学角度看，“公共性”一词源自古希腊，从其含义来看要早于国家和政府等概念。在古希腊语中，“公共性”一词的含义主要有两个：一是来自希腊语 pubes 或者 maturity，意思是如果一个人进入成年就能够理解自我与他人之间的关系；二是来自希腊语 koinon，而这个词又来自希腊语中的另一个词 kom-ois，是“关心”的意思。如果把这两个词的来源结合起来看，那么“公共性”就意味着，一个人不仅能与他人合作共事，而且能够为他人着想。[①] 也就是说，公共性最早的意思是与城邦政治紧密相连的，是对古希腊城邦之中的公民德性的一种直观反应。只是随着雅典政治的衰落，古希腊城邦随之结束，公共性一词的这个古典含义才逐渐消失，变成了范围广歧义多的概念。如此来看，公共性并非一个新的问题。追溯公共性的源头，由于古希腊的城邦政治，人们纷纷把目光投向了古希腊与古罗马。在古希腊，雅典、斯巴达与罗马的治国方式不尽相同，就算当代共和主义内部也还能听到“新雅典派”与“新罗马派”两种不同声音。[②]

与之相关，republic 的意思是“共和”，来自拉丁文 respublica，意指公共事业或者公共财产。在这里，共和的核心价值可以理解为

---

① ［美］乔治·弗雷德里克森：《公共行政的精神》，张成福等译，中国人民大学出版社 2003 年版，第 19 页。

② 根据这种意见，大体可以分为：汉娜·阿伦特（Hannah Arendt，1906 年 10 月 14 日—1975 年 12 月 4 日）和迈克尔·桑德尔（Michael J. Sandel，1953 年 3 月 5 日—　）等属于“新雅典派”，昆廷·斯金纳（Quentin Skinner，1940 年 11 月 26 日—　）和菲利普·佩蒂特（Philippe Petit，1945 年—　）等属于“新罗马派”。

"公共性"。古典时期的共和传统这种理想类型就是以"公共性"为指引的"德治"与"法治"的结合。在古希腊罗马时期的城邦政治中，"王政"① 曾经一度流行，早期雅典和斯巴达以及罗马王的即位要经过一种形式推举，同时他们还有诸如元老院和人民大会之类的议事机构，实际上也是王政这一时代的一种创制。于是，从"王政"到"共和"并不代表历史的决断，只是那些对圣贤君主抱有乐观期待的思想家喜欢将"王权"比作"父权"而已。比如，柏拉图曾经勾画出了一幅治国图式：主人命令奴隶，父亲命令孩子，门第高命令门第低，年老的命令年轻的，有力量命令无力量，有智慧命令无智慧，祭司命令大众，等等。② 事实上，一些被封为共和思想奠基人的哲人，诸如亚里士多德和西塞罗并不是在抽象的意义上否定"王政"。在亚里士多德看来，如果君主主持公道，关爱民众，遵循礼法，并且能够倾心维护大家的公共福祉，这就是名副其实的仁政并且得到首肯。③ 但是亚里士多德曾明确表示，"家政"与"国政"之间的类比不宜作过度引申，家长管教子女，但政治家统领的却是平等的自由人。因为"王政"和"共和"秉持了完全不同的价值观念。西塞罗认为，只有在"公法"与"公益"的基础上才能聚合民众，将国家当作一种公共事业来治理，这才是共和国："国家乃人民之事业，但人民不是人们某种随意聚合的集合体，而是基于法的一致和利益的共同而结合起来的集合体。"④ 结合罗马共和国的政治实践不难看出，国家归全体公民所有，公共权力向全社会敞开，公共事务广泛审议，和平合法的解决矛盾分歧，公共利益优先，等等。不难看出，"公共性"是"共和"的核心价值，凡是涉及权力配置、政府组织、法律制定、秩序维

① 按照流行的说法，"共和"往往与"王政"相对应，这是两种政体。而在通往共和的道路上，往往又是伴随着反对暴君专制的过程中的一种形式化的确认。

② ［法］布舒：《〈法义〉导读》，谭立铸译，华夏出版社 2006 年版，第 47 页。

③ ［古希腊］亚里士多德：《政治学》，吴寿彭译，商务印书馆 1995 年版，第 132—133 页。

④ ［古罗马］西塞罗：《论共和国的法律》，杨焕生译，中国政法大学出版社 1997 年版，第 39 页。

持以及福祉增加等方面都需要围绕公共性这个核心来进行。

但是，古典共和思想家们并不否认血缘关系具有的天然凝聚力，将城邦的稳定性寄托在前政治的血缘关系终归不可取。在城邦发展过程中，如何确立一个能够凝聚民心的新的良好的国家治理，其核心就在于政治正当性。古典共和国的革命创制，与其说是一种打倒暴君的政治，不如说是通过公共利益解构了王政：“现在进入了新时代，旧的传统和宗教已经无能为力。从今而后，唯有公众利益才是一切制度的力量所在，它超越个人利益而令人们服从。这就是罗马人所谓的 res publica（公共事务），希腊人所谓的 τό χοινσν（公共利益），它是古老宗教的替代者。从此制度及法律都因它而兴废，城邦中一切重要的事务都视它而决定。从此以后，人们在元老院或者民众大会上讨论法令或政体，个人权利或政治制度时，不再请教于宗教，而问公共利益如何。”① 这里的意思是，共和国是一项公共事业，是为全体公民谋福祉的，这是最基本的治国理念。

康德认为，公共性是一种形式的概念。在康德讨论的公共性问题中，在《永久和评论》中康德对公共性问题做了概念处理。康德认为，公共性就是公共权利的形式属性，他提出了著名的公共权利的两个先验公式：第一，“凡是关系到别人权利的行为而其准则与公共性不能一致，都是不正义的”②。这一原则是消极的，它只是用来借以识别什么东西对别人来说是不正义的，被称作否定性公式。第二，“凡是（为了不致错失自己的目的而）需要有公开性的准则的，都是与权利和政治结合一致的”③。这是公共权利的先验的肯定原则。就此来看，判断权利是否是公共的，只要依据这两个原则即可。实际上，所谓公共性就是公共的形式而已，是衡量什么是公共的形式标

---

① ［法］库朗热：《古代城邦——古希腊罗马祭祀、权利和政制研究》，谭立铸等译，华东师范大学出版社 2006 年版，第 298 页。

② ［德］康德：《永久和评论》，何兆武译，上海世纪出版集团 2005 年版，第 58 页。

③ ［德］康德：《永久和评论》，何兆武译，上海世纪出版集团 2005 年版，第 65 页。

准，更是检验是否是公共的最低限度标准。如果严格按照现代意义来讲，公共性的内涵只有在现代条件下才能凸显成立，而前现代公共性只是一个相对的标准，以此将现代和前现代区别开来。

在康德看来，公共性的本质就是公共权利，公共性是一种体现共同体价值的先验的普遍权利。康德指出："从公共权利的全部质料之中（就国家之内的人与人的或者还有各个国家相互之间各种不同的由经验所给定的关系）进行抽象，那么我就只剩下公共性这一形式：这种可能性是每一项权利要求中都包含着的，因为没有它就不会有正义（正义是只能被想象为可以公开宣告的），因而也就不会有权利，权利仅仅是由正义所授予的。"① 这句话很好地体现了康德的公共性本质就是公共权利，也是社会正义的前提。同时，全体公民都有资格享受公共的普遍权利，由于其带有先验性，任何法律都必须无条件维护。

相比康德，阿伦特关于公共性的标准的解释则显得更为哲学。阿伦特最早在哲学上对公共性进行系统阐述，并产生了深远影响。阿伦特在其名著《人的境况》中对公共领域、私人领域以及社会领域进行了系统区分，并根据对古希腊罗马城邦政治的分析给出了公共性的哲学内涵。我们首先看一下阿伦特是怎么来解释的。阿伦特对古希腊的考察如是："根据古希腊思想，人结成政治组织的能力不仅不同于以家庭和家族为中心的自然联合，而且与后者直接对立。城市国家的出现意味着人得到了'在他私人生活之外的第二种生活，他的政治生活。现在每个公民都属于两种存在秩序，而且在他私有的生活和他公有的生活之间存在一道鲜明的分界线'。"② 不难看出，在古希腊时期的公共与私人是一种相对应出现的关系，在这种对应关系中体现自身。而古罗马时期有所不同，阿伦特认为："他们（罗马人）不像希腊人那样为了公共生活而牺牲私人生活，相反，他们理解到这两个领

① ［德］康德：《历史理性批判》，何兆武译，商务印书馆 1990 年版，第 139 页。

② ［美］汉娜·阿伦特：《人的境况》，王寅丽译，上海人民出版社 2017 年版，第 15 页。

域只有以共存的形式才能存在。”[①] 也就是说，与古希腊人把公共领域与私人领域相对不同，古罗马人将公共领域视为人生价值得以实现的场所。后来，阿伦特又提出了公共性的两条标准：一是在公共领域中所展现出来的东西都是所见所闻；二是公共性就是世界本身。前一条说的是公共性的可视性，后一条标准说的是公共性的隐匿性。这是阿伦特直接从人的生存状态来谈公共性。虽然阿伦特的分析是从古希腊罗马的城邦政治开始，从这一点看极具历史性。但是，与其说阿伦特所作的是一种历史的分析，不如说是一种哲学的分析。以至于日本学者山胁直司把阿伦特关于公共性的定义当作哲学界对公共性的最初定义。[②] 当然，我们可以从时间和空间属性来理解阿伦特对公共性的定义。这也直接为罗尔斯与哈贝马斯在哲学学科中将公共性凸显出来奠定了坚实基础。

公共性的另一种理解是公共性与私人性的区分。这种观点认为，行为者的私人行为与公共行为有所区别。行为者的立场、行动和决策等都是对于公共生活的考虑。而公共生活的利益主要是为群体成员提供服务的公共利益。也就是说，公共性而非私人性，公共性是一种共享性、共同性甚至公益性。公共生活的主体不是私人个体，而是公共主体；等等。持这种观点的是本恩（Stanley L. Benn）和高斯（Gerald F. Gaus）。由于这种观点区分并不是针对罗尔斯与哈贝马斯的对话，我们暂不展开。

沿着这样的思路，我们讨论罗尔斯与哈贝马斯如何论述公共性问题。哈贝马斯在社会概念之中讨论公共性问题，认为公共领域就是社会领域。哈贝马斯所指的社会，由于市民社会的存在这个前提，人们围绕着公共事务开展对话，进而形成公共舆论这一公共性质并最终达成政治共识。[③] 在这种意义上说，现代公共性问题是市民社会发展的

---

① ［美］汉娜·阿伦特：《人的境况》，王寅丽译，上海人民出版社 2017 年版，第 40 页。

② ［日］佐佐木毅、［韩］金泰昌主编：《21 世纪公共哲学的展望》，卞崇道等译，人民出版社 2009 年版，第 1 页。

③ 参见［德］哈贝马斯《公共领域的结构转型》，曹卫东等译，学林出版社 1999 年版，第 84 页。

必然结果。而在罗尔斯看来，社会的形成是由于人们之间的个人利益，这是一种私人领域的范畴。但是，在现实的社会中，个人与组织之间，围绕着国家权力、社会利益、个人权利以及市场规则开展对话，这种方式产生一定的压力是公共领域的根据。这就是罗尔斯正义理论当中良序社会之立宪结构的背景。换句话说，公共性是良序社会的政治条件，良序社会则是公共性得以展现的结果。公共性与良序社会之间的关系不言而喻，只有在这样的良序社会中，公共理性才能够发挥并长期存在，稳定的政治秩序才能达成并维持。① 如果在混乱的社会中，公共理性很难达成，更无法达成宪法共识，政治生活当中只能依赖一系列临时协定，这样的情况下也就无所谓公共性可言了。

2. 公共性与公共理性

公共性问题在现代社会必定是理性形态，公共性与公共理性链接在一起是靠公共领域。循着这样的思路，现代社会的公共领域要求建立健全的公共社会。毕竟，现代公共社会是公共领域的重要组成部分。如果想要明白公共性问题的来龙去脉，我们先来看一下公共理性②。

在西方哲学史上，自文艺复兴以降，理性主义成了现代哲学的基本形态。这一时期的哲学受到当时自然科学的影响很大。尽管这一时期的现代哲学主要有唯理论和经验论的区分，但是二者都是在理性主义的范畴内部讨论问题。唯理论主要肯定了知识的理性标准而非宗教权威，认为知识是由全称和必然判断组成，思维是为了制造真理，等等。而经验论则认为世界是哲学研究的对象，哲学解释世界，纯粹的思想是不可能的，等等。不难看出，唯理论和经验论二者主要在知识来源上有所不同，而在知识的对象和认识的真假等问题上大体相同。换句话说，唯理论和经验论都是在理性的范围内追求真理。18 世纪

---

① Cf. John Rawls, *Political Liberalism*, New York: Columbia University Press, Paperback edition, 1996, pp. xx – xxv.

② 对公共理性的理解，可以看作一般意义上理性的公共形态。

的启蒙运动，延续了 17 世纪哲学和科学的精神，是一场思想解放运动。所谓“启蒙”，就是用光明驱散黑暗，以理性代替愚昧。哲学家们不论是讨论自然科学还是研究社会问题，都是以一种理性的精神来达到追求真理的目的。

康德顺应了启蒙时代的精神，提出了自己的批判哲学纲领。他的批判哲学是对理性的考察与分析，批判的结果并非怀疑和否定人类理性，而是要为人的理性划定界限。只有经得起理性的自由检验的东西才能够获得理性的尊重，理性批判就是理性的自我反思。康德要为理性的运用提供行动指南，无论是研究自然科学还是追求社会真相，都要人们勇敢地运用理性。只有将人的理性法则凸显出来，人们才能够根据理性原则履行各种事务。康德在《什么是启蒙?》[①] 一文中，对理性启蒙进行了界定，并区分了公共理性和私人理性。康德认为，启蒙就是人们从自己的不成熟状态挣脱出来，而这种不成熟状态是在没有别人指导下，就不能运用自己的理智。人们的这种不成熟状态，不是因为人们缺乏理智，而是在于没有别人的指引而缺乏运用自己理智的勇气。于是，康德发出“敢于明智!”（Sapere aude）的号召。如果勇于运用自己的理性，这将是启蒙的座右铭。

由于大多数人们早已习惯了处于不成熟状态，别人很容易装扮成他们的监护者。在这样的不成熟状态中，人们很难运用自己的理性。只有少数人才能通过自己的努力奋斗摆脱这种状态，而大多数人是通过社会的变革引起的对人们的解除蒙蔽而运用理性。也就是说，无论哪种情况，人们要想摆脱旧的束缚，必须要自由地运用自己的理性。启蒙所需要的自由是最无害的自由，是所有事物中公开运用理性的自由。相比对自由的种种限制，如何促进启蒙，康德认为人们公开地运用理性必然需要自由，只有自由才能实现启蒙。个人对理性虽有限制，但是不影响启蒙的进展。“我所理解的个人公开应用自己的理性是指，作为学者的某人，要在全体读者面前应用自己的理性。我所指

① ［德］康德：《什么是启蒙?》，《哲学译丛》1991 年第 5 期。

的私人对理性的应用是指人们可以在委托给他的一定的普通岗位上或职权上应用自己的理性。”康德划分了对理性的私人运用与公共运用，具体体现了理性的引导作用。第一，理性的运用具有私人和公共之分，相比较而言，而理性的公共运用比私人运用更重要；第二，理性的公共运用超越了个人的规定性，是从一个理性的学者的角度来使用理性。在处理某些关涉共同利益的事件中，我们需要某种机制，这种机制当中的成员的行为完全被动，进而与政府达成协议来致力于公共目的。这种情况下就必须毫无疑问地绝对服从。如果作为共同体或者世界公民之中的一员，以一个学长的身份进行著述并阐述真理，这是可以争辩的，因为这不会对他所从事的事业造成危害。事实上，康德认定依靠君主而生的职业是一种私人性的，必须绝对服从。而以学者身份提供意见，则有利于发现真理。这就明显地将君主与公共性割裂开来，但是却将人民与公共性联系起来。对此，康德有自己的理由："作为一个被雇佣的导师，他在信徒面前使用理性，这是一种纯粹私人的运用，因为这样的集会只是一家人，尽管集会可能比较大。考虑到这一点，他作为一个牧师，不是也不可能是自由的，因为他是在转达别人的使命。相反，像学者那样，通过他的著作向真正的世界大众讲话，这个牧师公开地运用他的理性，就享有运用他自己的理性即在他个人立场上发言的无限自由。让大众的监护者在精神方面处于不成熟的状态是荒谬的。正是这种荒谬导致了种种荒谬的永世长存。"①

康德认为，理性的公共运用不是人们可以随意进行的，它必须事关人类的基本权利和尊严，事关一个国家的权力体系如何面对公共理性。人类的本性是要拓宽知识的视野，因此就要自信而正确的运用自己的理性，以此摆脱不成熟的状态。人们自由地运用自己的理性，不仅有利于整个人类，还对政府的事务有利。康德特别强调理性的公共运用针对的主题是宗教而非科学与艺术。这是因为，统治者对臣民承担艺术和科学的守护者的作用不感兴趣，而且宗教的不成熟是所有不

---

① ［德］康德：《什么是启蒙?》，《哲学译丛》1991 年第 5 期。

成熟中最可耻的。而对宗教的启蒙需要借助国家的权力来强制人们服从，而科学与艺术则不在国家权力的视野之内。我们发现，康德是从人的精神状态和政治权力的相互性上来谈论启蒙的。

罗尔斯重点讨论了公共理性。罗尔斯在《政治自由主义》当中专门讨论了公共理性的问题，阐述了对理性公共运用的看法。公共理性被康德提出来并为人广泛接受，罗尔斯将其放在政治自由主义的框架中来进行审视。与康德不同的是，罗尔斯的公共理性被看作政治正义的一部分，这与康德区分公共理性和岗位职责的关系，并且突出了作为学者的理性运用有所不同。罗尔斯对公共理性进行了进一步的限定。康德对公共理性的理解主要是政教分离，罗尔斯强调立宪民主政体的根本；康德关于公共理性对公民职业和作为学者思考之间的差异格外看重，而罗尔斯则更为看重公共论坛与官方论坛之间公共理性的不同运用。当然，罗尔斯对公共理性做出了基本规定之后，还阐述了他对公共理性的一些质疑，并对公共理性的边际进行了划分。①

通过上面的论述，我们发现，当代公共理性作为立宪民主的公民义务的理想形态，将其内容作为一种正义的政治价值。换句话说，公共理性与立宪体是内在统一的。这就区分了康德时代完备性学说基础上的公共理性与罗尔斯时代政治正义基础上的公共理性的不同。但是有一点是肯定的，那就是无论罗尔斯还是康德，他们都属于自由主义的传统。或者说，公共理性一定是不同的自由主义都在维护的共同的政治理性形态。而公共理性的观念主要适用于公共的政治论坛，如政府官员、法官与公职候选人的论述等。这些公共的与非公共的政治论坛有所区别，而这里的非公共论坛正是哈贝马斯所谓的公共领域。

如前所述，康德对理性的探讨不仅在理论理性，还在于他对实践理性的讨论。如果说理论理性的批判主要针对人类的认知理性与工具理性，那么实践理性则主要被作为价值理性与目的理性。在人类的社会实践活动中，实践理性具有规范的指导作用。实践理性的不同主体

---

① Cf. John Rawls, *Political Liberalism*, New York: Columbia University Press, Paperback edition, 1996, pp. 212 - 254.

需要有共同的价值和规范要求，这些要求具有逻辑上的普遍性。按照康德，存在因果自然法则和自由法则两类。认知理性对应的是那些因果性的自然法则，以自由意志为基础的实践理性则用以调节和规范各种人与人甚至人与自然的关系。虽然行为主体不同，实践理性的层次不同，但是实践理性本身却带有某种普遍性。正如康德纯粹实践理性的基本法则所指出的："这样行动：你意志的准则始终能够同时用作普遍立法的原则。"① 康德的这条绝对命令诉诸的就是逻辑上的普遍性。这种形式上的普遍性既指人的理性结构的相似性，也指处于相似背景的主体所采取的一样的行动。以此来看，实践理性本身就具有一种公共性质，理性是个体的理性，其本质却是公共的。

公共领域在实践理性中至关重要，人们对公共性的发现首先就是公共的政治领域。在古希腊城邦政治中，城邦就是一种公共生活领域。公民们既生活在家庭这样的私人领域，又生活在城邦这样的公共领域，而生活的中心则是城邦政治。因为，只有参与政治事务的人们才是公民。亚里士多德曾经讨论人的德性如何进入公共的政治生活，认为这是德性在实践理性中的体现。② 这一时期的自由只体现在公共生活当中，自由是公民对政治的参与。在一定意义上说，亚里士多德意义上的实践理性就是公共的政治生活的理性，只是这种实践理性的公共性与其政治特性等同起来，从而掩盖了公共性的其他方面。

古希腊思想家主要是从人的政治性视角发现人的社会性，导致对人的社会性缺乏深入了解。及至现代，诸如霍布斯、洛克和卢梭等思想家都强调了自然状态和社会状态的对立，才进一步凸显了社会领域的重要性。当然，此时的社会领域已经完全不同于古希腊时期的政治领域，古希腊对社会成员的整体性理解是一种统一性，而现代则崇尚自由和平等。当然，现代社会的公共领域是对古代人的公共领域范围的扩大。因此，理解现代社会的公共领域，就意味着哈贝马斯所谓的

---

① ［德］康德：《实践理性批判》，韩水法译，商务印书馆1999年版，第31页。

② ［古希腊］亚里士多德：《政治学》，吴寿彭译，商务印书馆2009年版，第9页。

公共领域的结构转型。现代社会是人们为了生存而互相依赖的公共形式，而古代对公共领域的理解则是一种政治解释。这从柏拉图和亚里士多德关于实践理性的理解可见一斑。在这种对公共领域的转换型理解中，一种政治哲学解释使得公共领域重新得到重视，这就是霍布斯、洛克和卢梭等人的社会契约论。在这种社会契约论中，现代社会的公共领域转换导致了实践理性的转换，使得理性具有双重功能："一是作为一般时间理性对于全体成员的日常生活以及相互关系所发挥的所谓规则调节作用，二是作为政治公共领域里的实践理性的作用。"① 表面看，随着公共领域的转换，原来的关注点由德性变成了公共意志。其实里面暗含了一个深层的问题，那就是如何在现代社会的公共领域体现出公共性？这也是罗尔斯与哈贝马斯共同面对的问题。

前面考察了理性的公共形态演变，回到本书的主题，公共性如何与理性的公共形态或者公共理性发生关联，这还得从实践理性谈起。如果讨论实践理性，那就必须与公共领域相联系。我们发现，公共领域是人们在遵循公共规则的前提下追求公共善的活动领域。在这样的领域里，公民个人形成公众参与公共事务表达公共意见。公民们为了追求共同的善，与他人进行交往辩论，体现了公共性的一般特征。但是，公民活动所需要的理性既体现了公共活动的公共性，又需要实践理性的保证。就理性作为人的本质特征而言，既有普遍性又有共通性，这种普遍性和共通性就是理性的公共形态。就其实质而言，公共理性就是指在公共领域起作用的理性，没有理性的公共性就不会有公共理性。

3. 公共性问题成为公共哲学主题

本质上讲，公共性与个体性是相对而言的。当然，公共性是一个很难界定的概念，争论不一。我们先撇开抽象的概念定义，从公共性

① 龚群：《理性的公共性与公共理性》，《哲学研究》2009 年第 11 期。

问题的历史发展和具体的公共性现实展开讨论，以此达到对公共性问题的本质理解。事实上，公共性是一个具有总体性意义的概念范畴，我们生活的方方面面似乎都包含其中。因此来看，公共性既是一个历史范畴，又是一个社会范畴，更是一个规范性范畴。

如前所述，现代社会本质上已经体现了一个公共性的反思特征。我们每天会面对很多所谓的“公共性危机”“公共文化”“公共价值”“公共理性”，等等，这也反映了我们的时代特征。而公共哲学作为一种新型的哲学形态，立足于公共的生存境遇，以普遍性为思维工具，批判性的考察各种公共特性，致力于人类美好的公共生活的合理性。除了作为哲学形态自身演进的逻辑，公共哲学还凸显了人类的生存状况和社会境况。这种特点凸显了我们在经济社会转型中遭遇的矛盾和冲突。这些问题具体包括社会、体制和文化的断裂，个人主义的释放带来的享受等被释放。“我们目睹越来越多的冲突发生，在全球、国家、地区和个人的层次上，在对个体化的不同理解之间。这些问题具有更加直接的文化属性，甚至超过了社会性。”① 面对这种现代社会的不确定性，我们甚至会发出公共性丧失的疑惑。“当今社会科学的现状似乎完全证实了这样一个论题，即现代文明危机具有系统性，它不仅囊括了政治、经济、法律、文化机制，而且还包括人的世界观、目的观和存在观。”② 确实，由于公共性的缺失，我们成了价值不定精神困扰的现代人，备受自由与责任的苦恼。因此，公共哲学的观念只能围绕这些问题，指向人类的生存境遇确立主题。而公共性问题恰恰能够呼应公共哲学的这一诉求，并探寻人类美好公共生活的合理基础。

20 世纪 70 年代以来，广义的社会政治哲学逐渐取代了西方哲学中长期以来占据主导支配地位的主体意识哲学。人们开始围绕社会的

---

① 中国社会科学杂志社编：《社会转型：多文化多民族社会》，社会科学文献出版社 2000 年版，第 36 页。

② ［俄罗斯］阿·伊·涅克列萨：《理解新世界的意义》，吴晓都译，梁展编《全球化话语》，上海三联书店 2002 年版，第 116 页。

公共生活秩序展开讨论，针对诸如环境、经济、公私等一系列难题，率先开始了对公共生活中经济繁荣、社会公正等普遍性问题展开全面深入的讨论。在政治学领域有新公共行政管理对新公共理性的追寻，在经济学领域有新制度学派和公共选择学派等引发的关于制度与正义（尤其是分配正义）的论争，在文化领域里亨廷顿关于文明的冲突与世界秩序的重建、自由主义与社群主义的论争，在社会生活领域世界各国对全球化之普世伦理与人的德性伦理的论争，在生态学领域则有关于可持续发展的生态文明理念问题，等等。面对公共性问题呈现出来的多样化，我们必须正视公共性问题本身，我们必须认真对待。还要看到，在现代社会，公共性问题已经深入社会生活的各种领域之中，我们已经几乎不可避免。公共性问题的危机预示了公共生活的危机：一是对东西方经济社会经过了几千年的存在与发展，制度的合理性与合法性受到挑战；二是现代以来的普遍性特征的启蒙精神与现代工业发展观念所导致的个体责任意识的淡薄甚至消失。应当说，由于公共生活的合法化危机日益加深，公共领域对私人领域的权威性与整合性日益降低，这就必然导致全球化背景下民族国家与共同体的合法性根基问题，以及自我生命与生活意义问题等遭遇更深的迷茫和困惑。① 这些人类的公共生活危机，本身就是公共性问题的反映，深度呼应了公共哲学的主题。实际上，虽然我们对公共哲学的理解呈现多样化，公共哲学应该是“一门探索公共性以及与此相关问题的学问”②。

最早提出公共哲学这个概念的美国评论家李普曼虽然没有明确给出公共哲学的概念，但是他认为在自由民主社会的普遍原则与价值观念就是公共哲学。“如果不承认一套超越于众多特殊利益的理性秩序及其共同法则，就根本无法管理一个庞大多元的社会。”③ 李普曼把

---

① M. Sahlins, *Culture and Practical Reason*, Chicago: University of Chicago Press, 1976, p. 133.

② ［日］佐佐木毅、［韩］金泰昌主编：《21 世纪公共哲学的展望》，卞崇道等译，人民出版社 2009 年版，第 1 页。

③ ［美］李普曼：《公共哲学的复兴》，载刘军宁编《市场逻辑与国家观念》，生活·读书·新知三联书店 1995 年版，第 33 页。

源自古希腊以来的普遍的理性秩序看作现代公共哲学的根基，后来，大家也是在公认的境遇中使用这个词。公共性问题涉及哲学、经济学、政治学、行政学和社会学等学科，公共哲学、公共价值、公共行政、公共领域、公共理性等概念被讨论。我们发现，虽然这些语词和概念是不同的概念和术语，但是都反映了一个事实，那就是，人们都在不同层面对现代社会的共同文化基础和价值观念进行追问，共同关注公共性问题。如果说这些讨论的问题合起来被称作公共哲学的话，那么哲学问题所反映的公共性问题正是公共哲学的主题。以此来看，公共哲学不可避免地关注到现实的公共性问题，公共哲学主要解决的就是公共性问题。需要特别指出的是，虽然公共哲学以公共性问题为研究核心，以追求人们的美好生活为根本目的，鉴于公共性问题的复杂性和深刻性，对公共哲学的理解也大不相同。当然，公共哲学至今没有形成系统的理论体系。或许，这也是我们今天在西方语境中讨论罗尔斯与哈贝马斯围绕公共哲学对话的原因所在。接下来，我们简要回顾一下罗尔斯与哈贝马斯关于公共性的解释。

罗尔斯在《正义论》中认为公共性其一是一种公开性，"'契约'一词暗示个人或团体复数，必须按照所有各方都能接受的原则来划分利益才算恰当。'契约'的用语也表现了正义原则的公共性。这样，如果这些原则是一个契约的结果，公民们就具有对这些决定其他原则的最初原则的知识。强调政治原则的公共性正是契约论的特点"①。这种公共性是隐含在契约论中的公共性。其二，是指各种规则的公共性。"一种制度，其规范的公共性保证介入者知道对他们互相期望的行为的界限以及什么样的行为是被允许的。在决定相互的期望方面有一个共同的基础。"② 其二，公共性指正义的正当的限制性条件。这个限制条件是公共性条件，当然也属于契约论的要求。各方为了一个

① John Rawls, *A Theory of Justice*, Cambridge, MA: Harvard University Press, Revised edition, 1999, p. 15.

② John Rawls, *A Theory of Justice*, Cambridge, MA: Harvard University Press, Revised edition, 1999, p. 49.

公共的正义观而选择原则。[1] 当然，这种条件也可以引申为契约的限制条件。这里的公共性能够确保正义原则的稳定性。如果少数人理解和遵循就能良好发挥作用的观念被公共性条件排除，甚至如果所有人都能理解和遵循就能够良好发挥作用的观念也是如此，只要这个事实还不是人人知道。应当说，这些原则是基于对人及其在社会中的地位的真实的普遍信念而被同意的，所采取的正义观念也是在这些事实的基础上可以接受的。这种接受性实际上代表了一种一般信念的公共性。[2] 最后，一致性问题的社会联合的正当性证明肯定了公共性："公共性使每个人都能向其他所有人（当他们的行为可证明为正当时）证明他的行为的正当性，而不致产生自相矛盾或其他纷扰的结果。如果我们严肃审视社会联合和一个社会联合的社会联合观念，那么公共性就肯定是一个自然条件。"[3] 这是《正义论》中公共性的四个作用。总结起来，就是公共性的基础需要一种公共的价值观，也就是对什么是正义以及正义的基础的公共理解。当然，这种理解需要证明，这种接受性观念实质上是一种从理想的原初状态到实际生活的过渡，需要公共性的支撑和证明。

在《政治自由主义》中，良序社会需要有一种有效的公共正义观念所规导。在公平正义中所理解的公共性有三个层次：第一层次，是指社会受到公共正义原则的有效规导达到，即公民们接受了这些原则，并了解他人也接受这些原则，而这种认识又反过来为公众所认识；第二层次，关涉普遍信念，正义原则本身就是人们按照这种普遍信念而接受的，人们是按照他们关于人们本性的普遍信念和政治制度、社会制度一般发挥作用的方式，以及所有与政治正义相关的这类信念来接受正义原则的；第三层次，必定与公共正义观

① John Rawls, *A Theory of Justice*, Cambridge, MA: Harvard University Press, Revised edition, 1999, p. 115.

② John Rawls, *A Theory of Justice*, Cambridge, MA: Harvard University Press, Revised edition, 1999, p. 398.

③ John Rawls, *A Theory of Justice*, Cambridge, MA: Harvard University Press, Revised edition, 1999, p. 510.

念的充分证明有关，当它能够以自身术语进行表达时，这种证明包含着我们在建立公平正义并反思我们为什么要以某种方式而非另一种方式开始谈论一切。第三层次至少是在公共范围内证明，一些人到目前为止不想为公共的政治生活作哲学的反思，任何人也不会被要求去作这种反思。如果公民要进行哲学反思的话，这种充分的证明就表现在公共文化中，反映在法律体系和政治制度上，反映在各种主要的历史传统中。①

哈贝马斯最早考察了资产阶级公共领域的结构转型，在讨论公共领域与私人领域的区分过程中阐述了他关于公共性的理论。由于国家后退为政治社会，公共领域将经济市民变为国家公民，均衡了他们之间的利益，使他们的利益获得了普遍有效性，国家才消解成为社会自我组织的媒介。这时，公共领域获得了政治公共功能。②人是公共空间中的政治动物，天生处于公共社会关系网中，“只有当他进入了张开双臂拥抱他的社会公共空间之中，他才成为一个人。我们的生活世界在内部共同拥有一种公共性，它既是内在的，也是外在的”③。很显然，哈贝马斯将人和社会联系起来理解公共性的内在与外在含义。“公共领域作为相互之间理性交往的空间，是我一生都在关注的主题。”后来，哈贝马斯将公共性理解为“各种文化建制和交往建制”。④

西方欧美国家的市民社会中市民必须面对公共领域私人领域及其关系、公共生活的伦理规则以及公共生活的目的等问题。从其本质来看，这些问题都是现代社会的“公共性”问题。不难发现，罗尔斯和

① John Rawls, *Political Liberalism*, New York: Columbia University Press, Paperback edition, 1996, pp. 66 – 67.

② ［德］哈贝马斯：《公共领域的结构转型》，曹卫东等译，学林出版社 1999 年版，第 11 页。

③ ［德］哈贝马斯：《公共空间与公共领域——我的两个思想主题的生活历史根源》，《哲学动态》2009 年第 6 期。

④ ［德］哈贝马斯：《在事实与规范之间》，童世骏译，生活·读书·新知三联书店 2014 年版，第 454 页。

哈贝马斯对公共性问题的讨论，已经触及公共哲学的一般问题。公共性成为公共哲学的主题，公共哲学应运而生，成为人们对美好公共生活追求的基础。

二 公共社会及其区分

1. 公共社会

社会是人类生活的空间形式，是一种公共存在。从古代到现代，社会空间总是以一种公共的形式存在，包含政治、经济和文化等因素。公共社会是一个历史范畴，关于公共社会的第一次讨论是18世纪的苏格兰启蒙运动。代表人物亚当·弗格森①，与大卫·休谟和亚当·斯密对现代商业文明的乐观主义不同，他反对自然状态学说以及社会契约论，对理性采取低调态度，从经验主义出发强调情感的作用，对社会问题进行探索。后来，影响至德国，黑格尔关于市民社会的理论就是一种公共社会解释。20世纪70年代以来，由于西方国家对苏东等社会主义国家反政府组织和工会的关注，使得西方公共生活研究再次出现热潮。这一时期的公共社会理论具有两个特征："第一，强调公共社会与市场经济的天然联系；第二，强调公共社会与国家权力的对立，甚至强调公共社会的发展对极权国家的瓦解作用以及对民主和政治自由的基础作用。"②

按理说，西方国家主要是关注苏东等社会主义国家的公共社会状况，但是这种现象很快回流到西方国家内部，大多数人认为：其一，第二次世界大战后西方国家公共社会的衰落，主要是由于凯恩斯主义和福利国家的发展，导致了公民对国家的深度依赖。其二，还有另一个原因，那就是后福特主义等新的生产方式和社交方式使得人与人之

① Adam Ferguson（1723—1816），苏格兰启蒙运动的主要思想家之一。

② 王缉思：《三十年来的世界政治变迁——同一性与多样性并存》，《国际政治研究》（季刊）2010年第1期。

间的联系渐渐疏离。其三，新自由主义的发展，导致过度市场化等各种社会问题的出现。事实上，在这些直接因素之外，根本的问题在于，自由主义本身存在一种对公共生活的拒斥。或许这正是这一时期公共哲学的缺陷，正如社群主义者桑德尔所说，“通过将自我置于政治学的领域之外，自由主义使人类行为主体成了一件信仰品，而非持续关注的和关切的对象；成了一种政治的前提，而非政治的不确定成就。这就失去了政治的动人品性，也失去了政治最激动人心的丰富可能性。它忽略了这样一种危险：在政治陷入危机之时，其可能导致的结果不仅是失望，而且是混乱。同时它也遗忘了这样一种可能性：在政治清明昌盛之际，我们在共同体中能够了解一种我们无法独自了解的善”①。由于自由主义教导我们尊重自我，但如果太完美的保持自我与目的之间的距离，那么自由主义就会削弱它的洞察力。

正是在这种情况之下，一大批社会理论家致力于公共社会研究，哈贝马斯便是其中之一。哈贝马斯认为：“政治——作为受法治国调节的行动系统——同公共领域相联系，依赖于交往权力的生活世界源泉。在这里，政治系统所受到的不是一个社会环境的外在限制，而是经历其对于内部可能性条件的依赖。因为，对这些合法之法的产生成为可能的条件，政治说到底是无法随意支配的。”② 哈贝马斯看到了自由市场和官僚机构对公共社会的压缩，使得公民之间的关系淡化，他们只能听任市场的摆布并消极等待官僚国家的恩赐，以至于市场力量的失控与国家官僚制的强化，最终公民权利受损、社会团结失利。这就是哈贝马斯为什么要重建社会的公共空间，并形成政治的公共权力的原因所在。这也表现出自 20 世纪 90 年代以来西方对公共社会研究的一个特点所在，那就是由于对市场和国家的怀疑，希望公共社会能够弥补市场和国家的缺陷。将公共社会看作一个独立的社会领域，

---

① ［美］迈克尔·桑德尔：《自由主义与正义的局限》，万俊人等译，译林出版社 2001 年版，第 222 页。

② ［德］哈贝马斯：《在事实与规范之间》，童世骏译，生活·读书·新知三联书店 2014 年版，第 474 页。

是美国政治学家科恩和阿拉托尤等人的理论倾向。事实上，这种观点是对20世纪70年代以来的国家与社会对立的西方公共社会理论的调整。

对于公共社会的理解，中西之间存在巨大的差距。在我国，公共社会是一个新的概念，最早见于21世纪初，大概在2008年下半年形成初步的概念。① 从公共性的角度来审视我国的公共社会研究，使得我国公共社会研究进入了一个新的时期。具体而言，公共社会既是一种公共的状态，更是一种公共的程序。改革开放四十多年来的发展经验告诉我们，与西方1968年由自由市场到公共社会的转变不同，我们是由公有社会向市场社会的转变，努力建设一种公共社会。当然，这里的公有社会是当时社会机制和经济形态的反应，与我们所倡导的公共社会机制不同。公共社会的基本特征在于社会组织化、服务公共化、利益公共化、投资公共化和教育公共化等，我们依靠解放思想形成了当前的公共社会机制。本质上讲，公共社会与自由市场是相互联系的。公共社会是自由市场发展到一定阶段的必然产物，没有公共社会作为基础，社会将失去共同性和普遍性而最终分裂。要完成自由市场向公共社会的过渡，就必须要使社会公共化。当然，公共社会的发展，是一种新型社会力量兴起。这使得我们在社会治理中提出了新的问题：那就是国家如何应对社会的变迁？一方面，公共社会作为一种新的力量不断渗透进原有制度，参与有效治理；另一方面，国家吸纳公共社会的各种新力量。这两者之间的有效互动，实现了国家社会之间的协商平衡。

2. 公共理性与公共社会

当今社会公共性问题逐渐凸显，公共社会的建设成为当今世界具有重要意义的问题。从社会角度，以哲学的方式研究公共性问题，似乎成了公共哲学题中应有之义。从哲学层面审视公共性问题

① 参见陈宪《走进公共社会》，上海大学出版社2006年版。

与公共社会的关系及其内涵，对于实践理性哲学来说意义重大。在实践哲学中，公共哲学逐渐凸显为哲学的一个重要分支。现代社会的主要特征便是公共领域与私人领域的划分，造成了公共领域的力量强大，私人领域受到挤压。这种趋势的形象概括就是社会的公共性凸显。

从最原始的哲学意义来看，公共哲学对公共性的追求不言而喻。诸如理性、秩序、自由、民主、公正和宽容等美好生活理想，都是带有公共性的范畴。然而，公共性的内涵一直处在历史的变动中。首先，公共性是相对于个人之间的关系来讲的，公共性虽然以个人主义为基础，但是又超越了这种个人主义。对此，贝拉等人指出美国社会存在的个体心灵孤独可以归结为一种工具主义的个人主义。这种极端的个人主义把个人的权力、金钱以及自我实现看作个人价值的全部，而不顾及国家、社会和他人。于是，即便持有这种个人主义的个人能在个人事业中取得成功，却很难获得家庭幸福和良好的人际关系。① 因此，公共性只有规避极端个人主义的路径，个人价值才能在群体互动中彰显。在现代公共生活中，现代人主要是在公共领域中度过，体现了现代社会的公共性。这种公共性主要表现在三个方面：公开性、透明性和共享性。公开性是一种开放性，对全体成员开放；共享性是社会成员共同分享；透明性是一种价值判断。从更加广泛的角度看，公共性可以理解为参与，公民参与塑造公共空间。于是，公共性是促成公共社会的重要机制。公共性能抵御自由市场条件下的个人主义扩展，使得个体不再狭隘地关注自我转而关注公共问题，有利于为塑造国家与公民之间的良性互动创造条件。因此，公共性之于公共社会主要是从公共视角与私人视角来看问题。

本质上讲，公共性概念源自西方，西方哲人描述分析社会现象与理论维度相契合。西方理论家们所讨论的公共性，主要是指公共领域、公共空间、公共规则和公共价值等，是在市民社会发育成熟

---

① Robert N. Bellah, *Habits of the Heart: Individualism and Commitment in American Life*, University of California Press, 1985.

的状态下适应市场经济的语境中发展起来的。在这种条件下，市场经济的个人交换是一种私人领域，构成市民社会的根基，而政府则制定公共政策处理公共事务。因此，公共权力的边界还是相当清晰的，那就是当权者不能惩戒处罚反对派。也就是说，在国家和个人之间，有一个庞大的公共社会，反映了政治的公共领域，实现了社会的有效整合。

当然，我们所理解的公共性主要还是从哲学上进行解读。公共社会作为一种社会学概念，如何在作为哲学的公共性与作为社会学的公共社会之间建立一种联系，是我们进行研究的主要任务。哲学的反思特点促使我们对公共性的具体表现及其产生和发展对人类社会的影响进行思考。从哲学的视角进行分析毕竟不同于其他具体的社会科学视角，能够对公共性问题进行根本的讨论。比如对公共领域进行哲学的批判性反思，可以区别一些具体的社会科学从而避免不必要的纷争。对公共性问题的研究来说，如果力求体现哲学的普遍性特点，从共生共在等社会性出发，抽象出一种涵盖各种特征的普遍的公共性概念，然后演绎出公共性的本体论、认识论和价值论等等，或者讨论各种具体学科的公共性，这种方式以哲学的普遍性与特殊性，个性与共性的统一为理论基础，有其合理性。但也反映出一定的问题，那就是这种理解方式把人的具体性抽象成了人类，以共性抹杀个性。

因此，哲学的公共性研究一定要注意：首先，注意区分公共性与私人性，公共性是一种现代人的社会现象，是一个历史范畴。只有当自由市场和市民社会发展到一定程度，人们意识到个人利益与公共利益存在差别的时候，法律才会保护个人的私有财产不可侵犯。相应的，国家经过祛魅之后，才能真正出现公共性问题。事实上，社会契约论的契约原则是国家起源的经济问题在政治上的表现，限制国家权力的同时也重构了政治的合理性。这些现代立宪民主制的理论基础虽然在科学上是错误的，但在实践中却是令人信服的。其次，公共性不能等同于社会性。人是社会的人，这就意味着人的存在具有社会性。

人们赖以生活的环境和各种自身条件都是社会历史的产物，因此人们之间能够交往。如果把公共性与社会性等同起来，实际上是消解了公共性概念的独特含义。我们知道，讨论公共性问题既要区分公共性与私人性，又要将公共性与公共生活联系起来。当人类有了公共生活与私人生活的区分，也就有了公共领域与私人领域的区分，公共社会产生，公共性问题也就产生了。因此，虽然我们将公共性与社会性区分开来，但是公共性与公共领域、公共生活等却直接联系起来，这些都是个人的主体性发展到一定程度的必然结果。如果从社会政治方面讲，那就是公民的权利和义务统一起来。最后，我们对公共性的理解，是现代启蒙的一部分。因此，要解释公共性的内涵，不仅要澄清公共性与私人性的关系，更要将公共性放在历史的发展的长河中，展现公共性的真实情况。这就需要我们从哲学的高度，从规范性的视角对公共性进行反思批判。也就是说，我们研究公共性问题不仅仅是在哲学概念范畴中进行，还要结合一定社会的发展状况进行现代启蒙，这是一种公共生活的启蒙，是一种公共社会的构建。

基于以上分析，公共性既是人类社会的本质表现，又是一种具体呈现。在一定的历史条件下，人类共同体的存在方式不同，因此公共性的具体内涵也就不同。由于公共性标示了人们超越私人领域的狭隘范围，从而实现了公共生活的一种基本特征，表明了公共性是人们为了共同的公共利益而聚在一起。从这一方面讲，公共性解释了人类生活的社会属性。公共性首先体现了人们的生活状态，它使得个人在公共生活中体现了自我价值，进而获得个人生存的财富。公共性作为一种自我理解，使得人们在公共的社会交往中表达自我，尊重他人，进而形成共同的交往形式。在这种意义上说，公共性就成为超越个体自然属性的社会属性。也就是说，如果没有公共性，也就没有私人性可言，也就更没有社会属性了。如此，人们只能如动物般按照丛林法则生存。从更高的层面说，如果没有公共性，人类社会也将很难延续下去。

公共性还展现了人们在物种基础上的超越自我的倾向，这是一种社会生活的主要方式。人们在交往过程中表现为个体与集体的相互作用，其中表现个体意志的社会性是一种人类特性，是人们在公共生活中的价值追求。也正是在这种意义上说，公共性是人类社会发展的一种内在品质，是公共生活的基本性质体现。虽然人们将公共性与私人性、公共领域与私人领域完全对立起来，但实际上，公共性深刻反映了人们对社会性的自我扬弃。公共性作为连接公共领域与私人领域、公私对立的中介，它超越了人们生活的种种内在对立。这是一种人类生活的基本特征与永恒追求的公共表达。公共性在人们的公共生活中，体现人的活动的公共性，并逐步发展成为公共社会的逻辑基础。也就是说，人的社会属性源自公共性的自然属性，而社会属性则构成了公共社会的前提和基础。公共性作为人与社会的中间环节，是展示人们在公共社会中进行公共生活的主要方式。

在人类历史上，人类共同的社会生活造就了社会的整体性与统一性。这种整体性与统一性就是一种公共性，而公共社会的公共性就是通过公共领域与私人领域的区分等来实现的。公共性源自人类生活的存在前提。以一种哲学的方式表达就是人们如何以一种群体的方式共同生活在这个世界上。在这个世界上，人与群体之间相互影响，人是这个世界中的人，群体为自我创造一个世界。人类这种群居特性与动物本能的群居生活不同，这是一种社会的公共生活。人们的相互学习需要一个公共的空间，这样才能拥有自己相对的私人空间，才能形成人的私人性活动与公共活动的公共性，公共性与私人性共生在公共社会。

公共性的产生还取决于人们赖以生存的公共社会的生存方式。在现实的世界中，公共领域与私人领域是可以相互转化的。公共性与私人性意义诞生在人的社会活动框架下，这深刻凸显了人们对公共社会的核心追求。人在公共社会中的公共性作为一种人类群体共同结果，已然超越了个人的界限。个人的私人性活动在公共性的基础上展开，并非一种自我封闭。也正是在这种公共的社会生活中，人的活动的公共性才逐渐得以肯定。

公共社会的生成，在于公共性的反思特性。个人与群体之间的差别在于公共社会中的互动所体现出来的私人性与公共性这一双重属性。个人必须在群体中才能得以确认，群体也不可能只顾及个人的私欲。群体也只有通过个人的存在，才能展现群的属性。这个特性注定了在公共社会中，人们的生活必然分为两个部分，一个是公开进行的，另一个是私下进行的。也就是说，人们的私人性既能够得到展现，又能够得到隐藏，具有二重性。这种看似矛盾的张力就是公共性的反思能力体现，这种张力激发了我们对公共生活的追求。同时，这也决定了人类文明之间的公共性差异，并由此塑造公共社会的品质。当然，公共性虽然奠定了超越个人有限性的基础，但却不能超越其所处的历史条件。个人只有在一定公共社会中才能展示其个人才能，实现自我利益，在这种公共社会中实现自己的人生价值。也正是在这样的公共社会中，公共性才具有一种历史性的存在资格。

我们知道，公共性是人类生活的基本条件，它的意思是人们生活在一起。根据常识，人们要是生活在一起，就必须要依赖某种场所而存在。就公共社会而言，它是人的力量集合，是人们克服自身缺陷的社会组织形式。有什么样的组织形式，就会产生什么样的公共性条件。于是，公共性总是通过一定的公共社会形式来实现自身的规定性。在人类历史的不同发展阶段，每个时期总伴随与之相应的公共性。在相应的公共社会中，它既能够将个体吸纳进来，又能够将个体排除在外；它既能张扬人的个体性，又能压抑人的个体性。也就是说，具体的公共性并不是人人共享的，只是相对于优先获得进入公共社会的某些成员。因此，当我们讨论具体的公共性时，必须首先确定是何种公共社会。如果脱离了人类生活的公共社会，当然也就无所谓公共性问题的真实存在了。

由于公共社会内部的公共领域与私人领域区分，使得公共性必须将公共社会的特性、类别及其关系从具体中抽象出来。诸如正义和权利等只有在公共性基础上才能确定其具体为何，公共性只有在公共社会中才能得以呈现。这就如康德所说：“从公共权利的全部质料中

（就国家之内人与人或者还有各个国家相互之间各种不同的由经验所给定的关系）进行抽象，那么我就只剩下公共性这一形式。”① 因此，我们反对离开具体的语境即公共社会谈论公共性，脱离了人类生存的现实条件，公共性就成了一种抽象的存在物，就会导致公共社会逐渐走向分裂。公共性对公共社会如此，对一个国家亦是如此。因此，当我们站在公共性的立场上反思公共社会的时候，才能发现公共性的相对性与共同性，公共性的特质才能够得以在公共社会中展现。

3. 公共社会的区分

在讨论公共社会的区分之前，先要搞清楚公共领域与私人领域的区分。到目前为止，我们一直在公共性的一般意义上笼统的使用公共领域的概念，当然，我们熟知的是，哈贝马斯曾经复活了公共领域的概念，给出了资本主义社会的公共领域的理想模型。我们首先看一下公共领域概念的演变，然后给出在公共性意义上公共领域与公共社会是一种什么关系，通过分析罗尔斯与哈贝马斯的公共领域概念，最后指出，我们将公共社会区分为健全的公共社会与不健全的公共社会，而我们的所有讨论都是建立在健全的公共社会基础之上的。也就是说，健全的公共社会是罗尔斯与哈贝马斯公共哲学对话的理论发生场域。

1962 年发表的《公共领域的结构转型》是哈贝马斯的第一部主要作品。此书试图解决法兰克福学派的第一代理论家霍克海默和阿多诺等人的批评理论问题，保持批评的宗旨，并对社会问题进行分析。这是对第一代理论家们批判性观念的建设性批判。这本书融合了哲学、历史、文学和社会学等学科的思考，是跨学科研究的典范。哈贝马斯试图运用法兰克福学派的内在批判的方法对现代社会的理性进步与非理性的反动层面加以区别。之所以称为内部批判，批判理论家们认为这种方法是黑格尔和马克思的首创，是与苏格拉底的方法接近的

---

① ［德］康德：《历史理性批判》，何兆武译，商务印书馆 1990 年版，第 139 页。

对话方式。

在《公共领域的结构转型》中，“公共”一词有许多不同的含义。它源自不同的历史阶段，在工业发达的资本主义福利国家之中的市民社会中同一使用。[①] 在这些社会关系中，一方面反对传统的用法，另一方面又要把它作为术语使用。这看似陷入了某种悖论。除了科学，政治学、法学和社会学没有对公与私、公共舆论与公共领域等传统做出明确界定。凡是对所有公众开放的场所，我们都可以称之为公共的。公众舆论和公共领域等范畴常与公众、公共性和公开化等密切联系。公共领域的主体是作为公众舆论中坚力量的公众，公共性发挥了主要的批判功能。公共性到了大众领域意思又发生了变化，变成了公正舆论的一种属性。公共性本身变成了一个独立的领域，也就是公共领域，与私人领域相对。

从内容上讲，《公共领域的结构转型》最精彩的部分当然是关于公共领域的论述。“公共领域”译自德语 offentlichkeit，本身具有公开性、透明性和开放性的意义。这在哈贝马斯看来，自由和平等等启蒙理性所倡导的理念正是公共领域概念的内涵所在，并为内在的批判提供了评价标准。在这本书中哈贝马斯主要讨论了三个问题，第一，资产阶级公共领域的起源及其概念；第二，通过对社会福利国家的转型与大众传媒对交往结构的变化两个角度阐述公共领域的结构转型；第三，公共领域的理论前景及其规范意义。

哈贝马斯从 18 世纪至 19 世纪初英国、法国和德国的历史语境出发，阐明了资产阶级公共领域的理想类型。《公共领域的结构转型》梳理了理性的公共领域从沙龙、俱乐部和咖啡馆等 18 世纪欧洲文艺性公共团体中诞生的经过，又描述了这个资产阶级的公共领域的衰落和瓦解。18 世纪初，公民权的确立保证了个人享有的结社和言论自由，而出版自由又促进了咖啡馆和沙龙等形式供市民参与并发表公共讨论。人们可以自由集会，以平等人的身份参加公共辩论。在这些论

---

① ［德］哈贝马斯：《公共领域的结构转型》，曹卫东等译，学林出版社 1999 年版，第 1 页。

坛中，人们自愿参与论坛的讨论，不受社会经济和政治体制的影响。公共领域的自愿组合中，公民个人统一在共同体的目标之下，按照他们的理性，展开不受约束的讨论。很显然，这些个人不仅仅是为了自己的利益。这种公共的文化氛围得以形成，与其他因素一起使参与公共讨论的参与者得以发现自己的需求和利益并加以表达，这样就形成了共同善的概念。在哈贝马斯看来，公共舆论的标准概念围绕着共同善的概念形成，共同善的概念在公共商谈的论坛中确立。随着这种公共论坛的影响力逐步扩大，公众的权威也在增大，公众舆论开始逐渐发挥作用，对缺乏民意基础和开放性政府的权力进行监督和约束。这时，公共领域开始发挥社会政治功能，但它还不能被视作任何具体政治机构。公共领域只是一个非正式的社会领域，它是介于资产阶级市民社会和国家之间的。

由于批判理论的内在批判性，尤其是对意识形态的批判，哈贝马斯对公共领域的解读也带有意识形态的批判功能。哈贝马斯认为，公共领域的概念是一种意识形态。公共领域是供平等主体参与理性讨论共同善的公共空间。在这种空间中，自由、平等、开放和包容的理念是理所当然的。但是在事实上，这些理念不过是意识形态的幻觉。18世纪能够参与讨论的人，总是那些少数拥有财产、受过高等教育的男性，大多数人包括穷人和女性在内都被排斥在外。在这种意义上说，公共领域就是一个现实的乌托邦，只是一种梦想和追求而已。再者，由于文化公众和理性公众共享的文化催生了共同善，也就将实际上少数受过高等教育、拥有财产的男性利益变成了人类的共同利益，于是，资产阶级公共领域概念也属于意识形态。当然，哈贝马斯方法的关键之处还在于，他表明了资产阶级公共领域虽然存在局限性，但在原则上仍然是开放的。换句话说，虽然能够参与论坛的人是少数人，但原则上讲没有人被拒绝在公共领域的论坛之外，尽管实践中并非如此。后来，这个观念随着在知识界活动的认同，慢慢地也在实践中得到实现。

公共领域的衰落。随着报纸和杂志等公众传媒获得巨大发展，他们被服务于少数强势个人之私利的资本主义大公司吞并。在失去了原有的批判功能的同时，公众舆论也逐渐失去了其双重自主性。19 世纪末 20 世纪初的公共领域不再是理性信仰的领地，而是逐渐变成了操作民意的舞台。对此，哈贝马斯虽然继承了法兰克福学派老一辈理论家的批判特征，但是又不同于霍克海默和阿多诺的悲观主义，认为美国的垄断资本主义和福利国家自由主义最终导致了个人自由主义的萎缩和民主的空洞。公共领域虽然事实上已经衰落了，但是应该更加深化拓展其政治经济的系统并继续发挥作用，从而为其合法性辩护，从而将政治经济推进民主治理的快车道。哈贝马斯在结论中提出了自己的看法，现有的政党结构的公共领域，仍有可能发挥其上述功能。只要有合适的社会政治环境，公共领域与社会政治现实之间的裂缝将再次弥合。

除去词源学的考察，我们还看到哈贝马斯从历史角度考察公共领域的起源。我们能看到古希腊流传下来的范畴已经打上了罗马时代的烙印。在希腊城邦中，自由民所共有的公共领域与每个公民所特有的私人领域之间区分明显。在古希腊人看来，公共领域是自由王国和永恒王国，因而和必然王国、瞬间世界形成鲜明对比。比如，亚里士多德所制定的德性标准只有在公共领域中才能证明有效。这种始自古希腊的观点从文艺复兴，开始就在公共领域中针对古典引发了一种规范性变革。在中世纪，公与私的规定最初在罗马法中体现在对公共领域的界定上。随着现代国家以及从中分离出来的市民社会，这些范畴才逐渐被用到法律上，使得特殊意义上的资产阶级公共领域得以在法律上制度化。虽然后来公共领域伴随有崩溃的趋势，其功能也在逐渐减弱，但公共性始终是政治制度中的一个重要组织原则。

作为制度范畴的公共领域和私人领域分离的趋势，在中世纪中期的封建社会中并不存在。封建制度的组织架构并不代表议会，如果非要说他们代表民众也是可以的，但它更多的是代表一种所有权。这种代表性公共领域在中世纪宫廷道德体系中表现为亚里士多德主义的基督化，古希腊城邦中的公共领域对德性已有充分的认识。上至国王，下到武士，都要遵守公共领域的领主权力，只有超凡脱俗的教士才有固定的场所，这也是直到现在代表性公共领域已然保留着教会宗教仪式的原因。相对于中世纪，文艺复兴时期的世俗节日已经从字面意思上丧失了公共性。但代表性公共领域的基本特征却完整地保留下来并显著发展。代表性公共领域依赖的封建势力、教会、诸侯和贵族阶层发生了变化，形成了公私截然对立的两极。统治阶层最终从等级制度中走出来，发展成了公共权力，部分归立法机关。劳动阶层在城市企业和某些乡村扎根而形成了市民社会，市民社会与国家形成对立。

随着商品交换的发展，信息交换也是一样。在公共性缺乏的情况下，随着信息机制的建立，现存的交往形式迅速出现在新的交往领域。这种情况直到 17 世纪末才得以实现。代表性公共领域从根本上受到了新的公共领域的威胁。随着等级特权为封建领主特权所取代，代表性领域萎缩了，这就为现代意义的公共领域腾出了空间，于是，新的公共领域即公共权力领域产生。哈贝马斯认为。阿伦特用“社会”的发生来阐释公共领域与私人领域的现代关系，这个社会私人领域已经具有公共意义。资本主义重商主义阶段的转型，从政治制度和社会制度内部，另一种早期资本主义的交换因素，也就是新闻出版物也发挥了强大的作用。此时的信息交流不仅是为了满足商品交换，信息本身就成了商品，同时，商业信息的传递也要遵守市场规律。这样，信息的有价性导致部分信息材料定期翻印，从而获得了公共性。逐渐形成了资产阶级公共领域的前身——文学公共领域。资产阶级公共领域对其功能的自我理解具体表现为“公众舆论”的范畴。但是直到 18 世纪，公众舆论才有了明确意义。

文学公共领域虽不是地道的资产阶级公共领域，但是和王室的代表性公共领域保持一种联系。成熟市民阶层中的资产阶级先锋派通过与上层社会王公贵族的社会交往掌握了公开批判的技巧，逐渐形成了以咖啡馆、沙龙和宴会等形式的文学公共领域。“在与资产阶级知识分子相遇过程中，那些充满人文色彩的贵族社交遗产通过很快就会发展成为公开批评的愉快交谈而成为没落的宫廷公共领域向新兴的资产阶级公共领域过渡的桥梁。”[①]

由于国家和社会的分离，公共领域和私人领域区别开来。公共领域只限于公共权力机关。我们把宫廷也算作公共权力机关。私人领域当中同样包含着真正意义上的公共领域；因为它是由私人组成的公共领域。所以，对于私人所有的天地，我们可以区分出私人领域和公共领域。私人领域包括狭义的市民社会，亦即商品交换和社会劳动领域；家庭以及其中的私生活也包括其中。“政治公共领域是从文学公共领域中产生出来的；它以公众舆论为媒介对国家和社会的需求加以调节。”[②] 把上面的内容结合起来看，就是哈贝马斯对公共领域亦即公共性问题的社会空间的现实表达。于此，我们摘录哈贝马斯关于公共性的解释：[③]

> 在谈到公共领域的起源和概念时，“公共性本身表现为一个独立的领域，即公共领域，它和私人领域是相对立的。”（2）
>
> “公共性始终都是我们政治制度的一个组织原则。”（5）
>
> “在中世纪的文献中，‘所有权’和‘公共性’是一个意思，公有意味着领主占有。”（6）
>
> “在关键因素——公共性付之阙如的情况下，随着信息交流机制的建立，现存的交往形式还是迅速出现在了新的交往领域中。”（15）
>
> “无论是哪种公众，都是在‘进行批判’。公众范围内的公断，则具有‘公共性’。”（24）
>
> 在谈到市民家庭与公众私人性的机制化时，“公共领域在比较广泛的市民阶层中最初出现时是对家庭中私人领域的扩展和补

---

① ［德］哈贝马斯：《公共领域的结构转型》，曹卫东等译，学林出版社 1999 年版，第 34 页。

② ［德］哈贝马斯：《公共领域的结构转型》，曹卫东等译，学林出版社 1999 年版，第 35 页。

③ 以下引文出自［德］哈贝马斯：《公共领域的结构转型》，曹卫东等译，学林出版社 1999 年，文中标注页码。

充。卧室和沙龙同在一个屋檐下；如果说，一边的私人性与另一边公共性相互依赖，私人个体的主体性和公共性一开始就密切相关。”（54）

在谈到市民社会的私法和自由市场的关系时，具有政治功能的公共领域获得了市民社会自我调节机制的规范地位，并且具有一种适合市民社会需要的国家权力机关。对于这种成熟的资产阶级公共领域来说，其社会条件是市场不断获得自由，尽力使社会再生产领域的交换成为私人相互之间的事务，最终实现市民社会的私人化。在专制主义之下，最初只在私人意义上建立起作为私人领域的市民社会，其社会关系被剥夺了准公共性。（84）

在谈到资产阶级法治国家中的公共领域机制充满矛盾时，资产阶级法治国家建立了作为国家机器，因而具有政治功能的公共领域，从而在制度上保证法律与公众舆论之间联系。国家陷入了一种固有的矛盾，表现为法律的暧昧。“一方面，在作为一种意志表达的法律概念里面还包含着通过暴力而提出的统治要求这样一个因素。另一方面，法律概念作为一种理性表达，也把另一种起源比较古老，靠公众舆论在议会与公众之间维持的因素包括在内。”（91）

“如果法治国家没有从旧的封建等级国家结构中真正摆脱出来（如英国），而是（像在欧洲大陆那样）由一项基本法（宪法）所确立，那么，公共领域在其中便会公开发挥作用。”（92）

“作为宪法对公共领域及其功能的规定结果，公共性成为国家机构本身的组织原则；在这个意义上，我们可以来讨论‘公共性’。议会活动的公共性保证了公众舆论可以对它施加影响；也保证了议员和选民（都是公众的一部分）之间的纽带关系。”（93）

“新宪法，无论是成文的还是不成文的，都是在诉诸公民和普通人，而且只要‘公共性’成为宪法的组织活动原则，它就必须如此。”（94）

> “在自由资本主义阶段，公共性作为资产阶级法治国家的组织原则就具有了可信度。如果每个人看上去都有机会成为‘公民’，那么只有公民才可以进入政治公共领域；而且不会因此而丧失其公共性原则。”（96）

哈贝马斯认为，由于康德在法哲学与历史哲学中对公共性原则已经做出了详细论述，就使公众舆论在德语语境中扎根之前，资产阶级公共领域的观念已经具有了成熟的理论范畴。亚里士多德的传统政治哲学在 18 世纪转变成了道德哲学。康德认为“理性就是力量”。霍布斯曾经有建立法律权威而非真理的方法对专制权力加以认可，结束宗教内战建立和平，其代价只能是公共权力垄断在君主手中，市民社会及其良知冲突被限制在了私人领域。康德用实践理性法则的形式重新恢复了如下观念，面对独立人格显示出来的智慧灵感所做的决策，一切合乎道德法则的批判都沦落为毫无政治效果的信念。同时，政治立法甚至在道德上也应当听其控制，在此过程中，资产阶级私人形成了公众，在批判的公共领域具有了调节国家和社会的政治功能。“康德所说的公共性是唯一能够保障政治与道德同一性的原则。在康德看来，‘公共性’既是法律秩序的原则，又是启蒙的方法。”① 就个人而言，启蒙是一种自我反思的主体性原则，就人类而言，启蒙是一种迈向绝对公正秩序的客观趋势。但是，“无论是哪种情况，启蒙都必须以公共性为中介”②。也就是说，公共性是保障道德与政治同一的原则，如果没有公共性，人们将无法进入启蒙状态。“虽然市民社会是法律秩序的自然基础，但是，由于其内在的矛盾冲突，商品交换和劳动的私人领域还有瓦解的危险。在这样的情况下，公共性无法再充当政治和道德中介——黑格尔的公众舆论概念中，资产阶级公共领域已

---

① ［德］哈贝马斯：《公共领域的结构转型》，曹卫东等译，学林出版社 1999 年版，第 121 页。

② ［德］哈贝马斯：《公共领域的结构转型》，曹卫东等译，学林出版社 1999 年版，第 122 页。

经变成了一种意识形态。"①

哈贝马斯认为自由主义的理论中存在公共性悖论。实际上，这是在说自由主义的公共性危机。资产阶级的公共领域并没有像早期社会主义者所期待的那样能够得以圆满实现。一切社会阶级政治平等权的普及是在阶级社会范围内实现的。公共性的扩大并没有导致资产者的公众最初追求者诸如公众舆论统治之类东西所立足的基础扬弃。另一方面，对资产阶级公共领域的意识形态批判显然十分正确。"自由主义理论关于公共性的这种矛盾观念尽管不承认产生它的社会有结构上的冲突，但从另一个角度来看，自由主义的辩护比社会主义的批判要高出一筹。因为，它对经典模式的资产阶级公共领域及其辩证法的对立模式所共有的社会前提都加以追问。"②

在随后一百多年的自由主义鼎盛时期，资本主义渐渐形成规模，但是公共领域与私人领域之间的原始关系事实上已经消失，资产阶级公共领域的宏伟目标消失了。但是，无论是社会主义还是自由主义模式，都不能实际检验两者之间的公共性。这两种相关的趋势表明，公共性已经瓦解，它越来越深入社会领域，同时又失去了其政治功能，也就是说，失去了让公共事实接受具有批判意识的公众监督的政治功能。这两个趋势是："第一个趋势是公共性过多，结果是忽视了私人的权利；第二个趋势是公共性过少，结果是公共领域当中秘密日益增多。公共性慢慢形成了一个领域，并且还削弱私人领域；从这个意思上讲，公共性，即批判的公共性失去了其原则力量。"③ 这里的意思是，由于公共领域和私人领域之间的渗透，导致了社会国家化与国家社会化，产生了公共性悖论。哈贝马斯担心的是社会国家化，这将导致公共性原则不断消解，最终使得公共领域异化。

① ［德］哈贝马斯：《公共领域的结构转型》，曹卫东等译，学林出版社 1999 年版，第 134 页。

② ［德］哈贝马斯：《公共领域的结构转型》，曹卫东等译，学林出版社 1999 年版，第 147 页。

③ ［德］哈贝马斯：《公共领域的结构转型》，曹卫东等译，学林出版社 1999 年版，第 157 页。

公共性原则的功能转换立足于公共领域作为一个特殊领域的功能的转变。这种转变从公共领域中的典型的报刊机制就能看出来。从私人新闻写作，到大众传媒的公共服务，作为公共性功能的广告宣传作用巨大。公共领域政治功能发生转变的标志是，政府部门、政党和各种组织积极参与新闻活动。现代报纸把自己的公共性推广到生活中的所有领域，由于其对信息的贪婪性，在新闻机构中既培养了自己的主人，也培养了自己的敌人。公共权力机关借鉴了公共舆论的控制，自己也才能真正具有公共性。

需要说明的是，公共宣传在加强自己立场的同时，又要使妥协的事情本身不成为公共讨论的话题。就此而言，现代宣传与封建宣传十分接近。“公共关系所关心的实际上并不是公众舆论，而是对声望的舆论。公共领域变成了一座宫廷，公众可以瞻仰其所展示出来的声望，但不能对它自身提出批判。”① 过去，只有在反对封建君主的秘密斗争中才能获得公共性，公共性力图使个人事情接受公开批判，让政治决策接受公众舆论的监督，并按照公众舆论的要求进行修正。而现在，公共性借助利益集团的秘密政治而获得。公共性替个人或事情在公众中赢得声望，从而使之在一种非公众舆论中获得支持。宣传工作表明，公共性过去是代表者表明立场所确定的，必须通过永恒的传统象征符号而一直得到保障，公共性必须依靠精心策划和具体事例来人为加以制造。也就是说，公共性必须加以制造，而已不在。只要资产阶级公共领域的合法化形势依然有效，这个新的公共性就和资产阶级公共领域保持联系。只有选民的潜在意识得到兑现时，这种公共性才能发挥政治影响。这种功能的转变涉及整个政治公共领域，公众与政党、议会的核心关系也受到影响。与此同时，资产阶级的公共领域已经开始结构转型。重大政治事件之间相互依赖的程度加强，公共领域及其基础丧失了地盘：“公共领域一方面丧失了与私人领域之间的清晰边界，另一方面则丧失了与‘世俗公共领域’之间的清晰边界；

---

① ［德］哈贝马斯：《公共领域的结构转型》，曹卫东等译，学林出版社 1999 年版，第 235 页。

它丧失了透明性，让人难以一目了然。”①

由于政党已经变成了公共组织体系的一部分，并且不得不传达和代表从私人领域发展到公共领域的组织利益，公众成员之间的直接接触就丧失了。随着公共领域的扩大，先前的协议变成了摆设。为了发挥展示功能，公共性失去了批判功能，争论成了一种象征，人们无须争论，只要认同。随着议会功能的转变，公共性作为国家制度组织原则的可疑性彻底暴露出来。公共性的功能从一种源自公众的批判原则转变成为一种如权力机关、组织等展示机制被操纵的整合原则。消费文化对司法领域公共性的扭曲不亚于公民投票表决对公共性的扭曲。公共性的批判原则不是为了通过组织公民监督法律裁决，而是为广大消费者的大众文化提供法律程序的准备。如果采用对抗措施试图恢复公共领域的原有功能，都将是徒劳的。想用恢复自由主义公共领域，压缩公民投票表决的扩张形式，将适得其反，这只会严重削弱公共领域中仅存的原有功能。“被社会组织抢占的，而且是在集体性私人利益的压力下被权力化的公共领域，只有在它本身完全满足公共性要求的情况下，即在它重新变成严格意义上的公共领域的情况下，才能发挥超出纯粹参与政治妥协之外的政治批判功能和监督功能。”②

应该按照公共性原则组织内部制度，并在该制度上允许政党内部的民主存在，只有这样才能实现通过民主形成舆论和共识的功能，也才能够顺利交往和批判。资产阶级公共性的观念在社会福利国家的民主政体中被制度化了，这种观念以往是通过私人公开批判而获得统治的合理化，由于有组织的私人利益多元化，这种合理性相当有限。只有这种合理化有所进展，才会再次出现一种类似资产阶级私人公共领域的政治公共领域。“由于为此而临时制造出来的和只是间歇动员起来的公共领域恰恰使公共关系的另一种公共性占据统治地位，因此，

① ［德］哈贝马斯：《公共领域的结构转型》，曹卫东等译，学林出版社 1999 年版，第 238 页。

② ［德］哈贝马斯：《公共领域的结构转型》，曹卫东等译，学林出版社 1999 年版，第 243 页。

这种组织本身越是逃避民主的公共性要求，它们也就越能成功地凌驾于非组织的头上。”①

哈贝马斯给出了自己的公共性观念：为了重新获得公共性的批判性和解释性双重功能，开创了自己的公共领域理论体系；他通过公共性向现实公共领域的转化，最终导致了公共领域的异化这一危机。在公共领域政治功能转化过程中，私人特权侵入公共领域，使公共领域受到社会势力的影响获得权力。公共领域自身无法自我批判和监督，公共领域出现了专制化倾向，公共性丢失了原有的性质和中介功能。哈贝马斯的解释避免了卢梭式的来自一般意志的危险，这种危险不可避免地让启蒙的理性完全转化为全体注意的压制那样的行动纲领。这种行动纲领依据特定的卢梭式一般意志的模式来思考理性的自我批判，如果是以公共性的模式来对话，那些对思想巨人的责难将失去意义。这种解释与当时19世纪马克思主义中的那种对资产阶级民主制度之间保持了适当距离。后来，哈贝马斯以语言的内在力量为基础，通过语言的转向，试图发现公共性成立的潜在力量，并以纯粹的程序主义来把握理性的概念。南希·弗雷泽曾经给出了公共性的四层含义：第一，与国家相关；第二，所有的人都可以进入；第三，与所有的人相关；第四，与共同的善或者公共利益相关。② 我们发现，哈贝马斯公共领域中的公共性概念其实包含了后三层意思。按照这种公共性理解，公共领域还包括公民运动与市民社会。其实，哈贝马斯所讨论的公共领域主要是指人们之间的思想交流所需要的空间。

综上所述，哈贝马斯系统研究了资产阶级公共领域的产生、结构、功能和转型等问题，将公共领域的范畴放到思想史当中进行考察。哈贝马斯之所以对公共领域如此感兴趣，是因为他将公共领域视

① ［德］哈贝马斯：《公共领域的结构转型》，曹卫东等译，学林出版社1999年版，第234页。

② Nancy Fraser, “Rethinking the Public Sphere: A Contribution to the Critique of Actually Existing Democracy”, *Social Text*, No. 25/26, 1990, pp. 56 – 80.

为民主政治理想的母体，视为道德价值和认知价值的基础，而这些理念都能够反映出自由平等的民主精神。当然，哈贝马斯的论述也存在缺点，那就是霸权的问题和以结构转变来表现历史性的问题。[①]

受哈贝马斯启发，笔者将公共社会区分为健全的公共社会与不健全的公共社会。《公共领域的结构转型》出版 20 年后，哈贝马斯出版了一部成熟的理论著作《交往行为理论》，将在《结构转型》中提到的交往理论扩展开来。哈贝马斯的《交往行为理论》提出了他的社会理论的基本问题：社会秩序是如何可能的？按照哈贝马斯，在现代社会中，社会秩序主要取决于交往行为和商谈，二者是建立和维持社会稳定性的基础。《交往行为理论》分为上下册。上册主要是对一些概念的分析，区分了交往行为和工具行为的概念，认为后者寄生在前者之中。下册阐述了一种社会本体论，是关于社会形态和社会构成的理论。主张现代社会由系统和生活世界两个基本领域构成，分别对应工具行为和交往行为。工具行为是工具理性的实践结果，是为了达到某种既定的目标而对最佳途径的谋划。而交往行为是内在于行为本身的一种目标，承认和接受有效性声称，不能离开言语这个载体而单独存在，我们称之为交往理性。哈贝马斯的交往行为是一种接受有效性的理性主义，言语的语用意义取决于其有效性，说话人为达成共识而提出的理由则是有效性的基础。哈贝马斯在语用学意义上，重构了公共领域的主题，这种论述更具有抽象性。

公共领域是一种交往结构，通过社会基础而根植于生活世界。公共领域是行动、行动者以及团体一样的社会现象。“公共领域最好被描述为一个关于内容、观点，也就是意见的交往网络；在那里，交往之流被以一种特定方式加以过滤和综合，从而成为根据特定议题集束而成的公共意见或舆论。像整个生活世界一样，公共领域也是通过交往行为——对于这种行动来说，掌握自然语言就足够了——而得到再生产；它是适合于日常交往语言所具有的普遍可理

① ［日］佐佐木毅、［韩］金泰昌主编：《欧美的公与私》，林美茂等译，人民出版社 2009 年版，第 88 页。

解性的。”① 公共领域具有以下特征：“毋宁是在于一种交往结构，它同取向于理解的行动的第三个反面有关：既不是日常交往的功能，也不是日常交往的内容，而是在交往行为中产生的社会空间。”②

我们先来看看哈贝马斯关于社会的理论。如前所述，哈贝马斯把（政治）公共领域与私人领域（市民社会）区别开来，同时也把代表国家的公共权力领域区分出来，建构了资产阶级公共领域的理想理论。在哈贝马斯的理论模型中，公共领域是价值中立的、单一的，是超越生活世界的。哈贝马斯针对资产阶级公共领域的讨论很深入，但是在后来的讨论中，他逐步将这种公共领域的理论拓展到他的商谈伦理学与法哲学当中。事实上，在公共领域与社会之间的桥梁是公民或者社会劳动者。一方面作为政治公共领域的承担者，另一方面作为社会的成员，公民同时具有两个身份。我们必须从公共领域脱颖而出，并参加公共领域再生产的劳动者，同那种占据着已经构成公共领域、并对它加以利用的劳动者区别开来。“政治公共领域要能够履行其察觉全社会问题并把它作为议题提出来的功能，它就必须是在潜在的相关者的交往情景之中形成的。”③

关于公共领域与市民社会，哈贝马斯认为，当今的市民社会已经不同于黑格尔和马克思意义上的市民社会。市民社会的构成核心是一些非政府的、非经济的联系和自愿联合，它们使得公共领域的交往结构深深根植于生活世界的社会成分中。组成市民社会的那些自发的社团和组织对私人领域的一些问题加以选择和浓缩，经过放大引入了公共领域。旨在讨论并解决公众关心的问题进行商谈，这些行为都是在有组织的公共领域内加以建制化。而实现这些建制化的联合体就是市民社会的核心。这里道出了公共领域和市民社会的内在关系。在这些

---

① ［德］哈贝马斯：《在事实与规范之间》，童世骏译，生活·读书·新知三联书店 2014 年版，第 445 页。

② ［德］哈贝马斯：《在事实与规范之间》，童世骏译，生活·读书·新知三联书店 2014 年版，第 445 页。

③ ［德］哈贝马斯：《在事实与规范之间》，童世骏译，生活·读书·新知三联书店 2014 年版，第 450 页。

商谈配置中，具有平等的、开放的组织形式，在这种组织形式中反映了作为它们的核心，并从那里取得连续性和持久性的交往活动的本质特点。但是，这些社团并非公共领域中最显眼的部分。这个领域是通过基本权利而构成的，这个事实提供了有关这个领域的社会结构的最初信息。公共领域的交往结构需要一个充满活力的市民社会的维护，"公共领域从一定意义上说必须是自我稳定的，这一点表现在市民社会的交往实践的自我指涉性这个奇怪特点之上"①。那些通过在公共领域中发言而同时再生出公共领域结构的人们，他们提供的文本显示了涉及整个公共领域之批判性功能的同一个亚文本。也就是说，公共商谈的践言性特点，不管其显层的内容如何，都把一种未受扭曲的政治公共领域保持为当前的状态。

实际上，在哈贝马斯把商谈政治概念作社会学解释时，以市民社会为基础的公共领域同议会组织的意见和意志形成过程之间相互作用。但是，哈贝马斯提醒我们不能因此就把市民社会看作整个社会组织线索的焦点。"首先，一种有活力的市民社会只能形成于一种自由的政治文化和相应的社会化模式的背景之下，只能建立在一种未受破坏的私人领域的基础之上——它只能在一种已经合理化了的生活世界之中才能展开。""其次，在公共领域中，至少在自由的公共领域中，行动者能获得的只能是影响，而不能是政治权力。""最后，政治所拥有的工具（法律和行政权力）在一个功能化的社会中所具有的作用能力是有限的。"② 这就是哈贝马斯讨论市民社会和公共领域为各种非建制化的政治运动和政治表达所采取的有限的行动空间，或者说是民主实践方式的一种自我限制。而市民社会的自我限制，并不等于市民社会的取消能力。市民社会的概念和政治公共领域的概念不仅是规范性的公设，而且是与经验相关的。哈贝马斯试图用商谈理论为激进民

---

① ［德］哈贝马斯：《在事实与规范之间》，童世骏译，生活·读书·新知三联书店 2014 年版，第 455—456 页。

② ［德］哈贝马斯：《在事实与规范之间》，童世骏译，生活·读书·新知三联书店 2014 年版，第 457—458 页。

主理论转译为社会学的辩护："一定条件下市民社会可以在公共领域中赢得影响，可以通过它自己的公共意见而对议会组织（以及法院）造成一定效应，并且迫使政治系统转到正式的权力循环。"① 这可以看作是公共领域与市民社会关系的生动写照。

而现实的社会情况要复杂得多，公共领域形成了政治系统和生活世界私人部分和功能分化的行动系统之间的中介结构。它所代表的是一个高度复杂的网络。从空间上说，这个网络区分为多样的、相互重叠的领域，比如国际的、国家的和社会的等；从内容上说，根据不同的议题、视角和领域等方方面面；根据交往密集程度、组织复杂性和涉及的范围，它分为不同层次的公共领域；等等。虽然有这么多分化，但是这些日常语言构成的子公共领域之间都是相互开放的和渗透的。本质上讲，这些子公共领域同政治系统之联系的公共领域之内的那些界限，原则上具有渗透性。这样，通过大众传媒而连接起来的公众就会把全国范围的社会甚至同一时代的人们都包括进来，并采取一种相互抽象的形式，在舞台上扮演与观众不同的行为者角色。这就进一步验证了哈贝马斯理论的一个假设："公共交往过程越是服从一个来自生活世界的市民社会的内在机制，它的进行就越是不受扭曲。"②

我们接着来看罗尔斯关于社会的讨论。我们知道，罗尔斯的正义论中，良序社会是一个重要的概念。罗尔斯假定，在原初状态中的人们站在无知之幕后面确定了正义原则。以正义原则为适用对象，良序社会有如下含义：

> 一个社会，当它不仅旨在推进它道德成员的利益，而且也有效地受着一种公正的正义观调节时，它就是一个良序社会。亦即，它是一个这样的社会，在那里：(1) 每个人都接受、也知道

① ［德］哈贝马斯：《在事实与规范之间》，童世骏译，生活·读书·新知三联书店 2014 年版，第 460 页。

② ［德］哈贝马斯：《在事实与规范之间》，童世骏译，生活·读书·新知三联书店 2014 年版，第 462 页。

> 别人接受同样的正义原则；（2）基本的社会制度普遍地满足、也普遍为人所知地满足这些原则。在这种情况下，尽管人们可能相互提出过分的要求，他们总还承认一种共同的观点，他们的要求可以按这种观点来裁定。如果说人们对自己利益的爱好使他们必然相互提防，那么他们共同的正义感又使他们牢固的合作成为可能。在目标互异的个人中间，一种共有的正义观建立起公民友谊的纽带，对正义的普遍欲望限制着对其他目标的追逐。我们可以认为，一种公共的正义观构成了一个良序的人类联合体的基本宪章。①

不难看出，在正义原则的基础上，罗尔斯关于良序社会的定义有如下特点：其一，良序社会是一个由公共的正义观念有效调节的社会；其二，良序社会的观念是一个持久的、稳定的社会（也就是稳定性）；其三，良序社会的成员能够获得正义感；其四，良序社会的成员如何获得正义感与善观念的一致性。

当然，把三和四合而为一就是正义之善（正义感与善观念的一致性问题）。在谈到正义与善的一致性时，罗尔斯根据契约论是不是理解共同体价值和选择实现这些价值的社会安排的理论结构，做出推论：正当与善的一致性在很大程度上取决于良序社会能否获得共同体的善。假定每个人都具有善观念，人们把社会看作一种为了互惠而合作冒险，但是冲突确实存在。一方面，从正义理论来看，正义观念是从最弱的可能假设中引出的满意原则。正义原则能够在其中建立一种可接受的秩序之最初权利冲突越尖锐，正义理论就越具有综合性。另一方面，把它们看作对某种社会秩序的某种描述方式，引入了私有社会的观念。构成社会的人们，无论是个人还是社团，都具有私人目的，这些目的或者冲突，或者独立。而制度本身没有价值，和制度本身有关的活动不能看作一种善。社会性并不简单地意味着社会对人的

---

① John Rawls, *A Theory of Justice*, Cambridge, MA: Harvard University Press, Revised edition, 1999, p. 4.

生活是必要的，由于共同体中的人们获得需要和利益，这些利益需要制度允许或者鼓励他们互利工作。通过社会性与私有社会的观念对照，罗尔斯认为人的社会性得到了澄清。因为，在正常情况下，合理的生活计划提供了个人至少是部分力量的发展。按照洪堡的说法，正是通过建立在社会成员的需要和潜在性基础上的社会联合，每一个人才能分享其他人实现出来的天赋才能的总和。有多少生活形式具有社会联合的特征，共有的最终目的和自身是就有价值的共同活动。因为，一个社会联合的共同目的显然不等于对某种具体事物的共同欲望。最后，罗尔斯指出，良序社会与最普遍意义上的劳动分工并非没有关系。社会的集体活动，许多社团调节着最大共同体的公共生活，支持我们的生活，激励着我们做出贡献。这样，劳动分工被克服，每个人通过一个公正的社会联合中自愿的有意义的工作，让所有人参与进来，并满足个人自己的利益。

我们知道，效率和公平常常是冲突的，罗尔斯恰恰要在自己设定的良序社会中兼顾效率与公正。无知之幕后面的人们在最初状态下建立契约，核心是两个正义原则。罗尔斯良序社会的论证就是他对正义论的一种独立想法的理想建构，良序社会以正义原则为基础。从阐述的角度来看，我们发现罗尔斯对良序社会的分析比较清楚，而哈贝马斯对社会的界定错综复杂。从罗尔斯对良序社会的解释来看，罗尔斯始终关注正义所追求的最终目的。比如，他关注社会的基本结构，关心最少受惠者的福利，重视社会的稳定，延续了人们对美好生活的向往。所有这一切，都可以说这是为更加合理的社会制度提供了一种正义证明前提和基础。而哈贝马斯对社会的分析却不是那么清晰，但这不是说哈贝马斯的社会学分析没有意义。我们可以说，哈贝马斯为我们提供了一种更为广阔的分析视野。由于哈贝马斯对社会的哲学分析是建立在历史视野的基础上，所以他的解读带有某种经验性。更进一步，哈贝马斯的讨论，除了社会学、哲学和历史的分析，批判性也是很重要的一个关键性因素。事实上，哈贝马斯《交往行为理论》的一个主要目的就是矫正霍克海默和阿多诺的批判理论，从经验性的角度提供一个更为可靠、更有成效、方法一贯的替代性理论。因此，他的社会理论本身就是一种批判理论。哈贝马斯的社会批判理论采用把广泛的过失和非理性归因于行为人道德自我否定策略，以此来推定为什么行为人愿意承受社会的压迫机制并使社会行为永久化。与之相对，哈贝马斯将它们归因于系统的潜在的工具性目标。

实际上，哈贝马斯的社会批判理论是一种对病态社会的分析和批判，但他并不提供药方。哈贝马斯的理论具有如下意义：通过遏制金钱和权力系统来保护生活世界免于殖民化；确保足够的未被监管和市场化的社会生活领域来创造社会整合，以此嵌入金钱和权力系统。如果非要追问答案，那么，答案将是遏制市场和行政管理，而非废除二者。当然，哈贝马斯并未给出这些问题的答案。不过，回顾哈贝马斯的《公共领域的结构转型》，他将此视作社会使命，而非政治使命，以此通过公共领域的复兴来获得解放的希望。而在《交往行为理论》中，哈贝马斯表示，不管是集体还是个人，没有行为人能够完成这个使命。至于国家，只要它不完全受到经济的约束，就还是系统的一部分。因此，这就是问题的源头，而不是问题的答案。事实上，我们从哈贝马斯后来的著作可以看到，他将改革的希望寄托在民主福利国家的系统，只要个人道德信念和具有政治诉求的非暴力抗议组织能够对这个系统施加影响的话。但是，这样的组织并无实权，哈贝马斯理论所指出的唯一社会变革力量处于劣势，也就不可能阻挡生活世界的殖民化，更不用说扭转资本主义病态社会的过程。

但是，我们不能因此而否定哈贝马斯的贡献，当代资本主义社会中能够阻挡市场和行政扩张的因素寥寥无几。我们可以从以下几点来理解哈贝马斯的批判的社会理论：第一，哈贝马斯否认他的理论具有马克思意义上的革命性批判力量。对于社会批判理论达成的目标，哈贝马斯的想法是谨慎的，社会理论并非社会变革的工具，它们只是提出真实的有效性声称。换句话说，社会理论至多是一种分析工具，可以帮助我们区分现代社会的进步抑或退后的倾向。哈贝马斯想要消解社会压迫，是一个改革家和激进主义者，同时又是一个现实主义者，这些合起来就注定了他的社会批判理论能够起到帮助人们理解社会压迫的根源。

第二，哈贝马斯的社会理论虽然是一种批判理论，但是他刻意地避免对现代社会做出任何道德判断。哈贝马斯的理论意在表明规范性的基础，不依赖于已有的有关善的道德理论。在一定意义上说，哈贝马斯对现代社会的批判是功能性的，而非伦理或者道德批判。尽管如此，由于交往和商谈的观念强调规范性的概念，哈贝马斯的理论分析带有不可磨灭的伦理学痕迹。我们知道，交往行为是建立在对有效性声称相互承认的基础上的，在生活世界中，言语行为协调机制迫使人们重视其他说话人、听话人、行为人及其理由。商谈的规则保证了平等地尊重所有行为人，保证了人们之间的团结。平等和包容等理想已经包含在生活世界的交往实践中，人们习惯于按照这些理想要求行事，因此，生活世界的社会化就是一个道德化的过程。因此，他的社会病理学理论暗含了道德因素，从表面看，生活世界的殖民化导致了社会运转失灵，从本质看，他的理论暗示了社会功能的障碍导致了道德缺陷个人的存在。

事实上，人与人之间更多是一种合作和团结的关系，而非分裂。社会是一个完整的有机系统，其系统性随着生产方式的变化而变化。这种变化发展到公共性阶段，是当今社会的一个显著特点，这是一种公开性、公平性与共同性。公共社会虽然是一种综合性很强的社会形态，但其经济基础仍是生产资料的所有制。公共社会以是否具有公共性来判断社会是否已经进入公共社会。从社会运行机制看，公共社会是一个社会系统。公共社会是一个自由的社会、共和的社会和均等的社会。公共社会注重公职人员、公共政策和公共秩序，明确公共资源，限制公共权力。在这种意义上说，公共社会的基础是一个注重个体的社会联合。在这一点上，罗尔斯的自由主义解释非常贴切。

那么，作为一种社会运行机制的公共社会，既需要客观自然的一面，又要求主观意愿的意图。区分健全的（完善的）公共社会与不健全的公共社会显得至关重要。人类社会充满活力，且又如此复杂，人类社会就是我们人类自己。尼古拉斯·克里斯塔基斯曾经给出好社会的八个特征：（1）拥有和识别个人身份的能力；（2）爱伴侣和子孙后代；（3）友谊；（4）社会网络；（5）合作；（6）对自己所属群体的偏好（内群体偏好）；（7）温和的等级制度（相对平等主义）；（8）社会学习和教育。[①] 这些特征来自一个社会的内部，共同发挥作用，就能维护社会的良好运转。罗尔斯的社会理论依靠两个正义原则，实现一种良序社会；哈贝马斯的社会理论则依靠的是交往和商谈，二者是建立和维持公共社会完整性的基础。事实上，罗尔斯与哈贝马斯关于公共社会的讨论，都是在回答同一个问题，那就是良好的社会秩序是如何可能的？都在不同程度上回应了公共性问题，并探寻了公共生活的合理性根基。根据克里斯塔基斯的提示，综合罗尔斯与哈贝马斯关于社会的理论分析，我们认为健全的公共社会应该具有以下几点：第一，健全的公共社会是依靠民主保障的社会。民主作为现代社会的基本理念，在公共社会中的体现尤其重要。只有民主的理念才能保障公共社会的形成和运行。第二，健全的公共社会需要公共管理来维系。公共管理以公共社会为目标，以公共理念为指导，对公共社会的程序和程度进行管理，通过公共主体逐步推进。第三，公共社会还需要公共政策来支持。公共社会一定注重公共政策的效果，公共政策不是法律法规，而是一种为了解决公共问题而达成公共目标所制定的激励措施。第四，健全的公共社会还需要公共理性。第五，健全的公共社会需要有道德的底线。

三　公共理性 VS 交往理性

健全的公共社会之公共生活诉诸公共领域的“公共性”，罗尔斯的“公共理性”与哈贝马斯的“交往理性”将公共哲学的主题确定

---

① ［希腊］尼古拉斯·克里斯塔基斯：《蓝图》，贾拥民译，四川人民出版社2020年版，第26页。

在现代社会的理性及其公共运用范围内，凸显公共哲学作为人类社会文明和公共生活智慧的特征，使其获得自律的理论品格。关于公共理性，主要针对公共理性的概念使用的简单学术史考察：这里我们只考察霍布斯、卢梭和康德的一般阐述。

“公共理性”（public reason）最早出现在霍布斯的著作《利维坦》中，在第三部分第37章的最后，霍布斯使用了 public reason 的短语，“现在从没有一个人看见过应符咒或者应一个人的吁求与祈祷而做完任何奇异的事情，会使得具有中等理智的人认为这是超自然的事情。当前的问题已经不是我们前言看到做了的事情是否是奇迹，我们听到的或在书上看到的奇迹是否确有其事，还是凭空捏造出来的，一句话，我们现在的问题在于这种记载究竟是真实的还是谎言。关于这一点，我们不能每个人都运用自己的理性或者良知去判断，而是要运用公共理性，也就是运用上帝最高代理人的理性来判断。诚然，如果我们已将主权赋予他，并让他做出一切对于我们的和平防卫而言有必要的事情，我们就已经把他当成事件的审判者了。”① 在这里，霍布斯用“公共理性”来指称主权者的理性或者判断，主权者的理性是公众在有充分理由要去获取普遍的公共一致的问题上的理性。

卢梭在“论政治经济学”中使用了公共理性这个术语，是第二个使用此术语的思想家。“虽然听取自然的声音对一个好父亲完成他的责任来说是最好的建议，但是对于官员来说，它却是一个错误的向导，它不断地使得官员们偏离自己的责任，除非有崇高的德性约束，否则迟早会导致国家的垮台。家庭中的父亲必须防范的是如何保护好自己不致堕落防止腐败，而正是这种倾向使得官员腐化。为了恰当的行动，前者只需对得起自己的良心；而后者如果只听自己的良心，那他就变成了一个独裁者。即使他自己的理性也应该受到质疑，而他应该遵循的唯一法则就是公共理性，即法律。因此，自然造就了许多好父亲，但下面的说法受到质疑：自世界开始以来，人类的智慧造就了

---

① Thomas Hobbes, *Leviathan*, J. C. A. Gaskin (ed.), Oxford University Press, 1998, p. 296.

十个有能力统治他们的同伴的人。”① 很显然，卢梭的公共理性与霍布斯的用法不同。在卢梭看来，公共理性与私人理性相对应，公共理性与公共善有关，而私人理性是一种利己主义。这就是说，卢梭的公共理性理念与他的公意理念相联系。公意和公共理性与公共善有关，而私人理性只与私人的善有关。

康德在《什么是启蒙?》一文中，提出公共理性的理念来回答如下问题：“对公共辩谈的自由施加何种限制会有助于促进启蒙?”“人的理性的公开应用必须永远是自由的，而且只有它才能实现人的启蒙；个人对理性的应用则常常受到严格的限制，但却无碍于启蒙的进展。”② 公共理性是根据理由所给定的听众来定义的。公共理性是面向整个公众的，霍布斯的公共理性是由主权者的判断来限制理性，而康德的反驳正好是为了摆脱这种限制的理性。我们知道，自从 20 世纪 80 年代以来，公共理性逐渐成为当代西方英美政治哲学与道德哲学的核心概念之一。尤其是罗尔斯的《正义论》出版以来，规范政治学进入了一个相当繁荣的时期。公共理性的概念在罗尔斯后期政治哲学中的详细解读，成了其政治哲学的重要概念。正是在上述背景中罗尔斯来讨论对于公共理性的理解。前面我们已经就罗尔斯公共理性的概念进行了阐述，下面我们主要侧重对公共理性的论证进行分析。

在西方哲学史上，理性主义是现代哲学的一般特征。文艺复兴和宗教改革以来，各种哲学思潮都呈现出理性主义的趋势。现代哲学以经验主义和唯理主义的区分，只是在知识来源的问题上有所差别，但是在对理性问题上没有本质不同。后来的启蒙运动也是一种以理性来探索真理的研究路径。康德正是在这样的背景下讨论了公共理性的内涵，为理性的运用者提供了理论指南。罗尔斯接着康德提出了公共理性命题，放在了自己的《正义论》中进行讨论。在《政治自由主义》中，罗尔斯专门以一个重要理念来解释公共理性问题，后来，面对批

---

① Jean Jacques Rousseau, *Discourse on Political Economy*, § 1, P1/6, in *The Basic Political Writings*, Donald A. Gress (trans.), 1987, p. 116.

② ［德］康德：《什么是启蒙?》,《哲学译丛》1991 年第 5 期。

评，罗尔斯又重新讨论了公共理性，写成《公共理性观念新论》，重新讨论有关理性的公共运用。

如前所述，健全的公共社会之所以是健全的，就在于其公共性。在罗尔斯与哈贝马斯的有关公共性论述中，分别可以看出二者关于公共性的关注。不过，就其实质而言，罗尔斯与哈贝马斯讨论的问题基本都是针对公共性问题的。但是，如果专门从这个问题的核心来看，关于公共性的问题的讨论虽然各有侧重，那还是比较集中的。具体说来，罗尔斯对公共理性的讨论，以及哈贝马斯对交往理性的讨论，这两个问题的实质就是二者关于理性的公共运用如何体现了一种公共性。我们知道，理性的公共运用最早源自康德（《什么是启蒙?》），理性的运用即便在私下进行，只要它满足公共性的条件，那么它也属于公共运用的范畴。换句话说，理性的公共运用不一定是公开的，但是，因为它具有公共性，所以是公开的。与之相对，如果是在一种私下场合的公开表达，这种理性的公共运用也不一定具有公共性。

1. 罗尔斯论“公共理性”

罗尔斯正义论面临的问题主要是，公共理性在形式的层面上关注公民究竟如何就公共的政治问题进行讨论和推理？究其实质而言，正义原则之下的正义论，仅仅靠哲学家构造了一套精微缜密的理论是远远不够的。因为，一个社会如果能够按照一套正确的正义原则组织运转，其稳定性还需要依赖公民的认可和接受并遵照执行。也就是说，什么样的原则才是具有“可接受性”的。即使有某些公民在事实上并不接受正义原则，但这些原则也必须得到所有公民的道德辩护。哲学家们构造出的正义原则要能够得到公民们的认可，他必须在推理中把自己看作一个公民，而且是符合道德理想的公民。同时，公民们还要按照公民的理想来严格要求自己，并不是纯粹基于自己的考虑，也不是要将自己的主张强加于人。公共理性的理念就是公民理想的这种诉求。罗尔斯坦言，在当前的社会中，公民的这种理想要求植根于理性多元论的前提下。公共理性要回答，面对理性多元论的社会状况，公民们如何就政治争议问题展开推理和辩论？什么样的政治制度安排是公民们能够接受的。事实上，这种正义原则基础上的公共理性的证明具有一种形式色彩，这种带有公共性的理想原因就在于关注理性多元论背景下正义原则的可接受性问题，也就是政治正当性问题。

在《正义论》中，我们并不能找到“公共理性”这个语汇，但是可以发现罗尔斯对公共性的论述。在《道德理论中的康德式建构主义》中，罗尔斯表达了这样的看法：公民们在一个良序社会中同一这样的信念，他们能够得到公共探究方法的支持，这种方法接近于常识也包括适当地建立毫无争议的科学方法和结论。同时，他还给出了公共性的三个条件。[①] 罗尔斯从 20 世纪 80 年代就开始讨论公共理性，在 1993 年的《政治自由主义》中又修订了之前的说法。总结这一时期罗尔斯对公共理性的看法主要是：罗尔斯建立了一个康德式的建构主义，希望避开真理问题，以及实在论与主观主义有关的道德和政治价值的争论。通过公共理性来达成和解，建立一种自由的协议。[②] 公共理性是一种自由主义的价值。即使普遍的完备性目的论观念能够被接受为政治的正义原则，但它界定的公共推理形式在政治上也将难以运作。[③] 公共理性是民主理念的一部分。[④] 等等。

在罗尔斯自由主义的理念系统中，公共理性是政治正义观念的社会普遍性基础。在《政治自由主义》的第二讲，罗尔斯在谈到公民的理性能力及其表现时，谈到了良序社会满足公共性的三个层次：第一层次是在社会受到公共的正义原则有效规导的前提下，公民接受这些

---

① John Rawls，*Collected Papers*，S. Freeman（ed.），Cambridge，MA：Harvard University Press，1999，p. 324.

② John Rawls，*Collected Papers*，S. Freeman（ed.），Cambridge，MA：Harvard University Press，1999，p. 395.

③ John Rawls，*Collected Papers*，S. Freeman（ed.），Cambridge，MA：Harvard University Press，1999，p. 443.

④ John Rawls，*Collected Papers*，S. Freeman（ed.），Cambridge，MA：Harvard University Press，1999，p. 573.

原则并了解他人也同样接受这些原则，而这种认识也被公众所认识，我们将其归结为社会接受；第二层次关涉普遍信念，正义的第一原则正是人们按照这种普遍信念而接受下来的，人们按照他们关于人类本性的普遍信念和社会政治制度一般发挥作用的方式，以及所有与政治正义相关的这类信念来接受正义的第一原则，我们称之为普遍信念；第三层次如果能够以其自身的术语表达出来，必定与公共的正义观念的充分证明有关，姑且称之为充分证明。① 罗尔斯以康德式的语气讨论了公民对正义原则的普遍接受性和认识是形成公共性的第一层次，公民们接受并知道别人也接受这些原则，这种认识又依次为公众所认识。也是说，社会基本结构的正义制度，每一个有理性的人都会认识到这一点。这一层主要是通过原初状态的模式仿制来理解。第二层次是人们能够接受正义原则所持有的普遍信念——人们对那些关于人类本性和制度运作方式的普遍信念。这一层主要通过无知之幕的模式仿制来理解。第三层则与公共的正义观念的证明有关，即必须把公共性的第三层次纳入到理性的证明。只有这样，社会的公共性才能成为社会的公共理性。

关于公共理性的证明，罗尔斯在《政治自由主义》中给出了正面总结。首先，公共理性是一个政治社会的理性。一个社会的理性是它的形成方式决定的，公共理性有三个方面是公共的：作为自身的理性是公共的理性，它的目标是公共善和根本正义，它的本性和内容是公共的。② 公共理性不同于教会和市民社会的社团的非公共理性。公共理性与非公共理性都共享一些对理性来说具有本质特征的推理和证据规则。③ 但是，公共理性仅仅局限于那些能诉诸所有公众推理的前提和模式，包括为人们所坚守的常识性的普遍信念和推理形式以及不存

---

① John Rawls, *Political Liberalism*, New York: Columbia University Press, Paperback edition, 1996, pp. 66 – 67.

② John Rawls, *Political Liberalism*, New York: Columbia University Press, Paperback edition, 1996, p. 213.

③ John Rawls, *Political Liberalism*, New York: Columbia University Press, Paperback edition, 1996, p. 220.

在争论的科学方法。[①] 反之，教会的非公共理性可能包含宗教的权威前提以及诉诸特性人物的权威解释这样的推理模式。其次，公共理性理想具有限度，不适用于国家的全部行为以及国家力量的强制性运用。公共理性主义适用于宪法根本和基本正义问题。[②] 因此，罗尔斯把最高法院看作公共理性的一个范例。有关言论自由和对公民权利的限制、选举权的规定等将受到公共理性的支配，但是诸如环境污染以及税收立法等细节问题将不在此列。最后，公民和政府官员在政治论坛上表达政治主张时，罗尔斯的公共理性也同样适用。公共理性支配官员的决定和公民的选举投票。但是这个理想不适用于对政治问题的个体性反思，这将意味着它不适用于那些非政治问题的反思。

深入分析这些论证我们不难看出，公共理性把理性限制在了一定的运用范围内，所有的理性都具有诸如推理和证据的特征，包括一般共享信念、常识推理和无争议的科学方法等；关键的是公共理性适用于基本结构和宪法根本的慎议和讨论；同时，公共理性适用于介入政治论辩的公民和官员，包括那些参与投票选举的公民和实行政府行为的官员。事实上，我们可以把这些论证看作对公共理性的正面阐述。那么我们应该如何理解公共理性的否定性限制呢？或许，这是罗尔斯对公共理性证明的关键所在。因为，公共理性从正面来说不太好给出定义，至多只能说出它的某些特征。但是，如果从否定方面给出一系列限制，规定哪些是不应该做的，估计会容易一些。而这种方法，在我们的论证中经常被使用。

公共理性是民主立宪国家的基本特征，从它的上述三种含义我们可以看出它的两个基本限制特点：第一，公共理性对公民和根本的社会政治问题具有某种强制力，但这种强制力并不适用于公民和所有的社会政治问题，只是有关的宪法根本和基本正义问题，诸如选举权、

① John Rawls, *Political Liberalism*, New York: Columbia University Press, Paperback edition, 1996, p. 224.

② John Rawls, *Political Liberalism*, New York: Columbia University Press, Paperback edition, 1996, p. 227.

财产权和宗教宽容等问题之类的公共理性的特殊主题，而且是通过宪法来加以规定。第二，公共理性的限制并不适用于我们对政治问题的个体反思，也不包括类似教会和大学之类的文化团体成员对有关社会政治问题的反思。相反，这些反思恰恰是公共理性得以充分展现的社会文化条件。因此，公共理性不但不禁止公民在选举时进行充分的公开辩论，而且还鼓励这种辩论，而不是让这些公共辩谈成为一种虚设。在这种意义上说，言论自由和思想反思是公共理性的前提条件。公共理性的普遍限制性特点使得公共理性与私人理性区别开来，公共理性虽然限制私人理性，但是并不排斥私人理性。由于理性的普遍性特点并不限于公共的方面，因此公共理性的强制力并不仅仅因为其普遍性。也就是说，在民主社会中有很多非公共理性，这些非公共理性属于社会文化的背景文化，而公共理性则属于公共的政治文化。二者虽然形式上都具有其社会性，但在内容实质上却是相对的。

同时，罗尔斯根据对公共理性的限定，对公共理性的边界进行了划分。公共理性的边际界限大概分为三类：第一是公共理性与私人理性之间的区分。当个人运用理性受到职业岗位的限制，受到提供职业岗位的国家权力的限制所运用的理性就是私人理性。只有那些不受国家权力支配，并且敢于在探究真理过程中运用的理性才是公共理性。这种区分不同于康德的地方在于，罗尔斯肯定了大家在运用理性时已经是处于自由而平等的政治地位。如果不是立宪民主社会，公民无法自由结成联合体，理性的公共运用也就是不可能的。第二是公共理性与非公共理性的区分。公共理性只有一种，而非有很多种。大学、教会和社团等联合体中的理性属于非公共理性，这些联合体内部的成员虽然也遵循公共理性的规则，但是相对于政治社会及其公民来讲却是非公共的。非公共理性由市民社会的理性所组成，这是一些不同于公共政治文化的背景文化。第三是公共理性与伪公共理性的区分。公共理性关系到宪法根本的探究指南，是在自己完备性的道德学说、哲学学说和宗教学说基础上达成的一种宪法共识。而伪公共理性是一种形式上受宪法引导且在公民之间长期辩论，但实际上对宪法特性无法保证，公民之间进行的辩论对于宪法根本也缺乏有力的理性形式。换句话说，伪公共理性还没有达到理性高度，仅仅是一种看似理性的政治一致性状态。

按照民主立宪原则建立起来的社会制度，并不是最终实现自由主义的政治理想。它仍然需要公共理性的维系，尤其是在以理性多元论为价值特征的现代民主社会。或者可以说，罗尔斯的公共理性是立宪民主制的一种适当补充，若非如此则很难保证立宪民主社会秩序的长治久安。即便如此，为了寻求自由主义的政治观念，将正义的政治价值与公共理性价值结合起来也存在明显困难。尽管罗尔斯用公共理性作为维持政治稳定的一个机制，但是公共理性的限制实际上会带来不稳定的水平逐渐提升。由于政治的考虑不是以理性本身为基础的，公共理性并不触及最深层次的真理，因此公共理性观念具有外在于理性的限制，这是一种外在于理性的公共理性限制的诠释。罗尔斯的公共理性限制正好相反，是一种内在与理性的公共理性限制的诠释。比如，“公民对公共理性的认可，不是将其作为一种政治妥协的结果，也不是把它作为一种临时协定，而是从他们自己的合理性学说内部出发的”①。这意味着，公共理性的限制认可了各种不同善观念之间的重叠共识。因此，只有公共理性本身的辩护公共地得到了公共理性的限制，为被参与者在现代理性多元论基础上的重叠共识所认可，这些限制才是正义的。公共理性的限制并不要求我们在决定这些限制是否值得尊重时必须把有关人性与善的深层次真理弃置一旁，在这种意义上说，公共理性的限制是内在于理性的。

罗尔斯在立宪民主政体框架内讨论公共理性，使得公共理性的理念与政治正义的观念一同构成立宪民主社会的基本理念。公共理性在各种完备性的学说之间建立起了稳定的共识基础。由于公共理性不能保证如康德所说的祛除人们的宗教蒙昧，也就很难保证人们遵守立宪民主的准则，这就是罗尔斯公共理性的限度。当然，这也符合罗尔斯

---

① John Rawls, *Political Liberalism*, New York: Columbia University Press, Paperback edition, 1996, p. 218.

政治自由主义的政治哲学解释，因为如果政治自由主义适用于一切社会的政治分歧，并保证达成完备性的政治一致，那么它就与将政治正义和完备性的学说区分开来的初衷相违背了。

面对众多批判，罗尔斯后来重新写了《公共理性新论》一文，把公共理性的形式和内容与一种民主的公民身份联系起来，强调了公共理性的政治属性，是在合理性的多元论社会中寻求共识的基础。公共理性之所以是公共的，也主要是因为它是自由而平等的公民的理性，其主题关系到基本政治正义问题的公共性上，而且通过合理性的政治正义观念进行公共推理。当代公共理性强调自身作为民主理想公民的中心地位，并将其内容限定在一种政治价值和政治正义的观念，公共理性成了不同的自由主义共同维护的政治理性形式。对此，罗尔斯在《新论》中作了更为宽松的界定：一方面，罗尔斯在强调公共理性是立宪民主寻求政治共识的需要，只有那些拒绝立宪民主及其互惠准则的人才会拒绝公共理性；另一方面，公共理性针对立宪民主问题的理性形式的原因，是由于审议民主。

2. 哈贝马斯论“交往理性”

因为将政治自由主义严格限定在了政治领域，尤其是公共权力领域，罗尔斯的政治自由主义重视公共的政治论坛。在公共权力领域，人们以公共理性的方式来阐述自己的公共意见，公共论坛就成了公共的政治论坛。而哈贝马斯注重市民社会的公共领域，着重考察了市民社会如何使用公共舆论来形成公民抗衡国家的社会机制。在《公共领域的结构转型》中，哈贝马斯曾经指出，“公共领域说到底就是公共舆论领域”①。

理性是哈贝马斯关注的重要问题，在《交往行为理论》的开头哈贝马斯提到：“理性构成了哲学的基本论题。哲学一开始就试图用原理从整体上解释世界，解释多元现象的同一性。哲学所使用的原理必

① ［德］哈贝马斯：《公共领域的结构转型》，曹卫东等译，学林出版社 1999 年版，第 2 页。

须到理性中去寻找，而无须与彼岸世界的上帝打交道，甚至也不用对茫茫宇宙的自然基础和社会基础刨根问底。"① 哈贝马斯通过对韦伯开创的，卢卡奇、霍克海默和阿多诺坚守的工具理性的批判，进而拒斥实在主义的路径，经过对康德、黑格尔先验哲学的借鉴，进而走出了一条现象学路径的交往理性。"分析批判传统理性的分裂和缺失之处，但并不放弃对理性的追求，而是力图以语言和生活世界互动的交往来重建理性，以此拯救理性。"② 传统的理性属于意识哲学的范畴，以主客二分的对立结构为前提，而交往理性则是语言哲学的范畴，以主体间性的理解为基础。"哲学当中没有形成一个相应的概念，用以建立起来与社会世界、主观世界以及客观世界之间的联系。交往行为理性就是要弥补哲学的这一缺失。"③

众所周知，理性原则作为希腊哲学的罗各斯，以一种本体论诉求在柏拉图那里发展到极致。及至现代，笛卡尔以数学的方法开启了理性的认识论典范。康德批判了同一的理性观，认为不同的知识遵循不同的逻辑。他的三大批判就区分了三大领域中的三种理性：在认识领域，理论理性起到了重要作用；在社会领域，实践理性是人们必须遵循的法则；在思维领域，起作用的是审美理性。事实上，康德对三大批判的划分，最终将价值和理性分裂开来。哈贝马斯看到了这种分裂，他借用韦伯对现代文明的说法指出，宗教和形而上学的世界观表达的实体理性，交错地表现在通过论证形式联系在一起的因素中。于是，"流传下来的问题，在真实性，规范正确性，实在性或美的特殊观点下划分，并且可以作为认识问题，正义性问题，趣味性问题对待，区分为科学、道德和艺术的价值领域"④。在此，哈贝马斯实际

---

① ［德］哈贝马斯：《交往行为理论》第一卷，曹卫东译，上海世纪出版集团2004年版，第1页。

② 李佃来：《哈贝马斯与交往理性》，《湖北行政学院学报》2002年第5期。

③ ［德］哈贝马斯：《交往行为理论》第一卷，曹卫东译，上海世纪出版集团2004年版，第45页。

④ ［德］哈贝马斯：《交往行为理论》第二卷，洪佩郁等译，重庆出版社1994年版，第422页。

上区分了认知的、道德的以及审美的理性原则，也许这是对康德理性批判的一种继承。这种划分使得理性由各自的原理和方法，导致了没有统一的理性标准。这种理性的分裂实质上是启蒙依赖工具理性战胜神学世界观，确定了人主体地位和科学的结果。它虽然促进了现代科学技术和文化的发展，但是各个领域的理性相互抵牾，造成了价值断裂和社会危机。于是，分裂的理性如何能够统一起来？社会秩序如何可能？是人们必须要面对和回答的问题。很显然，哈贝马斯对这个问题有自己清晰的看法。

哈贝马斯认为，现代世俗社会中，社会秩序主要取决于通过有效性声称协调的交往行为和商谈，这两者是建立和维持完整社会的基础，共同为社会的一体性提供基础。哈贝马斯的任务是要构建一种新的理性来实现理性的统一，这种理性的基础就是交往行为。哈贝马斯的交往理论主要是《交往行为理论》，该理论有两部分组成，分别是这本书的上下两卷。第一卷主要是概念性的，哈贝马斯区分了工具行为（或策略行为）与交往行为两个基本概念，认为工具行为寄生在交往行为之上。第二卷主要是社会本体论，一种关于社会形态和构成的理论。哈贝马斯主张现代社会由社会性的生活世界和系统组成，他们分别对应交往行为和工具行为。很显然，要想明白交往理性，就必须弄清楚交往行为。或者说，如果追问交往理性的基础是什么，结果一定指向交往行为。

那么，哈贝马斯如何引出交往理性的概念？哈贝马斯指出，把目的行为的非交往角度对命题知识的运用作为出发点，就会得出这是一种工具理性的概念。这种工具理性被经验主义打上了深深的现代性自我理解的时代烙印，并且具有丰富的自我论断内涵。通过对周围世界环境的深入占有，这种自我的论断取得了巨大成功。相反，如果我们从言语行为对命题知识的交往运用出发，就会做出有利于另一种与古代罗格斯观念密切联系的概念，即交往理性。交往理性概念的内涵可以还原为论证商谈在不受强制的前提下达成共识的核心经验，不同的参与者克服掉了他们最初的纯粹主观的观念。交往理性为由共同的合理信念而建立起来的客观世界的统一性及其生活语境中的主体间性。

沿着上述两条路线，我们可以从命题的知识概念和客观世界的概念出发对合理性进行分析。只是这两种情况对命题知识的运用情况有所不同，一方面是工具占有，另一方面是交往沟通，表现为合理性的内在终极目的。哈贝马斯将第一种立场称为“实在论立场”，它从作为客观存在的总体性世界前提出发，试图在此基础上对理性行为的条件进行解释；另一种立场称为“现象学立场”，它从先验角度入手，对具有理性潜能的行为者必须把握客观世界当作前提进行反思。实在论者认为，分析仅限于具有行为能力的主体确立和实现目标所必须满足的条件。这种模式的理性行为特征在于，按照一定的目的和效果来介入客观世界。哈贝马斯借用马克斯·布莱克的合理性评价指出，一种行为具有多少合理性，并且得到客观评价所必须满足的条件来说明。如果从目的入手对合理性概念进行阐释，那就意味着从能够解决的问题行为入手。于是，由此派生的合理性一词就一目了然了。

现象学家并未直截了当的把具体目的或者能够解决的问题当作问题的入口。换句话说，他们并没有从客观世界的本体论出发，而是把这个本体论当作前提加以追问：“对于交往共同体的成员而言，客观世界构成同一性的前提究竟有哪些。”① 世界的客观性在于，对于具有语言能力和行为能力的主体所组成的共同体成员来说，它永远是同一个世界。抽象的世界概念是交往行为的主体相互之间就世界中的存在而达成共识的必要条件。通过交往实践，交往行为的主体同时也明确了他们共同的生活世界。在这个生活世界中，主体之间共同分享，生活世界的界限由其解释而确立，这些解释被生活世界中的成员当作了背景知识。因此，要想理解合理性概念，现象学家只需要对通过交往行为达成共识的前提条件进行研究。

从现象学路径中推导出来的交往理性概念，与从实在论中推导出来的工具理性概念相互配合相互统一。分散利用与操纵事物以及事件

---

① ［德］哈贝马斯：《交往行为理论》第一卷，曹卫东译，上海世纪出版集团2004年版，第13页。

的能力，与主体相互就事物和事件达成共识的能力之间存在一种内在联系。比如，哈贝马斯认为皮亚杰是以社会合作的模式，通过交往行为来协调众多主体介入客观世界的行为。只有当人们试图把从描述知识的独断当中推理出工具理性，与交往理性区分开来才会出现能力与自律的对立。也就是说，只有有能力的人才能合理行事。如果用有目的的干预结果对其合理性加以衡量，他们完全有能力在工具理性和交往理性之间做出选择，并对周围的世界中的某些前提加以控制。那么，怎么才算有能力呢？在交往行为当中，如果谁是交往共同体的成员，能把主体间认可的有效性要求当作其行为准则，谁就称得上是有能力的。当然，不同的能力可以和不同的自律概念相对应。工具理性的标准越高，偶然世界对目的行为的自我捍卫限制就越低。在交往共同体中，高标准的交往理性为行为与通过达成共识来调节的行为冲突之间的顺利协调提供了活动空间。也就是说，只要我们从断言表达入手，对交往理性概念加以阐述，补充的限制条件就必不可少。事实上，世俗理性的限制在对客观世界的认识上也有不一致的地方。正如哈贝马斯所指出的，人的理性显然不仅仅表现为就事实达成共识的和有效的行为能力。

经过论证的断言和行之有效的行为是合理性的标志。具有言语能力和行为能力的主体如果不被事实和目的—手段—关系迷惑，我们就说它们是合乎理性的。显然，虽然与事实的有效性或者真实性要求之间没有联系，但还有其他类型的表达获得充分理由。在交往关系中，那些提出断言且在面对批评时通过指出相应的自明性而对其断言加以证明的人是合乎理性的，那些遵守现有规范且在面对批评时通过合法行为期待具体情境解释并对其行为进行辩解的人也是合乎理性的，等等。与断言的言语行为相类似，规范调节行为和自我表述行为也具有丰富的表达特征，这些表达在其语境中可以被理解，并且和可以批判检验的有效性要求相联系。和其他行为要求命题真实性和有效性一样，表达也要求规范具有正确性和真诚性。唯其如此，表达才能够满足合理性的核心前提，即可以论证和检验。在哲学理论中，道德律令或者应然命题依据的，并且和行为规范相关的有效性要求，绝对不会像真实性要求那样可以用商谈方式加以兑现。在伦理学基本问题上，哈贝马斯在一种认知主义的立场上认为，实践问题完全可以通过论证加以解决。

总结起来，合理性是具有语言能力和行为能力之主体的一种素质，它表现于总是能够得到充分证明的行为方式当中。也就是说，合理的表达可以得到客观的评价，这一点适用于所有与有效性要求具有内在联系的符号表达。对于那些有争议的有效性要求的一切外在检验都采取一种只能使前提得到充分满足的严格形式。通过论证可以使得某种行为在特殊意义下成为合理行为，合理表达的可检验性和可论证性只是表明了论证的可能性，而我们获得理性知识和道德认识、完善和扩充评价怨言、克服自我欺瞒和沟通困难所经历的学习过程依靠的是论证。

从社会学角度讲，合理性概念具有个体主义和非历史的特征。从合理性具体运用来看，对表达以及具有言语能力和行为能力的主体的合理性前提较易澄清。为了阐明合理化的生活世界，我们将从交往理性概念入手，对生活世界的结构加以研究。对于个体和集体而言，有了生活世界的构造，也就有了合理行为的指南。当然，按照哈贝马斯的解释，生活世界的概念是十分复杂的。但是在研究生活世界之前，探讨一下指导行为的世界观所必需的条件，了解一下构成社会群体的背景知识，并且保证各种行为之间的内在关系是十分必要的。“这样做有两个好处：一方面，会促使我不得不从抽象的分析转到经验的分析，并对世界观当中通过符号表现出来的合理性结构加以探讨；另一方面，则会使我们不能在未经检验的情况下就假定，决定现代世界观的合理性结构具有普遍有效性，而必须从一定的历史角度对此加以考察。”① 之所以这样做的目的是，哈贝马斯想通过对“合理的”一词概念的解释，必须把现代意识结构当中的前理解当作分析的基础。也

---

① ［德］哈贝马斯：《交往行为理论》第一卷，曹卫东译，上海世纪出版集团2004年版，第44页。

就是说，意识结构在现代世界观中隶属于一种合理化的生活世界，能够从根本上保证合理的生活。

哈贝马斯在借助皮亚杰的“解中心化”概念对进化论进行阐释过程中，引入了生活世界的概念。皮亚杰的一种宽泛意义上的认知是一种外在的宇宙结构，是客观世界、社会世界和主观世界同时分化相互关联的结构。认知的发展是一种以自我为中心的世界观的解中心化。只有在这三个世界的形式关系彻底分开的时候，反思的世界概念才会出现。任何一种沟通都是主体间为了相互承认语境而合作解释过程的一部分，这三个世界共同设定协调系统以便参与者能够达成共识。

之所以引入生活世界，哈贝马斯为的是将其作为沟通过程的概念。因为交往行为的主体在生活世界中达成共识，他们的生活世界由诸多背景观念构成，这些背景观念虽然存在不同，但永远不会存在疑难。这样，一种生活世界的背景就明确了参与者设定处境的源泉，通过解释，交往共同体的成员就把客观世界以及主体间共有的社会世界和个人的主观世界区分开来。世界概念及其有效性要求构成了形式的因素，交往行为者用它们把各种需要整合的语境与自身所处的生活世界协调了起来。随着世界观的解中心化，生活世界之间的均衡力量之间也发生了变化，需要一种合理性动机来解释参与者的活动，并希望参与者的行为具有合理的取向。于是，生活世界的合理化首先表现为“规范共识”与“交往共识”的冲突。如果从文化传统的角度考察这种解释系统，任何一个社会群体的生活世界都可以用一种特殊的神话世界观加以解释。这样，单个成员就会卸下解释的负担，同时也就失去了达成批判共识的机会。客观存在的现实世界、有效的规范以及表达主体之间就不会出现分化，于是，语言的世界观成了一种世界秩序，而不是一种可以批判检验的解释系统。根据这样的方法解释世界观的结构、作为交往背景的生活世界与合理生活的可能性之间的内在联系，这就会遇到交往理性的概念。交往理性概念把解中心化的世界观与话语兑现可以批判检验的有效性要求的可能性链接起来了。这样，围绕“合理的”这个语言表达在现实中的运用，讨论了人类学围绕着现代世界观的地位展开争论，由此引出了交往理性的概念。

按照哈贝马斯，交往理性的概念必须用语言理解来分析。理解概念所表明的是参与者之间达成的一种合理共识，可以用批判检验的有效性要求加以衡量，有效性要求包括：命题的真实性、规范的正确性和主观的真诚性。这些要求表明的是不同的知识范畴，知识通过符号体现在表达之中。而表达可以进一步分析为两个角度：一是如何对这些表达加以论证，二是行为者如何通过表达与世界中的事物发生联系。交往理性概念与以下两个因素有关，一方面涉及用话语兑现有效性要求的不同形式，维尔默称之为“话语”的合理性；另一方面涉及交往行为者通过为他们表达提出有效性要求而与世界之间建立的联系，这是由于世界观的非中心化是世界观发展的最主要层面。基于行为者与世界的关系，对目的行为、规范行为和戏剧行为进行分析，进而重构一种交往行为。

生活世界的合理化与对工具理性的批判是同时进行的，或者说是一个问题的两个方面。换句话说，这是从目的行为到交往行为的转变过程，而工具理性对应的是目的行为，而交往理性对应的是交往行为。“对于交往行为模式来说，语言只有在语用学的层面上才具有如下意义：言语者为了运用命题达成沟通，而与世界建立起联系，但不是通过直接的方式，而是通过反思的方式，这一点和目的行为、规范调节行为和戏剧行为都有所不同。言语者把三个世界概念整合成一个系统，并把这三个系统一同设定为一个可以用于达成沟通的解释框架。”①

事实上，从哈贝马斯对交往行为的论述也能看出交往行为与交往理性的关系。哈贝马斯对交往行为的概念进行阐述时，揭示了三个主题：“首先是交往理性概念，我再对它进行阐述时虽然充满重重疑虑，但交往理性概念还是顶住了认知理性的短视行为；接着是两个层次的社会概念，它用一种并非只是修辞学的方法，把生活世界和系统这两

---

① ［德］哈贝马斯：《交往行为理论》第一卷，曹卫东译，上海世纪出版集团2004年版，第99页。

个范式联系起来；最后是现代性理论，它对当前越来越清楚可见的社会病理类型进行解释，认为现代病就病在具有交往结构的生活领域听任具有形式结构的独立的系统的摆布。”[1] 虽然这里是哈贝马斯对《交往行为理论》整部书的主题的介绍，但是从中可以看出，交往行为理论主要讲述交往行为，但是与交往行为相关的三个主题之一就是交往理性，也可以说交往理性是交往行为的核心或者关键。这就使得我们在理解交往理性的时候，不能跳出交往行为的概念。哈贝马斯的这种研究是一种社会学研究、历史研究等综合的研究，这样的研究使用交往理性概念，遭到了质疑，认为它会落入基础主义的窠臼。对此，罗蒂就曾经对用交往理性重建理性概念必然要坚持普遍主义表示怀疑，尽管这种要求抛弃了先验哲学论证基础主义。[2] 也就是说，哈贝马斯对交往理性的建立是在克服先验哲学的基础上的，哈贝马斯后来的论证也说明了这一点。

综合起来，哈贝马斯对交往理性的建构，一是对工具理性的批判，二是对先验哲学的克服，二者共同为交往理性的建立提供基础。或者说交往理性正是在二者的激烈演进中逐步确立起来的。工具理性批判是从马克斯·韦伯开始的，韦伯发展了黑格尔普遍、和解的理性概念，将哲学中的理性概念转变为社会学中的合理性概念，并把合理性概念运用到现代资本主义社会的发展考察之中。韦伯区分了两种合理性：目的理性和价值理性。韦伯之后，卢卡奇从韦伯那里继承并发展为物化批判。历史地看，卢卡奇对物化理论的解释，是由于革命失误和发动工业社会中出现的不曾遇见的力量的否定。卢卡奇坚持黑格尔客观唯心主义的接受在理论上存在重大缺陷。霍克海默和阿多诺在继承卢卡奇的问题上，对韦伯的合理化理论进行了转化。霍克海默和阿多诺认为，进一步挖掘物化批判基础，把工具理性扩展为整个世界

---

① ［德］哈贝马斯：《交往行为理论》第一卷，曹卫东译，上海世纪出版集团2004年版，第一版序言。

② Richard Rorty, “Habermas and Lyotard on Postmodernity”, *Praxis International*, Vol. 4, 1984, 32ff.

历史文明进程的一部分，即把物化过程从现代资本主义的发生往前追溯至人类文明的源头。这就是启蒙的辩证法。随之而来的危险是，“一方面，理论具有否定实践关系的传统沉思特征，另一反面，理论又把一种只能间接提出的理性的表现功能转让给艺术”①。哲学思想否定辩证法导致了自我扬弃的两难，这种论证是否是一种坚持意识哲学和强调主体性与自我捍卫之间关系的命题所导致的。在哈贝马斯来，霍克海默的《启蒙辩证法》为理性的自我批评指明了道路，但是这是一种悖论。工具理性批判要想成为一种批判，也就是在重建过程中想起付出的牺牲，想起被压制的自然的模仿，批判必须深入思想的内部，认清主宰思想的本质。即便思想不能与外部观念保持一致，思想又该如何通过自身转化成认识，就涉及思想的同一性问题。在工具理性的范围之外依靠操作，物化意识已经成为一种普遍现象。

阿多诺的《否定辩证法》试图走出困境，摆脱疑难。阿多诺转述话语不能表达的一切，同时提醒人们在黑格尔那里找到出路，走一条否定辩证法与美学理论相互支撑之路。因此，哲学必须学会放弃总体性问题，尝试走出同一性思想的阴影，以此摆脱具体化思想。当阿多诺试图放弃启蒙辩证法的时候，他又回头想把启蒙辩证法推向极端。由于批判与概念联系在一起，批判只能检验脱离了理论的真理如何在先锋艺术中找到栖身之地。于是，如果没有美学理论，我们就无法把真理挖掘出来。如果从阿多诺晚期的作品看批判理论的最初意愿，必须要看到工具理性批判所面对的困境。哲学在唤起人们的力量觉醒的同时，也偏离了理论认识的目标。正如《启蒙辩证法》的前言所指出的，早期批判理论家已经放弃了批判理论的初衷。缘何如此？哈贝马斯认为，早期批判理论的失败绝非偶然，而是由于意识哲学范式的衰退。向交往理论转换的范式转型实际上是从工具理性批判终止的地方开始的，也就是说交往理性的构建是接着工具理性批判的，以此把社会批判理论未能完成的使命重新承担起来。

---

① ［德］哈贝马斯：《交往行为理论》第一卷，曹卫东译，上海世纪出版集团2004年版，第348页。

在现代性哲学中，霍克海默和阿多诺相信调和的观念，他们宁愿放弃对调和观念的解释，也不愿意落入一种调和的形而上学。这就使得批判理论处于尴尬的境地，并试图提出理论认识的要求。因此，用否定辩证法来揭示工具理性批判便最终否定了理论的要求。哈贝马斯告诫我们，只有在现代主体哲学范围内活动时，才会害怕回到形而上学。由于主体性与语言造就了主体间性的关系，自我意识的主题说明了如下问题："即在传统的概念范围内，导致非同一性悖论或非反思性意识悖论的那些现象，只有用语言分析的方法才可以克服，但前提是我们必须使用可以追溯到比勒的三层符号运用模式，并且从一开始就把对语言意义的分析和交往参与者就世界中的事物达成沟通的观念联系起来。这样一种模式引起了一场超越主体哲学语言学转向的交往理论转型。我在这里所关注的不是这场转型的哲学史意义，而是对于社会理论而言，主体哲学走向终结的标志究竟何在。"① 这样的出路在于，人类通过社会成员的社会协调行为维持下去，这种协调必须通过交往，在核心领域通过一种目的达成共识而建立起来，于是，人类再生产就必须满足交往行为内部的合理性条件。由于日常生活中的概念获得了一种普遍主义和个体主义的取向，自我持存的过程必须满足交往行为的合理性前提，并且依赖于主体所作出的解释。而主体则用可以批判检验的有效性要求来协调他们的行为。也就是说，最能反映现代意识地位的不是自我持存和自我意识的同一性，而是资产阶级社会哲学和历史哲学表达出的关系。这种社会关系通过其成员受媒介控制的目的理性行为以及扎根于每个人交往实践中的共同意志而获得再生产。

我们发现，交往理性所决定的主体性反对自我为了自我捍卫而非自然化。与工具理性不同，交往理性不能简单地归结为一种盲目的自我捍卫。虽然该主体通过想象和行为与客体发生联系，交往理性涉及的并不是一个自我捍卫的主体，也不是一个与周围环境个隔离开来的

① ［德］哈贝马斯：《交往行为理论》第一卷，曹卫东译，上海世纪出版集团2004年版，第379—380页。

永久系统，而是一种由符合构成的生活世界。于是，交往理性并不能简单地为某个主体或者某个系统找到持存的可能，而是直接介入应当捍卫的结构化过程之中。那种带有乌托邦色彩的自由调和视角扎根于交往社会结构化之中，并且包含在语言再生产的机制之中。事实上，虽然哈贝马斯称《交往行为理论》是一部社会理论著作，但其实他的哲学的论证还是很明显的。或许，这也是卢曼攻击哈贝马斯的重要原因所在。

这样的意思在《后形而上学思想》中也有体现，他在明确理性的定位时认为理性的概念一反传统是沿着针对主体哲学的基础主义进行批判的路线进行的。始于康德的先验哲学的理性概念范式虽然未被抛弃，但已经发生动摇。先验主体性的超越地位由普遍性、永恒性和必然性等形而上学特征逐步转化而来，与最初的新兴科学的前提发生冲突。福科对人文科学，狄尔泰对历史理性德国进行的批判，都接受了纯粹经验的分析。历史主义和生命哲学赋予了传统中介、审美经验与肉体、社会和历史的个体存在一种认识论意义。这种认识论必须摆脱先验主体的束缚，“生命”取代了先验综合，虽然具体但是没有结构。此外，胡塞尔坚持先验自我和现象学家的实际意识等同起来。后来，历史主义和生命哲学的认识论与胡塞尔的先验自我与实际意识的等同这两种论证思路在海德格尔的《存在与时间》中合而为一了。最终导致先验主体的历史化和个体化使得基本概念的建筑术发生了改变，并且面临解释世界的问题，那就是允许存在者存在是否能被认为是一种主动性，并且归功于主体的努力。后期海德格尔不再把个体的此在附加到解释世界的过程中，也不再把建构世界看作一种劳动，本体论的转变依靠作为处于事件之中的语言媒介。于是，主体间性问题随之失去意义。不难看出，后期海德格尔把语言创造意义的潜力发挥到极致，最终导致语言解释世界所发挥的力量使得世界内部的学习过程没有意义。这种本体论的前理解思路永远处于统治地位，确定了社会化的个体在世界中的实践范围。与世界内部事物的照面只能在具有先验规则的意义语境中发生，这样就能够消除问题的成功解决、知识的累积以及生产水平和道德知识的变化带来的影响。“所有使理性先验化的努力仍然局限于先验哲学范围之内，都陷入了先验哲学的先天概念之中。只有转向一种新的范式，即交往范式，才能避免做出错误的选择。具有语言和行为能力的主体用共同的生活世界作背景，就世界中的事物达成共识。”① 在交往过程中，语言建立起来的共识取决于交往参与者对待可以批判的有效性要求所持的立场，有了语言建立起来的共识才能形成互动。在作为交往行为源泉的生活世界和作为该行为结果的生活世界之间，形成了一个循环过程，先验主体消失了。这就是哲学中的语言学转向为我们准备了概念的基础，可以此来分析体现在交往行为中的交往理性。

四　理性的公共运用

通过以上分析，罗尔斯与哈贝马斯的核心立场是他们各自对理性公共运用的合法性分析，显示了他们从不同的路径来对待实践理性的问题。从两人的对话来看，罗尔斯的政治自由主义中关于公共理性的理解存在巨大的分歧：在市民社会的背景文化中存在着诸多思想的无限制交锋，所有涉及实践理论的提案都公开接受辩论；参与者可以自由地诉诸他们所认为令人信服的任何理由，包括他们自身的各种完备性观点，并尝试令人信服。在这个论坛上，作为公平的正义以及各种正义的政治观念，都必须是自明的。但是，一旦讨论政治关切事件，政治社会以及公共理性的相关概念就被树立为参与者在公共政治生活中的典范，于是，一个更窄化了的公共理性观念就影响了罗尔斯正义的政治观念的“公共辩护”。或者说我们称这种窄化的公共理性证成，为公共辩护悖论。理性公民把政治观念嵌入不同的完备性学说，已经私下证明了其正当性。也就是说，他们为一种共享的公共的政治观念

---

① ［德］哈贝马斯：《后形而上学思想》，曹卫东译，译林出版社 2001 年版，第 41 页。

进行公共辩护需要这一事实：其他人具有的理性的完备性学说，也出于不同的理由而赞同这一观念。由于完备性学说所表达的内容在公共辩护中不起规范性作用，这种相互算计并非进一步支持政治观念的理由，但不同公民之间会出于不同的理由而赞同相同的观念的共同认识必须受到尊重。（罗尔斯《答哈贝马斯》）这种相互承认表现在公共理性的理想与相应的政治美德之中，在处理政治议题，尤其是那些涉及宪法根本的议题时，公民、公职人员以及法官和立法者必须引证其他公民能接受的理由，因此必须援引自身的完备性学说。

哈贝马斯对此严厉批评，认为这是窄化了公共理性。罗尔斯因公共辩护而产生的共识，虽然与奠定了现代立宪民主制的基础的正义原则的义务论相一致，但是并不具有合理性的目的。问题是，重叠共识并不是基于可以共享的公共理由：公民们仅仅观察同伴出于各自的理由接受政治观念，却无法判断此接受性是否具有真正的理性基础。这种弱化了的公共辩护意味着，罗尔斯必须将公开关联在基本宪法原则的有效性要求限制为对"合理性"的弱化主张。在哈贝马斯看来，罗尔斯这种做法相当矛盾，坚持公共辩护的理由仅仅能够支持对合理性主张的弱化，但为完备性学说辩护而调动起来的私人理由却能够确立对"道德真理"的强力主张。哈贝马斯认为，尽管我们必须在相应的文化背景中去理解和运用这些基本原则，但与宗教和形而上学世界观相关联的价值和善观念，不能要求基本正义原则的普遍有效性。哈贝马斯认为关于理性的公共运用的程序主义必然要求爱市民社会（这里就是指公共领域）中的非正式的政治讨论，以及在立法和司法环境中的关于宪法根本的公共商谈，这在本质上讲都要服从同一个理性的限制。在这两种情况下，结果的合理性在理想状况下应该只是理由引证的一项功能。唯一的区别在于，一种有利于公开参与的生机勃勃的政治文化，在公共领域中保障了辩论的合理性。但是，在宪法管控的行政领域中保障辩论合理性的却是司法和议会协商以及决策制定等法律程序，旨在保障商谈的公开性在时间和信息的限制下充分趋于理想状态。于是，政治协商的合法性功能并非依赖于公民、立法者和法官的文明，而是取决于对于商谈的程序性约束。罗尔斯与哈贝马斯都认为，现代的理性在某种程度上不像早期哲学家所认为的那样具有权威性和规范性。尽管如此，他们在政治哲学中进行的项目在范围和目标上与18世纪和19世纪的系统项目相当——这些项目或多或少地采用普遍的理性概念，以便为被认为是整体政治秩序的规范性评价阐明一个公正的观点——但理性的概念被明显削弱了。①

公共哲学有其独特的主题和层次。笔者比较倾向于哈贝马斯和罗尔斯等当代理性主义社会哲学家们的立场，这一立场将公共哲学的主题确定在（现代）社会的公共理性及其运用的范围。不同的是，罗尔斯对公共理性有着较为严格的政治哲学限制，而哈贝马斯则更钟情于一种系统化的普遍理性主义社会哲学。由是，两者对公共哲学的理论层次便出现了不尽相同的定位；以严格的政治哲学维度来框视，所谓"公共理性"便是一组通过文化多元论前提下合乎理性的"重叠共识"所达成的基本政治原则。如立宪的合法性原则、政治中立性原则和社会基本政治结构的理念（如"自由""平等"和"正义"）等。按照普遍理性主义的进路，所谓"公共理性"就必须通过"普遍理性"之前提预设，因此，几乎所有"前现代"的西方社会政治哲学不仅都带有先验本质主义的形上色彩（用李普曼的话说，就是混淆了"生存领域"与"本质领域"的界限），而且其主题本身也随着古典哲学论题的泛化而扩大化了。值得注意的是，这种主题泛化和前提预制的形上品性，也是包括中国传统哲学在内的几乎所有东方传统哲学所共有的。其基本特点是，一切关于社会政治课题的哲学探究都或明或暗地服从于某种社会伦理的价值预设，所谓"政治道德化"或"道德政治化"的判断即由此而来。这一理论特点极大地限制了传统社会政治哲学对公与私、群与己、内与外、政与德等重要问题的分辨力，在实际操作层面更是顾此失彼，难以保证公共哲学自身应有的公正合法的解释能力。

---

① Todd Hedrick, *Rawls and Habermas*: *Reason*, *Pluralism*, *and the Claims of Political Philosophy*, Stanford University Press, 2010, p. 2.

第三章　公共商谈的代表设置

正视文化多元化的社会事实，意味着放弃对某种单一化普遍理性的追求。就公共哲学的实质与核心问题而言，当代公共哲学是对全球多元主体差异化交往问题（即公共性问题）的解答。这种主体交往朝向一种公共商谈的实践，公共商谈理想涉及代表设置问题。罗尔斯的政治自由主义采用原初状态的证明，哈贝马斯完备性普遍主义的社会政治哲学则依靠理想的辩谈状态。在公共生活领域，语言的公共性取决于其语用学意义上的普遍客观性，哈贝马斯关于沟通对话之“理想语言”的语用学探讨是有意义的。

一　公共性与公共商谈

本节主要讨论的问题是，健全的公共社会需要正视多元论的社会（主要是罗尔斯，兼及哈贝马斯），同时又要处理好与普遍性问题的关系（主要侧重哈贝马斯），以此回应公共性问题对公共哲学的实质。我们先来看第一个问题，健全的公共社会如何面对多元论。

1. 公共性、公共社会与文化多元论

罗尔斯在《正义论》中提出良序社会的理念，但这种理念是一种

不现实的理想。[①] 后来，多元主义的问题进入罗尔斯良序社会的思考之中。政治自由主义从对立的道德学说冲突，尤其是近代早期的宗教战争和宗教宽容争论中产生。各种道德冲突促使我们的理论必须从一个历史性选择开始：要么是竞争性的关于善的超验主义的无尽冲突，要么是给每个人以平等的良心自由。罗尔斯认为，政治自由主义正是从认真对待无法调和的潜在冲突开始。虽然在《正义论》中，没有区分一种政治的正义观念和完备性学说，但是，现代民主社会不仅具有一种完备性的宗教、哲学和道德学说的多元化特征，而且还具有一种互不相容的且又合乎理性的诸完备性学说之多元化特征。由于不存在解决分歧的共同基础，所以这类完备性学说之间的冲突是不可调和的。这种合乎理性的完备性学说互不相容，即理性多元论事实之间不相容，就造成了前面《正义论》中公平正义之良序社会的理念并不现实。因此，自由主义从承认这种社会分歧的多元论这一持久特征开始。政治自由主义的问题在于，一个因为各种互不相容但又合乎理性的宗教学说、哲学学说和道德学说而产生深刻分化的自由平等公民之稳定而公正的良序社会是如何可能的?[②] 由于这种理性的完备性学说，政治自由主义假定是一种理性多元论，而不是简单多元论。于是，政治自由主义的复杂性就在于，她需要重新设计一组理念来应对这种理性多元论的事实。也就是说，如果要想构建政治自由主义，必须面对理性多元论的事实。或者说理性多元论的事实是政治自由主义公共证成的基础条件。

那么，我们应该如何理解这种理性多元论呢？我们要明白，首先，在公平正义的良序社会中，作为自由而平等的公民理念与作为公共政治的正义观念规导的良序社会理念是相伴而生的。其次，理性多元论是民主社会政治文化的一个普遍的事实：第一，在现代立宪民主

---

① Cf. , John Rawls, *A Theory of Justice*, Cambridge, MA: Harvard University Press, Revised edition, 1999, pp. 397 – 405.

② John Rawls, *Political Liberalism*, New York: Columbia University Press, Paperback edition, 1996, pp. xviii.

社会里，理性的完备性宗教、哲学和道德学说的多样性不是一种很快就会消失的历史状态，而是立宪民主社会的一种永久特征。也就是说，自由主义制度的基本权利和自由的多样性，与各种完备性学说的多样性之间长期并存。自由主义所产生的不仅是一种学说和观点的多样性，而是在各种观点之间所发展的一种完备性学说的多样性，这是自由实践理性作用的结果。第二，只有依靠压迫性使用国家权力，人们对某种完备性的宗教、哲学和道德学说的持续共享性才能得以维持。也就是说，如果我们把政治社会当作认可同一完备性学说而达到统一的共同体，那么对于政治共同体来说压迫性的使用国家权力是必需的。这被称作压迫性事实。第三，一个持久而稳定的立宪民主政体是一个未被分化成持有相互竞争观点和敌对社会阶层的政体，能够得到该社会政治上持积极态度公民的支持。政治正义观念是立宪民主政体的公共正当性证明基础，要求得到那些各种不同且相互对立的理性完备性学说的支持。第四，一个民主社会的公共政治文化在一个相当长的时期内理性地发挥作用，至少隐含着直觉性理念，从这些理念中可以制定出一种适合立宪民主政体的政治正义观念。当我们在具体表达政治的正义观念时，公平正义的内涵自然存在其中。第五，由于各种宗教和哲学学说表达了我们整个世界观和我们相互之间的世界观，我们每个人和社会联合体的观点及其亲情关系多种多样。不同世界观从不同的立场出发，而多样性则部分地源自我们不同的视野。因此，我们的许多判断都是在这样的条件下做出的，即我们不能期待正直的人以其充分理性能力而表达相同的判断，总会有一些相互冲突的理性判断可能为真，而另一些相互冲突的理性判断可能为假。这样，对于理性多元论来说，一种宽容的理念具有最重要的意义。①

不难看出，公民们面对政治问题产生道德方面的分歧时，他们如何按照政治的正义观念进行公共生活，是罗尔斯论证理性多元论的实

① John Rawls, *Political Liberalism*, New York: Columbia University Press, Paperback edition, 1996, pp. 36 – 38, 58.

质所在。政治自由主义希望在理性多元论的社会中，解决道德冲突的基础是公民们如何在政治问题上达成一致。如果没有解决道德冲突的理性基础，排除国家行为之后留给公民个人依据自己的道德基础行动，容易把根本的道德冲突与政治共识割裂开来。面对根本的道德分歧，在寻找政治共识过程中，我们需要关注理性多元论的不同立场，以及人们持有不同立场的方式。在从多元论到普遍性的转变过程中，哈贝马斯的讨论显得尤为重要。

哈贝马斯的商谈伦理学就是在规范性基础上，从语用学的角度对公共性和包容性等问题进行的理论研究。澄清一点，那就是商谈伦理学继承了法兰克福学派批判理论所忽视的道德关怀。商谈伦理学主要揭示了在什么样的条件下现代道德行为人可以回答我们应该做什么，这种基于正当性有效性声称的理论是关于道德言语意义的语用学理论。哈贝马斯主要关注，在现代民主社会中有效的道德规范能够解决行为人之间的冲突并分享和共享规范资源。哈贝马斯对道德立场的阐述和证明是从日常的道德直觉现象开始的。由于从或然正确的经验假设出发，这是一种先验论证。如果存在道德立场，就必然存在道德和非道德因素分界的原则，而且这些原则必然隐含在道德实践中。商谈可以很好地实现社会的实践功能，商谈的对话功能将人们召集起来纳入一个辩论过程。于是，哈贝马斯以这种方式展开对道德立场的阐述，来揭示两个原则：商谈原则（discourse principle）（D）和普遍原则（universalization principle）（U）。商谈原则（D）界定了对行为进行公平论证的规范所需要的条件，其不仅包括道德规范，还包括法律—政治规范，以及其他各种制度性和文化性的规则和义务。哈贝马斯最早提出这个原则是在《道德意识与交往行为》中，将商谈原则（D）理解为一种道德原则，[①] 但是它随后修订了自己的这个看法，将商谈原则视为构成一个对一般社会规范进行公开论证的原则，“有效的知识所有可能的相关者作为合理商谈的参与者有可能同意

① Jürgen Habermas, *Moral Consciousness and Communicative Action*, C. Lenhardt and S. W. Nicholsen (trans), Cambridge, MA: MIT Press, 1990, p. 66.

的那些行为规范"[①]。而对于道德规范论证来说，由于其可能绑定所有人，而不仅仅限制在特定的政治组织或团体成员范围之内，哈贝马斯提出了一种普遍原则（U）："一种道德规范是有效的，仅仅当在一般可预见的情况下，其对于每个个体利益和价值取向直接的后果和副作用，能够不通过胁迫手段而被所有人共同接受。"[②]

当然，哈贝马斯指出了商谈原则（D）和普遍原则（U）二者的差异：第一，普遍原则（U）比商谈原则（D）原则较强，在商谈中能够接受共识检验是道德规范有效性的充分必要条件。在实践中，普遍原则（U）具有证明和证伪两个功能，它通过证明规范的有效或者无效，进而表明什么是道德有效性。第二，普遍原则（U）的有效性来自规范实施后产生的可见后果及其副作用的可接受性，哈贝马斯将其义务论道德理论融入一种后果论直觉中，与康德伦理学区分开来。第三，普遍原则（U）较商谈原则（D）提供了更多关于商谈中的可接受性和理性共识的基础信息。普遍原则（U）指出所有的有效道德规范必须平等关照每个相关者的利益，同时必须被所有参加理性商谈的人所自由接受。[③] 由于商谈原则（D）比普遍原则（U）更弱，其合理性也得到交往理性的证明。而普遍原则（U）是一个比较强的原则，是以商谈原则（D）为前提的。正如商谈原则（D）的名称所示，它的使命是指出商谈程序的要点。如果某个商谈程序没有违反商谈原则且完全合乎要求，不能就讨论中的规范达成共识就表明这个规范不具有有效性。规范的有效性取决于实际上无法参与商谈的众人的可预见的共识。商谈原则（D）要求非常宽广的共识面，所以它提出极为严格的约束性条件。相比普遍原则（U）（又称道德原则），它是一种普遍化的原则。

---

① ［德］哈贝马斯：《在事实与规范之间：关于法律和民主法治国的商谈理论》，童世骏译，生活·读书·新知三联书店 2014 年版，第 132 页。

② Jürgen Habermas, *Moral Consciousness and Communicative Action*, C. Lenhardt and S. W. Nicholsen (trans), Cambridge, MA: MIT Press, 1990, p. 65.

③ ［德］哈贝马斯：《在事实与规范之间：关于法律和民主法治国的商谈理论》，童世骏译，生活·读书·新知三联书店 2014 年版，第 132 页。

随着多元论在社会和知识研究中的日益盛行，普遍化的名声越来越坏，甚至超过了普遍化的认识论。哈贝马斯认为普遍化对于我们的道德观点来说是关键的，我们没有一种完全相同的观念。哈贝马斯以一种先验正当性的方式来呈现道德论证过程中的普遍化过程。[①] 哈贝马斯借鉴了阿佩尔的观点，提出道德论辩理论的人不可能避免他在这样做的同时也参与了道德辩论的过程。因为，如果这个人置身事外，他将无法获得任何观点。人们不可能为这样一个先于行动的原则推论出最终的根基，但这意味着否认道德原则正当性的可能性的道德怀疑论者，必须让自己介入试图拒绝道德争论可能性过程中，但这是前后矛盾的。[②] 哈贝马斯接着阿佩尔的观点，认为道德辩论的真实过程预设了普遍性原则（U）的有效性，只有预设了这种普遍有效性，我们才能够进行道德辩论。从本质上讲，每个有能力的人都能够参与争论，并不受任何障碍。如果每个争论者为了避免陷入表述的自相矛盾必须有效地预设这些规则的内容，那么每个试图运用某种方式推论地履行规范有效性主张的人，已经接受了相当于普遍性的程序条件。

前面提到，哈贝马斯的商谈伦理学诉诸一种先验的个人视角，那么，我们更应该如何认识这种视角呢？要理解这种个人视角还得从哈贝马斯的普遍性论证说起。由于多元主义社会的存在，要想获得可普遍化的利益，必须看到普遍性原则（U）赖以普遍化证明的过程。事实上，康德是第一个将道德原则视为普遍性证明的道德哲学家。康德对绝对命令的证明，目的就是要强调人不能以自己为道德的例外。但是，康德的理论却使他自己陷入了难题——将普遍性的偏颇仅仅理解为某些准则的逻辑属性。这样的准则虽然具有普遍性的特点，但是却不能揭示道德义务的根源。此外，某个具体行为的道德错误被理解成为个人推理的逻辑矛盾也是有问题的。因为康德只看到了某人的逻辑

---

① Jürgen Habermas, *Moral Consciousness and Communicative Action*, C. Lenhardt and S. W. Nicholsen (trans), Cambridge, MA: MIT Press, 1990, p. 82.

② Jürgen Habermas, *Moral Consciousness and Communicative Action*, C. Lenhardt and S. W. Nicholsen (trans), Cambridge, MA: MIT Press, 1990, p. 82.

思维能力，而没有关注到社会的发展进程。哈贝马斯准确地看到了问题所在，将二者同等重视起来。

哈贝马斯的普遍化概念来自美国实用主义哲学家乔治·赫伯特·米德，米德在《心灵、自我与社会》（1934）中认为，我们既是社会的存在，也是道德的存在。米德将普遍化的验证看作将个人整合进社会的有效途径，社会秩序是一种理想的角色扮演。米德主张从个人的视角来看待自己的特殊利益，认为个人是由自我利益组成的，他采取了一种推己及人的态度考虑所有人的利益立场。哈贝马斯批判继承了米德的理论，采取一种超验的第三人称视角。理想角色的扮演并不要求第一人称视角向第三人称视角转换，普遍主义者不应试图摆脱脱离自己作为生活世界行为人的第一人称视角，而采取一种超验主义的视角来审视自己。道德义务是以第一人称参与对话，我们也要应该以第一人称来理解道德义务。道德商谈参与者的理性能力并不完美，他们的选择也不完全是基于理性。他们是真实的参与人，是生活世界中的行为人，同时接受商谈规则的引导。“所有人都必须将自己置于这样一种情境，由于实行值得怀疑的行为，或者采用了有问题的规范而受到影响的那些人所处的位置。”① 于是，从个人视角到无限多的交往群体的延伸，就必须要进行实际的商谈。② 在这种意义上说，商谈的本质就是对话性的，这与康德对普遍性原则的独白式验证不同，道德商谈不能只通过个人的推理能力，还要借以融入社会的程序。这种第三人称视角的不偏不倚的方式，并没有以牺牲第一人称和第二人称视角为代价。

普遍语用学的任务是，“确定并重建关于可能理解的普遍条件（在其他场合，也被称为‘交往的一般假设条件’），而我更喜欢用‘交往行为的一般假设前提’这个说法，因为我把达到理解为目的的

---

① Jürgen Habermas, *Justification and Application*, C. P. Cronin (trans), Cambridge, MA: MIT Press, 1993, p. 49.

② Jürgen Habermas, *Justification and Application*, C. P. Cronin (trans), Cambridge, MA: MIT Press, 1993, p. 51.

行为看作最根本的东西”[①]。哈贝马斯将冲突、竞争以及通常意义上的战略行为理解为目标行为的衍生物，由于语言是社会进化的某个特定阶段的独特媒介，将具有明晰性的言语行为从交往行为中单独列出，不涉及非言语化行为及表达。针对言语的有效性基础，哈贝马斯认为，任何处于交往活动中的人，在施行任何言语行为时，必须满足若干普遍的有效性要求并假定它们可以被验证。有效性要求有：[②]

1. 说出某种可理解的东西；
2. 提供（给听者某种东西去理解）；
3. 由此使他自己成为可理解的；
4. 达到与另一个人的默契。

除此之外，一个交往行为要达到不受干扰地继续，只有在参与者全部假定他们相互提出有效性要求并得到验证的情况下才是可能的。到达理解的目标导向某种认同，认同归于相互理解、共享知识、彼此信任以及两相符合的主体间性相互依存。认同以对可理解性、真实性、真诚性和正确性相应的有效性要求的认可为基础。我们发现理解这个词具有多重含义：在狭窄的意义上，两个主体以同样方式理解一个语言学表达；在宽泛的意义上，在于彼此认可的与规范性背景相关的话语的正确性上，两个主体存在某种协调；在表示两个交往过程的参与者能对世界上的某种东西达成理解并且彼此能使自己的意向为对方所理解。在交往活动中，参与者事先假定他们知道彼此提出的有效性主张意味着什么。在接受言说者满足有效性要求时，听者认可符号结构的有效性，也就是承认了句子是符合语法的并陈述了某个事实，就某个意向表达了真诚，说出了正确的话语。这些符号结构的有效性

---

① ［德］哈贝马斯：《交往与社会进化》，张博树译，重庆出版社 1989 年版，第 1 页。

② ［德］哈贝马斯：《交往与社会进化》，张博树译，重庆出版社 1989 年版，第 3—4 页。

建立在一定适宜条件满足的事实基础上，也就是说，主体间性的认可在适宜条件下得以实现。对此，哈贝马斯用普遍语用学来重建言语的普遍有效性基础来作为研究目的。

总结起来，道德商谈要求参与者置身于所有可能备选的处境，以此来检验规范是否能够从他者的角度被接纳。当然这种规范有效性也有不清楚的地方，关于事物的客观状况陈述极为清晰明白，要么错误，要么正确，规范虽然有效但并没有说其由什么决定。因此，区别规范的认识和规范认识的价值是很有必要的。规范能做出没有证实的有效性主张，则正当的规范可能无法取得社会的认可。正因为如此，在谈论诸如什么使有效的道德判断成为可能时，哈贝马斯认为我们必须诉诸实践活动的逻辑说明，但是对于客观性判断来说，情况似乎并非如此。哈贝马斯想要证明的是，道德原则在道德论辩中究竟起到了什么作用？一方面是形式逻辑的技巧，另一方面是特定的实质性考察，如何用道德原则把二者连接起来与归纳对经验论辩所起的作用差不多。这种原则是康德观念的变种，都是建立在通俗的道德观念的基础之上。但哈贝马斯的关注点是道德要求在受其影响的人中间取得同意。

不难看出，这并非完全是一种形式主义的问题，一个在形式上普遍的道德原则极有可能产生不道德的原则。如果简单地以普遍性的形式来理解康德的绝对命令就会引发一系列的难题。哈贝马斯强调的是，规范的有效性依赖于所有人受其影响的人对它的认同。这种原因在决定某种行为原则是否成为人的道德准则时，康德主义的方法已经不再适用了。哈贝马斯的普遍性原则（U）要求承认所有受这一原则影响的人的实际利益，也要求他们都接受那些真实的结果。因为，对于道德而言，不存在一种单独进行的、脱离实际的重建过程。规范的有效性主张就是调和日常生活中的行动，而道德辩论则是通过共同努力达到反思性的共识。

此外，在《包容他者》中哈贝马斯指出，多元文化矛盾日益尖锐。“随着多元主义世界观的出现，在现代社会里，宗教以及其中的伦理便不再是一种所有人都认可的道德的公共有效性基础。具有普遍约束力的道德法则的有效性无论如何都再也不能用理由和解释加以说明了，因为这些理由和解释是以超验的创世主和救世主存在为前提的。”[①] 反映在现实社会中，道德要求平等的尊重每个人，并且每个人都团结起来，共同为对方承担责任。由于后现代主义误解了普遍主义的道德意义，他们逐渐消解了正确的普遍主义所表达的关于他者和差异性的相对结构。《交往行为理论》中阐发的社会理论表现在道德理论和法律理论中就是一种对差异性十分敏感的普遍主义。这种道德共同体要求消除一切歧视和苦难，包容边缘群体、相互尊重，共同体对所有人开放。这样的解释使得形而上学的概念及其运用贬值，但是具有形而上学本质的概念，诸如断言命题及其相关命题，甚至评价命题与规范命题之间的内在联系也消失了。这样，一种道德哲学就建立在后形而上学的论证之上了。

罗尔斯对普遍性的追求与哈贝马斯截然不同。现代民主社会的历史和条件，要求我们以某种方式看待社会基本制度的正义观。换句话说，如何让这种正义观在实践上与民主政治的限制相互一致。首先，政治的正义观念有如下特征：第一，这个观念是一个道德观念；第二，政治的正义观念不能理解为一个应用于政治秩序的普遍性和完备性的道德观念；第三，政治正义观念不是由一种普遍的完备性宗教、哲学和道德学说来决定的；第四，政治的正义观念与公共理性的观念相伴随。[②] 有一点需要说明，虽然政治的正义观念不是由完备性学说决定的，但却是由其推导出来的。一个获得认可的政治正义观念的公共角色能够界定公民们面对其他公民而相互检视其政治制度是否是正义的。关乎政治正义的问题，所有公民可以在相同的基础上进行讨论，无论这些公民的社会地位、目的和兴趣怎样，以及宗教、哲学和

---

① ［德］哈贝马斯：《包容他者》，曹卫东译，上海人民出版社 2018 年版，第 45 页。

② John Rawls, *Collected Papers*, S. Freeman (ed.), Cambridge, MA: Harvard University Press, 1999, pp. 423 – 429.

道德观点怎样。在政治正义问题上，从那些在政治正义根本问题上达成一个可行性协议的目的而言，我们与其他人都认为是正确的或者合乎理性的前提开始。给定多元论事实及其辩护从某些共识开始，那么没有任何普遍而完备性的原则可以充当起争执正义的一个公共的可接受性基础。罗尔斯在考察了康德和密尔的自由主义之后认为，他们关于自由制度的学说很大程度上依赖于那些在民主社会并非普遍甚至没有广泛共享的理想和价值。而这些并不是政治正义观念的可行性基础，那种普遍的完备性学说之外的隐藏在民主社会公共政治文化中的直觉理念决定了政治的正义观念。政治社会可以看作公民之间的公平的社会合作体系，自由而平等的公民生而进入其中并度过一生。当然，公民们具有特定的道德能力，能够参与社会合作。通过发展隐藏在公共政治文化中的理念，我们就会在恰当的时候得到被广泛接受的正义原则。当然，这些正义原则将表达人们的政治价值，并赋予特定的意义。我们还可以从另一种方法来得到政治正义观念，那就是通过这些竞争性价值之间做直接的比较平衡，并根据对我们而言最好的价值的综合平衡来做出最终调整。这样，按照罗尔斯，就解决了正义原则的可接受性问题。但是如何在正义原则的基础上使得具有不同的完备性学说的公民们达成一致，也就是说，如何在理性多元论的社会与普遍性的问题，即社会统一可以建立在一个政治正义观念的基础上达成重叠共识。这样，一个理性多元为特征的立宪民主政体，尽管存在深刻的分歧，但是通过一种公共的认可合乎理性的政治正义观念，仍然能够达成社会的稳定和统一。

2. 公共性问题的凸显：主体多元差异化交往

作为社会理论家的哈贝马斯对社会秩序何以可能很感兴趣。现代社会是如何组织的？行为协调的机制是什么？始终是哈贝马斯思考的问题。在《对社会学语言基础的反思：高斯讲座》中，哈贝马斯描述了社会科学分析的两种基本方法：一种是主观主义的方法，另一种是客观主义的方法。主观主义的方法是现象学的方法，他们进行社会分析的方法认为社会实践对于参与其中的主体有意义。而客观主义的方法则是对主体采取一种客观的态度，试图从法理学的角度寻找他们对行为的解释。虽然存在这两种差别，但是两种方法都是从个人主义出发的，因此都容易忽视协调社会行为中一个关键因素，主体间性。根据哈贝马斯，所有行为都是为目标所指引，都是目的论意义上的。不同行为的类型取决于这一行为是社会的还是非社会的，取决于这一目标是什么，取决于某个行为者如何理解这一目标的实现。社会行为与非社会行为的区分，取决于它们在根本上是否包括其个体。按照主体间性的参与视角来看待彼此，并不只是试图实现他自己的个人目的，而是要达成相互理解。这种社会行为就是交往行为。哈贝马斯认为，要想达成相互理解，就必须有一个合理的依据。任何协定的达成，只有通过理性而不能依靠强迫建立。因此，不同于策略行为，交往行为发挥着社会融合的职能，打造了各种社会的纽带。为此，哈贝马斯提出了普遍语用学，认为社会协调的范式模型来自这种以语言为中介作用的交往行为。

在 20 世纪 70 年代初，哈贝马斯在社会批判理论内部推动了语言学的转向。哈贝马斯基于人类所从事的行为都具有意义的事实，借助语言结构能够更有效地分析社会行为和交往关系。他提出了一套交往行为理论，阐述了关于交往能力的普遍语用学，并阐释了交往行为的概念。这就是《交往行为理论》的核心，也是哈贝马斯商谈伦理学的基础。毫不客气地说，哈贝马斯的整个理论大厦都是建立在人们如何通过语言实现彼此之间的相互信任，即人类之间的交往的基础上。我们知道，普遍语用学起初并不是关于意义的理论，但这一理论却蕴含着对这个问题的讨论，实现了哈贝马斯社会理论的语言学转向，这也对应了意义理论的实用主义转向。面对多元论的社会，道德行动具备对所有人来说同样具有约束性和稳妥的标准。哈贝马斯认为我们作为符合道德的行动者，大多不自觉地认可文化中的理所当然之事、生活世界的知识背景以及我们的道德信仰，所有这一切都扎根于语言。因此，哈贝马斯致力于寻求语言当中所包含的日常认识和科学认识的规范性前提。在哈贝马斯与卢曼的争论中，哈贝马斯认为，作为社会行动之准绳，并且得到普遍性认可，并且对所有参与者具有同一意义前提的规范就存在于语言中。[①] 由此可以看出语言在哈贝马斯理论中的重要位置。

自然语言将文化中的理所当然之事与广泛复杂的背景性信念保存了下来，它们持存在语言中。语言代表了为认识论奠定规范性基础的生活世界，但这一点并不始终是语言交流的主题。生活世界的背景从未受到质疑，被认为是理所当然，只有受到质疑时才会有问题。哈贝马斯认为人采取行动时，必须与他人的行动协调一致，这种内在关联的论证是一个平常的社会事实。行动来自背景性的信念，我们必须如此这般采取行动，才能在日常生活中顺利进行。当然，理论上理所当然的事情靠的就是语言。如果说行动关联着意向，也就是说行动由表达意象的语言引发，反之亦然：主体只能采取意向在原则上可以描述的那些行动。如此，确定行动的界限靠的就是可能性描述留有余地，确定这一余地靠的是表达一个社会群体自我理解及其世界观的语言结构。如果用一句简单的话来概括那就是，行动的界限来自语言的界限。哈贝马斯正是在这个基础上来阐发自己的社会理论的。如果我们将社会行为把握为有效性规范下的行为，那么交往行为理论必定同带来交往行为过程的那些规范有关。由于规范性最初以象征的形式给定，这类似于语言交往条件下导出的行为体系。也就是说，只要行为的界限是由语言界定的，那么，语言结构就规定着交往行为的渠道。

可以看出，哈贝马斯已经逐渐从福利国家的危机转到了市民社会的解放潜力，阐发了自己的解放性社会科学方法。哈贝马斯期望的社会学具有解放性，这种社会发展的趋势要指向非统治性的自由社会。在自由社会中，既有选择语言行为的机遇，也有采取语言行为的机遇。这样一种规范性标准不是被设定下来的，是在阐发社会学中保持的规范性标准。哈贝马斯在《交往行为理论》中提出了社会分析的三

① ［德］德特勒夫·霍斯特：《哈贝马斯》，鲁路译，中国人民大学出版社 2010 年版，第 31—44 页。

重因素：首先，列举作为社会分析标准的正当社会理想；其次，在有欠缺的社会中哪些机制妨碍了社会的进一步发展；最后，揭示出待发挥的社会潜力。在《重建历史唯物主义》（1976）中，哈贝马斯继承了米德的理论，将社会把握为交往行为的网络。其后来在《什么是普遍语用学》（1976）中指出："任何精确的语言表述都是以某种方式确立和表现了至少有语言行为与行为能力的主体之间的交往关系……生成性力量在于，言说者在采取言语行为时对听者产生影响，使听者得以同言说者建立起人际关系。交往行为无论是否采取精确的语言形式，都关联着行动规范与价值的语境。"[①] 在哈贝马斯看来，语言与认识结果之间的规范性背景之间的联系并非一目了然，在交往行为与表达中，语言是准先验性的。事实上，哈贝马斯研究语言学理论与语用学理论的目的是，为交往行为奠定规范性要求的基础。

哈贝马斯认为，从语义学到语用学的过程中，言语行为理论是重要的步骤。奥斯汀正确地看到了语言不仅用来描述世界并表示真理，还能够用来做事情，即言说是行动的一种。[②] 奥斯汀的言语行为理论是将语言和行动哲学联系起来的理想框架。一种言说行为包含命题内容和言外之意，前者是语义学传统研究的范围，后者是言说者的行为所表现的意图。上述两个部分又分别对应言说的表征和交往功能。命题内容提供了世界的表征，言外之意在于实现内容表达的交往功能。但是我们并不总是如实的言说以使用语言，又会为了个人利益而操纵语言，即要么策略性地使用语言，要么交往地使用语言。对此，哈贝马斯吸取奥斯汀言外行为与言后行为的区分来解决这一问题。言外行为是指我们在言说中所表达的内容，只要对言外行为的效果做了承诺，就要做到，这就是一个言后行为效果。言后行为与言外行为之间的差别在于，言外行为与所言说的话的意义存在内在联系，而言后行

---

① ［德］哈贝马斯：《交往与社会进化》，张博树译，重庆出版社 1989 年版，第 12 页。

② ［英］奥斯汀：《如何以言行事》，杨玉成等译，商务印书馆 2019 年版，第 10—14 页。

为没有。做出承诺的言外效果就在于某人所说的内容承担着相应的责任，伴随承诺表达的就是责任。对于哈贝马斯来讲，言外行为就是自我明确的意思，与非言语行为不同，言说行为不要求表达什么。而言后效果取决于表达意思的外部环境，因此需要推论辨别。与奥斯汀不同，哈贝马斯从主体性出发，指出言外行为和言后行为相互排斥，[①]指向结果的言后行为是寄生于指向理解的言外行为的。[②] 只有当语言的基本应用是言外行为时，才可能实现言后行为。后来，哈贝马斯在《交往行为理论》中，将交往行为定义为对言外目标的无限追求。言说行为的言外之意扮演着协调行为的角色，并且具备捆绑效果。[③] 为了解释言语行为的协调功能和捆绑本质，哈贝马斯转向了言说的有效性基础理论。

在《什么是普遍语用学?》一文中，哈贝马斯探讨了什么是交往行为的一般前提。哈贝马斯首先对言语行为进行了分析性考察，认为任何言语行为都提出了他的普遍有效性声称要求，这些东西在言语者看来能够实现。言语者有效性主张包括言语、内容、主体性以及主体间性，以及分别涉及可理解性、真实性、真诚性和正确性。[④] 这个过程包括三个要素：有效性条件，言语者在特定情况下所做的符合条件的有效性主张，那些事实上合理性主张的实际论证。[⑤] 之所以进行这种区分，是由于在交往行为发生的地方每个参与者都对交往行为过程做出贡献。哈贝马斯断言只要能够依靠对情境的共享定义而努力作出一致的行为，参与者都拥有以下背景知识：第一，每个言说者知道为

---

① Jürgen Habermas, *On the Pragmatics of Communication*, B. Fultner (trans.), Cambridge, MA: MIT Press, 1998, p. 128.

② Jürgen Habermas, *On the Pragmatics of Communication*, B. Fultner (trans.), Cambridge, MA: MIT Press, 1998, p. 122.

③ Jürgen Habermas, *On the Pragmatics of Communication*, B. Fultner (trans.), Cambridge, MA: MIT Press, 1998, p. 223.

④ ［德］哈贝马斯：《交往与社会进化》，张博树译，重庆出版社 1989 年版，第 3 页。

⑤ ［德］哈贝马斯：《交往与社会进化》，张博树译，重庆出版社 1989 年版，第 5 页。

了达成一致目的的交往必须提出这些主张，第二，所有人都认为自己实际上这么做的主张就是正当的，第三，他们拥有一种满足有效性条件的共同信念，任何有效性主张都能获得证明。①

在哈贝马斯看来，任何主体都以外界自然、社会或者人内在自然这样的领域中的某些东西为主题，同时为这些领域的主题划定了界限。上述四种主题要求，真实性、正当性、真诚性以及可理解性总是同时提出来。前面提到，从这四类言语行为中引申出了规范性的要求。根据奥斯汀的分析，言语行为是语言行为的要素，语言行为由命题部分、言内部分和言后部分构成。将言语行为分为四类，就含有可理解性要求的交往范式。但是，后来哈贝马斯再没有将可理解性当作规范性要求，而是将其作为一切成功交往的前提。只要有人在说话，他就会有这三种规范性要求之一。他要向对方表明自己所说的有效，自己陈述的是真实的、正当的和真诚的。而最关键的是，说话本身要符合一种规范性的要求。一个人说话是否属实，可以进行检测：观察对方的行为是否言行一致，就会对真诚性的规范性兑现一目了然。而真实性和正当性则要求在公共商谈中得以检测。

对话者在相互交往过程中接受或者拒绝对方的有效性主张，对于言说行为提出的主张来说，就是肯定或者否定态度。无论哪种情况，当一个言说者提出一个主张时，就会用理性来维护这一主张，给出一种论证。也就是说，对一种表达的理解就是要明白这个表达的可接受性条件。这就意味着一个言说者为了说服听众而提供理由，这些理由表明他能够在给定的条件下确保其主张的有效性。② 这一理解的本质在于，从语用学和主体间性出发，“为了理解某个表达，就必须知道这个人能够利用什么，来保证与某人达成关于某件事的理解。如果你不懂得这个表述能够并且应当达成一个协议，那么你就不知道要理解

---

① ［德］哈贝马斯：《交往与社会进化》，张博树译，重庆出版社 1989 年版，第 4 页。

② Jürgen Habermas, *On the Pragmatics of Communication*, B. Fultner (trans.), Cambridge, MA: MIT Press, 1998, p. 297.

这一表达的意义还需要什么；此外，这个协议自身就意味着它必须适用有效的参与者。于是，有效性维度内在于语言之中，要想使得相互理解可能，面向有效性主张是其必备的语用条件之一，同时这也是语言自我理解的语用条件之一”①。后来，哈贝马斯将交往理论与意义理论联系起来。对于任何一个表达来说，其隐含的接受性意味着另一个人知道这个表达包含能使听者接受这个表达的条件。可接受性的条件在根本上就是要给出理性的动机和论证。内在于表达的有效性保证了做出的承诺，一旦有人对这一主张提出问题，就能做出回应。

对于哈贝马斯来讲，交往的目的不仅仅是传递信息，而是要建立与他人的关系。当一个言说者试图与其对话者达成关于某个世界中物的理解的时候，这里就有言说的双重结构：这两人在他们讨论对象的层次上交流，同时也在相互理解关系的主体间性上交流。② 在此基础上，哈贝马斯将语言的使用区分为互动和认知。③ 上述两种功能彼此构成对方的前提，因此这种区分只能理解为分析的差别而非实证的差别。在讨论了奥斯汀的言语行为理论之后，哈贝马斯将这二种功能成为言说的交往功能和表征功能，还加入了另一种表达功能。也就是说，通过语言我们能够表现世界，建立彼此之间的关系，并且表达彼此的感受、情绪和其他内心的状态。那么，主体间性如何体现公共性？

a. 罗尔斯的外在主体间性。

我们知道，罗尔斯把正义作为社会制度的首要原则，以合理制度来解决不同的主体间的利益的分配问题。也就是说，在正义的社会中，人与人之间的平等互惠利益关系需要以公正的制度来保障。为了保护个人利益，约束个体可能的私欲和主体间的利益冲突，就需要一

① Jürgen Habermas, *On the Pragmatics of Communication*, B. Fultner (trans.), Cambridge, MA: MIT Press, 1998, p. 298.

② Jürgen Habermas, *On the Pragmatics of Communication*, B. Fultner (trans.), Cambridge, MA: MIT Press, 1998, p. 64.

③ Jürgen Habermas, *On the Pragmatics of Communication*, B. Fultner (trans.), Cambridge, MA: MIT Press, 1998, p. 75.

种外在的制度，这种制度正是以不偏不倚的公正为基本要求。事实上，罗尔斯这种以公正制度为保障的主体间性是一种外在主体间性。以至于哈贝马斯在评价罗尔斯时说，主体间性是原初状态强制的结果。①

b. 立足主体间性的交往行为体现了公共性。

哈贝马斯的主体间性问题关涉人的社会统一性问题。哈贝马斯认为在现实社会中人际关系分为工具行为和交往行为，工具行为是主客体关系，而交往行为是主体间性行为。哈贝马斯提倡交往行为，以建立互相理解的交往理性，以达到社会和谐。包括哈贝马斯在内的主体间性理论都具有乌托邦的性质。哈贝马斯的主体间性是一种内在主体间性。

3. **代表设置：公共商谈实践基础**

公共社会的公共商谈实践诉诸公共商谈理想，即代表设置问题于顺畅的交流中，对话者提出的有效性主张一般能够得到主体间的认可。面对小的问题或者障碍，如果简单地修正不能取得成功，甚至出现更加严重的交流或者沟通障碍，对话者就必须求助于商谈。对于哈贝马斯来讲，商谈是一个准技术概念，商谈是一种理性判断。需要哪种类型的商谈取决于言说者遭遇哪种类型的挑战。可以说，哈贝马斯的商谈伦理学提出了一项为道德主张提供哲学证成的纲领，这种哲学的证成是对普遍适用性的特别关注，更是对其基础的证明或者运用。

商谈伦理学是哈贝马斯哲学研究的核心内容，《交往行为理论》暗示了商谈伦理学的形成，《在事实与规范之间》预设了商谈伦理学。商谈伦理学是从两本论文集——《道德意识与交往行为》和《证成与运用》开始的。需要说明的是，哈贝马斯并没有专门的商谈伦理学的专著，但是这并不妨碍商谈伦理是哈贝马斯哲学的规范性内核。正是这一思想内核，直接推进了哈贝马斯从语用学的角度对正义、公共性

① ［德］哈贝马斯：《包容他者》，曹卫东译，上海人民出版社 2018 年版，第 61 页。

和包容性等主题的研究。如果说哈贝马斯的社会理论是诊断和批判社会生活的现代形式，那么商谈伦理学则论证和阐述了现代道德观念。在20世纪80年代的商谈伦理学最初研究中，哈贝马斯交替使用道德和伦理两个术语，直到1991年才开始区分二者，但是一直使用商谈伦理学来表达对“道德的善谈理论的”修正。事实上，1990年修正的理论中，哈贝马斯将商谈分为三类：道德商谈、伦理商谈和实用商谈，每一类商谈都代表实践理性的一种不同用途。这种区分的意义在于，引入了一种与道德商谈范畴相对立的伦理商谈范畴，道德和伦理商谈领域在政治理论研究中得到重新设定。

交往行为理论的终止之处就是商谈伦理学的起点。哈贝马斯的商谈伦理学是一种规范性的、义务论的道德理论。其中，道德的商谈理论并未直接回答“我应该做什么”，而是力图揭示在什么样的条件下现代道德行为人可以成功回答这个问题。因此，哈贝马斯的道德理论也被称为对正当性的有效性声称所做的阐释，该理论是一种关于道德言语意义的语用学理论。当某个正当性有效性声称被驳回时，就容易产生冲突。于是，这个情境就将一个备选的规范从生活世界的潜在背景中输入商谈这个显现的媒介中。行为人可能因为他人的行为或言语而感受到了不公正的对待，并且可能因为他人的言语行为感觉受了不公正待遇。事实上，实际的争执可能有更多种解决方案。只要行为人求助于道德的商谈讨论，就可以通过建立争执双方都能理解并接受的行为规范来修复共识。

在商谈伦理学中，哈贝马斯寻求的是某种特殊类型的有效性主张，这种关于命令和规范的有效性主张，能够在道德问题出现的语境中得到确认，这种语境就是生活世界。正如前面已经看到的那样，交往要求有效性主张的主体间认同有一个共识的基础。诸如真实性、正当性和真诚性等有效性，主张不管是与客观事物和共享的社会世界有关，还是与主观经验有关，这些有效性主张就是通过语言的明确应用而发生的。一个人之所以能够打动另一个人，并非因为所说之事的有效性，而是因为言语者行为中隐含着保证。而这种保证是从推论的角度来说的，他的主张可以通过提供理由而得到证明。在伴随着规范性言语行为和陈述性言语行为的约束力效果中，这种现象显而易见。接受隐含在他人话语中的保证，实际上是向听者提出了一种义务性的要求，就是根据两者已经达成的共识来行动。

但是，规范的正当性主张与命题真实性主张并非以完全相同的方式协调行动。真实性主张只存在于言语行为中，而规范性主张却不依赖于言语行为。于是，与陈述性言语行为相比，规范性言语行为从规范中获得了一种客观性。“规范性的有效性主张促成了语言和社会世界的相互信赖，后者并不存在于语言和客观世界的关系中。”① 由于规范性的有效性具有模糊性特点，在谈到什么使得有效的道德判断成为可能时，哈贝马斯主张必须诉诸实践话语。这种实践话语的逻辑性要求，何种推理能够产生有效的道德判断。哈贝马斯想要强调的是，规范的有效性依赖于所有受其影响的人对它的认同，再决定某种行为原则能否成为众人的道德准则时，康德主义的方法并不适用。由于规范有效性主张的作用是调和日常生活中的行动，道德论辩必须解决的问题就不能独自得到解决，而需要共同努力。如前所述，这种辩论的目的在于通过反思达成共识。一旦共识被破坏，原先认为理所当然的规范必须放置一边，一旦新条件出现，目前缺失的规范性原则要求人们不得不投身于重建主体间的认同和共识工作，表达一种共同的意志。实际上，这是一个主体间的过程。要检验推理观点是否扭曲，最好的办法就是实际参与，而不是排除所有可能的观点。无论是以康德的先验主义，还是具有经验观察的功利主义，以一个中立观察者的视角描述道德观点的企图失败了。

哈贝马斯对道德立场的阐述是从日常的道德直觉开始的，这是一种从或然正确的经验假设开始的超验式论证。这种论证分析了各种假设的可能性条件。如果存在道德立场，那么必然在作为道德和非道德因素的原则，而且这种原则隐藏在我们的道德实践中。哈贝马斯对道

① Jürgen Habermas, *Moral Consciousness and Communicative Action*, C. Lenhardt and S. W. Nicholsen (trans.), Cambridge, MA: MIT Press, 1990, p. 82.

德立场的阐述以此种方式展开，并区分了商谈原则（D）和普遍性原则（U）。哈贝马斯认为普遍性原则（U）是一种道德原则，是一种普遍化的原则。这是一种一阶原则，通过验证一阶道德规范是否可以普遍化来判断其有效性。普遍性原则（U）声称某个规范为真，当且仅当此规范确实包含“可普遍化的”利益。与康德将道德原则视作可普遍化利益不同，哈贝马斯将道德原则看作社会进化的进程。而道德商谈要求参与者置身于所有可能受备选规范影响的其他人的处境，来检验这个规范是否能够从他人的角度被接纳。哈贝马斯正是从现代人的道德行为的直觉分析来阐明了其道德立场，进而揭示了商谈伦理学的上述两个原则：商谈原则（D）和普遍性原则（U）。事实上，正是这两个原则抓住了商谈程序的要旨，通过这个程序生活世界中的行为人能够判断道德规范的有效性，能够判断特定情境中的特定行为是否正当。

为此，哈贝马斯转向阿佩尔的观点认为，道德辩论的真实过程必定预设了普遍性原则（U），只有预设了这个原则，我们才能够进行道德辩论。在确立了先验语用性论证的可能性之后，哈贝马斯投向了论辩本身。不管交往行为怎样发展，社会文化生活的所有形式通过辩论都是支持交往行为的。辩论从交往行为的预设中引出了我们在程序层面上发展的语用性预设。指向达成共识的行为已经置入了一种相互作用，这种作用巩固了有能力的主体之间的彼此认同的基础。于是，论辩植根于这种行动之中。[①] 这里的意思是，主张道德问题没有答案是一种没有意义的努力，设计一种将受其影响的人排除在外的道德的任何努力只是自挖墙脚。哈贝马斯的意思是说，道德应该既具有包容性，又具有公开性。

哈贝马斯商谈伦理学的最终目的是一种非中心化的世界观，这种世界观承认生活世界与世界之间的差异性，进而造成了世界、有效性主张和基本态度的区分。哈贝马斯在区分了世界视角和言说者视角的

---

① Jürgen Habermas, *Moral Consciousness and Communicative Action*, C. Lenhardt and S. W. Nicholsen (trans.), Cambridge, MA: MIT Press, 1990, p. 100.

基础上指出，这两种视角分别适用于三种世界观：客观世界、规范世界及主观世界，这三种世界各自对应第一人称、第二人称和第三人称。而且我们能在交往中分享这些观点，以便于客观性、社会性和主观性事物达成共同理解。于是，这种复杂的道德视角结构允许我们作为单个人而发展出一种道德意识。① 但是，由于我们必须在社会环境中成长，而生活世界又是主体间互动的个体构建，这种发展对于人类来说至关重要。每个人都是开放的且容易遭受重大伤害，道德机制就成了弥补这个弱点的安全机制。道德的目的就在于保护个体与社会的网络。无论如何，道德话语对于我们实现任何善观念的生活概念来说都是至关重要的，我们不可能保证以这种方式找到的答案绝对正确。即使所考虑的问题将以完全不同的方式告终，但是我们也必须坚持到底。但是，我们一直在寻找一条对所有人都共同有益的、规范我们共同生活的途径。

到此为止，我们一直在谈论道德商谈，下面再来看看伦理商谈。在黑格尔之前，道德和伦理是不分的。但是，道德和伦理却代表人类生活思考的不同传统。哈贝马斯的伦理商谈有以下几个特征：伦理商谈是目的论的，它关注目标的选择和对目标的理性评估；② 伦理商谈通过考察对我有益还是对所有人有益来评价结果；③ 商谈伦理是慎议的，突出了个人的生活历史和文化传统的价值观的重要性；把善观念和价值观作为理解伦理商谈的逻辑特征；商谈伦理不仅关注个人的自我认知，还关注群体的自我认知；伦理商谈提出可信的有效性声称。④ 除这些特征之外，哈贝马斯还讨论了伦理商谈的有效性及其范围。伦

---

① Jürgen Habermas, *Moral Consciousness and Communicative Action*, C. Lenhardt and S. W. Nicholsen (trans.), Cambridge, MA: MIT Press, 1990, p. 198.

② Jürgen Habermas, *Moral Consciousness and Communicative Action*, C. Lenhardt and S. W. Nicholsen (trans.), Cambridge, MA: MIT Press, 1990, p. 4.

③ Jürgen Habermas, *Moral Consciousness and Communicative Action*, C. Lenhardt and S. W. Nicholsen (trans.), Cambridge, MA: MIT Press, 1990, pp. 5 – 8.

④ ［德］哈贝马斯：《包容他者》，曹卫东译，上海人民出版社 2018 年版，第 73 页。

理商谈的本质特征之一是，它只有相对的或者有条件的有效性。如果说道德商谈的规范对所有参与商谈的参与者都有普遍约束力，那么伦理商谈的伦理价值只对相关的群体成员具有约束力。面对现代社会中的正当性问题逐渐脱离了良善生活的现象，众多相对独立的具体的善观念逐渐从宗教教义中凸显。哈贝马斯认为，将道德和伦理视作解决同样问题的不同方法是错误的，道德和伦理是日常生活中自我理解不同但互为补充的组成部分。商谈伦理学认为，道德问题与伦理问题的论证形式不同，道德商谈是道德论证和道德应用的商谈，伦理商谈是一个自我理解的商谈。商谈伦理学并没有把道德还原为平等，而是把正义和团结囊括在道德之中了。也就是说，商谈伦理学为道德和伦理商谈提供了共存的空间，这是现象学的贡献。

随着对民主和法理论的日益关注，哈贝马斯的伦理商谈在其思想中越来越重要。但是，哈贝马斯并不是将二者平等看待，而是坚持道德优先。如何理解这种优先性：其一，从实用角度看，道德商谈解决行为人和生活世界之间的冲突默认机制。与伦理商谈不同，道德商谈将价值观从证明过程中排除，避开了难以处理的冲突。其二，基于普遍原则（U）以及任何有效的规范性立足于生活世界的交往，道德商谈对伦理商谈的社会本体论具有优先性。规范的正当性包含了所有人的平等思想和内在于商谈规则的普遍团结的交往理想。这是一种真实性的有效性，缺少这种有效性的行为人在生活世界中无法正常生活。其三，科尔伯格的道德发展模型和现代性理论也支持道德优先论证。综合以上讨论，道德限定了伦理。伦理商谈是正当性的来源，在道德允许的范围内伦理商谈发挥作用。

哈贝马斯这种道德优先于伦理的论证，与后期罗尔斯的政治自由主义论证有某些相似性，罗尔斯捍卫了正当优先于善的命题。之所以如此，必有其原因。在 20 世纪 90 年代，哈贝马斯对商谈伦理学的修正就受到了罗尔斯的影响。罗尔斯认为，正当与善是两个互补的概念，作为公平的正义看来，正当性概念是一种政治的而非形而上学的。现代社会不再具有文化同质性，包含了众多宗教、哲学和道德学说的完备性学说。因此，在良序社会的理念中，不能奠基于任何预设的正确的世界观，以此印证了政治正义是政治的而非形而上学的。在此，哈贝马斯采取规避策略使得冲突最小化，这样，有争议的道德和宗教价值观就被从政治论证过程中排除掉了。

罗尔斯的政治证明诉诸普遍价值观，这些观念能够跨越不同文化和世界观而获得肯定。这就是罗尔斯所说的重叠共识。罗尔斯这里的共识，不是指达成理解或者一致的过程或者结果。而是当每个人，不管来自何种传统和价值观，在接受一个观念时，这种观念就是重叠共识的一部分。重叠共识的关键就是，社会是自由而平等的公民之间的公平合作体系。这在罗尔斯看来是一种道德观念，而不是一种完备性学说，虽然能让所有的完备性学说产生共鸣。所有那些符合政治正当性标准的观念都是合理的、能够得到证明的，但与其正确性无关。也就是说，政治正当性与观念真实性毫无关系。有关系的是，这个观念能够引起最少的争议并获得拥护。于是，政治正义基础上的自由主义政治架构，所有个人都可以在与他人的自由不矛盾的前提下自由地修改自己的善观念。也就是说，正当取决于实际存在的能够获得公民支持的不同善观念，这种善观念就是完备性学说。因此，对于罗尔斯来说，正当与善是互补的。

那么，为什么说哈贝马斯的商谈是公共商谈？康德认为，仅当所有人认可一项法律是正当的时候，这项法律才是正当。受康德《道德形而上学原理》的影响，哈贝马斯认为，规范性基础来自研究对象，来自民主立宪国家的理想形式。公共领域是检验政治代表自身权力的试金石，公共领域意味着神秘政治寿终正寝。哈贝马斯认为，公共性是区分道德政治和权力政治的铰链，道德政治诉诸公共性，而权力政治诋毁公共性。在康德看来，公共性是唯一能够确保政治与道德取得一致的原则。[①] 托马斯·麦肯锡曾经指出，哈贝马斯商谈伦理学的目

① ［德］哈贝马斯：《在事实与规范之间》，童世骏译，生活·读书·新知三联书店 2014 年版，第 124 页。

的在于重建道德观，以便以公正和不偏不倚的方式来抉择正义问题。[①] 对哈贝马斯来说，只有商谈才是确定正义与道德规范的不偏不倚的方式。哈贝马斯将其看作一种商谈程序。在这种意义上，哈贝马斯的商谈伦理学是一种关于道德的商谈理论或者一种关于正义的理论。

当然，哈贝马斯的理论也曾陷入差异。关于普遍原则（U）的证明，前面提到商谈伦理学的两个原则抓住了公共商谈程序的主旨，生活世界中的行为人通过这个程序判断道德规范的有效性，以此判断行为是否正当。但是，对道德观点的解释并不是对道德观点的证明，哲学的证明要从道德假设开始。这种哲学的证明假设道德观点的存在以及如何可能，而哈贝马斯对道德立场的证明并没有这种假设。从前面的论述我们也能够看到，哈贝马斯对道德立场的证明采用的是对普遍原则（U）进行推演的方式。只有当普遍原则（U）通过形式推演、从非道德的前提中推导出来，那种认为文化和历史具有偶然性的种族中心论的怀疑才会被打消。但是，哈贝马斯似乎确信此种推演存在，但并没有能够提供道德原则的形式推演。

关于对道德商谈理论的质疑大概有三种：其一，普遍化验证的困难引起的冗余质疑；其二，在对话性和独白性道德理论之间作出区分的质疑；其三，商谈伦理学的循环论证。在这种三种质疑中，循环论证的质疑比较明显，这个质疑主要是指向哈贝马斯对普遍原则（U）的推导上、商谈伦理学的总体性证明以及商谈规则。商谈伦理学假定道德观必须在非道德的前提假设下得到证明，而商谈伦理学认为道德观必须是一种论证，甚至是一种对理性的道德怀疑论者的说服。由于上述原因，哈贝马斯的商谈伦理学遭到循环论证的质疑。进一步看，哈贝马斯需要提供非道德前提假设不足以维护普遍原则（U）的合法性，同时，如果哈贝马斯使用商谈规则或者现代性理论这样更充分的前提，这些理论规则就会暗含道德假说，引起循环论证的嫌疑。实际上，商谈的规则就是佐证，这些规则使得每个人都有权表达自己的态度和要求。但是，哈贝马

---

① Thomas McCarthy, "Kantian Constructivism and Reconstructivism: Rawls and Habermas in Dialogue", *Ethics*, Vol. 105, No. 1 (Oct., 1994), pp. 44–63.

斯需要在非道德前提下证明道德原则并非易事，他必须避开循环论证，即不能将结论混入论证的前提中去。当然，这不等于说他所有的前提都必须是道德中立的。但是，这意味着商谈理论无法说服那些道德怀疑论者，这对于道德理论来讲确实困难。

哈贝马斯为了避免陷入循环论证，他提出一种理想的对话情境，将其作为进入商谈的前提。这种范导型解释我们称为公共商谈的代表设置问题。无独有偶，罗尔斯在论述正义论时，基本上证明了在原初状态下自由而平等的理性人将如何选择正义原则。作为一种思想实验，由于各派知道人性与社会制度的一般事实，但不清楚自身及其社会历史的真实情况。而在无知之幕背后，正义原则优先于功利主义、至善主义、自由至上主义和多元主义的正义观。就其本质而言，罗尔斯的“原初状态”证明和哈贝马斯的“理想的辩谈情境”，实际上体现了代表设置问题。下面，我们将依次展开二者对这个问题的论述，揭示罗尔斯与哈贝马斯在代表设置问题上的差异，看看究竟是为什么导致了二者理论的不同。

二 罗尔斯论“原初状态”

在《答哈贝马斯》一文中，罗尔斯首先阐明了他和哈贝马斯之间的主要差异，关涉到二者之间的代表设置之间的差异。罗尔斯的代表设置是原初状态，而哈贝马斯的代表设置则是其交往行为理论一部分的理想的辩谈情境。① 两种不同的代表设置具有不同的目的和作用，论证和意图也明显不同。首先看罗尔斯的“原初状态”的证明——罗尔斯的代表设置（device of representation）问题。

为了有效地对抗功利主义的论证，罗尔斯设想了这样一个社会：（1）公民遵守社会基本结构的规章和制度，这一点上类似于功利主义

① John Rawls, “Political Liberalism: Reply to Habermas”, *The Journal of Philosophy*, Vol. 92, No. 3 (Mar., 1995), pp. 132 – 180.

制度的作用。(2) 在设计和维护社会的基本结构中，公民要受到公共正义原则的指导，即罗尔斯所谓的两个正义原则。(3) 罗尔斯认为公民们在阐述自己的公共正义原则时，依赖于一个契约论的思想实验，并在这个思想实验的基础上提出了原初状态的概念。可以看出，罗尔斯这种契约论的思想实验是为了从道德角度认定为人们的公共正义标准提供一种解释的基础或者证明。而原初状态则是罗尔斯的正义论为社会正义原则的元标准。① 在罗尔斯构想的正义论中，公民通过强化彼此之间的道德信念，并且广泛地支持这些道德信念，以此支撑一个稳定的社会秩序，从而完成了正义理论的证成。而在这个过程中，最基础的论证就是关于原初状态的证明。

罗尔斯的道德理论通过假设契约的理念来合理化，这样的契约是一个虚构的契约，带有思想实验的性质，并不是实际的历史事件。现实的社会秩序对成员的影响深刻，其中有些规则和社会期待需要严厉的制裁来支持。那么就会面临这样一个问题：如果严厉地限制和约束个人行为，这在道德上是否可以得到辩护？在何种条件下辩护？事实上，服从社会的规则不仅以惩罚的方式提出要求，更是一种道德义务的要求。于是，个人是否真的有道德理由服从社会？为什么服从？在什么条件下服从？个人无条件地被抛入一个正常运转的社会，社会秩序对个人的发展以及他们将成为什么样的人影响深刻。个人的选择和认同都是由社会组织的方式深刻影响的，个人成长的环境深刻的影响一个人。因此，社会对个人发展的影响在道德上能否得到辩护？如何辩护？民主社会的公民不仅由社会秩序所约束，而且要对社会秩序负责。上述三个系列问题不是由个人的意愿就可以抵制社会，而是鉴于参与这样的活动必须面对问题，这些活动就是把具体的社会秩序施加于我们的同胞，特别是那些出生在这样的社会的人身上。当我们把规则和社会期待强加在公民身上，认为他们在道德上受这些规则的约束，并通过环境塑造他们时，我们如何为我们每个人所做的决定进行

---

① Thomas Pogge, *John Rawls: His Life and Theory of Justice*, Oxford University Press, 2007, p. 42.

辩护？一种可能的辩护尝试，把每个人所做的事情建立在合理的推测之上。契约论的思想实验就是这样的尝试。

1. **原初状态的背景**

我们知道，罗尔斯的正义论继承和发展了洛克、卢梭和康德的契约论传统，并上升到一种更高的抽象地位。上述三者的自由主义契约论传统，宣扬自由人站在平等的立场上赞成正义的法律和宪法。像他的先驱们一样，罗尔斯的社会契约论是带有假设性的，它不是某个历史时期的实际同意，而是一种思想实验。① 在这种思想实验中，假想的国民推崇自由和平等、处事公道，并肩负着一致同意应用其所在社会的正义原则的使命。在这里，这个同意的显著特点是，各方不知道自身与社会的特殊事实。无知之幕要求各派中的人们不得站在自己的立场上选择，而应做出严格中立的选择。罗尔斯作为公平的正义观，旨在发现公平公正的原初状态下人们同意的正义原则。在罗尔斯看来，原初状态的公平性转化为得到同意的准则，即公平的正义原则。②原初状态早就融入了纯粹的程序性正义，③ 不存在脱离独立于原初状态之下的假想同意的正义原则。

与诺齐克等人不同，罗尔斯把所有权看作社会制度，认为正义原则对决定此类基本制度如何体现于分配权利和自由、能力和机会、收入与分配等是十分必要的。也就是说，正义原则将规范由自由平等者组成的社会的基本结构，实行正义原则的适当方式是所有各方达成同意，每一方都有机会接受或者拒绝正义原则。④ 在达成同意条件后，

---

① John Rawls, *A Theory of Justice*, Cambridge, MA: Harvard University Press, Revised edition, 1999, p. 17.

② John Rawls, *A Theory of Justice*, Cambridge, MA: Harvard University Press, Revised edition, 1999, p. 12.

③ John Rawls, *Collected Papers*, S. Freeman (ed.), Cambridge, MA: Harvard University Press, 1999, p. 310.

④ John Rawls, *Justice as Fairness: A Restatement*, E. Kelly (ed.), Cambridge, MA: Harvard University Press, 2001, pp. 14–15.

隐藏在强制法律背后的正义原则将为自由平等的所有人接受，他们的行为将受到正义原则的规导，这些就是这种社会契约论的基本假设。但是，由于自由平等的理性人具有不同的价值观，不会存在未经协商就为大家所接受的道德、宗教和哲学学说的权威来决定权力，甚至化解有争议及其原则的争端。于是，每个人接受正义原则的唯一办法就是征得社会的普遍同意。

在罗尔斯看来，为了达成公平的社会同意，各派必须以完全相同的方式表现，这种表现应该是全部表现为自由而平等的道德人，是对那些千差万别的实际的个性特征及其环境的抽象。不难看出，原初状态的特点是与自由平等的人的观念紧密相关的。在这种意义上说，原初状态塑造了自由平等的道德人，描绘了他们的性格特征。或许，我们看待原初状态的更加直观的方式是，在论证赞成正义原则成为社会基本结构所需要的理由时，它呈现了道德上可以接受的理由限制。诸如人们的某些宗教、种族、人种、性别和社会阶级等，在道德上关乎正义原则的论证。为了保证选择的公平和公正，无知之幕排除了原初状态的无知条件是，把我们的注意力放在证明正义原则的道德理由并排除那些无关的理由。

也就是说，罗尔斯关于原初状态的证明是一个契约论的思想实验，契约论是一种非真实的假定。我们知道，霍布斯和洛克的社会契约论发生在假设的自然状态下，罗尔斯的社会契约论也发生在假定的原初状态中。可以说，假定的同意是社会契约论的共同特点。社会契约是道德评估现行的法律和政府的检验标准，也是决定我们的道德义务的检验标准。这就需要它与真实世界的每个人都曾经或即将实际同意的证明无关。具体到罗尔斯，他的原初状态是用来公共澄清或者自我澄清的代表设置。这就是说，原初状态的目的不在于向我们注入我们还不具备的义务，而是要详细阐明隐藏在正义确信背后的理由，以便借助于我们已经接受的正义原则了解我们最真诚的道德确信。人们通过斟酌这些确信和理由，而不是通过实际的同意来遵守正义原则。无论我们是否愿意接受这些原则，我们都将遵守这些原则。

对于罗尔斯而言，由于各种传统的道德正义观念都存在建构原初状态的办法，因此原初状态不是各方阐明理由、设计规制社会关系原则的一场哲学讨论，而原初状态是一般观念能作为一个有用的理论工具来应用，以揭示隐藏在不同正义理论背后的哲学假定，使得人们能够比较不同假定和论证的合理性。① 也就是说，原初状态不是一场关于正义的自由的哲学讨论，而是清晰地把证明正义观的合理假定清晰地结合起来。这样，原初状态就成了一个筛选工具，各方根据道德哲学和政治哲学的传统列出待选原则和道德清单。各方在商议过程中，必须做到直截了当和清楚明白，向各方呈现明确待定的问题。作为一种自由主义的传统，鉴于功利主义、至善主义和直觉主义等都没有明确提出一种正义观，② 罗尔斯承接了古典自由主义创立了一种天然的自由系。罗尔斯大多数情况下是以功利主义为主要讨论对手的。他认为功利主义在现代民主社会中对正义提出了一种重要的系统见解，但是，他通过对功利主义的反驳提出了一种目的论的论证模式。罗尔斯对原初状态的定义："它是一种所达到的任何契约都是公平的状态，是一种各方都是作为道德人的平等代表、选择结果不受任意的偶然因素或社会力量的相对平衡所决定的状态。"③ "通过说明有一种对于最初状态的解释能最好地表现那些被广泛认为对选择原则是合理的条件，同时导向一种体现了我们在反思平衡中深思熟虑的判断之特征的观念。"④ 罗尔斯把这种解释称为"原初状态"。

原初状态的论证是为了对抗功利主义。罗尔斯在《正义论》的第

---

① John Rawls, *A Theory of Justice*, Cambridge, MA: Harvard University Press, Revised edition, 1999, p. 105.

② John Rawls, *A Theory of Justice*, Cambridge, MA: Harvard University Press, Revised edition, 1999, p. 107.

③ John Rawls, *A Theory of Justice*, Cambridge, MA: Harvard University Press, Revised edition, 1999, p. 104.

④ John Rawls, *A Theory of Justice*, Cambridge, MA: Harvard University Press, Revised edition, 1999, p. 105.

一编对正义原则提出了四个重要论证。在第二编中罗尔斯谈论同正义原则相符合的社会制度，以及第三编中讨论作为公平的正义的稳定性时强化了这些论证。贯穿原初状态论证的总思路是，在各方涉及基本善的根本利益的适当条款下，各方理性地选择正义原则而不选择其他的原则。各方都向对方展示了正义观的简化论证，有利于把注意力集中在针对正义原则的每一个取舍上。在对完美主义和直觉主义的讨论之后，罗尔斯对功利主义给予了极大关注。

在原初状态的论证中，理性决定服从于合理约束。在原初状态中的各方具有微弱的理性，他们选择有效促进其利益的原则，尤其是有效促进他们在获得追求善观念所必需的初级社会产品方面的原则。由于各方有能力支持正义，有能力对正义发展表示靠前的那些权益，这是由其自身的善观念的理性考虑。他们需要有能力去理解、应用和服从正当法律和其他道德要求，以追求他们在良序社会中的目标。在原初状态中，他们既不受道德考虑的触动，也不为对待他人的仁慈之心所打动。各方只关心对他们自己有利的事情，不关心那些其他人发展追求正义的能力。可以说，原初状态是一种非同寻常的选择条件，他们无欲无求且相互冷漠。之所以把各方选择描述为严格理性且相互冷漠，而且服从道德约束，在于罗尔斯提出了不确定条件下的理性选择和决策理论。在这种理性选择理论中，存在诸多潜在的选择规则，这些规则的可靠性依赖于环境。《正义论》的第二编目的就是如何从一种正义原则进而引出一种良好的社会制度。如果从原初状态的观点出发寻找支持论据，把两个原则设想为对社会正义问题的最大最小值解决方法具有一定的启发。罗尔斯认为在两个原则和用于不确定条件下选择的最大最小值规则之间存在某种联系。[①] 假设两个原则是一个人将选择设计这样的社会的原则，在这个社会里由他的敌人分配给他地位，最大最小值规则将告诉我们要按照可选项的最坏结果来对它们进行排序，然后我们将

---

① John Rawls, *A Theory of Justice*, Cambridge, MA: Harvard University Press, Revised edition, 1999, p. 133.

采用这样一个可选项，它的最坏结果将优于其他最坏结果。其目标是即使牺牲福祉，也要“把它最小最大化”。按照罗尔斯的解释，这个策略做出的选择似乎是对手将你设定为在任何社会中最终所处的社会地位。处在原初状态中的人们并不认为他们所处的最初地位一定是由一个具有恶意的敌人所决定的。

当决策规则置于原初状态中的极端条件下时，它们被用来选择正义原则。按照罗尔斯的主张，在原初状态中，在给定选择的重要性之后，各方在正义原则和平均的效用原则之间做出选择，采用最大最小值规则就是理性的。一种必然的情况是，最大最小值规则导致选择正义原则而不是选择效用原则。在这里，我们主要考虑从原初状态做出选择具有哪些风险。当然，这样的决定不是一个普通决定，它是一个独特的无法改变的选择。各方决定社会的基本结构，决定他们的生活类型，决定他们的发展目标以及未来选择的背景条件。在罗尔斯看来，这些在原初状态之下的选择具有特别的重要性，由于选择的不可反复商榷性和不可重复性，还由于它决定了人们的未来的生活前景已经未来选择条件的事实，采取最大最小值规则才是理性的。在最差的情况下，正义原则能够提供对基本善的分享，通过保护平等的自由和公平均等机会，人们保留自己本着良知信奉的确信和基本偏好，追求广泛的可行目的，保证最小限度的社会保障。但是，功利的效用原则保障不了这些。

从最大最小值规则的论证来看，罗尔斯反对在原初状态下采纳不充分理由律的论证背后的推理。在不完全的条件下，拒斥等概率假设本身并不意味着赞成采取最大最小值的策略。当在正义原则和效用原则之间做出选择时，支持最大最小值策略的三个条件在原初状态下得到满足。罗尔斯认为，最大最小值规则的三个条件是一个理性的策略：第一，“由于这一规则不考虑这三种可能环境的可能性，就一定有对这种可能性不予考虑的理由”；第二，“选择者抱着这样一种善观念，以至于他很少关心在他遵循的‘最大最小值’规则一定能实际地得到的最低报酬之外还有可能得到收入”；第三，“被拒绝的选择对象有一种个人几乎不可能接受的后果”。[①] 罗尔斯认为，原初状态展示了所有这三个特点，但是批评者们往往只关注第一个特点而忽略其他两个条件。而其他两个条件是罗尔斯所强调的使用最大最小值规则的合理性条件。对此，罗尔斯在《作为公平的正义新论》中指出，第一个条件没有为概率评估提供基础，起着相对较小的作用。而最关键的是第二和第三两个条件，发挥着巨大的作用。[②]

为了搞清楚最大最小值规则的论证，有一个问题还要搞清楚。那就是罗尔斯用来支持作为公平正义的其他三个论证，这些论证全在《正义论》的第 29 节。这三个论证都依赖于良序社会的理念，其中两个论证还依赖于稳定性观念。罗尔斯三个论证的第一个论证阐明了，在原初状态下的选择是承诺强度的同意。[③] 常见的反驳是，由于厚重的无知之幕剥夺了进行讨价还价的基础，在原初状态中不存在真实的同意。[④] 如果没有讨价还价就不会有契约，因为契约必定涉及讨价还价和让步条件。如果一个人不知道在交易中想要提供什么或者能够得到什么，那么他根本就无法进行讨价还价。也就是说，罗尔斯的原初状态不包含真实的契约，各方是以相同的方式描述真正的理性选择。由此认为，罗尔斯的论证包含一个社会契约本身的错误。

对此反驳是，原初状态中双方交换许诺，相互承诺自己受到他们所同意的条款的约束，即使情况发生了一方不希望出现的变化，他们也愿意进行调解。各方通过契约清楚了他们自己以及其他人应该去做什么，清楚他们应当把自己同对大家分享的抱负的追求联结起来。正

---

① John Rawls, *A Theory of Justice*, Cambridge, MA: Harvard University Press, Revised edition, 1999, p. 134; John Rawls, *Justice as Fairness: A Restatement*, E. Kelly (ed.), Cambridge, MA: Harvard University Press, 2001, p. 98.

② John Rawls, *Justice as Fairness: A Restatement*, E. Kelly (ed.), Cambridge, MA: Harvard University Press, 2001, p. 99.

③ John Rawls, *A Theory of Justice*, Cambridge, MA: Harvard University Press, Revised edition, 1999, p. 153.

④ John Rawls, *A Theory of Justice*, Cambridge, MA: Harvard University Press, Revised edition, 1999, pp. 120 – 121.

是通过一个相似的分享理解和相互承诺，处在原初状态中的各方才缔结了一项社会契约。他们同意为社会制度建立提出条件，使自己永远致力于一般的合作条款。每个人都赞同相同的条款，所有人都永远地把自己同一定的社会政治关系联结起来，既追求他们的个人利益，也追求一定的共同目标。但是，罗尔斯不同意这种传统社会契约论的方式。在罗尔斯看来，社会契约与经济契约不相同，社会契约是一种旨在实现共同目标和每个人利益的相互承诺。在霍布斯那里，社会契约是相互授权的契约；在洛克那里，社会契约是形成和加入法律团体的同意；在卢梭那里，社会契约是自由平等公民的公意。因此，认为罗尔斯没有缔结条约，是对社会契约论的一种误解。在原初状态的相互承诺中，原初状态可以恰当地被说成是包含契约或者同意的原因。通过相互遵守其他人也遵守的条款，所有各方都致力于永久地促进正义原则。

罗尔斯稳定性论证至关重要的一点就是有关意愿符合正义要求的假定，这是他所谓的承诺强度。罗尔斯假设，各方无法怀着不良信念去选择和赞同原则。置身于社会中必须有能力，不仅依靠正义原则还要致力于维护正义原则。各方为良序社会而选择正义原则，在良序社会里每个人都假定拥有正义感，他们接受正义原则并按照这些原则来行动。在这个强制之下，各方只能选择他们都能遵守的原则，一方不会拿他自己难以遵守的原则去冒险。罗尔斯认为，各方同意这些承诺强度支持正义原则胜过效用原则和其他目的性观点。因为其平等性，每个人的自由和基本需要通过正义原则都得到了满足。但是，由于功利主义缺乏这些承诺，在功利社会里处境更糟糕的肯定难以接受自己的处境并支持效用原则。承诺的强度通过原初状态下的同意而产生，为各方选择了正义原则，拒斥蕴含在选择平均效用原则的风险提供了有利理由。

由罗尔斯的承诺强度看，它实际上包含了两个社会契约。第一，设想当事人平等地处于原初状态中，一致同意正义原则。为了在原初状态下假想各方能够同意正义原则，必须存在一个高度的相似性，以至于在给定的人性和一般社会事实上，真实的人也能够同意并按照这些原则行事，当然，这些原则是合理的、持久的。这就是罗尔斯关于稳定性的论证。第二，在原初状态下，只有当他们能够普遍接受并且维持稳定的原则所安排的良序社会条件下，正义原则才能在各方中间得到同意。良序社会是一个核心理念，为检验道德正义是否符合心理学和社会学理论，是否符合人类的善观念提供了一个方法论支持。把这两个问题合起来就是，按照稳定性要求，在原初状态下，各方将选择可行的良序社会可持续的原则。罗尔斯并不关心和平安稳意义上的稳定性，而是关心正义原则指导下的良序社会。当然，稳定还要依赖于社会成员的一定的道德动机，并不把正义看作一种权宜之计的后果。后来，罗尔斯使用“基于正当理由的稳定性”与霍布斯契约论中的权宜之计稳定性相区别。① 也就是说，在良序社会中，一个正义观比另一个正义观更加稳定，公民就更愿意了解正义观的要求。在《正义论》的第三编提出了稳定性问题：哪个正义观更有可能触动我们的道德感、正义感以及我们对善的肯定。罗尔斯在原初状态中用稳定性的观念来反对功利主义和完美主义论证。把这些论证分解开来就是，（1）关于公开性和稳定性的论证；（2）关于自尊和稳定性的论证。选择标准的最大最小值规则要求各方在原初状态中关注处境最糟糕者的状况，差别原则就是努力使处境糟糕者变得好起来。

2. 原初状态的证明

罗尔斯的社会契约论要求，各方不涉及其自身以及社会历史条件的所有特殊事实的知识，这些知识包括特殊的善观念以及宗教、哲学和道德学说。在罗尔斯看来，关于人的特殊的社会事实，诸如人的智力、技能、性别、宗教、种族、财富和健康等，这些都不应该是证明正义原则的正当理由。为了保证各方不依赖于这些特殊的事实，罗尔斯想出了一个无知之幕的概念，遮蔽了这些事实。但是，没有人知道

---

① John Rawls, *Collected Papers*, S. Freeman (ed.), Cambridge, MA: Harvard University Press, 1999, p. 589.

自己以及别人的任何特殊事实，甚至生活的处境也不知道。他们不知道社会的财富和自然资源，以及人口和发展水平。各方的决定基于这样一些一般的事实：他们相互分享包括心理学、经济学和其他社会、生命、物理等学科的各种知识。

契约论思想实验的理论基础是为了弄清，为什么把契约各方描述成只是合理地关注自己的利益是恰当的。如果这些参与方怀有利他动机，那么思想实验将失去辩护力量。为了向他人证明他们应该接受某些规则和义务，需要向他们表明，同意这些规则将会符合他们自己的利益。契约论使得纯粹接受方的道德理论的基本理念生动起来，当仅仅符合所有受到影响的人的最大利益时，无须考虑它是通过什么样的因果路径影响了接受方的时候在道德上是正当的。设想，一个社会的成员必须事先同意社会以什么样的方式组织起来。理性人会在这样的基础上评价每个人的候选社会秩序，以及他们能够获得什么。他们不会在乎可能的具体收益是否符合法律规定，以及行为者在法律规定下不协调的行为结果是否对违法行为制止不力。每个人只会关心这些收益与负担影响多大，以及是否会遇到这样影响的可能性有多大。一个假设的契约路径在本质上是纯粹接受方导向的，任何纯粹接受方导向的道德观念可以用解释手段功能的假设契约来表达。[①] 罗尔斯的理论特性就远远超出了各个方面进行纯粹接受方导向的道德理论化的空洞理念。[②] 在这种理论中，罗尔斯假定了特定的社会秩序的道德话题。罗尔斯把接受者看作有关社会的个人成员，他们赞同接受者的匿名条件。对此，罗尔斯提出一种假想契约来作为正义原则的解释手段。这种解释要求对于假想契约理念提出具体规定，进而导致关于原初状态的思想实验。

各方为了能够在原初状态下做出理性选择，必须具有明确的目标

---

① John Rawls, *A Theory of Justice*, Cambridge, MA: Harvard University Press, Revised edition, 1999, pp. 19, 105.

② Thomas Pogge, *John Rawls: His Life and Theory of Justice*, Oxford University Press, 2007, p. 44.

以及实现目标的利弊。在正义论的第二十五节，罗尔斯提出了善的弱理论。这种理论既涉及规范方面，又涉及实质方面。前者包括理性选择原则、协商理性和理性的人生规划，后者包括各方的权益和基本善。在原初状态中，理性人不做那些不可能的事情，比如寻求始终如一的目标，然后采取有效手段实现目标；再如考虑采取其他措施取得成功地概率；依据有限的手段努力实现更多目标；等等。此外，理性人还懂得包容性原则。罗尔斯的这些原则是实践理性中的确定方面。理性人有一种善观念，理性人会考虑相关的道德、宗教和哲学方面的价值，规划自己的人生。理性人的生活是一个全体，不会赋予任何一个特殊生活阶段以偏好。理性人在制定人生规划时，他们同等善意地关心生活的每个方面。在原初状态中，各方对其自身的人生目标、人际关系、团体成员资格以及人生意义的各种价值怀有美好的想法。这些目标和承诺等都处于原初状态中的各方的初级动机。他们希望能为追求规定他们认为是美好生活的各种理性人生规划提供美好而可靠的条件。在这种意义上说，他们是理性的。

在原初状态中，每一方都会想方设法地实现达成善观念的许多目标，他们不直接关心促成他方的目标和承诺。这不是说他们不关心促成他方的目标或者承诺，而是关心他们对其他人的关爱和承诺，他们对他人的承诺属于他们通过契约实现的初级目标。如果认为罗尔斯的社会契约论是一种极端自私的利己主义，那是一种误解。既然他们作为同意方是为了提升他们的权益而达成同意，那么他们并不比你我更加自私自利。罗尔斯坚信，对各方动机如此考虑提高了明确性，给予各方道德动机，或者给予各方仁慈，并不导致对正义观的确定选择。[①] 之所以出现如此状况，与罗尔斯的假定有关：各方都有讲道理和拥有正义感的能力。[②] 对此，罗尔斯区分了合理性概念（rationality）和理

---

① John Rawls, *A Theory of Justice*, Cambridge, MA: Harvard University Press, Revised edition, 1999, pp. 148 – 149, 512.

② John Rawls, *A Theory of Justice*, Cambridge, MA: Harvard University Press, Revised edition, 1999, p. 125.

性概念（reasonableness），两者都对我们应当做什么向实践理性提出要求。合理的涉及一个人的善观念，人的善是人们在慎思理性（deliberative rationality）的条件下选择的合理生活计划。理性的涉及正当的概念，包括个人的正当道德义务和道德要求，以及应用于制度和社会的正义。理性的和合理的都属于实践理性的独立方面。如果一个人亵渎了理性的道德要求，违反了实践理性的要求，但他或者她仍然是可以完全合理的。因此，做人要讲道理，虽然不是理性的要求，但是也属于实践理性的独立方面。一个人遇事讲道理，做事要理性的关键是，他必须拥有一种正义感。正义感是一种意愿，通过意愿有效地尽到正义的义务和职责。罗尔斯把正义感看作人们通常具有的一种品格。

原初状态中的各方专注于开发两种道德能力，这是罗尔斯有关自由平等者理性观的实质性特征。隐藏在正义理性背后的观念是，既然理性是人类合群性的条件，那么人的合理性关切之下，他们在良序社会中发展了正义感的能力。否则，他们将不愿意同其他人进行合作并从社会中谋利。原初状态中的各方心知肚明，他们对于实践和发展他们的正义感创造了条件。各方关心发展正义感，做事要讲道理。也就是说，各方把正义看作实现善观念的手段。在原初状态下的各方，不关心争议本身，而只是把正义当作实现非道德目的的手段。因此，在原初状态中的各方，有三个根本因素：第一，各方的目的在于促进明确的善观念以及合理生活计划，各方寻求他们能够实践和发展的道德能力的条件；第二，他们提出、修正和追求善观念的理性能力；第三，他们成为讲道理且拥有正义感的人。在同意原则过程中，这些是处于原初状态中各方追求的高阶利益。这些高阶利益可以看作是各方的根本利益，理性人自视自由平等，实现人生初级目标。

综合起来，罗尔斯的理性选择原则提供了形式的基础，而三个高阶利益则提供了实质的内容。原初状态中的各方都是理性的，试图带着生活的目标寻求合理的人生计划。处在原初状态中的人们，都能全面的分享社会的基本善，进而达成合理生活计划和道德能力方面的高阶利益。作为合理生活计划的组成部分，他们拥有实质性利益来发展和实践通情达理的能力。这些高阶的利益为他们在选择正义原则时提供了理由，为了追求恰如其分的社会基本善，使得他们能够实现这些高阶目标，进而追求合理生活计划。

3. 无知之幕

原初状态中的契约方各有一个具体任务，他们负责就一个公共正义标准达成共识，用来评价那些可行的基本结构设计。各方的选择是最终的，这一选择将会进一步约束未来社会。这种以理性多元论事实为特征的社会具有自给自足的特点，存在于比较有利的相对匮乏的条件中。这个社会的成员没有严重的身体或者智力障碍，而且在足够的程度上拥有两种道德能力。所选择的标准应该被所有成年人所理解，并且应该有助于对社会基本制度进行公开评价。很显然，这是一种公共的角色。这一标准还是重叠共识的目标，进而选定一个基本结构并促使公民们发展出一种正义感，以此激发他们对社会秩序的超越其他动机的道德忠诚。鉴于订立契约的各方从历史候选清单中选出公共的正义标准，罗尔斯认为还可以使这份清单加长。罗尔斯最初的关注点在于他认为订约方将会喜欢他的标准，而不是各种功利主义的候选标准，这就为公平正义的原则替代功利主义提供了条件。罗尔斯认为，订立契约的各方拥有合理性禀赋，但是却没有赋予各方道德性、道德能力以及任何理性能力。每一方都代表着一个具有完整人生的社会成员，并尽可能捍卫个体委托人的利益。在罗尔斯看来，虽然公民们在原初状态中集合在一起，但这一假设也具有某些劣势。因为，这样容易引来一个错误的观念，也就是把公民设想为法律诉讼中的各方理性的最大化者。①

假设作为社会公民的各方具有三种基本利益，因而他们具有可能充分实现的确定的善观念。一个人可以让各方假设第三种基本利益表

---

① John Rawls, *Justice as Fairness*: *A Restatement*, E. Kelly (ed.), Cambridge, MA: Harvard University Press, 2001, pp. 83 - 85.

明，使得其他两种利益成为要素或者实现第三种利益的手段。在各方看来，公民具有两种道德能力并生活在一个其他成员也具有这两种道德能力的社会里，公民们就能更好地实现自己的特殊利益。他们对这样的社会感兴趣，并能激励其他成员发展出这两种道德能力，并在此立场上评价社会秩序。① 最后，订立契约各方是在无知之幕后面达成的协议。各方不知道各自代表的什么人，不知道公民的性别、肤色、天赋、利益和偏好等。他们也不知道社会的具体情况，如气候、位置、资源、人口、财富和技术发展水平等。各方仅仅知道在原初状态中考虑上述问题，还有包括人的心理学在内的社会知识。不难发现，无知之幕意味着一种匿名条件下如何排除优势。

在匮乏的条件下分配许多人所欲求的基本善时，怀有类似利益和需要的人们存在一定冲突。这种冲突涉及现存社会制度下如何获得善，同时也关系到制度本身。这些设计中的哪一种最适合某个参与者，这依赖于家庭出身、性别和天赋等特性。这里的关键问题是，怎样才能向所有参与者证明这种社会制度的合理性呢？试想，如果一种假想的契约可以提供一种适用于所有人的辩护，那么它就必须能够在一定程度上平衡他们之间的利益冲突。罗尔斯的假设契约观不是通过诉诸各方不同的谈判能力和威胁优势来平衡利益冲突，而是通过剥夺订立契约各方的知识来平衡的。人们把每一方都设想为代表了一个可能的参与者的利益，同时又不知道有关委托人的个人特性的任何知识，这些知识包括其性别、肤色、才能、兴趣、利益和价值观等。这样订立契约各方都在无知之幕后面，只有关于自然禀赋的一般知识。因为每个订约人必须顾及自然禀赋的各种组合，利益的均衡就不是通过各方的谈判而是通过每个人的慎思来实现的。这就是说，对于任何一个订约人合理性的协议，对所有人也是合理性的。

显然，罗尔斯关于原初状态中所体现的利益冲突间的平衡所达成的协议，在实际的道德上也具有约束力。因为，在原初状态中，所有

---

① John Rawls, *Political Liberalism*, New York: Columbia University Press, Paperback edition, 1996, pp. 312 - 323.

参与者的需要和利益已经被代表了，并且是由无知之幕被公平地代表了。也正是在这种意义上，才能说罗尔斯的正义原则是一种作为公平的正义。当一种社会秩序能够成为一种公平协议的对象时，才能把这个社会当作正义的并接受。在这种情况下，这种协议平等考虑了所有生活在此社会秩序下的个人利益。无知之幕不仅剥夺了各方所代表的个人所具有的具体知识，而且剥夺了他们关于社会的具体条件的知识。关于社会知识的剥夺虽然无法确保无知之幕的公平性，但是它阻止了各方形成一个最佳的公共正义标准，这是一个调整并且适应特定社会长期存续的标准。唯其如此，罗尔斯在选定了他的公共正义的标准之后，才逐渐拉开了无知之幕，使得各方进一步规定这一标准，使之符合具体的社会条件。① 但在罗尔斯看来，这个公共标准就是从厚的无知之幕后面选定的，这才是最重要的。这也就凸显了原初状态思想实验如何真实地模拟了自由平等的个人的公平地位，而且在这一思想实验的论证上不取决于特定社会的偶然条件。②

当然，罗尔斯的无知之幕并非无可指摘。由于罗尔斯采用了一张厚实的无知之幕，必然带来许多问题。最明显的是，他没有解释订立契约各方为何不应该认为通过就一个复杂的公共标准而达成协议来绕过他们的无知这种做法是有道理的。③ 在这种标准中，为了不同的长久持续条件组合而规定了不同的正义要求。当然，罗尔斯也曾经做出辩论，各方会达成一种选言解决的方案，如果社会存在于相当可取的条件下，就会规定具体的观念。反之，则规定了一般性的观念。④ 只

---

① John Rawls, *A Theory of Justice*, Cambridge, MA: Harvard University Press, Revised edition, 1999, pp. 10 – 14.

② John Rawls, *Collected Papers*, S. Freeman (ed.), Cambridge, MA: Harvard University Press, 1999, pp. 335 – 336.

③ Thomas Pogge, *John Rawls: His Life and Theory of Justice*, Oxford University Press, 2007, p. 66.

④ John Rawls, *A Theory of Justice*, Cambridge, MA: Harvard University Press, Revised edition, 1999, p. 54; John Rawls, *Political Liberalism*, New York: Columbia University Press, Paperback edition, 1996, p. 297.

是在后来的政治自由主义中，罗尔斯把不适宜的条件从作为公平的正义范围中排除出去，并且抛弃了一般性观念。进一步，各方可以把他们的社会有可能处于的不同的条件之集合区别开来，然后为每个集合采纳不同的标准。这样，罗尔斯的厚的无知之幕将会完全失效。换句话说，这样就是否定了他们有关该社会的领土、位置、气候等知识，甚至也否定了关于自然资源、人口、财富和技术发展水平等知识。

当然，罗尔斯或许会阻止这种选言策略，从而强迫各方采纳一个公共标准。这个标准适合更加广泛的可取条件的集合，其中的诸多条件要远大于现实的世界。这样一个具有广泛适用性的标准可能对现实社会的具体条件来说是次优的。随着无知之幕的拉开，各方或许会对自己的选择深感后悔。我们不知道为什么应该在道德上觉得有义务按照一个公共标准去构建社会，而只是在不知道我们的社会具体的条件时采纳这一标准。当然，由于我们有了较好的持久条件的公共标准，境况会得到改善。

需要说明的是，罗尔斯的无知之幕使得偶然的社会契约论与自然状态的社会契约论区别开来。我们知道，自然状态的有名的论述来自霍布斯和罗尔斯，在霍布斯利益基础上的契约论和洛克权利基础上的契约论中，社会的契约产生于历史上假设中的自然状态中的个体。在这种情况下，订立契约的各方都知道自己的情况，也尽量知道其他人的状况。在这种意义上的社会契约是历史的，不是在实际意义上发生的，在他们产生于假设的历史条件下的意义上，各方都知道自己的处境、特点和历史境遇。缔约方基于其归属、条件和地位的相互讨价还价，最终达成协议。这一过程中的每一方都参与谈判，而不管是否具有事实的知识与否，而是利用这些事实达成契约。因此，人们通常受到达成契约的道德和法律的约束。没有人要求他们的债务人由于违约而采取强制性劳动来补偿债务，这种奴役和强制劳动是有违良心的。

在社会契约论的框架之内，只要自然状态的历史环境形成了社会契约的基础，似乎不存在清晰的捷径来避开这些以及其他令人无法接受的不平等。罗尔斯的无知之幕通过造就社会历史情境一无所知的各方，无知之幕剥夺了与他们有关的事实，而那些事实可以用来不公平的对待国民，既可能获利也可能失利。如果各方不知道有关他们自身的任何特殊事实，那么没有乙方处在为了自己利益而剥夺他人的位置上，无知之幕就促成了社会契约在公平正义中的同意。无知之幕排斥那些特殊事实的知识，有关自身以及社会人的知识，甚至包括社会资源、财富水平和社会人口等社会历史文化条件的知识。在罗尔斯看来，如果没有这样知识的相关同意，对于达成基本社会结构的正义原则是无法想象的。有关个人和社会的这些事实的知识在道德上的不相干，是对正义原则的具体同意。在这方面说，罗尔斯的无知之幕是厚重的而不是稀薄的。无知之幕假定，各方知道公民在社会中的各种种族、性别、宗教和财富等的特殊事实，但又不认同自己，这种情况下是一种稀薄的无知之幕。稀薄的无知之幕在一定程度上具有中立性。在一个稀薄的无知之幕中，罗尔斯相信它仍然不足以消除关于宗教、种族和其他特征对少数族裔不公平的歧视，而这些特征本来无关乎基本的正义权利以及公民权利。

与之相对，在罗尔斯的原初状态中，设身处地地认同其他人的欲望是不可能的，厚重的无知之幕妨碍了各方知道有关国民的特殊事实。如果知道这些特殊事实，会歪曲原初状态中的判断。呼吁各方为了社会基本结构而选择正义原则，正义原则将用来评估现存社会基本制度是否正义。允许各方知道特殊的愿望和权益、权利分配以及其他历史事实，将不适当地歪曲他们的判断。无论他们选择什么样的正义原则，都将不适当地反映这些原则会用来评估原初状态中的各种欲望、权益和事实。任何一个现存的不正义都将用来评估此类不正义原则的偏见和选择。因此，罗尔斯认为，为了从充满偏见的原初状态中剥离出来，厚重的无知之幕是必要的。此外，赞成厚重的无知之幕还有一个理由，那就是，它是以一种非常强烈的方式平等地处理各方。当然，这涉及康德式的道德建构主义。罗尔斯提出原初状态，再现了作为自由而平等、理性而合理的人的观念。在原初状态中的人都不知道有关社会的特殊事实，各方都适用于相同的知识，作为完全自由平等的道德人相处。由于道德能力是一种平等的基础，是人类特征所在，他们借助于道德能力而依据正义原则作为人类受到对待。[①] 同其他的一般事实一起，这里涉及决定正义原则的所有知识，反映了作为自由平等的道德人的公民地位。这不是通过任何其他的偶然能力或社会角色赋予了道德以应当具有的康德式的平等自尊概念，而是借助厚重的无知之幕再现了作为纯粹的道德人的平等。

不过，有反对意见指出，由于各方被剥夺了这么多的信息，他们将无力做出选择。也就是说，如果我们不知道我们的根本价值，我们如何能够做出理性选择。事实上，各派的确知道他们对基本善的需要，在道德能力方面对他们的高阶利益需要。而重要的不在于虚构原初状态中的容易把握的东西，好像它是在被要求去做在心理学上不可能的某件事情，在公民中必定发生的某个历史事件。但是，原初状态像绝大多数思想实验一样，它描绘了一个非真实的场景。换句话说，原初状态和无知之幕是为了做什么而设计出来的。无知之幕生动再现了各种决定社会基本结构的正义原则的理由和信息，在那里，道德人认为自己是自由平等的。各种不同理由和事实在道德上与公民的种族、性别、宗教、财富以及富有争议的善观念无关，就好像许多不同的理由和事实与数学家对一个数学定理做出规范证明能力无关一样。无论进入原初状态在心理学上是否可能，但它都不影响其证明的有效性。如果我们也处在那个情景中，根据各方提供的有关人与社会的一般信息，我们能推断出合理的决定是什么。

4. 原初状态评价

第一，正义的环境。正义的环境是这样一种环境，各方都知道这个环境，人类的合作既是可能的又是必要的。罗尔斯区分了两类正义的条件：客观条件和主观条件。客观条件包括人类的一般事实，他们的心智和体能的相似性以及易受攻击性；还有资源适度匮乏的条件：

---

① John Rawls, *A Theory of Justice*, Cambridge, MA: Harvard University Press, Revised edition, 1999, p. 441.

没有足够的资源满足每个人的需求，但是有足够资源提供给所有人对基本需求的适度满足，而不像极度匮乏的状态。主观条件包括各方“有限的利他主义”在各方理性之下得到讨论。按照休谟的理解，如果人类是公正且仁慈的并且同等地关切每个人的福祉，正义就是多余的。公民似乎总是愿意为了别人的利益而牺牲自己的利益，不关心自己的人身和财产权利。但是，与我们关心陌生人的利益相比，我们更关心自己的利益，包括比我们关系更近的人的利益。实际上，这就蕴含着人类利益的潜在冲突。此外，正义的主观条件还包括有限的人类知识、思想和判断，以及人与人之间的经验差异。这些导致针对事实判断与其他判断的必然分歧，也导致了公民具有不同的人生规划，不同的宗教、哲学和道德学说。后来，罗尔斯在《政治自由主义》中重新考察了这些主观条件，称他们为“判断的负担”①。这将意味着，无论人们多么公正且毫不利己，他们也会受到宗教、哲学和道德判断存在分歧的影响。即使在通情达理的人中间，这些事务上的分歧也是在所难免。这是一种理性多元论的事实，它是在原初状态中的各方都知道的一个一般性事实。罗尔斯假定，原初状态中的各方是相互冷淡的，他们不愿意为了别人的利益而牺牲自己。之所以这样做是想塑造正义问题出现时人们的行为动机。在追求英雄精神的理想过程中发生的冲突是最大的悲剧。因此，正义是这种实践中的德性。在这些实践中，存在竞争的利益，人人觉得自己有权把自己的权利加在别人之上。在一个拥有共同理想的团体中，有关正义的争论不会出现，每个人都会无私地为共同宗教所确定的目标工作。他们所参照的目标决定了所有正当的问题。由于一个人类社会具有正义环境的特征，对这些条件的解释则不牵涉任何特殊的人类动机理论，其目的就是要在原初状态中为所描述的那些正义问题提供个人之间相互关系的舞台。

第二，正当概念的限制。原初状态中人们的状况反映了某些限制条件。人们在选择对象和对环境的知识都受到各种约束。罗尔斯把这

---

① John Rawls, *Political Liberalism*, New York: Columbia University Press, Paperback edition, 1996, p. 54.

些约束称为正当概念的约束或者限制。这些限制不仅对正义的选择，而且对所有伦理原则的选择都有效。除选择对象的限制之外，罗尔斯考察了各方必须面对的针对正义原则的五个限制条件。这些形式的限制条件的恰当性源自正当原则所要调整的人们对制度和互相提出的要求和任务。首先，原则应当是一般性的，即必须能够不适用那些明显的专有名词或者限定摹状词来概括原则。这在原则的陈述中使用的谓词就表达为一般的属性和关系，但是这在哲学上往往达成一种令人满意的解释。其次，原则应用的普遍性。普遍性原则首先意味着“对每个人来说，坚持原则就是拥有做道德人的品质”①，还意味着每个人都能够坚持理解正义原则，并且运用它们于协商之中。这种应用的普遍性在于对正义原则复杂性程度的限制，这种限制必须为普通的有道德感的人所理解。再次，公共性的条件也是契约论的要求。公共性条件认为，各方假定他们选择的正义原则是公开地为规范其关系的公民所认可的。这就意味着，在社会政治关系的基础上而言，公民将不受误导，也不会产生错误的信念。更不存在模糊正义原则的高贵谎言。它们的公开性要求把人作为自由平等者来尊重。公民知道他们的社会政治关系基础，就不会受人欺骗，才能和平相处。在罗尔斯看来，公共性潜在于社会契约的传统中，如果各方赞成正义原则，那么他们就会在日常关系和活动中明白正义原则。这个公共性条件在罗尔斯反驳功利主义和后果论中起到了重要作用。又次，一种正义原则必须面对各种冲突所要求的排序。这一限制条件直接从正当原则所调整的各种冲突要求的作用中产生。这种排序的条件说的是，一个正义观念应该具有完整性，它能够解决冲突的断言，对它们的优先性进行排序。在排序过程中蕴含系统性的要求，就排序产生的正义问题而言，正义原则将提供一个确定的解决方案。鉴于正义观无法给冲突断言排序，也无法解决正义问题，这就是原初状态中拒绝选择它的理由。这个限制在罗尔斯反对直觉主义多元论的道德学说中扮演重要角色。最后，终

---

① John Rawls, *A Theory of Justice*, Cambridge, MA: Harvard University Press, Revised edition, 1999, p. 114.

极性的限制。综合以上五种限制条件，一种正当观念是一系列这样的原则：它们在形式上具有一般性质，在应用上具有普遍适用性，而且被公开地作为排列道德人的冲突要求顺序的最后结论来接受。

在这些原则中，萨缪尔·弗里曼认为普遍性和公开性是有争议的条件。比如，功利主义就主张有关道德和正义的真理如此复杂和陷于争论，以至于有必要向绝大多数人秘而不宣，不让人们知道。因为道德向公民提出了许多要求，这些要求与其他人的利益并不一致。此外，有时要公民理解道德义务并要求他们如此做事的理由过于复杂。只要他们能理解他们的义务就可以，他们不必理解义务背后的原则和理由。这就是西季威克的主张，如果功利主义目标是一个秘传的道德，而只为一小撮开明人士所知，那么它将会更好地得到实现。这在罗尔斯看来，这些条件是必要的，人是自由平等和道德的，他们不应当受到有关社会关系性质和基础的任何假象的遮蔽。因此，要通过一种方式，人以受到如此假象蒙蔽的形式行动，是对作为理性而负责的道德主体的自由的限制。① 罗尔斯暗含的赞成公共性的另一个理由是同作为公平正义的康德式解释相联系的。这与康德相似，正义原则是根据我们的实践理性建构起来的，我们是道德自律的。为了让道德自律成为可能，道德正义原则必须能够充当道德主体的实践理性原则，而不至于引发社会不稳定。这在《政治自由主义》中的公共性条件上是至关重要的，因为在立宪民主制度下的公民知道他们的社会关系的政治基础是什么，这正是他们实现政治自律和道德自律的条件。

综合以上，罗尔斯通过对原初状态的分析完成了对两个正义原则的证明。原初状态是一种理论假设，是一种思想实验。在《正义论》中，罗尔斯对正义原则的证明有两个特点：其一，罗尔斯的契约论式证明将其正义原则与他们的各种原则相比较，人们都会选择正义原则；其二，在原初状态中选择这两个正义原则，原初状态是一种理想

---

① Samuel Freeman, *Rawls*, New York: Routledge, 2007, pp. 162 - 163.

选择环境。原初状态的假设不是一种真实的历史状态，以此区别于传统的社会契约论。在《政治自由主义》中，罗尔斯在论证两个正义原则时，对原初状态进行了重新解释。罗尔斯认为这种原初状态作为一种代表设置，是一种公平的条件和公共的推理。在与公平正义原则相互竞争的各种原则中，功利主义是主要的竞争对手。罗尔斯的主要目的就是在与功利主义相比较过程中，凸显正义原则的优越性。罗尔斯之所以强调原初状态是代表设置，主要是因为这个代表专指原初状态中的公民代表。原初状态既模仿了我们认为的作为公平的条件，又模仿了我们进行推理所要限制的东西。前者指出，当事人作为自由而平等个公民代表，就公平的社会合作条款达成一致。后者认为，在这种推理之上，处于公平状态下的当事人可以提出一些正义原则而拒绝另一些原则。

事实上，原初状态的主要作用就是为当事人如何选择正义原则提供一种公平条件，即公平的正义环境。正义环境是人类合作所必需和可能的条件，是产生必要性的背景性条件。第一，客观环境。这主要是指自然条件的中等程度匮乏，自然资源并不是非常丰富而使得合作的计划成为多余，以致有成效的合作也将失败。尽管互相有利，但它们产生的利益与人们的要求存在一定差距。第二，主观环境。在罗尔斯的理论中，前后期有所不同。在《正义论》中，主观环境主要是指在一起工作的人们的心理动机，人们的合理生活计划使得他们具有各自不同的目标，这就造成一种自然资源和社会资源方面的冲突。在《政治自由主义》中，主观环境主要是指理性多元论的事实，由于公民们具有不同的宗教学说、哲学学说和道德学说，这个事实将长期存在。①

原初状态旨在建立一种公平的程序，以使任何被一致同意的原则正义化。这是一种用纯粹程序正义的概念作为基础的理论。必须将上述环境中的各种特定因素或者偶然性排除出去，防止人们陷入冲突而

---

① John Rawls, *A Theory of Justice*, Cambridge, MA: Harvard University Press, Revised edition, 1999, pp. 109 - 110.

诱使他们利用社会和自然的偶然性来为自己获利。为了达到这个目的，罗尔斯提出了“无知之幕”的概念。在原初状态中，罗尔斯的正义原则选择是一种契约论证明。这种论证的关键是从一份包含有各种正义原则的清单中选择自己认为最好的正义原则。在《正义论》中，除了罗尔斯的两个正义原则，还有古典目的论、功利主义、直觉主义和利己主义。而在《政治自由主义》中，罗尔斯正义原则的最终对手变成了功利主义。罗尔斯对功利主义的批驳主要是通过正义原则的论证，第一是与平均功利原则的比较，论证了三个条件和最大最小值规则；第二是关于差别原则的比较。

由于第一个比较前面已经论述，这里主要讨论第二个比较。如果说第一个比较主要是为了表明正义原则优于平均功利原则，那么第二个比较则是为了证明差别原则。在第二个比较中，正义原则与其他原则相比较，这个原则除社会最低保障之外与两个正义原则完全一致。罗尔斯将带有社会最低保障观念的原则称为有限的功利原则。当然，罗尔斯的这个论证简单化了，关注社会中仅有的更有利者群体和更不利者群体两个群体，角度是收入和财富的不平等。由于原初状态中当事人的地位平等，如果将收入和财富作为分配平等的出发点，差别原则就是用来调整收入和财富不平等的重要原则。更有利者任何时候都不能损害更不利者的情况下使自己变得更好，这样差别原则就表达了一种互惠性的理念。而罗尔斯认为有限功利原则在一定程度上依赖于社会总福利，有限功利原则和差别原则的根本区别就在于互惠性的理念。差别原则包含有互惠性的理念，如果当事人以平等的地位为出发点，那么他们不仅认同互惠性理念，也会认同并选择这两个正义原则。虽然这两个比较证明得出了正义原则优于功利主义，但罗尔斯是否充分证明了两个正义原则确实比功利主义更优越？这就涉及立场和论证两个方面。无论如何，罗尔斯的最大最小化规则论证是存在问题的。

三　哈贝马斯论“理想的辩谈情境”

异化和物化问题被视为心理学和哲学问题，需要心理学和哲学的解决办法。哈贝马斯在《认识与兴趣》中假定了一种基于“未失真的交往”的“理想的辩谈情境”。这种理想的辩谈情境在面对面的精神分析中，分析师与来访者不受外部或物质旨趣的妨碍，决心找出任何特定的异常状态的源头。① 传统哲学如实证主义和现象学中缺乏“可普遍化的旨趣”便由此产生。批判此时获得了确实的基础，与言语操纵的对抗是从解放性基础开始的。在实践意义上，激进人士之间的相互理解变得至关重要，每个人都要证明对他或她的目标和策略进行自我批评。原则上讲，未失真的交往是一切形式的慎思民主的基础。以往对现实历史构成的关注，此时需要作为技术性问题加以对待。哈贝马斯认为，在自我反思的力量中，知识和旨趣是合二为一的。哈贝马斯为了避免陷入循环论证，提出一种理想的辩谈情境，将其作为进入商谈的前提。我们称这种范导型解释为公共商谈的代表设置问题。哈贝马斯完备性的普遍主义的社会政治哲学依靠理想的辩谈情境，哈贝马斯的代表设置问题是其商谈伦理学的基础。

哈贝马斯的商谈代表设置是一种“理想的辩谈情境”（ideal speech situation，Bestimmungen einer idealen Sprechsituation）。“理想的辩谈情境”是哈贝马斯在1972年写的一篇论文《真实性理论》中使用的一个短语。② 这一短语常常被误解，认为他主张实现一个理想的辩谈情境构成了民主的前提之一。从这一角度出发，要想有合法的商谈，就需要民主的隐性前提以完整形式存在。从这一误解出发，哈贝

① 参见［德］哈贝马斯《认识与兴趣》，郭官义等译，学林出版社1999年版，第256页。

② Jürgen Habermas, *Vorstudien und Ergänzungen zur Theorie des kommunikativen Handelns*, Frankfurt am Main: Suhrkamp, 1984, S. 174－183.

马斯的批评者们指责他的观点太过理想化，以至于在实践中不可能实现。更严重的是，他们认为哈贝马斯忽视了现实的政治中，实际上的不平等和不同权力形式导致了某些人处在不利位置。简单说来，哈贝马斯在这个问题上的遭遇简直与罗尔斯如出一辙。这些误解和批评使得哈贝马斯不得不慎重考虑并严格使用这一短语。事实上，哈贝马斯并不相信在言说的民主实践中，交往前提必须得到完美的实现。① 哈贝马斯的观点比较微妙，认为人们在交往或民主实践中自己做出了假设。只有当这些理想化的假设构成了实践自身的时候，这些理想化的假设才是交往的某个隐性部分。在此意义上它们是人们在实践中实现的反事实的假设，只是有的成功了有的失败了。比如，这赋予慎思民主这样的实践以一种开放的、持续的特征。由于权力或者不平等的影响，当交往和辩谈失败时导致误解，人们必须作出进一步的努力，通过权力或者不平等的分化最终澄清了他们的意图，实现了他们的交往。这也就是说，实践总是无法到达自己的目的。当我们说它们仍然包含着理想化的前提时，我们并不是要把道德准则强加于它们之上，也不是对它们进行限制、引导或者约束，而仅仅是描绘出人们在实际中的态度。

理性重构了先验本质，哈贝马斯用它来批判形而上学。哈贝马斯提出了一个不同于康德先验论的问题："言说和行为主体之间的相互理解通常是如何可能的?"② 交往行为主体的后天地位决定了所使用的语言和言说分析，这个问题不可能是先天提出的。哈贝马斯所提的问题明显带有先验论的性质，但是一种弱化的先验论，同时又依赖于实证经验。正如在《什么是普遍语用学?》中指出的那样，"我们将

---

① Jürgen Habermas, *On the Pragmatics of Communication*, B. Fultner (trans.), Cambridge, MA: MIT Press, 1998, pp. 365 – 368; Jürgen Habermas, *Justification and Application: Remarks on Discourse Ethics*, C. P. Cronin (trans.), Cambridge, MA: MIT Press, 1993, pp. 54 – 59; 同时参考［德］哈贝马斯《在事实和规范之间》，童世骏译，生活·读书·新知三联书店2014年版，第397—398页。

② Jürgen Habermas, *Justification and Application: Remarks on Discourse Ethics*, C. P. Cronin (trans.), Cambridge, MA: MIT Press, 1993, p. 130.

先验的概念理解为在所有相关经验中都反复出现的概念结构”[1]。哈贝马斯不愿意和康德一样使用先验的术语，但主张后形而上学能够使用弱先验论的方法展开研究。哈贝马斯所支持的一个弱先验论前提是，我们必须假定当我们交往时，我们的交往对象是理性的存在：“在彼此相互合作中，每个人都必须认为对方是理性的，至少暂时如此。在某些情况下，可能会认为这样一个前提是毫无根据的。与期望相反，很有可能另一个人不能对其行为和话语做出解释，我们也无法想象它将如何对其行为做出辩解。”[2] 这种理性是实用的，我们假设人们一般能够为其对他人所做的行为做出辩解。由于我们假定只有在他身上发生了某些不同寻常的事情，我们会为某个人的行为寻找一个不同寻常的解释，只有这样才能对他的行为给出相应的理由。哈贝马斯正是通过这种弱先验论的方法取得了在道德和政治意义上的重大结论。

哈贝马斯的哲学方法论之所以是先验的，主要由于他提出了关于相互理解的可能性条件。由于它放弃了对经验的先天决定性条件的探索，转而将对日常交往主体的语言和言说分析为出发点，这种哲学的方法论是一种弱的先验论。按照哈贝马斯的理论，这毋庸置疑是一种后形而上学的方法，它将确信的先验知识主体内嵌于历史的语境之中，理性重构也不能从上帝的视角出发。此外，哈贝马斯否认了后形而上学思想削弱了我们重建先验前提的能力，特别关注普遍有效性的相互理解的条件。哈贝马斯认为，先验条件不能脱离经验，但先验条件具备超越语境的有效性。哈贝马斯将超越语境的有效性描述为“内在超越”[3] 进程。对基本交往结构的理性重构是由作为参与者的哲学承担的，哲学家还是特定社会历史语境中的语言使用者。根据这种后

---

① Jürgen Habermas, *Communication and the Evolution of Society*, T. McCarthy (trans.), Boston: Beacon, 1979, pp. 21 – 22.

② Jürgen Habermas, *Between Naturalism and Religion*, C. Cronin (trans.), Cambridge: Polity, 2008, p. 36.

③ Jürgen Habermas, *Between Naturalism and Religion*, C. Cronin (trans.), Cambridge: Polity, 2008, p. 35.

形而上学思想，所有关于这个世界的知识都在交往中形成。

根据哈贝马斯，我们也可以对社会世界的有效性主张进行理性重构，进而发现其先验条件，这一社会世界是由受到规范性认可的不同行为构成的。对此重构任务同样开始于对交往进程的实证体验，这一交往进程就是说话者提出的有效的道德主张。这些主张指向了一个共享的世界，追求一种普遍的有效性。但是，这里的关键问题似乎是：在什么样的条件下，这些道德主张才是有效的？在道德商谈的语境中，哈贝马斯对这一先验问题的回答取决于对道德观的重构，或者说使交往行为主体能够得到道德有效性结论的理想的辩谈条件的重构。当然，由于理想的辩谈条件这个概念在不同的商谈语境中具有不同的含义，这些理想的辩谈条件需要系统地考虑超越语境情况下的道德商谈规则。要想证明一个道德主张的有效性，就必须将其结构化，使其尽可能地满足这些理想的辩谈条件。

事实上，哈贝马斯对后形而上学超越语境的有效性辩护使其拒斥关于文化不可通约的看法。尽管他认同对形而上学思想将自己伪装成为纯粹和文化中立的立场的批判，但他也提醒我们对下述观点保持警惕：我们认为不可能在关于客观世界的问题上达成普遍有效的知识主张。要想把知识主张从一种语言的环境转译到另一种语言的环境中，这将面临巨大的困难。但是，哈贝马斯仍然认为，人们能够达成相互理解，通过假定一个共享的客观世界，他们使自己借助这些主张达到了真理。当他们做出陈述时，他们的主张就达到了普遍有效性。[①] 对于具备超越语境的有效性的主张来说，由于其指向我们共享的世界，它也保持着对各个角度批判的开放。

对于交往行为来说，它与其他的形式语用学假设共同构成了交往能力。这些形式语用学假设包括：假设言说者对其言说状态和扩散环境的解释大体一致，假设他们生活世界的视野也是收敛的，假设他们的有效性主张能够证实，假设对话者能够使用同样的语词指向同样的

---

① Jürgen Habermas, *Between Naturalism and Religion*, C. Cronin (trans.), Cambridge: Polity, 2008, p. 36.

事物等。哈贝马斯认为，对话者必须假设他们所做出的同样的表达有同样的意思，而这将哈贝马斯与德里达和戴维森等语言哲学家区别开来。这些语言哲学家们在理论上更加重视事实，当说话者的位置和人物发生变化时，说话者所表达的意思就是不稳定的。与之相对，哈贝马斯强调认为意义共享的假设，对于沟通、对语言重要性的强调以及交往规则都是必不可少的，甚至对理解交往所在的共享的背景也是如此。[①] 哈贝马斯认为个人的差异和特质是实证语用学的研究范围，当意义共享的假设出现错误时，对话者应当诉诸"诠释性商谈"[②]。不难看出，形式语用学对交往行为的所有假设都是理想化的，这些假设条件构成了哈贝马斯"理想的辩谈状态"。当批评者们认为实际的交谈或者对话从未有过这种理想的辩谈条件，哈贝马斯认为他们是对语言的无可救药的天真。当然，这种反对意见忽视了哈贝马斯彻底的可错主义立场。哈贝马斯很清楚，人们有各种不同的信仰和观点，他们通过不同的方式理解自己的处境，并且他们所说的可能是错误甚至不合时宜。在这种意义上，交往行为的语用学前提的确无可反驳。哈贝马斯的康德主义的语言学核心在于，尽管存在这些问题，我们仍然试图实现成功的交流。

在某种意义上说，交往要求对话者假设这些形式语用的前提。它们发挥着理想化的调节功能，在如下方面体现理想化：其一，在任何实际的言说情景中，对话者都可能使用带有自身风格的特定语词，或者使用完全不同内涵的语词，但是他们不可能在信仰上保持完全一致。如果一致的话，就不需要再进行交流了。因此，前面假定所塑造的理想的辩谈状态就是违反事实的。其二，如果从他们作为交流参与者的角度来说，对话者无论如何都必须假定一个前提，让交流得以完成。尽管这些交流的语用学前提是违反事实的，但对于交流和话语的

---

① Jürgen Habermas, *Truth and Justification*, B. Fultner (trans.), Cambridge, MA: MIT Press, 2003, pp. 112 – 120.

② Jürgen Habermas, *On the Pragmatics of Communication*, B. Fultner (trans.), Cambridge, MA: MIT Press, 1998, p. 80.

构建来说却扮演一个真实的角色。① 关于生活世界与交往行为和形式语用学的关系来说，哈贝马斯主张，当对话者挑战彼此主张的有效性时，生活世界能够为判断提供资源。这里的生活世界为理解提供了隐性的、总体的和迷茫的背景。② 在形式语用学中，生活世界是通过交往中参与者的不同角度得以重建的。相反，系统只能在社会科学家的第三人称视角中才得以呈现。在这里，只要生活世界发挥着理解背景的作用，就不需要通过诠释商谈来理解他人的意思。这时，哈贝马斯遇到了反对意见，认为他未能考虑到语言的所有功能，尤其是语义是否正确。③ 对于哈贝马斯来说，他可以回到语用学对语义学的优势来回应。当我们彼此进行交流时，我们确实会把我们对他人所说的内容当作真实的或者合适的。从这个角度上说，脱离真理性或者规范性来考虑某人的话语，这就是一种抽象。这种抽象的结果与其说是语言能力的基本构成要素，倒不如说是一种认知结果。

在哈贝马斯的商谈伦理学中，首要的问题是谁可以参与商谈。如果以理智为准绳，似乎陷入一种循环论证。因为什么是理智，只有在商谈中才能确定。为了避免这种循环论证，哈贝斯才提出了理想的辩谈情境，作为公共商谈的前提。这种理想的辩谈情境既是范导性的，又是建构性的。在哈贝马斯看来，普遍语用学的前提绝不仅仅是范导性的，因为我们在论证时，尽管论证的前提具有理想的、只可接近于实现的内容，我们就将这些前提当作事实。“对于由交往行为造就的社会事实来说，关于表述有效性的范导性理念是建构性的。”④

那么，究竟什么是理想的辩谈情境？有一点可以肯定，那就是想

---

① Jürgen Habermas, *Truth and Justification*, B. Fultner (trans.), Cambridge, MA: MIT Press, 2003, pp. 85 - 86.

② Jürgen Habermas, *On the Pragmatics of Communication*, B. Fultner (trans.), Cambridge, MA: MIT Press, 1998, pp. 233 - 246.

③ E. Mendieta, *The Frank School of Religion*: *Key Writings by the Major Thinkers*, New York: Routledge, 2005, p. 8.

④ Jürgen Habermas, *Die nachholende Revolution*, Frankfurt am Main: Suhrkamp, 1990, S. 132f.

在理想的辩谈情境中做出商谈式论证的人，都必须遵守那些条件。只有这些条件达成一致，才能是真实的、正确的。按照哈贝马斯，理想的辩谈情境有四个条件：①

(1) 所有潜在的商谈参与者必须享有同等机遇采取言语行为，以至于他们随时可以开始商谈，并通过赞成与反对、提问与回答等方式来延续商谈。

(2) 所有商谈的参与者必须享有同等的机会来提出解释、主张、建议、说明和辩解，这些意味着建构性的采用言语行为，并对规范性要求作出研究、论证甚至反驳，以至于任何先入之见都无法长期摆脱批判。

(3) 获准参与商谈的只有那些作为行为者享有同等机会的辩谈参与者，他们采取典型性辩谈的行动。这些典型性辩谈行为表述其观点、感受和愿望，因为只有取得个人表述间的彼此协调、介入行为内在联系的各色人等相互协调，才能确保行为者同样作为商谈的参与者做到开诚布公、披露心声。

(4) 获准参与商谈的只有那些作为行为者享有同等机会的辩谈参与者，他们采取范导性对话行为。这些行为包括施令与违令、认可与禁止、允诺与拒绝、解释与提问等，因为只有取得完全是相互性行为期待，并排除单方面受制于行为规范与评价规范而造成另一方的特权化，才能确保形式上的机会均等，以便人们开始延续商谈，并在事实上解除现实的强制性，涉入摆脱经验与行为负担的商谈性言说领域。

哈贝马斯得出这四个理想辩谈情境的条件，就像他从对言语行为的划分中得出规范性一样，规范性要求作为目的，就包含在理想的辩

---

① Jürgen Habermas, *Vorstudien und Ergänzungen zur Theorie des kommunikativen Handelns*, Frankfurt am Main: Suhrkamp, 1984, S. 177 – 178；另参见哈贝马斯《交往行为理论》（第一卷），曹卫东译，上海世纪出版集团2004年版，第25页。

谈情境之中。其中，第一个前提是真实性，第二个前提是正确性，然后才是真诚性与可理解性。任何一种言语都包含规范性的要求，这是借此重建批判性社会理论的规范性基础。

任何社会任何时候都会具有成员之间存在信念分布的特征。这种分布涉及人们关于社会结构、社会建制以及社会目前的状况。和个体主体相对应，将这种情形描述为一个社会的反思，或者一个关于社会的反思性信念并没有什么错误，只要我们清楚在不同的社会成员之间具有各种不同的信念。因此，社会理论本身可以被看作社会“反思自身”的一种方式。任何社会理论都有这样的根本任务：不仅要研究社会的基本结构，还要研究社会的运转实践，更要研究人们关于社会的信念。社会理论是人们所在社会的信念的理论，这种社会理论本身也是属于这一信念。因此，如果一个社会理论详尽地解释社会中的人们所持的信念，它必须解释作为这一信念的理论自身。这就涉及社会理论如何揭示自身的起源问题。

按照哈贝马斯，起源的语境和应用的语境问题是一种具有反思性的认知结构。法兰克福学派的批评理论肯定自身与人们之间有重要关系，告诉人们如果有某种需求而他们应该怎么行为才是理性的，有什么样的需求对他们来说是理性的。批判理论并不预测人们将接受、运用它以理解自身并改变社会，它只是要求人们接受，它断言人们在理性上应该接受并用它来指导行动。一个成功的批判理论的效果就是解放和启蒙，批判理论的内在目标是成为成功的解放和启蒙过程的自我意识。批判理论引发人们的自我反思，人们通过反思认识到他们的意识形态在何种意义上是虚假的，而使他们所受的强制是自我施加的。那么什么是“自我反思”？哈贝马斯在不同的地方有不同的回答。①通过反思可能被放弃的信念被称为一个群体的“反思的不可接受”信念。假设社会成员有一套带有如下前提认知原则以评价社会中能提供合法性的资源的信念，这些信念只是在全体社会成员中都参与自由

① ［英］雷蒙·盖斯：《批评理论的理念》，汤云等译，商务印书馆 2018 年版，第 122 页。

的、无压制的讨论中可能被获得的信念，这样才能被接受。[①]

需要说明的是，在早期法兰克福学派的理论中，有两种不同的关于反思以及认知原则地位的看法。第一种是阿多诺对反思和意识形态批评采取情境主义或者历史主义的进路的思路，这种思路认为批判理论以一个选定的群体作为它的目标群体或者对象，以某种特殊的方式促进他们的自我认识为目的。[②] 第二种关于反思的看法是晚期哈贝马斯的。在早期的哈贝马斯很多文章中，追随阿多诺持有一种情境主义的反思观念，但是到了 20 世纪 60 年代中期，似乎退回到先验主义之中去了。在《理论与实践》中，哈贝马斯早期的立场属于一个情境论的立场。而在晚期超越论背景下，哈贝马斯发展了他的“理想的辩谈情境”，并将其视为一种批判理论的尝试。对于哈贝马斯而言，如果意识形式的一部分在强迫条件下形成，它在反思意义上就是不可接受的。

情境主义对上下文出现的顾虑的回应是，如果这里有问题，它就是生活本身的问题，而不是评判理论本身的问题，批判理论认同内在批判原则。正如批判理论促进人们的自我意识，支持者只在理论上将部分称为人们的自我批评的批判看作有效批判，如果批判理论的支持者想要启蒙和解放某个群体，他们必须在这些人的经验、意识形式和信念中寻找解放和启蒙的途径。如果我们不能在这些人的生活与意识形式中找到痛苦和挫折的经验以及适合反思的可接受性原则，批判理论就无从开始，我们也就不能说这些人受到了欺骗。我们可能不喜欢他们的生活方式，但我们对终究是谁受骗，并没有先验或者超验的证明。很显然，哈贝马斯拒绝这种情境主义的观点。然后他给出了先验论的论证，并得到所有人同意只在有强制条件下才可能获得意识形式，在反思的意义上是不能接受这一结论的。

---

① ［英］雷蒙·盖斯：《批评理论的理念》，汤云等译，商务印书馆 2018 年版，第 124 页。

② Jürgen Habermas, *Theorie und Praxis*, Frankfurt: Suhrkamp, 1971, S. 9f. , 29f. , 37f.

哈贝马斯先验论证的出发点是一套关于语言用法及其前提条件的理论。哈贝马斯认为，人作为一个行为主体，意味着至少有潜在的能力参与到一个言谈共同体中，而作为能被我们认可的行为主体，则意味着至少有潜在的能力参与到我们的言谈共同体中。如果没有人可以是一个言谈共同体的潜在成员，如果他不能一般性地区分真假陈述，或者是说不能以某种方式知道一个为真的陈述究竟是什么意思。认为一个陈述为真意味着，它是一个如果人们在绝对自由和没有强制的环境里就所有人类经验探讨无限长时间之后的一致结论。于是，任何我们看作行为主体的人都与我们在什么是自由、无强制的讨论等条件上有所共识，他们也以某种方式共有我们关于什么是自由条件和强制条件的认识。哈贝马斯用“理想的辩谈情境”这个术语来指代在完全自由、平等的人们之间进行的绝对无强制和无条件的讨论情境。“理想的辩谈情境”意味着：（1）能够成为先验的真理、自由和理性的标准；（2）能在理想的辩谈情境中获得人们同意的信念在事实上也是真实的信念；（3）能在理想的辩谈情境中获得人们的同意偏好是一种理性的偏好；（4）在理想的辩谈情境中获得人们同意的需求是一种真实的需求。如果人们能够满足上述四种真实处境的条件，那么他们就是自由的。①

在每次行为中，所有人都必须预设理想的辩谈情境，或者“反事实地设定”。人们必须在好像是他们的真实处境这样的理想状态中行为，尽管他们不知道它是，有理由相信其不是。也就是说，人们在每一次行动中都要预期一种“理想的辩谈情境”。在行为的时候，人们都想把理想的辩谈情境之下的可接受性作为真理的标准和道德可接受标准。如果人们不知道理想的辩谈情境是什么，那就更不知道理想辩谈情境的特征有哪些，他们自然无法将理想的辩谈情境下的可接受性作为真理的标准。因此，任何人都有构建一种理想的辩谈情境的内在禀赋，如果条件适当，任何人都有能力知道理想的辩谈情境具有哪些

---

① ［英］雷蒙·盖斯：《批评理论的理念》，汤云等译，商务印书馆 2018 年版，第 131—132 页。

特征。即使我们作为行为主体已经有了区分真假的潜在能力，但是由于我们也不能推导出作为人类行为主体，我们必须接受哈贝马斯的真理共识理论。这种真理的共识理论认为，真理存在于理想的辩谈情境之下的共识之中。我们没有理由认为语言哲学家倾向于接受，能在理想的辩谈情境中获得普遍认可的社会建制是合法的。在强制与自由上有一致看法是否合理的问题上，哈贝马斯似乎给了我们一个关于非事实性的先验演绎推理。当然，如果我们反对哈贝马斯的理想的辩谈情境，而崇尚情境主义，而且更重要的是拒绝先验论的基础，我们也能够从哈贝马斯的实质性分析得出实践上的结论。接受剩余压迫或者不必要的不平等，是接受在实现理想的辩谈情境道路上的无端障碍，理想的辩谈情境是人类理想发展和应用的理想条件。

哈贝马斯提出对话理想的辩谈情境标准，即所有参与对话者作为具有言语和行为能力的主体具有均等的发言机会。① 所有的参与者都可以提出主张，都可以要求辩护。所有参与者即使面对自己也应当满足真实性的要求。无论对话内外，都不允许强制与胁迫。只有在那些非强制性的言说情景中的对话才能成为所有参与者都接受的规范，也才能被视为有效，是一种理性可接受性意义的有效。这种调节对话，并体现了普遍化原则的理想的辩谈情境的条件，并不是任意规定的，而是一种必要的规则。论证者在论证过程中始终需要这种规则。在哈贝马斯看来，这些规则条件是预设的，其意义在于对比衬托，帮助人们辨认那些被系统扭曲的交往行为。

后来，哈贝马斯认识到上述理想的辩谈情境的预设是一种理想的生活形式，他对这种观点做了适当修正。他承认理想的辩谈情境概念“表述的过于具体，无法涵盖普遍的、所有必要的交往前提”②。后来，在《在事实与规范之间》中哈贝马斯放弃了使用这一导致误解和

---

① Jürgen Habermas, *Vorstudien und Ergänzungen zur Theorie des kommunikativen Handelns*, Frankfurt am Main: Suhrkamp, 1984, S. 125.

② Jürgen Habermas, *Die neue Unübersichtlichkeit*, *Kleine Politiscbe Scbriften V.*, Frankfurt am Main: Suhrkamp, 1985, S. 229.

批评的概念，而代之以交往共同体的概念。交往共同体的概念更多体现在方法论的假设上。[①] 将本质主义的误解淡化为方法论的假设，以作为对比衬托，以令不可避免的社会复杂性的基底显现。在这种意义上，理想的交往共同体提供了一种纯粹的交往性社会化模型。尽管哈贝马斯认为论证是一种反思性的交往行为，但如果“假定一个解放的社会完全由‘非强制性交往’构成，则是一个具体主义的错误结论”[②]。在此，哈贝马斯显然接受了韦尔默的批评意见，韦尔默指出，“理想的辩谈情境的形式结构或理想的交往共同体的条件，如果将它们视为语言真实性的理想消失点的话，不仅是理性的相互理解的理想条件，而实际上也是理想的相互理解的条件”[③]。但是，哈贝马斯进一步指出，对话规则不仅是一种方法论的假设，它们共同形成了一种语用学前提，一种具有实际效果的必要的反事实的假定。“反事实的前提成为社会事实——这种批判的锋芒深深地扎根于必须通过以交往为趋向的行为进行再生产的社会现实内部。”[④] 这就是说，谁参与论证就必须满足被哈贝马斯形式化为对话规则的论证性言语的交往前提。从对话的角度来看，这些规则表达了在规范上被看作社会制度之善的东西，是日常交往实践和对话意志形成过程中所需要的必要的普遍条件，它们使参与者能够根据自身需求和认识，自发地将过上更加良善的、较少受损害的生活的可能性变为现实。

当然，这种新的心理学和哲学的论证还是有问题的。理想的辩谈情境是否仅仅是社会行为在方法上的起点，还是具有自身规则的哲学范畴？是就批判理论理解未失真的交往，还是将其理解为拥有自身规

① ［德］哈贝马斯：《在事实与规范之间》，童世骏译，生活·读书·新知三联书店 2014 年版，第 486—490 页。

② Jürgen Habermas, *Die neue Unübersichtlichkeit*, *Kleine Politiscbe Scbriften V.*, Frankfurt am Main: Suhrkamp, 1985, S. 252.

③ Albrecht Wellmer, *Ethik und Dialog*: *Elemente des moralischen Urteils bei Kant und in der Diskursethik*, Suhrkamp, 1999, S. 101.

④ ［德］哈贝马斯：《后形而上学思想》，曹卫东等译，译林出版社 2001 年版，第 46 页。

则的语言哲学新的基础？对此，哈贝马斯做出了“语言学的转向”。批判理论因此开始向分析哲学迈出了第一步，哈贝斯的另一部经典著作《交往行为理论》提出警示，工具理性和晚期资本主义制度的力量对个人生活世界构成了威胁。与历史相隔绝的交往行为及其语言规则成为反抗的工具，而参与反抗的动力完全是另外一个问题。在不涉及生产过程或政治组织的情况下，对承认和认同的新的关注变成首要问题。但是，这类需要经常产生冲突。霍耐特试图通过个人的关怀能力处理源自异化和物化的冲突。鉴于关怀涉及承认他人并限制更加麻木不仁的利己主义，移情占据中心位置。异化和物化此时被看作哲学和经验问题，需要以哲学为基础的经验回答。于是，道德规范又一次同政治生活的现实割裂开来。

四　罗尔斯还是哈贝马斯？

在公共生活领域，语言的公共性取决于语用学意义上的普遍客观性，哈贝马斯关于沟通对话之“理想语言”的语用学探讨是有意义的。在《交往和社会进化》的英译本序言中，哈贝马斯把理论的构想描绘成三个层次：一是基础层次，这是关于交往的一般理论即普遍语用学；二是中间层次，这是关于一般的社会理论即交往资质的发展理论；三是最高层次，这是关于社会进化的理论即历史唯物主义的重建。① 很明显，关于交往的普遍语用学理论是哈贝马斯理论的基础，是一种前导性的理论。哈贝马斯认为自己开创了社会哲学研究的新方法，这种方法就是对语言运用的分析，并且能在言语行为中作为理性基础。哈贝马斯把这种新的方法同哲学上的语言学转向联系起来，把关于何物存在、何物可知以及如何认识等问题看作语言的意义如何产生的问题。他把这种方法运用到社会的本质和社会秩序可能性的探

---

① Jürgen Habermas, *Communication and the Evolution of Society*, T. McCarthy (trans.), Boston: Beacon, 1979, pp. vii – xxiv.

究。哈贝马斯这种语言哲学的转向促成了意识哲学范式的转换。

1. 何为普遍语用学?

在《何为普遍语用学?》（1976）一文中，哈贝马斯探讨了交往行为的一般前提。在后来的《交往行为理性》中，对这些前提作了更为详尽的阐述。鉴于在讨论交往理性时我们主要是根据《交往行为理论》的文本进行讨论，这里的讨论主要依据《何为普遍语用学?》。

哈贝马斯首先在文中指出了普遍语用学的任务，确定那个并重建关于可理解的普遍条件。事实上，这种普遍条件就是交往的一般假设前提。由于把达到理解为目的的行为看作最根本的东西，哈贝马斯有所谓“交往行为的一般假设前提”的说法。语言是社会进化的阶段上的媒介，哈贝马斯明确对先验行为的结构进行分析考察。任何言说行为都提出了他所谓的“普遍有效性要求”的条件，这些条件在言说者看来是能够兑现的。也就是说，任何处于交往行为中的人，在施行任何言语行为时，必须满足若干普遍的有效性要求并假定他们可以兑现。这些要求包括:①

1. 说出某些可能理解的东西；
2. 提供归听者某种东西理解；
3. 由此使他自己成为可理解的；
4. 达到与另一个人的默契。

在这些要求中，第一，言说者必须选择一种可理解的表述方式，以便自己能与听者取得相互理解；第二，言说者必须有商谈的真实命题的想法，以便听者能够分享他的知识；第三，言说者必须有真诚地表达自己想法的意识，以便听者能够相信他的话语；第四，言说者必须选择一种恰当的表达方式，以便听者能够接受他的言辞，并与他在

① Jürgen Habermas, *Communication and the Evolution of Society*, T. McCarthy (trans.), Boston: Beacon, 1979, p. 2.

一个被认可的规范背景下达成一致意见。此外，只有参与者认为彼此提出的有效性主张是正当的时候，交往行为才能继续下去。事实上，这些主张分别被理解成言语、内容、主体性和主体间性。哈贝马斯将这些解释成可理解性、真实性、真诚性及正确性。① 仔细分析这个过程，我们发现三种要素：有效性条件、言说者在特定条件下所作的、认为符合条件的有效性主张、对那些事实上合理的主张的实际论证。② 这种区分的重要性在于，交往行为发生的地方，每个参与者都对交往行为的过程做出贡献。哈贝马斯断言，只要他们能够依靠对情境的共享而努力作出一致行为，参与者都拥有背景共识。

哈贝马斯关于交往行为、正当性、合法化及共识的论著在很大程度上依赖于对有效性主张的分析。哈贝马斯认为有效性主张或者交往条件分为两类：结构性的和关系性的。其中，结构性要求表述必须符合语法，必须按照被认同的语言规则进行建构；这样的句子如果脱离了特定的时空，那么就既不能也不需要满足另外三个有效性主张。而关系性的交往要求把句子放入与现实的关系之中，必须被放入与外在的现实条件、内在的现实条件以及社会关系之中。通过表述世界中的事物、表达相应于言说者的意图以及与社会认同的期望保持一致，有效性所需要的三个条件就会获得满足。这在一定程度上说明，表达和现实之间的关系的确证明了表达的有效性。事实上，特定情境中的言语所具有的特殊功能，可以归结为三种一般的语用性功能：表述事实、表达自我以及确立合法的人际关系。这三种功能的履行对应了真实性、真诚性以及正当性这三种有效性条件。如果功能得到发挥，就说明具有有效性。交往能力及体现在能够成功地使符合语法的句子与各种有效性、言说者和听者之间获得相互理解。可理解性本身除表达符合规范以外，交往还要同时满足可理解性和其他三个有效性主张。

---

① Jürgen Habermas, *Communication and the Evolution of Society*, T. McCarthy (trans.), Boston: Beacon, 1979, p. 3.

② Jürgen Habermas, *Communication and the Evolution of Society*, T. McCarthy (trans.), Boston: Beacon, 1979, pp. 3-4.

当然，也不是所有的三个有效性主张都需要在交往中得到强调，尽管它们都是以某种方式隐含在交往中。所有的主张每时每刻都在运转，但以此言说只能有一种有效性被主体化，从而得到明确的援引。要达成与某人理解的关键在于达成共识。“达到理解的目标是导向某种认同。认同归于相互理解、共享知识、彼此信任、两相符合的主观际相互依存。认同以对可领会、真实性、真诚性、正确性这些相应的有效性要求的认可为基础。”① 哈贝马斯试图把真理置入交往之中，使其成为交往的一个内在特征，从而把扭曲的交往与真正的交往区别开来。为此，他需要在理解和真理之间建立一个联结。对于哈贝马斯来说，交往的目的在于增进理解，理解的目的是达成共识，共识的目的是传递知识。

当然，我们不能单独以理解为基础来获得真理或者满足对真理的要求。真理和知识之间有一种特殊的关系，理解和知道并不完全相同。我们至少可以这样认为，一个人拥有理解，然而却远离真理和知识，就好像出于无知状态。成功的交往经常伴随着理解和共识，一个人能够在错误的交往基础上取得理解。取得理解就取得共识。交往需要某种类型的理解，交往和理解都没有把共识作为一个必要的条件或结果。在哈贝马斯看来，如果每个人都自然地同意所有这些要素，那么我们也就不必分析产生共识的过程了。事实上，规范介于两端点之间：一端是不可理解、误解、有意或者无意的不真诚，或者意见不一致；另一端是与现存的或后来获得的共识。理解是在相互认同的有效性主张基础上达成的，对某些想当然的解释，我们通常会有一种背景共识。如果缺少这个共识，有效性主张的正当性就不再被认为是理所当然，我们将不得不为情境寻求一种新的参与者都能同意的解释。如果不这样做，那么交往将进行不下去。也就是说，交往行为要求所有参与者都同意他们的背景假定以及建立在那些假定基础上的交往规则。

---

① Jürgen Habermas, *Communication and the Evolution of Society*, T. McCarthy (trans.), Boston: Beacon, 1979, p. 3.

参与交往的一方可以仅仅采取策略性行为来确保自己的利益得到满足，而不管另一方想什么；交往双方只终止相互交谈；交往双方可以选择一种既漫长又困难的过程，来试图找出他们彼此不一致的地方，同时确定是否存在重新开始的交流基点。哈贝马斯认为这是一个理想的过程。根据这种主张，知识有一种命题结构，合理性主要不是与知识之间拥有相关联，而是更多地与言谈和行为着的主体如何获得和使用知识的相关联。它的明显表现是语言，含蓄表现就是导向目标行为，这意味着只有人和符号表达才可能是理性的。表达的合理性依赖于其中所表现的知识的可靠性。主张某事是真实的，或者主张某一种特殊的行为有效，旨在在下述的范围内才是理性的：它能够反驳与语义内容、有效性条件及真实性、有效性主张的理由有关的批评。这意味着，一个知识的主张必须对主体间的评估保持开放。对此，哈贝马斯特别关注交往合理性概念，与这种合理性相对应的是经验主义的认知—工具合理性。“这种交往理想的概念的内涵最终可以还原为论证话语在不受强制的前提下达成共识这样一种核心经验，其中，不同的参与者克服掉了他们最初的那些纯粹主观的观念，同时，为了共同的合理信念而确立起了客观世界的同一性及其生活语境的主体间性。”① 只有言说者满足了与至少一名交往者达成理解所需的条件时，一个论断才能被认为是合理的。当然也有失败的情况，只有在交往过程中所用的表达方式是理性的时候，才可能发生。但这并不只是适用于有关世界中的事物的命题主张，主体真诚性或者规范正当性主张的表达方式也能够满足合理性的标准，并用这个标准加以衡量。在这种情形下，共识形成过程的合理性最终受到给定理由的影响。参与者的合理性有他们为自己的表达提供理由的能力，于是，论辩使得日常的交往实践中的合理性成为可能。也正是通过论辩，我们才能评估言说者或者行为者的合理性。

这就是说，交往合理性根据论辩理论而得到说明。哈贝马斯在本

---

① ［德］哈贝马斯：《交往行为理论》第一卷，曹卫东译，上海世纪出版集团2004年版，第10页。

质上阐明了一种论辩的哲学。当我们把目光投向行为规范的时候，我们就会发现它们隐含着一种有效性主张。这种有效性主张对于所有受行为规范影响的人来说都是共同的。于是，哈贝马斯认为“如果以共同寻求真实性之外的一切动机都中立化作为前提，有效规范就必定会得到具有合理动机的一切相关者的共同支持。”[①] 换句话说，由于行为规范想要指导每个受其影响的人的行为，它们的合理性必须跟其他主张一样可以评估。对于理性人来说，除探究规范的正当性，弄清我们为什么应该采纳和遵循这类规范，提供这样做的理由之外，其他做法都不是合理性的。在确定规范的正当性时必须采取一种能确保其合理性的方式，接受这些规范的动机是它们是理性地可辩护的，并被那些受其影响的人所接受。

事实上，哈贝马斯的普遍语用学被描述为一种意义理论。我们实际上把意义问题与理解问题放在一起了，在哈贝马斯的社会理论方法中，隐含着解决意义理解的问题。当然，哈贝马斯也认为意义理论就是理解的理论，否则就把意义问题从言说者给予听话人素材、供其理解的背景中抽象出来了。换句话说，意义关乎主体间性，而不是一种客观事物。这里，哈贝马斯的意义理论表明了他对意识哲学的舍弃，意义不是由言说者同外部世界的联系决定，而是取决于言说者同对话人的关系。意义本质上就是主体间性的，不是客观的，更不是语词与事物之间的两极关系。

2. 理想语言的语用学意义

我们知道，罗尔斯并没有假定虚构的原初状态，而是存在必然的真实生活。人们在现实的生活中，也就是特定的语境中主张真实的生活。罗尔斯通过提出能有效决定正义原则的条件，要求每个人把自己放入“原初状态”，在这种虚构状态里，人们都被假定是一无所知的个体，不论其社会财富、地位、能力以及不利条件，甚至人格都是这

---

① ［德］哈贝马斯：《交往行为理论》第一卷，曹卫东译，上海世纪出版集团2004年版，第19页。

样。罗尔斯设想，从这个高度抽象的状态出发，我们就能够选择一种完美无缺的公平和正义原则。没有人能够提前获知他们会受到道德原则怎样的实质性的影响，从而不可能对他们自己的情况有某种偏见。

但是，哈贝马斯的普遍原则（U）要求承认所有受这一原则影响的人的实际利益，并要求他们都接受那些真实的后果。隐藏在头脑中的决策过程是这样的，对于道德领域而言，不存在一种单独行进的、脱离实际的重建过程。如果规范有效性主张的作用是调和日常的社会生活中的行为，那么道德辩论必须解决的问题就不可能自己解决，它仍需共同努力。对于哈贝马斯来说，这种论辩的目的在于通过反思恢复共识。一旦共识被破坏，一些被认为理所应当的规范就必须放置在一边，如果有新的条件出现，它就要求确定目前缺失的规范性原则。这样，人们就不得不投身于重建出体间认同和共识的工作，而不管针对的是目前尚不可信的主张，还是某种新的主张。这就要求表达一种共同意志，它是一个主体间的过程。在哈贝马斯看来，以一个中立的观察者视角来描述道德观点的企图失败了，不管是康德的先验主义，还是功利主义。

哈贝马斯认为，像罗尔斯这样从道德的观点来思考的人，不会允许在具有重要道德意义的行为中被排除在参与者主体间的语境之外。随着多元论在社会和知识中的日益盛行，普遍化的名声越来越坏。哈贝马斯不得不对其普遍原则（U）可能受到的指责做出回应，决定寻找一种先验的正当性，以此回避普遍化的道德观念。在这方面，罗尔斯的自由观与哈贝马斯的商谈理论格格不入。① 哈贝马斯对罗尔斯的评论，主要是质疑原初状态的设置。罗尔斯的回答指出他们之间的差别是代表设置问题，罗尔斯的代表设置是原初状态，而哈贝马斯的代表设置问题是理想的辩谈情境；在分析了这两种不同的代表设置之后，罗尔斯总结到，罗尔斯的是一种政治哲学，而哈贝马斯的则是一种完备性的学说。

---

① ［德］德特勒夫·霍斯特：《哈贝马斯》，鲁路译，中国人民大学出版社 2010 年版，第 117 页。

我们相互尊重的美德付诸实践，会产生一种更为宽泛的政治共识并因此扩展我们的公共哲学。在这种公共哲学中，无论他们私下里持有何种道德原则，但合乎理性的公民同意一系列的道德原则。这样的公共哲学既能保护基本权利和特定的辩护原则，也能在公共生活中调节道德关系的行为原则。这种公共哲学避免了那种支配现代政治理论的二分法：把政治建立在一种完备性的善观念之上，或者把政治限制在一种程序正义的观念之内于两种观念之间做出选择。在一个多元论社会里，完备性的道德理论既不能也不应该赢得所有公民的同意。适合这样的公共哲学必须拒绝那些对一致性的无限制的追求，因此就必须和完备性主张断绝关系。这就要求我们承认政治议程永远存在根本性的道德分歧，对潜在的政策背后的基本道德价值慎议，并不能保证公民会对那些价值的融贯系统保持一致。拒绝完备性并不意味着道德的后形而上学的怀疑主义，它体现了一种政治观念的承诺，此种政治观念有益于道德慎议，并对那些受道德慎议引导的个人观念也有裨益。相互尊重的基础预设了道德选择，尤其是集体性的道德选择应该以慎议的方式作出。当然，把政治决策的论坛向更广泛的正当的道德分歧开放过程中，在捍卫这些论坛内的公民相互尊重的实践中，相互尊重支持一种道德学习的政治过程。公民把道德信念交给公共慎议来检验，他们则在容纳原则指导下参与到各种论证中去。在回应这些论证过程中，强化了他们的观念或者改变了他们的想法。

被自由主义推崇的程序主义与那些缩小政治道德内容的理论不同，一种相互尊重的公共哲学接受了在政治中推进实质性的道德原则，而这些道德原则会成为整个社会公共道德的一部分。通过在公民之间培养一种开放心态的美德并在政治上鼓励道德分歧，相互尊重的公民和官员慎议会引向一种公共善。这种公共善与道德分歧相容，一部分来自各种道德哲学聚合其上的实质性权利和义务，另一部分来自对进一步的道德一致的公共探寻。实际上，这种公共哲学所指向的目标，类似罗尔斯的政治正义基础的“重叠共识”。公共哲学在一定条件下允许基本结构的各个方面存在分歧，因此它所追求的东西罗尔斯的理论要少得多，在这种意义上说，这里更倾向于哈贝马斯。即使一个社会的基本结构本身处于一种争论中，政治的一致性也可能是不可欲的。相互尊重的要求这种公共哲学在政策方面比包括罗尔斯在内的大多数道德学说更少的完备性。相互尊重并不保证按照其指导的程序制定所有的公共政策，也不一定符合自由主义的程序。但是，相互尊重的结构的内容指向一定比罗尔斯式的正义要多，它能够在基本结构中引导公民和官员行为的道德实质性原则寻求共识。罗尔斯认为，把最有争议的问题从政治议程中移走，关于其不确定性和严重争论势必削弱社会合作的基础。[①] 在那些本来可以团结公民的道德观点上，让公民公共地保持分歧。而我们只是在推进共识的探究范围内表达我们的完备性观点。比如，诉诸一种独特的天主教原则并不会有助于达成一种重叠共识的目标，等等。就此而论，罗尔斯的立场是一种政治上的沉默，完备性的观念仅仅在它们作为共同原则的一个来源这个意义上，对政治才有建设性的意义。相反，相互尊重的公民努力获取那些不仅支配着基本结构的原则上的一致，还主导着它们处理原则性分歧的方式在实践上的一致。在这些实践中，公民们可以共享其他实质性标准，他们可以肯定自己的道德承诺可能是错误的，也可以珍视政治慎议。

之所以在道德上合乎理性的人们相互尊重，是因为人们在根本政治问题上产生道德分歧时，应该在怎样从道德中调节我们的政治行为上取得共识，这样一种公共哲学比罗尔斯的理论更具完备性。换句话说，政治上的更具有完备性，而在道德指向上则具有更多的内容。这种公共哲学强调，相互尊重能够在对持久的道德分歧进行政治讨论的条件上达成一种共识。在理论层面上，这种公共哲学已经尽可能完整的表达了一个道德上多元论的社会里的政治观念，它寻求一种公民在根本上产生分歧时应该怎么样公开地进行慎议并达成共识，而不是清除政治分歧。在实践层面上，如果每个人都仅仅在政治领域表达不同

① John Rawls, *Collected Papers*, S. Freeman (ed.), Cambridge, MA: Harvard University Press, 1999, pp. 421 – 488.

意见，而不是同时也尊重道德差异，就会面临集体风险。因为这种道德差异正是引起道德冲突的关键所在，我们所倡导的公共哲学包含包容原则和排除原则，并且引导实践政治朝着探寻处理无法协调的分歧的方法并加以解决的方式前进。①

更进一步，罗尔斯有一种强烈的反事实想象力。我们被要求承担一系列的抽象的“似”命题方式对正义的信念以及实践的确定和应用：宪法结构如果是设计合理的，关于公正的原则像我们这样的人已经符合对方，当然现实是完全不同的。无论如何，罗尔斯的态度可能会使我们认为我们的社会安排更多地是由意志和理性而不是权力和偶然的历史形成的；当然，核心的罗尔斯主义无法调和对立的（虽然仍然合理的）完备性学说，因为它承诺采用公正的政治概念来调解合理的分歧，但最终证明无法这样做。

哈贝马斯是否同样没有准备好接受将交际实践与权变和权力纠缠在一起的方式，这是一个困难的问题，笔者只能在这里简短地评论。当然，许多批评家认为哈贝马斯在这点上是有罪的。他相信一个“理想的辩谈情境”，在其中只有“更好的论点的非强制力”规则，然后继续将他的道德和政治理论建立在这种理想化的基础上。在我们所熟悉的社会世界中，这样的事情是不可能发生的，哈贝马斯系统地边缘化了权力、利益和偶然性在社会关系中的作用，潜在地使他的理论追随者对这些力量的普遍影响视而不见。提出这种批评的另一种不那么尖锐的方式是，试图将人类社会生活定位在一种幻想的、无法实现的理想上，这根本不是一项富有成效的事业。

后来，哈贝马斯在很大程度上放弃了“理想辩谈情境”母题，倾向于“理想化预设”②。他这样做的原因大多是修辞学上的，“理想的辩谈情境”这个术语暗示了某种社会历史目标，这是康德的终极王

---

① Amy Gutmann and Dennis Thompson, “Moral Conflict and Political Consensus”, *Ethics*, Vol. 101, No. 1 (Oct., 1990.), pp. 64 – 88.

② Jürgen Habermas, “Technology and science as Ideology?” in *Toward a Rational Society*, (trans.), Jeremy shapiro, Boston, MA: Beacon Press, 1970, pp. 81 – 122.

国——一个没有统治的交际乌托邦。尽管哈贝马斯明确地认为，商谈理论的工具可以用来批评实际存在的民主和社会病态，但他否认理想的言论环境可以用来描绘一种生活形式。[①] 这样看来，哈贝马斯的政治理论在任何直接意义上都不是目的论的。他并不是建议我们将进步概念化，即社会一体化完全通过在透明的交往条件下达成的共识而实现。在这个问题上，正如在第四章所讨论的那样，哈贝马斯反对阿佩尔的观点，认为有一种理性的、道德的必要性来追求一种社会条件，这种社会条件是通过交流达成的相互理解最大限度地融合在一起的。

---

① Jürgen Habermas, *Postmetaphysical Thinking*: *Philosophical Essays*, William Mark Hohengarten (trans.), Cambridge, MA: MIT Press, 1992, pp. 145 – 146.

第四章　公共商谈与共识问题

公共理性成为普遍理性，并不依靠理想假设或外在权威，而要通过公共对话在相互沟通基础上达成共享性理解。罗尔斯与哈贝马斯都认可在多元社会寻求共识，罗尔斯的“公共理性”通过文化多元论前提下合乎理性的“重叠共识”达成基本政治原则，这种共识较弱；哈贝马斯倾向“交往理性”通过复杂的社会观念和实践批判，进行多元文化和各种理性之间的对话，形成话语伦理学所必需的语言、语境和言述之语用学与语言学条件的“商谈共识”，这种共识较强。现代语境中，健全的公共社会要求达成较强意义上的共识。

一　公共商谈的理性共识基础

1. 普遍理性：理性的公共表达

在第二章，我们已经讨论了一般意义上的公共理性，以及罗尔斯对公共理性的证明。当然，对公共理性最精彩的理解存在于罗尔斯的著作中。随着我们对公共理性的理想或者规范标准的各种可能性的考察，我们是在健全的公共社会中进行公共商谈的意义上来使用公共理性的。这一节对公共理性内涵的讨论，已经超越了以往的任何时期和个体意义，是一种公共哲学的解释。我们知道，在现代民主多元社会的背景下，公民们对公共事务的讨论越发关注，摆在大家面前的主要任务是，公民如何就公共事务进行有效的公共商谈？一个更为容易被大家接受的事实是，除非具有很充足的理由，要形成一个更为广泛的共识，政府不应该过多的干涉公众对公共的政治事务的辩论。举例说来，有人主张宗教理性应该被排除在政治辩论之外，当然，也有人赞同以那些宗教和种族来贬低人们的表述而排除出去；还有人主张在公共商谈中，以一种政治道德的理想来表达自由。所有这些观点，都在一个公共的市场观念中展开表达，甚至是争论。公共商谈中的公共理性就是这样一种理想，为这些问题的讨论提出一个指引。因此，公共理性是指以公民身份建立的一种政治共同体的共同理性，这种公共理性的理想能够推导出一种规范性标准。

公共理性的理念在深层次上表达了一种道德和政治价值，这些价值用来确定立宪民主与其公民之间，以及公民与公民之间的关系。也就是说，这种理性关注公共的政治是如何被理解的。公共理性并不适用于对所有问题的讨论，公共理性主要讨论公共商谈中理性的使用。康德寻求人类理性的基础为我们做出了榜样，他主张理性实践比理论更为根本。在公共商谈中的实践就是公共的对话沟通，并在此基础上达成共享性理解。那么，如何理解公共理性的这种基础性作用？康德给出了多种论证，以此反对理论理性的优越性和独立性。当然，即使我们接受了这些观点，我们对实践理性的基础依/仍然一无所知。那么，到底是从哪里获得这种基础呢？

如果我们是按照理性推理，看起来我们有能力发现为什么我们认为实践问题上的理性标准是这样而不是那样，以及如何满足。事实上，这就涉及实践理性的公共方面。如果实践理性的标准对所有人的推理来说都是根本的，那么任何对于这些标准的证明要么是循环的，要么是失败的。我们实践理性的标准指向本身就是理性的标准，正是从这种理性本身获得了权威意义。由于理性的普遍性，作为实践理性的公共理性并不需要从理性之外获得基础或者权威，它是自给自足的。唯其如此，在公共的商谈实践中，我们面对不同意或者自己的不确定时，我们才能提供更加有说服力的东西。尤其是面对理性多元论，如果没有一种权威的东西去面对实践问题，那么我们在理性多元论面前将是十分无助的。如果生活中的许多深刻问题缺乏相同的旨趣，诉诸旨趣相投的共享话语之间的商谈也就不会产生任何信任和慰藉。

从实践理性向理论理性寻找基础的时候，公共理性就能体现出它的内在权威性。理性的公共运用始终都是自由的，一个实践的推理以及所有推理都可以证明这个观念。以此来看，当康德坚持理性的公共运用是一种自由时，这就是在宽容基础上的表达与交流。康德对理性的公共运用的宽容是一种对理性与非理性的表达性运用。如果我们宽容别人的表达意见，我们所要做的就是克制自己不要去干涉。在宽容的理解中，政府应该既不妨碍也不限制意见表达，公共理性的这种指向对于行为本身来说倒是次要的。

如果我们不是抽象地考虑宽容在我们生活中的角色，情况就会比较麻烦。假设表达是一种交流，而不作为就是并非一成不变地对他人自我表达的可能性没有影响的方式。在极端情况下，缺乏回应理所当然被理解成为排斥或者拒绝。而毫不作为则意味着把他人所要转达的信息当作表达而不是交流。一旦交流的举动被看作表达的举动，对于他们应该被宽容就没有争议了。当然，把演讲、写作和相关的人类活动当成主要表达，而不是将其看作交流应该是毫无争议的。在公共商谈中，表达是交流的前提。我们交流的内容，如果以一种更加复杂的形态呈现出来，对于听众来说这就是一种诠释。表达寄生在交流里面，所有成功的交流都要求他人的某种承认或者领会，无论这种承认或者领会是存在于对交流内容的理解还是仅仅是一种被动。我们进行表达和交流对于他人观点的宽容形式，表达了承认他人交流的信号。如果我们把交流行为而不仅仅是表达行为看作沟通或者对话的恰当目标，我们就会得到一个共识的理性基础。在这种意义上说，康德对理性的公共运用及其论证，就在于把共享性理解看作是公共对话的一种回应。

如果一种公共理性的理想要求自始至终都是公共的，这个理想就会变得比较严格。表面上看，每个公民都享有人人都应得的尊重。这种理性在公共政治文化的意义上是公共的，而且它确实也不依赖于任何特殊的道德和宗教学说。然而，真实的情形可能是，许多公民基于一些非公共的理由相信公共理性。也就是说，公共理性应该有一个非公共的基础。为什么一种排斥基于非公共理由的公共理性理想如此严格？这样的排斥可能是无原则甚至是不公平的。排除非公共理由的基础性运用可能与康德并不一致，对理性施加的唯一限制来自理性本身。一些公民认为，他们就政治道德问题进行私人慎思，就会遵循深厚道德信念的道德义务。他们会把拒绝非公共理性的基础性运用的公共理性视为一个临时协定，以此避免公共无序状态带来的更大罪恶所必须做出的无原则的妥协。但是，如果基于一种有原则的基础，他们并不认同公共理由必须有某些私人基础。于是，公共理性作为一种临时协定是无原则的，一种公共理性的辩护应该得到全体公众的认可。如果理性标准本身受制于深刻的道德冲突，那么理性的慎思到底扮演何种角色？什么样的理性的公共辩护基础才能应对这样的理性多元论。公民们合乎理性地对关于一项公共事务产生道德分歧的时候，他们同意什么样的原则来引导公共生活？或者说，在公共社会中面对公共事务如何进行公共商谈？在这个理性多元论的社会里，道德冲突问题解决方案的基础是公民们在哪些公共议程原则上取得一致。这些原则旨在决定哪些问题是公共的，哪些问题不是。如果没有解决公共问题上道德冲突的合理基础，那就会把道德基础上自由行动的问题留给公民自己。

2. 公共商谈：达成共识的途径

一种与对话和交往密切相关的公共理性观念，在处理有关道德和认知冲突时可能更富有成效。哈贝马斯在对慎思的说明中朝着这个方向前进了一步，慎思观念并不限制讨论的议题，而且在范围上是公共的。这些对深层次的冲突更有成效，哈贝马斯与罗尔斯的根本不同就在于，在哈贝马斯看来公共理性不是一种由政治观念来定义的。按照哈贝马斯的慎思理念，在慎思之前无法预判哪种理性是非公共的。只要通过拓展合理性的判断负担并使之具有动态性和开放性，这也是哈贝马斯强调的适合多元论的公共理性的交往条件。在对话中，谈话者可以公开反思他们取得共识的交往条件，还可以改变和转换这些条件，使其更具有包容性。谈话中，交往共同体的成员资格可以更为广泛，更多的人参与作出集体决定的慎思中来。随着对话共同体的规模不断扩大，讨论的范围也在不断扩大。在这种情况下给每个人的机会增加，让他们可以发言或者为公共论辩和慎思做出积极贡献。在公共的交往和解释中，慎思者运用多元公共理性有可能实现相互尊重和包容。在这种包容和反思性条件下，无限制的慎思变得可能。在公共慎思中达成共识，必须依赖于一种不偏不倚的理念来引导，这就给理性增添了一种共识的力量。这样就能把公共理性和妥协区别开来，但是牺牲了多元性。

当公民们在关于一项公共政策的道德方面产生合理性分歧时，他们会同意按照什么样的原则来引导他们的公共生活？特定的理由在政治中具有权威性，能公开呈现给他人批判性地捍卫，以及广泛地为合理性的人们共享。这些公共理由必须是道德的，能够使人们公开地运用。这种公开运用诉诸内部的认知或者信念、特殊的洞察力、秘密信息或者深奥的推理形式。事实上，这些要求体现了理性的一种公共辩护。这种辩护具有双重目的，一是寻求反思性辩护，二是寻求人们看起来更好的理由。这种双重目的与多元主义的原则是一致的，通过对两者的追求，我们将尊重推理能力有限的、支持广泛分歧观点的公民自由。正如内格尔所指出："我们不应该基于那些他人可以合情合理地提出反对意见，这种合理性不是简单地作为我们讨论安排的独立正当性或者不正当性的一个涵项，而是在某种程度上依赖于个人观点。然后，把安排、制度和要求强加到他们身上。"①

前面提到，我们要建立一个理性对话基础上的关于交往合作的模式，这种模式首先要符合自由平等的考虑，并且合乎理性的道德主体

① Thomas Nagel, "Moral Conflict and Political Legitimacy", *Philosophy and Public Affairs*, Vol. 16, No. 3. (Summer, 1987), pp. 215 – 240.

会给出保持开放和包容的理由，以及达到这套公共理由的目标。这种目标的实现，要靠公共辩护。那么，怎么样才能达到公共辩护？面对多元论事实，合理性的人们不仅在利益和偏好方面有分歧，而且在关于道德、哲学以及宗教等完备性观点方面也存在深刻分歧。如果我们承认多元论存在，我们就会把所有通过合理性特点的那些人作为自由而平等的道德主体而存在，并尊重那些与我们意见不一致但又不损害他们的合理性的人。如此，对那些难以处理的道德、哲学和宗教事务等观点就变得相对容易一些。如果把这种公共辩护抽象成更加复杂的形式，那么，我们必须尊重共享的合理性，也同样尊重人们的理性负担。由于人们的分歧出于各种各样的理由，这些理由并不损害他们的合理性及其相互尊重。也就是说，这种理性的公共辩护为的是在接受合理性的公民弱点，以及彼此尊重这两个看似矛盾的观点之间达到平衡。

事实上，这种理性的公共辩护扮演了哲学与公民之间的调和角色。公共观念避免了过度精细和复杂的推理形式，倾向于采取健全的论证。更进一步，这样的特征使他能够从公共角度达到一种健全的形式。公共辩护以一种有限的形式开启了批判性反思的哲学动力。当代公共理性在民主社会中作为理想公民的义务的中心，公共理性的内容限定为一种政治价值和观念。立宪民主政体与公共理性内在的吻合在一起，从而区分了康德的完备性的公共理性理念和罗尔斯政治正义支撑的公共理性理念。最明显的是，公共理性为形成重叠共识的共享空间奠定基础，公共理性以一种自由主义的形式维护了政治的理性形式。

罗尔斯一直强调作为公平的正义是一种政治的特征。之所以如此，是由于面对理性多元论，在讨论无知之幕时，如何阐明正义原则作为最初的选择背负压力。同时在证明两个正义原则时，并不在于原初状态下商议，而在于原初状态的直觉结构和基本概念。对此，哈贝马斯对罗尔斯的道德人格表示质疑，认为这个概念有待证明。甚至无知之幕被解开以后，政治的正义观是否是中立的，值得怀疑。对此，哈贝马斯指出，罗尔斯的重叠共识概念到底是一种认知功能还是工具功能？是否能证明社会的稳定性问题？事实上，在哈贝马斯看来，这是一个有效性的问题。哈贝马斯认为罗尔斯虽然把论证问题和接受问题分开，但是却放弃了正义原则的有效性要求。

二　重叠共识及其证明

1. 稳定性：问题的提出

重叠共识（overlapping consensus）是罗尔斯政治自由主义的一个重要的理念。为了阐明良序社会如何才能达到稳定统一，罗尔斯引入了重叠共识的理念，这种理念与政治的正义理念相辅相成，如何让各种理性的完备性学说达成重叠共识？在这种共识中，各种合乎理性的完备性学说都从各自的观点出发认可政治的正义观念，社会就统一建立在该政治正义观念的基础上。达成共识的各种学说得到政治上积极的公民的认可，同时正义原则与公民的根本利益相一致的时候，稳定才是可能的。事实上，重叠共识的概念早在《正义论》中就已经出现了，公民们虽然对正义的理解有所不同，但是不同的政治观念可能具有相似的政治判断，这些相似的政治判断就是“重叠共识而非严格共识”①。罗尔斯的意思是，不同的前提可能获得相同的结论。但是，这个概念在《政治自由主义》之中却是一个重要的概念。

罗尔斯的《正义论》预设了一个公民在认可完备性学说基础上的良序社会理念，但是，现实的情况是理性多元论的自由民主社会。理性多元论的完备性学说是一种完备性的自由主义，它包括许多各不相容的道德、哲学和宗教学说。也就是说，早期罗尔斯关于良序社会的解释已经无法回应理性多元论的自由民主社会的现实。罗尔斯通过原初状态的论证，通过程序设计得出了两个正义原则，在正义原则的基

---

① John Rawls, *A Theory of Justice*, Cambridge, MA: Harvard University Press, Revised edition, 1999, p. 340.

础上构建一个现代立宪民主社会。但是当无知之幕不断揭开，在原初状态中的立约者对自己的身份、地位、天赋、家庭和教育等情况逐渐了解，自由公民开始面对理性多元论的事实，这就遭遇到了理论困境。

现代自由民主社会中不是所有公民都认可一种完备性学说，而是存在多元的道德、哲学和宗教学说，这是完备性学说之间互不相容。更重要的是，这些学说中任何一个都不能得到所有公民的普遍认可。现代民主社会的最大分歧就在于公民之间持有不同的相互冲突的完备性学说，存在这样一个理性多元论的事实。社会统一和谐并不需要一个普遍的完备性宗教、哲学和道德学说的一致性，而是需要一个公共的政治秩序。但是人们的公共分歧却是存在的，隐含在理性多元论的事实当中。这不仅是一个阻碍达成共识的事实，而且是一个需要解决的实践问题。由于现代社会的多样性和复杂性，人们从不同的观点进行推理，产生了各种不同的完备性学说。如何使得现代政治让所有公民都接受，需要把政治自由主义建立在合理的理想标准之上。面对现代民主社会的普遍事实，① 自由平等的公民之间将会存在分歧。如何找到一种解决各种完备性学说之间的分歧和冲突的解决办法，是政治自由主义的主要目标。这就是稳定性问题。

在《正义论》中，原初状态的契约订立者选择正义原则的原因主要是为了良序社会的稳定性。当正义原则被选择出来，把正义原则运用到现实中去，才能检验该原则的稳定性。也就是说，罗尔斯的正义论首先要论证两个正义原则，其次要看正义原则所维系的社会制度是否具有规范性，最后看看生活在这个社会中的人们是否存在正义感（足够的道德动机）。其中，最后一个问题就是稳定性问题的实质。罗尔斯在《正义论》的第三部分主要论证了这个问题。但是，当面对理性多元论的事实，罗尔斯意识到这种关于稳定性的解释已经与现实不一致了，要重新作出解释。现代自由民主社会的理性多元论的道德、

① Cf. John Rawls, *Political Liberalism*, New York: Columbia University Press, Paperback edition, 1996, pp. 55 – 57.

宗教和哲学学说，是一种完备性的学说。这种完备性的道德学说基础上建立起来的正义论，认为全体公民都认可两个正义原则，并预设了一个良序社会，这与立宪民主制的多元主义特征相违背。在立宪民主社会中，一种完备性的学说并不具有普遍的可接受性，不一定能够得到全体公民的认可，也就是说公民们不一定认同这个完备性学说。这就是说，罗尔斯的正义论并未考虑到实际情况，所提出的正义原则与现实并不一致。为了实现良序社会的稳定性，罗尔斯对其理论重新进行阐释。

在罗尔斯看来，稳定性问题至关重要。那么稳定性究竟是什么意思？大概有两种意思，一是正义原则的稳定性，主要是指在正义原则的论证上体现了一种道德属性。在《正义论》中稳定性的使用主要基于道德理论，是指一种正义原则的稳定性，是一种道德属性的稳定性。[①] 代理人在原初状态的无知之幕后面选择正义原则，主要就是关心稳定性的观念。在第三部分的论证中用道德心理学法则来证明两个正义原则的稳定的道德原则。在现实的社会中，公民们能够认可并遵守这两个正义原则，从而培养对社会的普遍忠诚。对此，周保松认为，罗尔斯的稳定性具有"道德稳定性"和"社会稳定性"的双重意义，[②] 但是罗尔斯并没有区分这两种意义。二是社会政治的稳定性，包括稳定和持久的社会制度。罗尔斯的政治哲学虽然带有很强的霍布斯味道，但是在稳定性问题上罗尔斯并不满意霍布斯的思路。后期罗尔斯对社会正义的关注就带有一种实用主义的倾向，一个社会通过合作，规则才能够被接受，达到社会的稳定。巴里和佩蒂特等人对此持肯定态度。在多元的善观念下，公民们应当保留他们的不同目的，就正义所要求的理念达成一致。[③]

---

① John Rawls, *A Theory of Justice*, Cambridge, MA: Harvard University Press, Revised edition, 1999, p. 177.

② 周保松：《正当性与稳定性》，《开放时代》2008 年第 6 期。

③ Brian Barry, "John Rawls and the search for stability", *Ethics*, Vol. 105, No. 4 (Jul., 1995), pp. 874 - 915.

罗尔斯关注的稳定性问题，不仅是一种道德证成，更是一种政治证成。[①] 尤其是后期罗尔斯基于应用于指导实践的社会稳定性，政治哲学的主要任务是为社会制度的持久稳定提供一种社会合作的道德基础和哲学基础。从道德稳定性到社会稳定性，正义原则的稳定性是论证重点。因为，只有正义原则被人们接受，并且具有强大的道德吸引力，公民们才能够一致认可这两个原则。因此，正义原则或者道德的稳定性是社会政治稳定的前提和基础，只有一个公平合作的社会系统具有一定的道德基础，并能在正义原则的规导下，公民们具有正义感并参与社会合作，这样的社会才是持久稳定的。后来，罗尔斯用基于正当理由的稳定性来体现对某种独特稳定性的追求。[②] 这样的社会稳定性不但与霍布斯的国家强制力所实现的稳定性区分开来，还是构建罗尔斯政治自由主义的基础所在。

在《正义论》中，稳定性论证分为两个步骤：一是论证人们如何在良序社会中获得道德的动机，即正义感。（第八章）二是论证正义感与人类自身的善达成一致。（第九章）但是，面对现代民主社会的理性多元论，人们不可能就某一种善观念达成一致。由于完备性学说之间是互不相容的，建立在完备性学说之上的政治正义原则不可能提供稳定性。于是，罗尔斯把政治的正义原则独立出来，而不再以一种完备性的学说为基础。公民之间由于持有不同的完备性学说，进而产生很大分歧，尽管这些分歧是合理的。现代社会理性多元论的社会公民不能在某种完备性学说基础上达成一致，当然也就不可能为社会统一提供基础。于是，罗尔斯转换了论证思路，由道德的建构主义转向政治的建构主义，建构了一套政治自由主义的体系。

在《政治自由主义》中，罗尔斯为了寻找正义原则在现实层面的可行性，面对理性多元论的完备性学说如何和谐共处，不再继续追问

---

① 关于罗尔斯稳定性问题的论证，参见董礼《关于罗尔斯稳定性思想的考察及其批判》，《哲学研究》2012 年第 2 期。

② John Rawls, "Political Liberalism: Reply to Habermas", *The Journal of Philosophy*, Vol. 92, No. 3 (Mar., 1995), pp. 132 – 180.

一种道德的完备性学说，而是构建了以独立的政治正义为基础的政治自由主义。这种独立的政治正义的目的就是要发展公共的道德真理，试图找到解决社会冲突的方案。对此，罗尔斯在1980年的《道德理论中的康德建构主义》一文中，一改《正义论》时期传统契约论的论证方法，提出了建构主义的论证。正义原则在被称为代表设置的原初状态的无知之幕后面选择出来，由于罗尔斯使用了这样一个假然契约，这种与传统契约论不同的论证已经不能称为契约论。道德观念在道德人的模式观念与良序社会的观念之间靠正义原则联系起来。也就是说，罗尔斯将在原初状态中选择的正义原则变成了持有不同完备性学说的公民之间达成共识。只是这个正义原则建立在完备性的学说之上，需要加以改造才能使得正义原则成为独立于完备性学说的政治观念。

2. 重叠共识的证成

我们只是将政治建构主义看作重叠共识的一种背景性介绍，具体论证比较复杂，将不再展开。“政治建构主义是一种关于政治观念之结构和内容的观点。它认为，一旦达到任何时候都能如此的反思平衡，政治正义原则就可以描述成为一种建构程序的结果，在这个由原初状态塑造的程序中，作为公民代表并服从理性的合理行为主体，选择公共正义原则来规导社会的基本结构。设想这一具体程序体现了所有实践理性的要求，并且知道正义原则是如何从那些与社会观念和个人观念，以及实践理性的理念本身联系在一起的实践理性原则推导出来的。”① 这是关于政治建构主义内涵的解释，而且是一种概括性阐述，事实上政治建构主义的方法要复杂得多。政治建构主义的意义在于，将政治正义观念与理性多元论事实与立宪民主社会的基本政治价值达成一种重叠共识。政治建构的基础在于公共政治文化的根本理念，在于公民共享的实践理性原则和观念。如果能够正确地制定程

---

① John Rawls, *Political Liberalism*, New York: Columbia University Press, Paperback edition, 1996, pp. 89 - 90.

序，公民就应该能够随同他们的理性完备性学说接受这种程序的原则和观念。只有这样，政治的正义观念才能够作为重叠共识的核心。[①]罗尔斯政治建构主义的目标就是从隐含在公共的政治文化中人们共享的基本理念中衍生出一种能够被不同的完备性学说的公民所认可的政治正义观念。换句话说，一种公共的政治正义观念需要在理性多元论事实中找到一个公共基础。

由于完备性理性多元论，现代立宪民主社会中的公民之间存在分歧，政治正义观念必须成为政治社会的核心并达成重叠共识。这样，政治正义观念对社会的基本结构具有规导作用，社会才能实现稳定性。社会公民之间参与社会合作来实现自己的利益，而政治的正义观念是公民们的共同目标，只有在政治正义观念的基础上达成重叠共识，才能实现社会的合作与团结。按照罗尔斯，政治正义观念来源于公共的政治文化，而公共的政治文化又是世代相传的社会实践的一部分，于是，政治正义观念对各种完备性学说相当包容且独立存在，只有这样，政治正义观念才能够获得各种完备性学说的认可和支持。公共文化是一个体现立宪民主政体的各种政治制度和社会制度的公共传统，立宪民主社会的公共政治文化则是一种政治传统。公民在公共的政治文化中逐渐接受并认可政治正义观念，缩小分歧达成共识。在这种公共政治文化的阐述中，隐含了罗尔斯对立宪民主社会中各种政治文化的追求。政治正义观念来源于公共的政治文化，又体现了公共政治文化的精神实质。需要说明的是，罗尔斯在论证公共政治文化过程中，始终是在公共的政治领域里面进行的。

在非政治领域，背景文化与公共的政治文化相对，背景文化之社会文化，存在于立宪民主社会内部的各种组织和联合体的文化之中，那些各种完备的道德、哲学和宗教学说也是背景文化的一部分。如果从公共的政治文化出发建构政治正义观念，公民才会普遍认可；如果从背景文化出发建构政治正义观念，公民们就不会普遍认可。政治正

---

① John Rawls, *Political Liberalism*, New York: Columbia University Press, Paperback edition, 1996, p. 97.

义观念依赖于政治意义上的公民个人观念，而非一般意义上的个人观念。由于公民具有普遍的理性推理能力，作为一种实践理性观念的良序社会提供了一种实践理性原则所适用的环境。如果说政治正义观念是政治自由主义的理论基础，那么政治自由主义的一系列基本理念则是政治哲学体系的完整表达。如果说重叠共识是政治正义的构成要件，那么正当优先于善的理念则是政治正义的价值诉求，公共理性则是政治正义的社会基础。接下来，我们将考察重叠共识的论证。

罗尔斯认为，政治哲学的任务是阐明潜藏于常识之中的共享观念和原则，如果人们对常识存疑，那么就会向其提供与其核心观念一致的观念和原则。不同于正义论时期社会稳定性建立在康德式的完备性自由主义之上，人们都认可同一种完备性学说，后期罗尔斯发现面对理性多元论的事实，以完备性学说来指导现代立宪民主社会并不具有可行性。于是，罗尔斯抛弃了康德式的论证思路，不再将正义原则建立在完备性学说之上，而是将其发展成为一个独立的观念。后期罗尔斯使政治的正义观念摆脱了完备性学说的基础，发展成了一个独立的政治观念。该政治正义观念是道德观念的一个子集，其主题是社会的基本结构，表达了一种社会政治理想。要想成为各种完备性学说的焦点，就必须要在理性的完备性学说之间达成重叠共识。只有这样，政治的正义观念才能成为各种理性的完备性学说的核心。

政治的正义观念独立于各种完备性学说，这就是说政治正义并不是从完备性学说中推导出来，其论证不需要任何完备性的学说作为基础。政治正义观念是从现代民主社会的公共政治文化中建构出来的。公共政治文化在建构政治正义观念过程中一定能够为公民们所认可。政治正义观念对各种完备性学说采取了一种回避策略。也就是说，政治正义观念在各种完备性学说中间采取中立态度，它的作用范围仅限于政治领域，即社会的基本结构。这样的谋划有利于政治正义观念远离各种完备性学说，以此更好地就解决政治领域的政治正义观念为核心达成重叠共识。由于政治的正义观念没有对形而上学的诉求，而是建立在公共政治文化理念之上，它易被任何一种道德、哲学和宗教的学说所接受。这些决定了政治自由主义的目的是要把政治正义作为理性多元论事实基础上的公民共享的社会合作框架。事实上，重叠共识理念就是为了应对现代民主社会的理性多元论事实，在各种互不相容的完备性学说之间达成共识并认可政治的正义观念，以此达到社会的稳定。重叠共识与政治正义观念和理性多元论的事实紧密相连。罗尔斯认为，每个公民的观点包括两部分，一是公民自己的完备性学说，二是全体公民共享的政治原则。每个公民都是从自己的完备性学说出发来认可政治正义观念，政治正义观念是重叠共识的基础。

重叠共识指政治的正义观念为各种理性而对立的宗教、哲学和道德学说所支持，但这些学说自身拥有众多拥护者，并世代相传生生不息。重叠共识有两个基本特征：其一，现代民主社会中寻求多样性的完备性学说的共识；其二，作为公平的正义被看作一种独立的政治正义观念。独立于任何完备性学说的政治正义观念适合各种在有其规导的社会里长期存在的理性学说的模式和根本性构成，并得到这些理性学说的支持。对于那些不合理性的完备性学说，就要限制其流行而不使其破坏社会基本正义。① 由于政治正义观念是由重叠共识所认可的，这也就成了政治同一和社会统一的理性基础。虽然每一种完备性学说并不一定推导出自由民主理念，但每一种完备性学说却努力就政治正义观念达成重叠共识。质言之，在多元民主社会，重叠共识是政治正义观念的核心，是政治正义观念的前提和基础。面对理想多元论的事实，政治自由主义是一个自由民主社会的公共秩序的基础。由于人们可能有各种完备性观点和善观念，它们是民主社会制度中人类理性反思的结果。罗尔斯把各种相互冲突的无公度性学说之间的理性多元论，看作持久自由制度下实践理性长期实践的特殊作用的结果。② 在各种完备性学说多样性基础上，公民们认可那些政治自由主义关注的

① ［美］罗尔斯：《作为公平的正义——正义新论》，姚大志译，上海三联书店2003年版，第55页。

② John Rawls, *Political Liberalism*, New York: Columbia University Press, Paperback edition, 1996, p. 135.

问题。这不仅仅是自我利益的结果，更是立宪民主体制内实践理性自由发展的结果。

政治自由主义的问题要求，自由平等的公民因为相互冲突甚至无公度的宗教、哲学和道德学说产生深刻分歧，如何能够使这样的社会成为一个稳定而正义的社会？要达到这一目标，罗尔斯分两步：第一步是提出具体的公民之间的公平合作项目，也就是社会的基本制度达到正义的具体化的正义原则；第二步是面对良序社会的现代民主社会的理性多元论，该社会如何稳定统一。① 很显然，罗尔斯把重叠共识作为现代立宪民主社会统一稳定的基础来看待。前面已经提到，重叠共识要寻求各种理性的完备性学说的共识，其中，关键的事实是理性多元论事实而不是一般多元论事实。在这样的立宪民主社会里，公共的正义观念是一种独立于完备性的宗教、哲学和道德学说之外的观念。联系到前面的两步，要把公平正义理解为一种在政治正义观念上所表达的独立观点，它并不提供超出该政治观念本身的特殊的宗教、形而上学和认识论学说。在良序社会里长期存在理性学说，政治正义观念能得到这些理性学说的支持。关于把重叠共识作为现代民主社会统一的基础，罗尔斯主要是从四种反驳意见来澄清。这是一种明显的反证法，也就是不直接从正面说是什么，而是从反面说不是什么。

第一，重叠共识不是一种临时协定。② 重叠共识不是一种临时性关于利益的聚合，而是建立在政治正义观念的基础上，而且它本身就是一个道德观念，来源于现代民主社会公共的政治文化。由于重叠共识的道德目标与道德根据与稳定性方面紧密相连，稳定性的问题表现了重叠共识与临时协定之间的对立。因为临时协定能够维持相对力量之间的利益整合中出现的偶然情况，如果力量对比发生变化，这种临时协定就会失效。与重叠共识相比，临时协定缺乏深厚的道德基础。

① John Rawls, *Political Liberalism*, New York: Columbia University Press, Paperback edition, 1996, pp. 133 – 134.

② John Rawls, *Political Liberalism*, New York: Columbia University Press, Paperback edition, 1996, p. 145.

第二，重叠共识不是怀疑主义或者冷漠的。① 反驳意见认为，对普遍性和完备性学说的回避，意味着政治正义观念是否可以为真这一问题持一种冷漠或者怀疑主义的态度。这是与建构主义的理性相反对的。重叠共识回避各种完备性学说，是为了避免卷入各种宗教学说、哲学学说和道德学说之间的分歧之中，更是为了达成稳定的重叠共识。采取这种策略性的回避原则回避各种完备性学说，可以看作一种策略选择。

第三，虽然政治的正义观念被看作是完备性学说的一部分，但政治观念本身并不一定是完备性的。② 在立宪民主社会中，任何一种完备性的学说都不能获得全体公民的认可，也正是因为这个原因，罗尔斯才对之前完备性的正义理论进行修正来适应现代民主社会的发展状况。

第四，重叠共识不是乌托邦式的。③ 这种观点认为没有足够的政治、社会或者心理力量来实现一种重叠共识，也就不能使得重叠共识保持足够稳定。在这个过程中，罗尔斯将重叠共识的达成分为两个阶段，第一个阶段是形成宪法共识，第二个阶段是达成重叠共识。在宪法共识中满足了政治正义的自由原则，确立民主选举程序。但是，宪法共识既不深刻也不广泛，它的范围狭窄，不包括社会的基本结构，只包括民主政府的政治程序。后来，罗尔斯谈到，当自由主义能够有效调节基本政治制度的时候，也就达到了一种稳定的宪法共识。对此，罗尔斯谈了三个要求。第一，如果理性多元论的事实作为一种既定的事实导致了临时协定的宪法政府，那么政治的基本权利和自由内容赋予其特殊优先性。第二，稳定的宪法共识与应用自由主义正义原则所包括的公共理性相联系。第三，自由原则对稳定宪法共识的实

---

① John Rawls, *Political Liberalism*, New York: Columbia University Press, Paperback edition, 1996, p. 150.

② John Rawls, *Political Liberalism*, New York: Columbia University Press, Paperback edition, 1996, p. 154.

③ John Rawls, *Political Liberalism*, New York: Columbia University Press, Paperback edition, 1996, p. 158.

现，有赖于前面的两个要求。[①]

那么，重叠共识的内涵是什么？罗尔斯认为重叠共识包括三个方面的基本内容：其一，重叠共识包括一个公共的正义标准，用以规范或者评价基本结构；其二，重叠共识包括一个能够得到认可政治正义的道德证成标准，这种道德证成能够与诸多宗教学说、道德学说和哲学的完备性学说相协调；其三，重叠共识还包括公共的正义标准规范的基本结构。现在的问题是，这样的重叠共识如何聚焦于政治的正义观念？罗尔斯通过自由主义者、多元主义者和宗教信仰者三种范例来证明。这三个范例的证明说明，我们有足够的理由追求合理性的政治证成，完备性学说认可那些合理性的政治证成的理性。政治生活要求我们共享框架来规导我们的社会生活，以此证成强制性权威的运用。在现代民主社会，不论是完备性学说，还是部分的完备性学说，都是出于自身理由而接受政治正义的观念，在这一点上，政治正义观念达成重叠共识具有道德基础的共识，并不是临时协定、权宜之计。

在重叠共识证明的可行性问题上，罗尔斯给出了两个说明。其一，政治价值超越其他价值，任何其他价值不能凌驾于政治价值之上；其二，各种理性的完备性学说均支持政治的正义观念所体现的政治价值，至少政治价值与完备性学说之间不是相互冲突的。宗教学说、道德学说以及多元论都认可政治正义观念，因此，重叠共识才是可能的。达成重叠共识要采取回避和宽容原则，回避各种完备性学说的真理与价值讨论。那么，具体的条件是什么呢？重叠共识要求各方悬置自己的善观念，只是对政治领域开放。

在重叠共识达成过程中，罗尔斯设计了从权宜之计到宪法共识再到重叠共识的过程。这不是一个真实的过程，而是一种理想的假定。所谓权宜之计，指的是两个利益冲突且目标不同的国家之间，由于利益纷争和力量权衡而做出妥协并签订条约，这样符合双方的利益。如果双方的力量对比发生变化，那么条约可能被毁，共识可能被弃。由

---

① John Rawls, *Political Liberalism*, New York: Columbia University Press, Paperback edition, 1996, pp. 161 – 163.

于共识不是建立在道德观念的基础上，订约双方只是在利益的基础上做了妥协。因此，这种权宜之计之上的稳定是一种表面的稳定，维持力量不是来自公民内心的认可，而是一种偶然力量的均衡。双方出于实现彼此最大利益的考虑，最终达成和解和宽容。于是，权宜之计中的某些原则经过长时间的历史积淀而固定下来，大家彼此接受并慢慢写入宪法，也就成了固定的法律制度。而事实上，这些原则不一定与人们的完备性学说相符，人们只能逐步改变自己的完备性学说来与宪法达成一致。

宪法共识阶段，政治正义观念作为一种权宜之计被纳入宪法，这种宪法共识比权宜之计具有更大的稳定性，但是仍然没有到达重叠共识的阶段。宪法共识的核心是宪法，宪法的实质主要包括两个部分，一是规定了公民的基本权利和义务，二是确立了立宪民主体制的程序和原则。前者主要为了公民的基本权利和自由的顺利实现，后者主要为了保证政府的高效运作。宪法共识之后，政治团体进入政治讨论的公共论坛，与那些不同的完备性学说之间交流对话。这样，拥有不同的完备性学说的团体成员都认可原则和政策，进而提供了深层次基础。但是，罗尔斯却认为宪法共识的深度和广度都不够。宪法共识只讨论关于宪法实质问题的共识，而并非基本正义问题的共识。宪法共识只是第一个原则的共识，不是第二个原则的共识。如果要想解决根本的问题，那就必须实现重叠共识。

3. 重叠共识的有效性分析

重叠共识的核心是政治正义观念。人们在以往经验的基础上，认为他人也会理性地按照宪法规定行事，在进入宪法共识之后，各个政治集团就进入了政治讨论的公共论坛，呼吁那些并不共享其完备性学说的集团，使得这些集团舍弃自身的狭隘观点，进而根据得出的政治观念把自己的政策解读给所有人，以获得更多认可。这种人们围绕政治正义观念开展的公共讨论就拓展了重叠共识的深度。此外，在各方力量进行完公共讨论之后，重叠共识对宪法的部分内容进行修改，解决彼此之间的那些分歧，最终达成重叠共识。由于政治合作能够不断获得成功，人们之间的信任也会不断增加。如此，重叠共识对一种政治正义观念来说，是一种道德上的认可。在道德层面上，重叠共识超越了宪法共识，使得现代民主社会的维持持久的稳定和统一。由于重叠共识在广度上超越了民主程序的政治原则，涵盖了基本结构的整体原则，在深度上把建立在良序社会和公民个人观念等基本理念基础上的正义原则和政治联系起来，重叠共识比权宜之计和宪法共识更具有稳定性。

罗尔斯认为一种纯粹政治的和程序性的宪法共识过于狭窄，除非某个民主国家达到了充分统一和融通，那么，它将无法颁布涵盖现存根本宪法和基本正义问题所需要的立法。围绕这些问题，还可能产生冲突。对此，必须要有根本的立法来保证良心自由和思想自由，而不仅仅是政治言论和思想自由。也就是说重叠共识需要一种合理的心理学解释。合理的是指公民们之间具有相互合作的欲望和动机，他们能够以社会合作者的身份来彼此尊重，从而维持公平的社会合作体系运转。罗尔斯认为道德心理学是一种特定的政治个人观念与公民理想的概念和体系原则。① 当然，在罗尔斯看来，这种道德心理学预设了民主社会中公共的政治文化所隐含的社会联合观念与公民个人的观念。如果要想从政治正义观念达成重叠共识，必须具有强大的道德和实践吸引力。当然，公民的完备性学说并非完全意义的完备性的，有些是部分的完备性，这为支持自由主义的政治正义观念预留了空间。这样发展出来的重叠共识具有很强的忠诚感，从而实现了正义原则和政治制度之间的良性互动。以此来实现政治正义为核心的重叠共识，进而实现社会稳定。为了进一步澄清重叠共识证明的有效性，我们进一步考察公共理性与正当优先于善、重叠共识与公共理性之间的关系。

先来分析重叠共识与正当优先于善。多元主义是现代社会的主要

---

① John Rawls, *Political Liberalism*, New York: Columbia University Press, Paperback edition, 1996, p. 86.

特征，社会中的多种善观念是多元主义的集中表现。由于多元论已经深入现代社会的各个方面，社会差别不断扩大、社会复杂性不断增多，由此催生并强化了道德多样性，也使得不同伦理法典和人们生活的各个方面之间的关系更为紧张。[①] 罗尔斯承接了多元主义是一种意识形态的价值多元性，认为多元主义是一种事实存在，即理性的完备性学说的存在，或者说是善观念的多样性。自由主义者认为，多元主义是现代立宪民主社会的一个长期存在的基本特征，不能靠国家的强制力来消除这种理性的多元论事实。这也是罗尔斯赞同义务论的一个重要原因。

在罗尔斯看来，正当与善是伦理学的两个重要概念。如果一种制度能够促进对于善的追求，那么我们就说这种制度是正当的，这种观点是一种目的论。如果善的前提是正当的，正当优先于善，并且不以任何特殊的善观念为基础，这种观点是一种义务论。在西方伦理学史上，康德一改过去善优先于正当的观念，开启了正当优先于善的义务论。康德认为，正当对于善的优先性意味着人们对事物的追求要接受从先验理性当中产生的限制，而不是作为对象的善观念决定道德法则。相反，道德法则在其绝对地享有善观念的范围内，首先决定了善的概念及其使用。[②] 罗尔斯没有沿着康德的先验唯心主义的论证方式，但是继承了康德的正当优先于善的观点。早期罗尔斯的基本善都是人们追求美好生活所必需的条件，原初状态虽然不是以先验个体性为基础，但是与经验也保持一定距离。正义论对正当优先于善的论述是以完备性学说为基础的，正当是一种个体性的体现。在《政治自由主义》中这种论述发生了变化，政治的正义原则给各种生活方式设定了限制。也就是说，罗尔斯为现代民主社会中的善观念设定了边界，善不能推出正当。善是一种理性欲望的满足，是我们视为有意义人生的

---

① 参见［英］理查德·贝拉米《重新思考自由主义》，王萍等译，江苏人民出版社 2005 年版，第 279 页。

② 参见［德］康德《实践理性批判》，韩水法译，商务印书馆 1999 年版，第 69 页。

观念。[①] 善观念不以任何完备性的学说为前提，具有中立性和普遍性，属于政治领域。如果按照一种普遍性来理解，这种优先性就意味着善观念必须尊重政治正义观念的限制，并在政治正义观念的范围内发挥作用。[②] 对此，罗尔斯解释了五种善观念。

在原初状态中，无知之幕遮蔽了人们的各种善观念，推出的正义原则才能保证公平性。也就是说，善已经不是一种完备性的观念，而是为了实现政治正义原则成了公共政治文化的一部分，况且这种是政治的而非形而上学的。出于政治的考虑，罗尔斯认为正当优先性并未完全脱离善观念，只是这些基本善不是完备性的。由于现代立宪民主社会由政治的正义原则来规导，多元社会作为政治正义的主体，也就成了社会成员共享的一种善。不难看出，罗尔斯的良序社会表达了一种政治意义上的善，而不是完备性学说支配的善。

再来分析重叠共识与公共理性。在罗尔斯自由主义的理念系统中，公共理性的理念是社会正义的普遍基础。公共理性自由而平等的公民在互相尊重的基础上，作出具有集体约束力的决策，目的是维护社会的稳定。公共理性既是公民的一种能力，又是调节现代民主社会的一种准则。公共理性的观念以政治正义观念为主要内容，政治正义规范公共理性运用的合理性与正当性。在罗尔斯看来，公共理性有两个主要任务：一是建构独立于完备性观点的政治正义观念，二是验证完备性观点能否就政治正义观念达成重叠共识。

我们知道，在现代立宪民主社会，人们具有不同的理性的完备性道德、哲学和宗教学说为指导，于是他们所追求的价值承诺也会不同，因此，人们之间产生分歧在所难免。这种道德冲突可能引发社会分裂，于是，要实现社会的稳定，就必须寻求公正的正义原则和维护社会稳定的条件。政治正义观念不仅能够保证每个人的基本自由权

---

① John Rawls, *Political Liberalism*, New York: Columbia University Press, Paperback edition, 1996, p. 410.

② John Rawls, *Political Liberalism*, New York: Columbia University Press, Paperback edition, 1996, p. 176.

利，还能在不同的完备性学说之间保持中立，以此满足多元社会的要求。但是，这样的解释还不够完善，还要证明政治正义观念的合理性，也就是说，如何成为各种理性的完备性学说所认可的核心，而不是用完备性学说压制各种观念。否则，公民之间就会因为相互怀疑而无法形成重叠共识，这种证明政治正义观念的公共基础就是公共理性。“公共理性理想的关键是，公民将在他们都视之为政治正义观念的框架内展开基本讨论，这个政治正义观念建立在那些可以理性地期待他人认可的价值，以及每个人都准备真诚捍卫的观念上。这就意味着，我们每个人都必须具有，且准备解释我们认为可以合乎理性地期待公民与我们一起认可那些原则和指南的标准。”① 由于公民具有不同的完备性学说，他们必然产生分歧，公共理性要求公民根据政治价值来理性地平衡各种行为。也就是说，政治价值与完备性学说之间并不是毫无关系，重叠共识就是从不同的完备性学说之间生发出来的政治共识。简言之，由于道德冲突而产生的一系列分歧，由于政治共识使得政治价值与各种完备性学说之间相互支持。② 公共理性是自由平等的公民在社会政治问题上，在公共政治论坛公共证成的一种方式。由于现代社会理性多元论的事实，就各种政治问题产生分歧似乎不可避免，公共证成的方式就是一种减少分歧、达成共识的目的。因此，公共理性是重叠共识的基础，重叠共识理念通过公共理性得以加强。

在现代立宪民主社会中，公民们在公共的政治论坛上就宪法根本和基本正义问题展开讨论，并运用政治正义观念对其行进公共证成，体现了公共理性对重叠共识的意义。其一，公共理性是公民们在相互尊重的基础上对公共领域中政治法律问题展开决策时运用的理性。公民合作是现代民主社会的基本要求，公民们在公共理性的基础上接受政治正义观念，根据共同的理由而非强制力量达成政治共识。当然，

---

① John Rawls, *Political Liberalism*, New York: Columbia University Press, Paperback edition, 1996, p. 226.

② Amy Gutmann and Dennis Thompson, “Moral Conflict and Political Consensus”, *Ethics*, Vol. 101, No. 1 (Oct., 1990), pp. 64 – 88.

这种共识不是建立在完备性学说的基础上。由于产生压迫性事实，任何一种完备性学说也不能用来作为公共证明的基础。其二，公共理性对现代民主社会起到了一种公共的政治教育的作用。在公共的政治论坛上，公民们运用公共理性进行公共证成，在相互尊重的基础上达成共识。这一过程能够体现公民的合作精神，使得人们之间的价值观彼此认同，进而达成重叠共识。其三，公共理性可以避免真理讨论，有助于达成共识。政治证成的目的是向他人证明自己的观点并使对方接受，如果只从自己的完备性观点出发，很难得到大家的认可。那些不诉诸完备性学说的真理更能被公共证成。

不难看出，公共理性和内容和重叠共识的核心都指向了政治正义观念，在理性多元论事实的背景下，稳定性问题将公共理性与重叠共识有机结合起来。公共理性为政治正义观念的重叠共识提供公共证成：公民在共享的政治正义观念共同基础上采取行动，通过反思平衡在各种完备性学说基础上认可该政治正义观念。也就是说，罗尔斯将重叠共识设定为公共的公共理性的特征，这种特征在政治实践中形成。公共理性不是先验的，公共理性的运用才能实现对两个正义原则的正当性和稳定性证明。正当性证明针对第一个正义原则，而稳定性证明则是在两个正义原则基础上达成一致。因此，重叠共识的稳定性证明要比合法性证明复杂得多。公共理性的本质就是公共证明，公民以公共证明的方式对宪法根本的基本正义问题进行说明，才能达成各种完备性学说之间的重叠共识。在这种意义上，重叠共识在各种完备性学说中就政治正义观念达成一致，最终实现社会稳定，这是罗尔斯政治自由主义理论的重要性所在。这种道德哲学和政治哲学探索，对公共哲学的构建具有重要意义。

三　商谈共识及其论证

哈贝马斯并未专门论述其关于共识的理论，也没有和罗尔斯一样提出专门的名词来解释其有关的政治思想。我们的讨论主要是基于哈贝马斯的有关政治思想进行归纳总结，将哈贝马斯的政治共识理论与其他理论进行区分，以“商谈共识”（discourse consensus）来命名其主要思想。

1. 语用的意义理论：语言学转向

在20世纪70年代，哈贝马斯在批判理论内部推动了语言学转向。20世纪许多哲学家试图通过对言语的运用当中固有的概念性事实的分析，解决表面的认识论和形而上学争端，这个被称作语言学的转向。把关于何物存在、何物可知以及如何认知的问题看作语义、代指或者意义如何产生的问题。哈贝马斯的批判理论宣称找到了一种新方法，这种方法与这种哲学领域的语言学转向链接起来，通过对语言运用的分析，确定在言语中行为的理性基础。哈贝马斯将这类方法运用到社会理论中。基于人类从事的行为具有意义这个事实，他借助语言的结构来分析交往和社会行为。哈贝马斯提出了一套关于交往的观点，被称作普遍语用学，并阐释了交往行为的概念。这些观点集中反映在他的《交往行为理论》中，贯穿了后来的20世纪80年代的商谈理论，以及20世纪90年代的民主法治理论。可以说，哈贝马斯的理论大厦就建立在人类交往的基础上，即我们如何通过语言实现相互理解、达成共识。

哈贝马斯的社会理论并没有把社会看作与主体相对立、偶尔互动的客体，而是把社会看作栖息于我们之中的一种介质，我们与社会的关系是你中有我、我中有你。不难看出，青年哈贝马斯从海德格尔那里学会了这样的观点，我们在社会中思考和行动。当然，哈贝马斯并没有将哲学视作科学的科学，哲学的任务是要从自然科学和社会科学中汲取素材，哲学充当有坚决普遍主义主张的经验理论的替身，通过为经验性证明提供假说来填补自然科学的空白。① 需要说明的是，哈

① Jürgen Habermas, *Moral Consciousness and Communicative Action*, C. Lenhardt and S. W. Nicholsen (trans.), Cambridge, MA: MIT Press, 1990, p. 15.

贝马斯的社会理论把社会现实的主体间性放在了首位。社会不是单个主体的聚合，也不再是一个有机整体，每个部分都要服从于整体的目的。哈贝马斯的语言学转向是一个语用学的转向，试图通过语用意义理论来改造社会理论。20 世纪 90 年代，哈贝马斯在卡尔 - 奥托 · 阿佩尔的影响下，认为语言的意义并没有被命题意义穷尽，意义具有践言的双重结构，[①] 即命题的意义和语用学的意义。

首先来看命题的意义。句子的意义取决于它的真值条件语义学，要想理解句子，就要弄清楚什么决定了这个句子的真伪。而意义的真值条件被证明是持久和有用的。但是意义理论的真值条件模型也面临一个困境，那就是它只对语言的一小部分，即命题和描述具有合理性。有时语言本身的意义毫无问题，但是要说句子的意义或者部分句子的意义就要依赖于它的真值条件。哈贝马斯认为真值条件语义学犯了描述性错误，真值语义学之适用于语言的某些方面的意义理论，适用于那些事实上的确具有描述或者代表功能的命题，如果扩大使用到全部语言就是错误的。因此，哈贝马斯倾向于语用意义的理论。

在展开讨论之前，先要加入一个背景性分析，以说明哈贝马斯为什么要从分析的行为理论转向到交往行为理论。在韦伯那里，只有从目的理性的角度出发，社会合理化进程才进入我们的视野。哈贝马斯认为韦伯的行为理论在概念上存在不足，并认为要转向自己的交往行为。但是，哈贝马斯还是认真分析了英国分析哲学的意义理论对其理论的意义所在。哈贝马斯通过简单介绍英国语境中的分析的行为理论认为，“分析的行为理论是重新拣起前康德主义意识哲学中的一些问题，但并没有触及社会学行为理论的基本问题”[②]。那么，社会学行为理论的基本问题是什么呢？社会学行为理论应该把交往行为作为起点，在交往行为理论中，语言沟通作为协调行为的机制。同时，分析

---

① 韩东晖把行为和言说之间的矛盾称作践言冲突，这里从韩东晖的说法。参见韩东晖《践言冲突方法与哲学范式的重新奠基》，《中国社会科学》2007 年第 3 期。

② ［德］哈贝马斯：《交往行为理论》第一卷，曹卫东译，上海世纪出版集团 2004 年版，第 261 页。

哲学的核心问题意义理论，也为交往行为理论提供了一个良好的理论发展空间。交往行为理论的建构意义在于，关注那些语言表达结构的分析的意义理论，而不是言语者意图的分析的意义理论。在这种意义上，交往行为理论更为看重这样的问题，那就是如何才能通过沟通机制把不同行为者联系起来，使这些行为在社会空间和历史范畴内织成一个网络。

哈贝马斯的意义理论是语用学的意义理论，就是关于语言使用的理论。这种理论着眼于语言能做什么，而不是语言能说什么。哈贝马斯从德国语言学家卡尔·比勒对语言的定义认为“人们交流关于这个世界的知识的工具”，赋予语言三种功能：代表事态的认知功能、向听话人提出的诉求功能、描述说话人经历的表达功能，① 这三种功能分别对应第一、第二和第三人称视角。比勒主张语言的应用涉及说话人、听话人和世界三者，语言理论必须顾及任何一方。在谈到比勒的语言模式对分析的意义理论的意义时，哈贝马斯指出“通过对语言表达的使用规范的形式分析，从内在阐明交往理论，而不是根据对语言表达的使用规范的形式分析，从外在阐明交往理论。意义理论对工具论模式的这一建构路线，远离了把沟通过程当作发送者与接受者之间传递信息的客观主义观念，而面向一种关于互动的形式语用学概念，这种互动发生在具有言语和行为能力的主体之间，并以理解行为作为中介”②。

哈贝马斯认为真值条件语义学的理论错误在于只重视语言的认知功能，而忽略了其他两个功能，没有考虑说话人和听话人的关系。于是，真值条件意义理论无法解释为什么我们使用语言时会用如此多的不同方式相互交流、协调行为。对此，哈贝马斯提出了自己的观点，

---

① Jürgen Habermas, “Toward a Critical of Theory of Meaning”, in *On the Pragmatics of Communication*, B. Fultner (trans.), Cambridge, MA: MIT Press, 1998, pp. 277 – 306. 此外，对于比勒的解释，哈贝马斯在《交往行为理论》中也有所涉及。参见［德］哈贝马斯《交往行为理论》第一卷，曹卫东译，上海世纪出版集团 2004 年版，第 263 页。

② 参见［德］哈贝马斯《交往行为理论》第一卷，曹卫东译，上海世纪出版集团 2004 年版，第 263—264 页，译文参照英文版略有改动。

认为言语的语用功能使得对话者走向了共同的理解并达成了主体间的共识，相对于语言的认识世界的功能，语用功能具有优先性。进一步解释，真值条件意义理论把命题作为语言的基本意义单位，而语用学意义理论则把说话当作语言的基本意义单位。“如果不明白如何利用言说就某事达成理解，人们就不能理解言说为何物。”[①] 哈贝马斯认为，通过分析语言的语用功能可以更好地揭示意义和理解。言语的基本功能就是协调众多独立行为人的行为，并为交往互动有序开展提供可供遵循的途径。语言之所以能够实现这样的功能，那是因为语言的内在目标就是要达成理解并产生共识。理解作为人类语言的终极目的，存在于人类语言当中。[②] 理解既是一种过程，又是一种结果，即达成合理的理解或者共识。

按照哈贝马斯，取得理解就是取得共识。但是我们要区分两种共识，一种是理解什么的共识，即关于事实的共识；另一种是对所理解之物的共识，即关于价值的共识。适当调整哈贝马斯的理论，道德对话中的参与者，必然要么既对事实和价值达成共识，要么不能互相理解。然而，功利主义和康德主义宣称能够就康德主义所宣扬的东西达成共识。那些无法达成共识的是康德主义者所说的那些是否有效或者正确的东西。我们能够理解和同意别人宣称的事实，虽然我们与他在主张上存在分歧，并且能够质疑他所宣称的那些事实是否就是某个特定主张相对应的事实。事实上，我们的解释和结论上的差异，并不排除对那些对立的立场进行客观认识。每个人都清楚对方的立场和动机，且明白下一步该怎么做，但是，这并不等于他们可以成功地就彼此间的行为达成一种实践共识。他们想方设法达成一种最低限度的共识，这对于理解来说是必要的。他们也可以在理解各自的处境上达成彼此理解，但这并不一定会在行动上进一步达成共识。显然，交往需

① Jürgen Habermas, *On the Pragmatics of Communication*, B. Fultner (trans.), Cambridge, MA: MIT Press, 1998, p. 228.

② ［德］哈贝马斯：《交往行为理论》第一卷，曹卫东译，上海世纪出版集团2004年版，第274—275页。

要某种类型的理解，除了可理解性的条件，交往和理解都没有把共识作为一个必要的条件或者结果共识。

哈贝马斯认为，言语的语用意义表现在言语具有建立说话人主体间的共识的功能，共识形成了人们行为的主体。言语能够完成这个功能，主要是因为说出的话的意义取决于说话背后的理由。这种理性主义的观点认为，意义取决于动机。在哈贝马斯看来，这是一种“意义的有效性基础”①。哈贝马斯在语用学而非形式逻辑的意义上使用有效性这个词。在命题逻辑中，有效性是指形式完整的句子之间的保真推论关系。哈贝马斯的有效性与之不同，有效性是指动机和共识之间的密切关系，要求“与理由之间有着内在联系”②。这里的关键在于，言语的语用意义取决于其有效性，而说话者为了达成共识而提出的理由则是有效性的基础。哈贝马斯认为，行为、言语和命题的本质在于公共的、共享的。由于意义取决于理由，而理由本质上是公共的、共享的。也就是说，共享的意义取决于共享的理由。于是，哈贝马斯以其特有的语用学意义理论截然不同地重构了公共领域的主题。事实上，这种重构更具有哲学抽象性。

事实上，比勒的语言功能理论与分析的意义理论结合起来，共同成为一种以理解为取向的行为理论的核心内容。但是，这里的前提是必须把有效的概念加以普遍化，要求不仅从命题的语义学角度出发，而是要从表达的语用学角度出发，去鉴别有效性前提。为了实现这个目标，就必须把语言哲学中由奥斯汀和阿佩尔提出的范式转型推向极端，摆脱语言的逻各斯表现论，真正做到放弃语言表现功能的特殊地位。之所以这样做，我们必须像对待端砚样态一样，揭示其他样态的有效性要求与世界的关联。也就是说，具有言语和行为能力的主体可以和多个世界建立联系，由于他们之间就世界达成理解，这就为交往

① ［德］哈贝马斯：《交往行为理论》第一卷，曹卫东译，上海世纪出版集团2004年版，第274页。

② ［德］哈贝马斯：《交往行为理论》第一卷，曹卫东译，上海世纪出版集团2004年版，第287页。

提供了一个共同设定的世界体系作为基础。哈贝马斯将比勒的工具论模式与其分析的意义理论结合起来。这一点实质上是与哈贝马斯从真值语义学向语用的意义理论转变相一致的。我们知道，比勒的出发点是关于语言符合的符合学模式，言语者使用符号的目的是要与听众就对象和事态达成理解。哈贝马斯通过对语言表达的使用规范进行形式分析，从内在阐明交往理论。意义理论相对于工具论模式，远离了把沟通和理解过程当作语言发送者与接受者之间传递信息的客观主义观念，而是面向一种关于互动形式的语用学概念。这种互动发生在具有言语和行为能力的主体之间，并以理解行为作为中介。

在这一过程中，哈贝马斯认为实用主义对此有特殊贡献。符号理论始于皮尔士，经过莫里斯得到进一步发展。后来，卡尔纳普继承了这个思路，他从句法学和语义学的角度加以分析。卡尔纳普的逻辑句法以及指涉语义学的基本观念为从形式的角度和表达功能是语言应用中的实用内容，进行经验分析。卡尔纳普的语义学不是一种可以重建的普遍规则系统决定的，我们不能像对待句法学和语义学那样，对语用学加以抽象分析。哈贝马斯认为，只有指涉语义学向真值语义学过渡，意义理论才能够成为一种形式科学。我们知道，语义学理论是由弗雷格建立的，得到早期维特根斯坦、戴维森和达米特的发展。语义学理论关注的重点是命题和事态以及语言和世界之间的关系。从语言哲学的角度分析，这是一种本体论的转型，语义学理论放弃了用表示对象的名称来解释语言的表现功能。如果言语者与听众如果知道一个语词在命题具有真实性，他们就能理解这个命题。他们如果知道一个语词在命题具有真实性方面发挥作用，他们也就理解了这个语词。于是，在真值语义学来看，一个命题的意义是由其真实性条件决定。这种观点揭示了语言表达的意义和命题有效性之间的内在联系，并表现在语言表现事态层面。但是，这种理论不能用断言命题的模式来分析一切命题，一旦不同命题运用样态被纳入形式考察范围，这种命题的局限性也就变得清楚了。

在这方面，弗雷格区分了论断及其表达中使用的命题结构所具有的断言力量和或然力量。后来，后期维特根斯坦、奥斯汀到塞尔把关于命题的形式语义学扩展到言语行为当中。于是，形式语义学不再局限于语言的表达功能，而且开始关注依言行事的力量。可以说，意义的应用理论通过抽象分析，揭示了语言表达的实用方面。言语行为理论开始了迈向形式语用学的关键第一步。后来，经塞尔等尝试系统化愤怒言语行为的等级表明，这种形式语用学还没有完全摆脱真值语义学的本体论前提。意义理论要想到达交往理论同一性高度，就必须借用真值语义学，像它那样对语言的表现功能给予语言召唤功能和表达功能。哈贝马斯正是沿着这样的思路来展开普遍语用学的构建的。哈贝马斯将比勒的语言功能理论和分析的意义理论结合起来，共同成为以理解为取向的交往行为理论的核心内容。这个理论的前提是把有效性概念加以普遍化，这要求不能仅仅以命题的语义学角度分析，而且要从语用学角度分析，从而发现有效性的前提。哈贝马斯的思路就是把奥斯汀提出、阿佩尔加以阐明的语言哲学范式转型推向极端，在选择语言学本体论前提时摆脱语言的罗格斯表现论。这样，哈贝马斯真正放弃了语言表现功能的独特地位，揭示了有效性与世界之间的关联。这种以有效性要求为基础的依言行事是一种理性的力量，它们详细标明了言语者在表达他提出了怎样的有效性要求、如何提出，以及为什么提出有效性要求。

由于具备言语和行为能力的主体可以和世界建立起联系，而且他们之间可以就世界中的事物达成理解，也就是说他们的交往有一个共同的世界体系的基础。这样，借助以言行事，言语者可以让听众接受他所提供的言语行为，并从合理的动机出发对待其言语行为。于是，在真实性、正当性以及真诚性基础上的有效性要求成了选择理论视角的主导概念。语言应用的各种样态以及不同语言功能可以得到论证，语言中不断变化的言语行为明确下来。由此建立起来的交往行为理论的前提阐明，作为言语行为或者等价的非口头表达的交往行为，如何能够协调行为功能，如何建立互动。真诚的言语行为有三个不同的有效性声称：真实性、正当性和真诚性有效性声称。在所有的交往行为中，说话人必须提出全部三个有效性声称。根据言语行为的不同，需要说明的是，哈贝马斯的形式语用学理论其实就是他的意义理论。之所以把意义理论与理解理论放在一起讨论，就是因为哈贝马斯提出的社会理论方法就是通过语用学来解决意义的理解问题。不能把意义问题从说话人给予听话人素材、供其理解的背景中抽象出来，意义理论也是理解的理论。意义关乎主体间性，取决于说话人与对话者之间的关系。交往行为理论的前提要阐明，交往行为也就是言语行为或者等价的非口头表达，是如何获得协调行为的功能的，又是如何建立互动的。

2. **商谈共识的有效性分析**

在 20 世纪 70 年代早期，作为社会理论家的哈贝马斯对社会秩序如何可能备感兴趣。他描述了社会科学中分析社会的两种方法，一是客观主义的方法，二是主观主义的方法。客观主义的方法认为对主体采取客观的态度试图从法理学规律中寻找行为的解释，主观主义的方法代表了各种现象学社会理论。他们之间的根本分歧在于对于主体来说行为的意义是什么。虽然两种方法存在差别，但是他们共同的地方在于都从个人主义出发，因此也就不能正确地看待社会行为中的主体间性。按照哈贝马斯，所有行为都是指向了意义。不同的行为类型取决于这一行为是社会的还是非社会的，取决于目标是什么，取决于如何理解目标的实现。基于社会行为与非社会行为的区分，哈贝马斯认为面向结果的非社会行为是工具行为。①这种行为中，主体心中有个目标，使用相应的手段干预世界。哈贝马斯将面向结果的社会行为称作策略行为，这种行为以第三者的观察视角采取客观主义的态度，按照因果律来影响对方。如果按照主体间性的视角对待彼此，并不试图只是实现自己的个人目的，而是面向达成相互理解，这种类型的社会行

① Jürgen Habermas, *On the Pragmatics of Communication*, B. Fultner (trans.), Cambridge, MA: MIT Press, p. 118. 同时也可参见［德］哈贝马斯《交往行为理论》第一卷，曹卫东译，上海世纪出版集团 2004 年版，第 273 页。

为就是交往行为。不同于策略行为，交往行为发挥着社会融合的职能，是社会的纽带。因为，要想达成理解，就必须有一个合理的依据，任何协定的达成，必须通过理性形式而非强迫。对此，普遍语用学在交往行为的基础上，以语言为中介对社会进行协调调节。哈贝马斯区分了交往行为和策略行为。

商谈的目的就是达成一种一致或者理解，这种理解实际上就是一种共识。哈贝马斯把共识当作有效性主张正当性的必要条件，这里的正当性是一种政治制度和社会制度赖以维持的公共共识形成中的基础，也就是合法化（legitimation）。为什么人们会接受某种被给予的正当性，哈贝马斯认为有两个方面的动机，即经验和系统两个方面。一方面，动机是一种社会习得，通过符号系统地表现的期望结构内在化而形成；另一方面，动机得以形成的价值和规范与真理之间有一种内在联系。① 当然，哈贝马斯感兴趣的是第二个方面。哈贝马斯认为，如果某些正当性在激发人们的行为过程中是成功的，它就必须和可真或者可假的价值和规范一致。事实上，哈贝马斯的意思是说，普遍道德既然认可经验有效性，也就承认了系统的有效性，这就意味着普遍有效的规范和价值在某种意义上比那些特殊性更为真实，“道德意识的最高阶段是普遍道德，它可以追溯到理性言语的基本规范”②。也就是说，哈贝马斯使得合理性的交往成为可能的理性言语和语言结构必然要求一种普遍化的道德。任何普遍性的道德都表明了它是对交往的一种系统性的曲解。

于是，哈贝马斯将普遍道德和正当性联系起来，尤其是将普遍道德和正当性与真理的关系联系起来。如果对正当性的信念假设一种真理—价值，就意味着这种信念的基础必须有一种不依赖于任何经验的心理因素的合理的有效性主张。如此，信念的正当性基础就不能认为

---

① ［德］哈贝马斯：《合法化危机》，刘北城等译，上海世纪出版集团 2009 年版，第 103 页。

② ［德］哈贝马斯：《合法化危机》，刘北城等译，上海世纪出版集团 2009 年版，第 103 页。

是独立于逻辑的，不能独立于它们的理性推导的可批判主张。① 所以，正当性主张不但有或真或假，对它的接受和支持也必须要有适当的理由。哈贝马斯的规范有效性意味着对规范的约束性接受，也就是义务。规范的有效性根植于交往共同体之中，通过实践的商谈和理性的争论，交谈者对规范的有效性主张进行检验，在合理的基础上达成一种正确的规范共识。因此，"规范的认知因素并不仅限于规范的行为期望的命题内涵。规范有效性要求本身就具有一种假设意义上的认知性。这种假设就是：规范的有效性要求可以用商谈来兑现，即它可以用参与者通过辩论所达成的共识加以论证"②。与前面提到的理性类似，它具有比单纯的逻辑推理更具有实质性的意义。哈贝马斯为了给规范有效性主张提供理性根据而提出了一种实质性论证。这些论证由一些语用学单元构成，利用普遍联系的言语行为，建立在逻辑推理的基础上。在商谈中，通过争论达成与规范接受性相关的共识是一种理性的意愿。事实上，这种理性语言的实践商谈不可避免地假设了一种理想的辩谈情境。在哈贝马斯看来，这似乎就是理性商谈的先决条件，即信念的正当性和理性动机的条件。同时，这个先决条件必然牵涉到共识和普遍化利益。

一个陈述要想获得正当性，就必须符合理性善谈的前提和程序。如果它被证明是正当的，那么它就是有效的。通常情况下，正当性就是提供一系列理由支持某种信念。当然，哈贝马斯的理性商谈的先决条件试图排除源于坏的理由的正当性，以此保证理由的合理性。换句话说，正当性的条件是否同样适合商谈的条件？既然理由可以表达为陈述，哈贝马斯提出了四种有效性主张：可理解性、真实性、真诚性和正当性。③ 如果哈贝马斯的思路是正确的，那么，他的方案就是可

① ［德］哈贝马斯：《合法化危机》，刘北城等译，上海世纪出版集团 2009 年版，第 107 页。

② ［德］哈贝马斯：《合法化危机》，刘北城等译，上海世纪出版集团 2009 年版，第 115 页，译文根据英文版略有改动。

③ 在这里需要说明一点，那就是哈贝马斯的商谈与三种有效性声称是相互对应的，理论的商谈对应真实性，道德商谈对应正当性，审美商谈对应真诚性。Cf. Gordon Finlayson, *Habermas: A Very Short Introdution*, Oxford University Press, 2005, p. 42.

以适当辩护的。

在正当性论证过程中，（它）是与交往密切相关的。正当性依赖于利益的普遍性，这种普遍性只有符合商谈条件才能到达。根据哈贝马斯，正当性的概念只能有效地运用在政治秩序和国家组织的社会，只能用于处于政治支配的结构内运作的社会。[①] 在行政系统内部，行政效率的提高依赖于普遍的同意，这种多数人的忠诚独立于狭隘的特殊的动机。但是，社会化是通过交往和交往实践的发生而发生，是通过语言的主体间性的结构而发生。这就使得人们的社会行为按照这种方式组织起来，对那些影响和调节组织的规范有望被证明是合理的。正是因为如此，才有某些行为对防范的正当性，要求尚未被证明的决策也被接受。基于这样的假设，适当的商谈的正当性能够达到，我们就会心甘情愿地服从尚未明确的正当性论证的社会秩序。但是，所有这些都依赖于一个这样的假设，那就是人类的动机要求符合正当性的规范，它依赖于另一个假设，就是个性系统必须在为人所认同的阐释系统中寻求统一性。于是，动机也在交往中确定下来。这样，如果动机依赖于商谈，那么，没有商谈证明的地方就没有动机，而且由于正当性依赖于一定的动机态度的认识，在商谈之外就不存在可以证明的正当性。然而，在特殊的情景中起作用的正当性标准，被认为是合理的推断理由会发生变化。正当的标准被描述为某种根据可接受的形式条件，它使得效力合法化，而且有能力达成共识并形成动机。尽管在某种程度上，共识在后来产生的可能性是与正当性的接受相关的。事实上，合法化产生了动机，而不是共识本身产生了合法化。

在某种意义上说，共识产生的可能性与合法化的接受相关。由于现代社会的统一性原则在根本的理由上明显缺乏说服力，它不得不诉诸具有决定性辩护力量的正当性形式条件。所以，试图为正当性提供实质性根据就转变成了形式的前提，而形式前提则是任何人的正当性

---

① ［德］哈贝马斯：《交往与社会进化》，张博树译，重庆出版社 1989 年版，第 184 页。

论证的必要条件。“正当性程序和先决条件就是其合法的理由，而合法的理由则是合法化的有效性基础。所有自由、平等的参与者达成的一致观念决定着现代合法性的程序类型。”[①] 也就是说，理性一致性的程序与先决条件本身变成了原则。于是，由于可能的共识形成的形式条件拥有了合法化的力量，正当性的程序本身则限定了其结果的正当性。合法化通过遵循一种被认同的程序而实现，而这种遵循则建立了广泛认同的合法性。合法化是一种正当性论证程序或合理性程序的结果，那些程序规定意见一致是合理的，与强制的或者偶然的程序相反，它也明确规定这一种合法性及其实现的理想条件。在哈贝马斯看来，合法化有效性同时满足两个条件：第一，遵循特定的理性的正当程序，第二，普遍利益的合理性。[②] 合理性指的是理性的一致原则和共识原则的假设与实现，哈贝马斯把第一个条件等同于正确性，而把第二个条件等同于公正。

那么，合法性、正当性、普遍利益和合法化是一种什么关系？哈贝马斯拒绝称之为经验主义和规范主义的合法化概念，取而代之的是一种重构主义。[③] 在这种重构主义中，合法性与普遍利益有某种相似性，但是正当性比合法性和普遍利益的应用要广泛得多。合法化是一种正当性，它比正当性更狭隘，但正当性并非总是与合法性相关。而普遍利益则是合法性所需要的东西，合法性与普遍利益共同指代相同的、具体的事态。在哈贝马斯看来，正当性论证系统规定系统本身的合法化之有效性。换句话说，正当性或者合法化的有效性决定于自身的和其他正当性的背景系统的一致性。这个系统提供被认为是正当的理由，这些理由为有效的合法化所接受。而对正当性概念的解释则向我们表明了，正当性在系统中必须是有效的，必须和环境相一致。

---

① 参见［德］哈贝马斯《交往与社会进化》，张博树译，重庆出版社 1989 年版，第 191 页。

② ［德］哈贝马斯：《交往与社会进化》，张博树译，重庆出版社 1989 年版，第 202 页。

③ ［德］哈贝马斯：《交往与社会进化》，张博树译，重庆出版社 1989 年版，第 190 页。

哈贝马斯认为，我们并没有让人相信的合法性判断，合法性信念和正当的制度系统比较并没有带来更多东西。假设观念与现实并未分离，我们必须重构正当性论证并进行评价。于是，我们必须回到实践哲学的根本问题上。只有将正当性当作一种程序和前提看待并进行反思，正当性才能产生共识。哈贝马斯认为罗尔斯就是这样的思路。[①]理性商谈的条件之一，或者接受合法性主张的理由，就是规范有效性的条件，即合法性主张必须和相互期待的规范背景一致。我们的问题是，这种规范是一种理想还是现实？

如果是实际的，合法性和规范有效性就可能会与那种也许合法但在规范上却不是有效的制度之间相矛盾。我们不可能设想一个社会，其中没有人期望实际的合法权利可以满足普遍利益，其中没有人相信普遍化的利益应该完全得到满足。于是，虽然某种特殊的制度满足了普遍利益的主张在实际上正确的，但合法性问题甚至不会出现。所以，理想的合法性和某种规范的理想有可能产生冲突。但是，如果我们假设规范的有效性与哈贝马斯的规范理想一致，由于这种理想必然伴随着利益普遍化，那么这种冲突的可能性就可以预先排除。也就是说，如果合法性主张是正确的，那么这种合法性和规范有效性必须相容。或许，规范的有效性与理想的辩谈情境没有多少联系，但是，它却假定了某种程度上的共识。

与之相比较，真实性的交往条件必然伴随着共识。正当性条件也是如此，对共识、理性和商谈等命题综合起来考察，就能够更加明晰地看到哈贝马斯语用学有效性概念的内涵。我们借用詹姆斯·戈登·芬利森用有效性——共识条件句来说明：[②]

有效性→共识：对于任何言语 P：假设 P 是有效的，那么 P

---

① ［德］哈贝马斯：《交往与社会进化》，张博树译，重庆出版社 1989 年版，第 212 页。

② Gordon Finlayson, *Habermas: A Very Short Introdution*, Oxford University Press, 2005, p. 45.

就会服从理性共识的要求。

这个图式用一个公式的形式来表示有效性概念在哈贝马斯哲学中的基本概念结构。当然，这不是哈贝马斯所提出来的，是芬利森自己的理解。它们是一种非常简明的抽象，更有助于我们把握有效性、真实性和正当性之间的关系。

说一句有意义的话或者同他人进行交流本质上就是提出一种有效性声称，提出理由来说服根据上述规则参与商谈的人。正如哈贝马斯所理解的，与其说是一种真实性，不如说是有效性构成了意义理论的基本概念基础。他还认为，真实性本身可以被理解成有效性这个基本概念的一个实例。这里的意思是在说明，真实性的概念同理由有同样的关系，具有同样的引出共识的语用功能。于是芬利森又得出了另一个公式：

真实性→共识：对于任何言语 P：假如 P 是真实的，那么 P 就会服从理性共识的要求。

在此，哈贝马斯把正当性理解为基本概念的一个实例，正当性概念就有了这样一个公式：

正当性→共识：对于任何言语 N：假如 N 是真实的，那么 N 就会服从理性共识的要求。

这里的意思是在说，当我们发表意见时，就会默认言语行为背后的规范，就好比断言 P 这一个行为中已经承诺了 P 的真实性一样。这也揭示了有效性的不同方面：一方面是断言，另一方面是道德行为和言语行为，与命题和言语表现有同样的结构和语用功能。

综合起来，哈贝马斯认为，真实性和正当性的概念具有类似的结构功能，上述三个公式就很贴切地说明了它们之间的相似性：它们都是条件命题，左边的是有效性、真实性和正当性，右边的是理性共识。所有被称为有效、正当或者真实的东西，都必然在符合规则的商谈中的参与者那里获得认可。这里用“必然”来适用于特定的语用意义，也就是说话人、听话人和通常意义上的行为人都不可避免地要在有效性声称和理性共识之间寻求一种联系。比如，“如果……那么”的句式之类的关联词表示的就是一种语用学的意义，而不是逻辑的联系。当然，哈贝马斯针对芬利森所建构的这种关系做了解释。哈贝马斯认为，真实性和正当性之所有如此类似的结构和功能，是因为两者都是具有正确性的唯一表述范式，真实性和正当性属于有效性。这些就是哈贝马斯的商谈理论所讨论的问题。

假设规范有效性或者共识能够提供支持，那么，合法性不一定伴有支持，也不还原为支持。在政治环境中，支持和共识在功能上相等同，但是这种等同并非显而易见。我们认为，支持和共识都是社会意见一致的表现形式。支持和共识都表明主体间程序的肯定或者否定，其差别则在于单个人可以支持某件事情，而共识则涉及一群人的共识，而共识也并非总是一种支持。

按照哈贝马斯，可接受的规范的一般性或者普遍性是作为共识的结果来保证，通过理性商谈达成。这种思路的基础在于规定了交往概念必然带来的一致性。但是，我们发现，不但成功交往的界定在许多方面站不住脚，而且交往和一致性之间的联系也并非必然。即便理解需要交往，但我们既有理解也有分歧。即便是正当性通过交往产生，我们既有正当性也有分歧。因此，合法性并不必然伴随共识，由于后者依靠前者，我们很难发现它是如何必然和利益的普遍性相关的。不难看出，共识并非一定伴有道德的正义性。理性商谈的先决条件似乎既不能保证真实性、共识和普遍利益，也不能保证合法性。那些程序并不能充分保证与其一致的正当性来共同促进信念的产生，也不能保证与其一致的主张获得正当性。一句话，哈贝马斯的合法性概念似乎与其他理论并不相容，那些理论也并不一定产生与真实性具有本质相关的合法性。

实际上，尽管哈贝马斯的三种有效性主张不能凭借彼此相互理解，但只要正确和真诚还不是言说中的非理性因素并构成交往行为的理性动机和可论证部分，正确就和真理相类似。当然，真理和正确不同于真诚，因为前两者在商谈中通过给出理由来实现，而后者则只能通过行为的一致性来证明真诚性。那么，哈贝马斯的伦理学中是否存在真诚性主张服从商谈而非共识的问题？事实上，哈贝马斯在《真实性理论》中阐述了他后来的“真理共识理论”，这是一种关于真理证明的理论，而非真理本身的理论。[①] 这是哈贝马斯对普特南真理作为理想化的可断言性的保证之回应，哈贝马斯认为，在理想的条件下，规范性正确被合理的可断言性完全占据，而真理在理想条件下超出了合理的可断言性。一个命题是否为真，已经超出了我们的判断能力。对我们来说，把命题看作真是不够的，更重要的一点在于命题在实际上的真。即使我们判断命题为真的能力与论证过程中给出的理由无法分割，而命题的真假根本上取决于世界本身。但是，道德规范的正确与否，除受到潜在影响的人的理性认同之外，并不存在判断标准。尽管真理与规范性正确都是可错的，但如何证明其错误却是不同的。对真理来说，我们通过客观世界的现实性来证明其正误，对规范性正确来说，我们通过其他人给出的意见和论点来证明其错误。我们发现，由于哈贝马斯的理论兴趣主要集中在社会和政治理论，哈贝马斯并未给出一个完整的语义理论。面对资本主义的政治合法性危机，只有通过针对主体间性的交往能力的重构才能得到解决。他的语言学理论与其社会学理论是交相呼应的，互相渗透、互相影响。值得肯定的是，要正确处理意义与交往的主观性、客观性和主体间性三个方面的关系，哈贝马斯的理论为我们提供了理论契机。

3. 商谈共识的语用学基础

哈贝马斯认为，面临道德冲突的行为者希望经过理性的商谈达成

---

① Jürgen Habermas, *Vorstudien und Ergänzungen zur Theorie des kommunikativen Handelns*, Frankfurt am Main: Suhrkamp, 1984, S. 127 – 183.

一个可以接受的道德规范的共识，并且通过论证对话的过程达成共识。对话参与者会通过提出所有受到影响者都能接受的理由，致力于一种对话式的、公平的论证。这些正是公共商谈中商谈原则所包含的基本思想。哈贝马斯的商谈不是语言（language）或者言语（speech）的同义词，而是用来表示以理性共识为目的的反思性言语的术语。[①]商谈原则以理性共识为目标，即使在无法达成共识的情况下也是如此。在商谈原则（D）中哈贝马斯提出了两种意思：一个是好的理由需要共识，另一个是共识必须从理性的讨论中得出。哈贝马斯将共识作为有效性主张正当性的必要条件，这种正当性是政治制度与社会制度赖以维持的在公共共识中起引导作用的基础。

普遍语用学起初并不是关于意义理论本身的，但是哈贝马斯的语用学却暗含着对意义理论的探讨。同时，将语言学的转向应用在社会学理论中，正好适应了意义理论的实用主义转向。一种合格的意义理论，必须对语言的社会约束力和行为调节功能做出解释，这就要求必须将狭义的语义学放在普遍语用学的维度下进行思考。我们知道，狭义的语义学主要研究语词如何与世界建立联系，而普遍语用学则是思考语词如何被使用。此外，普遍语用学的理论还要正确看待语言和交往中的客观性、主观性和主体间性。这三种指向对应了世界、自我和他者，贯穿了哈贝马斯对交往行为和生活世界的理解。交往行为实现了上述三者的有效结合，说话的参与者达成了对世界上某个事物的共识。与之相对，哈贝马斯区分了三种有效性主张（真实性、正当性和真诚性）、三种言语行为模式（陈述、规范和表达）和三种商谈（理论商谈、实践商谈和审美商谈）。

哈贝马斯区分了以言行事行为和以言取效行为，言语行为在开始时可能会具有策略性，但它只对交往行为具有构成意义。交往行为与策略行为的不同在于，参与者毫无顾忌地追求以言行事的目的，以此达成共识，而这种共识是协调不同行为计划的基础。在一些基本命题

---

① ［德］哈贝马斯：《交往行为理论》第一卷，曹卫东译，上海世纪出版集团2004年版，第41页。

中，由言语者的言语行为和听众的肯定立场构成。听众的肯定立场表示他接受了言语者的言语行为，证明了他们之间已经取得了共识。“这种共识一方面涉及表达的内容，另一方面涉及言语行为内在的保证及其对于互动具有重要意义的约束力。”① 其中，言语行为中的行为力量表现为一种要求，而言语者是在言语行为中用完成行为式的动词提出的要求。因为听众认可了这个要求，也就意味着他已经接受了言语行为所提出的内容。从表达所针对的听众角度来看，对言语行为产生的反应分为三种不同形式。其中，在达成共识时，听众把常规行为义务作为自己的行为指南。具体分析，具有协调作用的共识属于语用学层面，它把意义理解的语义学层面和进一步深化共识的经验层面结合在了一起。在一定的语境中，深化共识对于互动的结果具有深远的意义。哈贝马斯用意义理论来解释这种结合是如何产生的。这就是形式语用学的意义理论所要面对的第一个问题：理解一个交往命题也就是一个表达究竟意味着什么。

哈贝马斯把对表达的理解还原为对条件的认识，因为有了这些条件，表达就能够为听众所接受。与真值语义学的基本立场类似，如果我们认识到什么使得一个言语行为能够被接受下来，我们就能够理解这个言语行为。从言语者的角度来看，言语行为的接受条件与其以言行事的结果的前提是一致的。如果从社会学行为理论的角度来看，对言语行为的协调机制加以阐明，必须要重点考察促使言语者提出言语行为的前提条件。言语者所应用的语言表达在语法上是完整的，它满足了言语行为类型的必要条件。

把视角拓宽，从互动关系的角度来把握对命令的理解，我们发现，认识必要条件还不能知道祈使命题何时才能够被接受。因此，我们还需要对共识的前提进行认识，有了这个共识，才能够确保约束力在互动过程中得到贯彻。如果听众要想理解祈使命题的以言行事的意义，他就必须知道言语者为何会期待把自己的意志灌输给听众。言语

---

① ［德］哈贝马斯：《交往行为理论》第一卷，曹卫东译，上海世纪出版集团2004年版，第282页。

者在他的命令中提出了一种权力要求，听众如果接受了这个要求，他也就表示服从了这个要求。这也就预示着，言语者为了贯彻他的接受权力的要求，必须提出一个有充分根据的期待。但这需要一个前提，他的接受者有足够的理由去服从他的权力要求。因为祈使命题在开始的时候被认为是意志的表达，这些理由就不能建立在言语行为自身的以言行事意义之上，而只能依靠与言语行为有外在联系的认可力量。也就是说，必要条件必须要由认可条件来加以补充，以使接受的条件更加充分起来。

以言行事的意义不仅明确了认清接受者在理想状态下的条件，而且指明了必须用行为语境加以补充的那些充分理由的条件。这些用于接受语言的要求以及在言语者和行为者之间达成的共识的条件，就是从以言行事行为当中产生出来的。在此，提出一种有效性要求，并不是具体意志的表达。肯定有效性要求，也不是单纯依靠经验做出的抉择。提出有效性要求和承认有效性要求，都会受到规范的限制。如果对基本的规范表示质疑，那就必须拿出相应的理由。无论是针对合法性，以及针对正当性，还是针对社会的法律，或者针对道德实践的意义，都暗示了有效性要求与理由之间存在内在联系。在哈贝马斯看来，言语行为的以言行事的目的就是要引出理性共识，或者说通过达成共识来实现一个目的。

言语行为只有和有效性要求建立联系，依靠自己把沟通过程中的语言交往当作有效性基础，才能促使听众接受所发出的言语行为，这样才能成为一种协调有效行为的机制。在这种意义，哈贝马斯进一步论述了交往行为的概念，“交往行为主要是一些互动，其中，参与者在通过交往达成的共识的基础上，把他们自己的行为计划毫无保留地协调起来”①。言语者使用命令或者非规范化的祈使命题，具有以言行事的目的，也具有策略行为的特征。因此，对交往行为具有构成意义的，就是那些与可以批判检验的有效性建立起联系的

---

① ［德］哈贝马斯：《交往行为理论》第一卷，曹卫东译，上海世纪出版集团2004年版，第291页。

言语行为。

在特定情境中的言语具有特殊功能，归结为三种一般的语用性功能，即表述事实、自我表达以及确立合法的人际关系。这些功能对应三个有效性条件，这些功能的发挥说明了其有效性。[①] 交往能力就体现在能够成功使得符合语法的句子与各类有效性、言说者与听者之间获得相互理解的目标匹配。也就是说，可理解性本身仅仅是表达了符合规范的意义，而交往却要求同时满足可理解性与三个有效性主张。哈贝马斯指出，关于理解的关键就是达成共识。这种共识以主体间的相互关联为结果，包括相互理解、共享知识、彼此信任以及相互一致。共识的基础是确认可理解性、真实性、真诚性和正当性这些有效性主张。[②] 这里，哈贝马斯试图将真理引入交往之中，使真理成为交往的一个内在特征，进而把欺诈交往与真诚交往区别开来。对于哈贝马斯来说，交往的目的在于增进理解，而理解的目的在于达成共识，共识的目的在于传递知识。

在《真理与证成》中，哈贝马斯将其观点表述为一种"康德主义的语言学"，并提出了一种形式语用学，试图阐明言语行为对社会的整合以及言语行为的约束力，说话者通过言语行为提出各种有效性主张，这些有效性主张能够接受批判，并且能够通过这些有效性主张，他们使得听众处于为理性所激发的立场上。[③] 通过这种方式达到相互理解，是"人类语言内在的终极目的"[④]。也就是说，通过一种去先验论的方法，哈贝马斯确证了交往行为概念内在与语言的深层结构。

---

① ［德］哈贝马斯：《交往与社会进化》，张博树译，重庆出版社1989年版，第33页。

② ［德］哈贝马斯：《交往与社会进化》，张博树译，重庆出版社1989年版，第3页。

③ Jürgen Habermas, *Truth and Justification*, B. Fultner (trans.), Cambridge, MA: MIT Press, 2003, p. 7.

④ Jürgen Habermas, *On the Pragmatics of Communication*, B. Fultner (trans.), Cambridge, MA: MIT Press, 1998, p. 120.

事实上，在《什么是普遍语用学》一文中，哈贝马斯区分了语言和言说。[①] 语言是由语法体系和语义规则组成的，言说则是强调这一系统被用于交流之中。形式语用学就是为了阐明交往行为的可能性及其一般条件。也就是说，形式语用学应该到达交往能力的理性重构，这就意味着对任一表达的理解和应用能力。这种理性的重构能力实际上是基于交往实践的某种理解之上的，是可错的。语言能力是指产生符合语法的命题表达能力，交往能力则是指产生符合语境的表达能力。语用学分析的基本单元是言语行为或者表达，而非命题。这一点在《交往行为理论》中有过描述，哈贝马斯在作为命题意义的语义和命题如何使用的语用之间做了区分。“这样一种区分不能进一步延伸成为对命题意义的形式分析与意见表达的经验分析之间的方法论划分，因为离开交往的规范前提，命题的字面意义根本无法得到阐明。”[②] 由于受到后期维特根斯坦的影响深远，哈贝马斯承认在意义及其使用之间存在者内在的必然联系，并将这种联系逐步展现在他的交往行为理论中。

对于哈贝马斯而言，交往不仅仅是传递信息，更重要的是要建立与他人的关系。当一个言说者与其对话者对世界达成某种理解甚至共识，这便具有认知和互动的双重功能。[③] 通过语言，我们能够表达对世界的理解，建立彼此之间的关系，并且能够表达我们的感受、情绪和内心状态。哈贝马斯认为，言语行为理论是从语义学到语用学发展的关键一步。人们并不总是如实地言说或者为了达成理解而使用语言，而是为了实现自己的利益来使用语言。用哈贝马斯的话说就是，

---

① 这篇文章曾经在哈贝马斯的两本著作中出现过。Cf. Jürgen Habermas, *Communication and the Evolution of Society*, T. McCarthy (trans.), Boston: Beacon, 1979, pp. 1 – 68; and also see Jürgen Habermas, *On the Pragmatics of Communication*, B. Fultner (trans.), Cambridge, MA: MIT Press, 1998, pp. 21 – 104.

② ［德］哈贝马斯：《交往行为理论》第一卷，曹卫东译，上海世纪出版集团 2004 年版，第 284 页。

③ Jürgen Habermas, *On the Pragmatics of Communication*, B. Fultner (trans.), Cambridge, MA: MIT Press, 1998, p. 75.

我们可以交往地使用语言，也可以策略地使用语言。对此，哈贝马斯吸收了奥斯汀言外行为和言后行为的区分，来解决这一个问题。在《交往行为理论》中，哈贝马斯将交往行为定义为对言外目标的无限追求。言说行为的言外之意就是要扮演协调行为的角色，并且具备各种捆绑效果。[①] 于是，为了解释言语行为的协调功能和捆绑功能，哈贝马斯将论证的重点转向了有效性理论的探讨。后来，哈贝马斯将“普遍语用学”的说法改成了“形式语用学”，一是由于经验层面上不是所有的言说行为都能满足交往条件，二是因为形式语用学的说法强调了语用学理论的程序性本质及其中立性特征。

四　何种共识？

1. 较弱共识

政治自由主义的证成大致分为以下三步：第一，把政治的正义观念设定为独立于各种完备性学说的观念；第二，各种理性的完备性学说就政治的正义观念达成重叠共识；第三，公共理性观念为公民在政治上运用政治正义观念提供一种政治正当性证明。重叠共识的主要作用在于解决稳定性问题。由于在《正义论》中正当与善的一致性论证假定了作为公平正义的良序社会与现实不相符合，后期的罗尔斯提出了对稳定性问题的新的解释思路。稳定性问题的解决基于理性人的发现，他们有自己的主体能力，自己具有自律的道德主体地位，正义感具有调节作用。但是，在理性多元论的事实下，虽然是在公平正义的社会里，许多人也不愿意肯定他们自身的自律的道德主体地位。也就是说，稳定性问题依然存在：怎样才能使得理性人不仅赞同公平正义是理性的，而且拥护这个正义观念作为追求善也应该是理性的？这就是围绕政治正义观念而达成的重叠共识，成了解决稳定性问题的主要

---

① Jürgen Habermas, *On the Pragmatics of Communication*, B. Fultner (trans.), Cambridge, MA: MIT Press, 1998, p. 223.

观念。

简单来讲，重叠共识主要是指良序社会中由于人的善观念而赞同政治的正义原则。重叠共识的本质在于，各种善观念是由良序社会培育而来。重叠共识隐藏在道德心理学里，经过推理而达到理性的完备性学说。重叠共识假定，在良序社会里关于宗教、哲学和道德的完备性学说，把拥护自由主义的政治价值和政治正义原则当作完备性道德和善观念的一部分。那些不合理的、非理性的学说将得不到充分支持，也难以得到广泛认可。在良序社会中，赞成这些观点却不讲道理的人将不能动摇社会稳定。凡是拒斥自由的正义原则或者思考正义原则时采取不充分的立场，这样的完备性学说将得不到广泛认可。正义对于每个人来说都是理性的，社会将基于正当的理由而保持稳定。社会之所以出于正当理由稳定，那是因为理性的公民出于道德正义和完备性的道德价值而赞成社会的自由观念。于是，重叠共识不是一种权宜之计。因此，稳定性不只是每个人的次优选择，也是每个人的根本道德价值、宗教价值和哲学价值的理性折中的结果。在蕴含着完备性观念之中的道德、宗教和哲学学说给定的条件下，它是每个人的最佳选择。

虽然我们清晰地看到重叠共识是一个简单观念，但是也有一些误解。比如，重叠共识是在不同的、冲突的理性完备性学说中达成的折中，是讨价还价的结果，为了达成同意和实现社会稳定，每一方要做出牺牲。并且认为这种共识是一种权宜之计。但罗尔斯已经明确指出，重叠共识不是一种权宜之计，而是各方解决政治争端的次优方案。重叠共识涉及自由原则的同意，从每个人理性而完备的角度来看，自由原则是民主社会追求解决正义观问题的最佳方案。从那些所有的完备性观念出发，重叠共识变得稳定适当，除了政治的正义原则好像再无其他。重叠共识重构了社会契约论的一种社会同意，并对传统契约论做了非同寻常的发展。

在重叠共识的论证问题上，哈贝马斯就曾经指出，罗尔斯不得不把论证问题与接受性问题截然区分开来，放弃了正义概念的认知有效性要求，希望以此换取正义概念在世界观上的中立性。自从罗尔斯的杜威演讲以来，他就强调正义作为公平所具有的政治特性。面对理性多元论的社会，罗尔斯深感不安。反映在理论上，就是对无知之幕的论证。我们知道，罗尔斯在论证无知之幕时，阐明正义论在最初的理论抉择背负巨大压力。对两个正义原则的证明，关键并不在于原初状态的商议，主要在于主导原初状态的结构的直觉和基本概念。哈贝马斯认为罗尔斯引入了规范性的概念到论证程序中，所谓规范内涵主要涉及道德人格。由于道德人格本身包含了公民的公平合作概念，需要预先证明。此外，无知之幕被揭开后，道德人格的概念在世界观上是中立的。罗尔斯感兴趣的是政治的正义概念，而非形而上学的正义观念。或许，这些都是哈贝马斯对罗尔斯肯定的地方。作为批判理论家的领军人物，肯定也会提出自己的独到的看法，哈贝马斯对罗尔斯也提出了关于重叠共识的怀疑：这个质疑的核心就是有效性问题悬而未决。哈贝马斯将有效性问题一分为二：第一，重叠共识所发挥的是一种认知功能还是工具功能，是用进一步论证理论呢，还是在已经得到论证的理论当中阐明稳定的必要条件？第二，罗尔斯在何种意义上使用谓词“理性的”，是作为道德律令的有效性的谓语，还是作为宽容反思立场的谓语？[①] 不难看出，哈贝马斯所关心的有效性问题直接指向了罗尔斯的重叠共识，分开的两个问题，一个是讨论重叠共识的功能属性，另一个是讨论重叠共识的意义属性。熟悉罗尔斯的朋友可能会说，这在罗尔斯的理论中几乎不是问题，但是在哈贝马斯看来，或者按照哈贝马斯的逻辑来梳理，那就必须要进行一种阐述。不过，在罗尔斯与哈贝马斯之间有一个共同的问题，那就是他们二者都承认，要在多元社会中达成共识，虽然大家对共识的理解不同。毋庸置疑，罗尔斯与哈贝马斯都认可在多元社会寻求共识。罗尔斯的“公共理性”通过文化多元论前提下合乎理性的“重叠共识”达成基本政治

---

① Jürgen Habermas, “Reconciliation through the Public Use of Reason: Remarks on John Rawls's Political Liberalism”, *The Journal of Philosophy*, Vol. 92, No. 3 (Mar., 1995), pp. 109 - 131.

原则，只是这种共识较弱。

2. **较强共识**

从实践哲学的维度看，公共商谈的共识论是哈贝马斯为了解决多元社会面临的困境而发展出的一个路径。哈贝马斯的商谈共识理论主要基于商谈伦理学所讨论的一种政治共识，就政治的角度来讲，罗尔斯与哈贝马斯倒是一致的。通过前面的分析，我们不难看出，哈贝马斯的商谈共识其本质就是一种政治共识。政治共识具有独特意义，政治意在平等而自由的公民通过商谈而达到对公共生活的理解形式。这种以自由而平等的公民参与的公共生活，是一种以语言为媒介的交往行为，参与公共生活的目的是就言语行为的有效性要求达成理解共识。在哈贝马斯的公共商谈中，商谈共识是自由而平等的公民通过言语商谈进而调节交往行为的政治规范，这种政治规范的有效性主张通过主体间性取得认可并达成一致。这种公共商谈突出了商谈共识的主体间性，即参与者得到相互之间的认可。公共商谈需要遵守基本的交往行为规范，基于一种公共商谈的有效性论证达成共识。也就是说，这种有效性是公共商谈的正当性基础。

怎样达成商谈共识呢？哈贝马斯对达成共识的条件、过程和理由进行了充分论证。先来看达成共识的条件：（1）商谈的参与者只能通过提出理由为自己辩护，不能使用其他凌驾于他人之上的权力，也不能剥夺他人反驳的权利；（2）商谈的论证时间是敞开的；（3）商谈参与者的空间是开放的。① 达成公共商谈的过程，也表现为三个阶段：（1）由于社会中存在多元主义的道德共同体，人们进入现代社会面临既没有共同的价值共识又不能通过暴力来解决冲突，只有通过作为交往形式的公共商谈来解决冲突、形成理解、达成共识。（2）由于交往的具体形式多样，主体在公共商谈展开过程中必须遵守设置的前提条件，对各自不同的观点包容、表达真诚，交往不能受到外部力量的强

① 其实这是第三章提到的关于理想的辩谈情境的分析，在这里把它理解为一种关于公共商谈共识的前提条件的理想设置。

制。这些条件不是充分条件，但却是保证商谈的必要条件。(3) 包容他者。虽然公共商谈的目的在于解决冲突，但是在商谈过程中要包容他者。道德关注适用于不可替代的个体以及社会成员，道德关注把正义与团结联系起来。道德普遍主义与个体差异的相互包容结合起来，才能实现社会的稳定共识。要实现包容和团结的稳定需求，必须依靠语言在交往共同体中才能完成。①

最后来看达成商谈共识的理由。商谈共识的理由体现在商谈过程中的有效性主张，交往有效性主张在一定意义上就是交往合理性的要求。只要这种有效性主张能够在主体间得到认可，公共商谈就可以成立。哈贝马斯的交往模式中，语言被视为三种世界的媒介。客观世界、社会世界与主观世界分别对应有效性主张的真实性、正当性和真诚性。② 如果商谈的参与者能够在交往中满足这三种有效性主张，公共的商谈共识就能达成。

再次证明了哈贝马斯的商谈共识是为了解决多元社会所面临的道德困境而发展出的一个可能的路径选择。第一，商谈共识论的语言学基础，或者语用学基础。哈贝马斯的商谈共识是在商谈过程中参与主体向其他主体提出的有效性主张的认可。这种认可的共识不是一种既成事实的共识，而是一种在商谈过程中寻求的共识。这种共识是经过对各种理由的比较与选择而得出的机遇理由的共识。本质上讲，商谈共识是指商谈参与者认为某一观点值得认可，而不仅仅是指他们对一种事实的认可。在哈贝马斯看来，这种认可性是建立在真理与共识之间的关系的基础上，是关于商谈的有效性论证。只有这些论证的条件为真时，共识才可以达成。对此，哈贝马斯区分了作为事实状态的共识和作为认知结果的共识，并区分了“接受”和“可接受性”。这么做的目的是防止在公共商谈中主体对论证的理由做特殊的情境主义的

---

① ［德］哈贝马斯：《包容他者》，曹卫东译，上海人民出版社 2018 年版，第 77—78 页。

② ［德］哈贝马斯：《交往行为理论》（第一卷），曹卫东译，世纪出版集团 2004 年版，第 100 页。

理解。

第二，商谈共识强调了交往行为的主体间性。哈贝马斯面临这样的问题，在协调人们的行为的道德规范之宗教基础瓦解之后，如何捍卫道德规范之普遍有效性，如何避免道德怀疑论。究其本质而言，这就是普遍应然的道德规范如何可能。哈贝马斯与康德一样，把道德看作政治的基础，对道德普遍性的理性辩护就是对社会的政治共识进行辩护。康德的解决办法是自主性，强调人作为目的自身和自我立法者，这就是绝对命令。哈贝马斯对康德的个体性自律提出怀疑，认为现代社会的文化多样性，不能再看作来自个体独白式的立法规范，只有具有有效性的规范，才能得到所有参与人都同意的规范。

第三，在政治实践中，哈贝马斯商谈共识的有效性内容是法律所关注的事实与规范之间的关系问题。哈贝马斯认为，法律的事实性表现为特定政治共同体所认可的立法程序，即合法性（legality），而法律规范则表现为法律法规值得特定的政治共同体认可并遵循的正当理由，即正当性（legitimacy）。这样，法律规则的事实与规范之间的关系就是变成了合法性与正当性支架的关系。在西方民主国家，经过合法性而产生的法律并不一定是正当的，关键在于法律产生的程序是否正当。也就是说，哈贝马斯试图用商谈理论对法律的合法性进行重构。如果具有有效性的只是所有相关者作为合理商谈规则的合法性论证，那么这就是符合商谈理论的民主原则。哈贝马斯的法律规范的合法性基础，并不在于法律条文的普遍形式，而在于法律内容的普遍共识，也就是法律规章制度得到所有人的普遍同意。这样，商谈共识在实践上就有了强大的广泛基础。

麦卡锡对哈贝马斯的商谈共识有过批评。他把基于完备性道德观点而产生的深层次分歧视为政治生活的一个不可避免的特征，并且与道德评价和文化的框架不可分离性紧密相连。这是对民主理论中超然和不偏不倚的一种排他性反对。[①] 而在博曼看来，超然是可能的，只

① Thomas McCarthy，“Practical Discourse：Onthe Relation of Politics and Morality”，in *Ideals and Illusions*，Cambridge：MITPress，1991，pp. 180 – 199.

是他是以道德损失为代价的。但是，这经常是对利益冲突的解决方式所要求的，但对原则冲突来说仍然不够。[①]

综合起来，当今社会多元性引发的矛盾和冲突不断，哈贝马斯对以往民主理论进行反思和批判的基础上，形成了自己的理论优势。哈贝马斯从交往行为理论以及商谈伦理学出发，以商谈模式的应然性角度指出社会冲突与矛盾化解中整合多元性因素，达成共识，以此实现公共社会所具有的正义性、开放性和包容性。哈贝马斯倾向“交往理性”通过复杂的社会观念和实践批判，进行多元文化和各种理性之间的对话，形成话语伦理学所必需的语言、语境和言述之语用学与语言学条件的“商谈共识”，这种共识较强。

3. 一种综合性视角

罗尔斯对重叠共识的理解，试图说明“在一个多元社会中，深层分歧是如何通过一种政治上的正义概念得到调和的，这种正义概念在几代人中逐渐成为一种重叠共识的焦点”[②]。确切地说，一个实质性的重叠共识，只有通过民主公民建立一个和谐稳定的多元社会，才有可能创造新的社会。[③] 问题是，重叠共识的概念在基本正义问题上扮演了认知和辩护的角色，还是仅仅在多元社会中扮演了维护社会和平的纯粹工具角色？换句话说，在哈贝马斯看来，罗尔斯面临的两难境地是：要么重叠共识仅仅提供了功能性的贡献，仅仅是社会和平的工具，从而失去了它的认知维度；要么重叠共识的内容在本质上是合理的，因为公民必须已经确信任何这样的正义概念的优点，才能达成共

---

① James Bohman, “Public Reason and Cultural Pluralism: Political Liberalism and the Problem of Moral Conflict”, *Political Theory*, Vol. 23, No. 2 (May, 1995), pp. 253 – 279.

② John Rawls, *Collected Papers*, S. Freeman (ed.), Cambridge, MA: Harvard University Press, 1999, pp. 421 – 448, 447. See also John Rawls, “Political Liberalism: Reply to Habermas”, *The Journal of Philosophy*, Vol. 92, No. 3 (Mar., 1995), p. 142.

③ John Rawls, *Collected Papers*, S. Freeman (ed.), Cambridge, MA: Harvard University Press, 1999, p. 446.

识。罗尔斯似乎接受了第二种观点，他认为政治信念是“客观的”，只要理性和理性人实际行使他们的理性力量，最终会在适当的反思后支持他们。然而，如果采用第二种方式，程序主义似乎是对可接受性更好的解释，“理性的公共使用程序仍然是规范陈述的最终上诉法庭”①。因此，如果罗尔斯要将自己的立场与哈贝马斯的区别开来，他就必须首先采取行动——或者至少哈贝马斯是这么认为的。

多元主义是罗尔斯良序社会必须面对且要思考的问题，罗尔斯的《政治自由主义》给出了答案，政治自由主义是从对立冲突的道德学说中，尤其是现代早期的宗教战争和宗教宽容争论中产生的。这些冲突使我们的政治理论必须面对历史的选择，要么是超越善的超验视角的冲突，要么是给每个人以平等的良心自由。罗尔斯的政治自由主义正是要认真对待无法调和的潜在冲突。由于没有解决分歧的共同基础，完备性学说之间的冲突是不可调和的。由于这样的分歧是现代社会的一个永久特征，政治制度不可避免要面对这一情势。根据罗尔斯，普遍共享的框架下并不排除利益冲突，也不排除那些为政策辩护的具体原则的分歧。于是，政治性的解决此类规范性分歧的民主程序，存在普遍共识。因此，政治自由主义面临的问题是，如果理性标准受制于深刻冲突，什么样的公共辩护才是多元主义需要的？

对此，罗尔斯采取了重叠共识的理念。重叠共识是将民主的可能性建立在既有的共识和共同的价值之上，作为经验性层面的东西，重叠共识解决大多数冲突的政治实践。然而，没有理由认为这样的基础对复杂多样的现代社会政治正义观念是充分的。② 当我们在多样性社会中的各种学说恰好产生了一套有限相容的解释时才能产生重叠共识，而重叠共识是健全的公共社会的最小限度的条件，而不是充分条件。此外，我们知道，即使某些道德价值上达成重叠共识，有些有争

---

① John Rawls, *The Law of Peoples*, Cambridge, MA: Harvard University Press, 1999, p. 126.

② John Rawls, *Political Liberalism*, New York: Columbia University Press, Paperback edition, 1996, p. 150ff.

议的原则冲突仍然是可能的。

罗尔斯认为，公民通过相互解释各自支持的政策的理由，而一起运用公共理性。公共理性的理想经常暗示利益在慎思中的收敛，但是，这种理想约束的形式和程序性特征并不支持一种朝向单一公共观点的收敛假设。即使个人或者群体都将其公共立场解释为从关切利益中进行的一种超然，各种不偏不倚的标准也会必然地存在于多元社会之中。在民主社会中的公共商谈，必须综合考虑各种因素。如果公共的民主商谈是完全一致的，那么，公共理性就并不比个人理性更具有优势。从公共的角度看，对所有群体而言合乎理性的东西，对其中任何群体来说或许适得其反。公共理性在许多程序性观念上，能为如何在更高原则上解决冲突提供一个更加清晰的替代方案。除群体间、群体内等多元性问题，在多元社会中必然存在使得民主得以运转的正式制度之外的公共理性范例。如果罗尔斯的公共理性无法解决这些问题，那么他应该如何使得政治自由主义解决文化冲突的种种问题？这里有两个思路：一是有必要使公共理性变成多元的，二是公共理性变成动态的和历史的。① 对两种多元主义的困境的解决方案是，必须要放弃对公共理性的某些限制，这些限制是罗尔斯的重叠共识及其只有一种公共理性的假设的结果。但是，哈贝马斯对公共理性的理解更具动态性，也比罗尔斯的观念更加多元，但是仍然无法解决深层次的冲突问题。

公共理性的困境指向了民主的一个新的任务，那就是如何将持续性政治慎思与解决多元性和公共性之间的冲突联系起来。既然完备性学说对多元主义的政治自由主义是构成性的，那么，如何才能避免理性的公共运用冲突？我们知道，康德虽然设想了公共理性的运用方式，但是仍然存在许多含糊其词的地方。在解决模糊性问题上的失败已经使得罗尔斯与哈贝马斯这样的康德主义者无力直面多元文化主

---

① Cf. James Bohman, "Public Reason and Cultural Pluralism: Political Liberalism and the Problem of Moral Conflict", *Political Theory*, Vol. 23, No. 2 (May, 1995), pp. 253 – 279.

义。解决的唯一方式可能就是在单一的公共理性和多元的公共理性之间做出区分。公共理性将自身视为公共慎思的单一规范，行为者可以基于公共的理由达成某些共识。哈贝马斯也表达了类似罗尔斯的某些看法，他将一个单一的普遍立场视为实践对话的理想化预设，这就是理想的辩谈情境。如果公共理性是多元的，它就不能预设一种单一的公共或者不偏不倚的观点。虽然多元的公共理性无法解决所有文化之间的冲突，但是对民主理论来说就变成了经验性的问题。这些争论不依赖于隐藏在理性标准之内的未被认识的困境，而是依赖于实际冲突。这些冲突由来已久，以至于没有共同的慎思和反思的共同框架在没有任何强制的情况下建立起来。

哈贝马斯对罗尔斯的批评，其主旨并不是针对重叠共识的目的，而是针对罗尔斯对多元主义后果的具体描述，它只留下对重叠共识的规范性力量的功能性描述。由于政治正义的问题是针对那些不同意的人，重叠共识的要点不是建立一些特定的信念，而是建立一个“共同的观点”，从它来建立社会的基本制度是公正的。哈贝马斯不太同意罗尔斯的观点，他补充说，无论这些协议是什么，都必须是“基于理性接受结果的假设”的协议。① 民主审议的第一个必要特征是，它能够确保所有人都能够参与并对结果产生影响；第二个特点源自第一个特点，即由于能够参与和影响审议，所有受影响的人都会认为这些决定是可以接受的。

就正在进行的审议而言，调和重叠共识的想法有什么不同？这就是哈贝马斯对议事的纯粹程序主义解释。他认为，只要公民拥有所有必要的权利，确保他们参与政治决策，并获得对政治决策的影响力，民主就能解决视角多元化的问题。如果没有这些动态的协商特征，重叠共识就会受到过度限制，因为人们试探性地同意的条款可能受到合理的民主挑战。对于罗尔斯来说，重叠共识的规范作用是作为跨越完备性学说的“公共”或“政治”原因的共同背景，而不是相互争论

---

① Jürgen Habermas, *Between Naturalism and Religion*, C. Cronin (trans.), Cambridge: Polity, 2008, p. 121.

的共同基础。纯粹的程序主义不能要求审议只涉及这些理由，因为这些理由必须在审议过程中发现，然后由每个人从自己的角度加以确认。

在哈贝马斯最近的著作中，他并没有对重叠共识必须在任何立宪体制中发挥作用的观点提出异议。但他现在认为，多元主义比他之前对协商民主、公共领域和议会制度双轨模式的论述更为深刻。鉴于深度的多元化和宗教自由，我们不可能指望“所有公民都能证明他们的政治观点独立于他们的宗教信仰或世界观”①。这种主张可能与罗尔斯的主张没有太大的不同，因为它被限制在前政治的公共领域，或者如罗尔斯所说，在共同的政治文化中，而不是在宪法的本质中。哈贝马斯强调，富有成效的深思熟虑并不需要接受任何特定的原则，而是要有能力从另一个角度看待问题，并对自己的信念采取反身的立场。这些立场不要求对公众使用理性施加限制性条件。然而，这种自由公共理性在“前国会”层面、在不以决策为导向的弱势公共领域是合适的。但在拥有政治决策权的议会层面，制度的参与者必须保持中立，以免宗教冲突被引入民主立法的制度核心。②

这种多元性也限制了重叠共识的范围。对哈贝马斯来说，宗教信仰的核心是如此之深，以至于他们的“存在主义核心信念”仍然是“治外法权”的，而这些“存在主义核心信念”是建立在真理的不可侵犯的核心之上的。③ 如果是这样，那么这种治外法权只会随着越境人员流动的增加而变得更广泛。这种多样性不仅体现在隐私方面，而且对所有公民参与公共生活都具有重要意义。我们再一次看到，事实不仅塑造了制度，而且这些制度也塑造了事实，使之符合政治规范。社会多样性事实的维持是基于对协商的认识承诺，这依赖于其创新潜

① Jürgen Habermas, *Between Naturalism and Religion*, C. Cronin (trans.), Cambridge: Polity, 2008, p. 124.

② Jürgen Habermas, *Between Naturalism and Religion*, C. Cronin (trans.), Cambridge: Polity, 2008, p. 128.

③ Jürgen Habermas, *Between Naturalism and Religion*, C. Cronin (trans.), Cambridge: Polity, 2008, pp. 128 – 129.

力的复调复杂性的公众声音，因此自由国家有兴趣促进宗教声音的多样性。出于某些目的，共享的政治文化可能是可取的，但它也不能组织一个具有永久和深刻的多元性的社会，这是在其公共审议实践中以永久漫无边际的治外法权为核心的社会。排除了在公民之间产生罗尔斯式的、非认识论的重叠共识的可能性，自由和开放的公共领域失去了与国家的联系，这为公共审议的域外空间腾出了空间。散漫的世界主义现在开始于国内，因为认识论意义重大的协商程序不需要政治前的共性或确定的政治共同体就能成功。

事实上，无论是罗尔斯还是哈贝马斯，他们的公共理性都能看作一种单一共享的公共理性观念，而且这种观念相对于民主理论来说十分重要。二者在对规范性的政治理论中并未给多元主义留出空间，而是以一种直接的政治方式来容纳多元主义。这就是我们前面所提到的，罗尔斯在重叠共识的理念中，哈贝马斯在讨价还价和民主政治谈判中容纳了多元主义。这种政治上的统一并不是只要求有一种公共理性，深层冲突当中真正的道德妥协要求多元的公共理性被运用于创造一种公共共识的形成框架。虽然这是一种最小限度的共识，但是他要求继续合作的意愿。多元的公共理性表明，即使公民理性不存在共识，公民之间仍然可以合作，因此拓展了这种理性。于是，对政治生活中的这种公共理性理念，允许而非否定政治中的道德冲突。这是因为，排除要么强大要么弱小的公共性原则，公共理性理念对许多重要的政治冲突来说指出了不恰当的标准。不难看出，罗尔斯的看法太弱，哈贝马斯的观念太强，二者都被视为公共共识受到过多限制。

罗尔斯的重叠共识指出，政治的特征既是多元的又是公共的。一种共识是重叠的，那是因为不同的甚至对立的完备性学说在一种公共的意义上是合情合理的。每个人从自己的道德框架的道德价值出发，可能都会同意政治慎思的公共基础。每个人从自己的观点看，慎思政治框架都是道德的，重叠共识并不是为环境所迫而做出的一种妥协。①

① John Rawls, *Political Liberalism*, New York: Columbia University Press, Paperback edition, 1996, p. 169.

重叠共识正是用这种积极的方式，以回避的方法尊重了公共理性的限制。之所以说罗尔斯的理论太弱，那是因为公共理性除主张深层次的冲突应该回避之外，并将政治慎思排除了出去。也就是说，合乎理性的东西不是共享的政治价值的内容，而是对他人的慎思性自由权利的相互承认。在相互对话中，每个人自己的信念是开放的。因此，没有理由认为这些相同的假设不能拓展到有争议的问题和深层次的冲突上。虽然理性多元论对公共理性的限制意义重大，如果罗尔斯将公共理性的价值放在超越政治争论的位置上，就显得不合理。通过历史的分析表明，在证据和推理的层面上，公共理性是动态的或者是可转变的。公共理性与对话和交往的观念密切相连，哈贝马斯在对慎思的说明中将慎思的观念不再限制于讨论的议题，只是在范围上仍然是公共的。

哈贝马斯舍弃了罗尔斯对公共理性的限制：公共理性不是根据共享的政治正义观念来定义。按照哈贝马斯，在慎思之前我们无法预先判断哪种理性是非公共的，通过拓展理性的判断负担使之具有开放性。对此，哈贝马斯强调了基于公共理性交往的两个特征：反思性和包容性。哈贝马斯认为，在对话中谈话者可以公开反思取得共识的交往条件，进一步，谈话者可以改变和转换这些条件，使其更具包容性。因此，这就导致了两个结果：一是交往共同体的成员资格扩大了范围，二是随着话语共同体的规模扩大，论域也扩大了。于是，在这样的反思性和包容性条件下，无限制的慎思变得可能。当然，哈贝马斯的理论也从另一个层面说明了公共理性遇到了困难。哈贝马斯认为，虽然唯一程序就是对伦理价值的批判性澄清，但是这将会使他陷入重叠共识的困境。哈贝马斯将这种共识称作“立宪爱国主义”，在最近的有关多元主义和立宪国家的讨论中，广泛使用了罗尔斯的重叠共识。在公共的慎思中达成共识，依赖于一种不偏不倚的理念引导，给理性增添产生共识的力量。在这里，哈贝马斯和罗尔斯一样，试图把单纯的妥协与公共理性区分开来，只是要以牺牲多元性为代价。不但在慎思过程中的合理性，产生共识要求的这种信念上的一致性，都要成为公共领域的慎思所预设的。这种单一的假设依赖一种共识模式，这种模式对政治慎思和公共商谈来说都显得过于强势。哈贝马斯和罗尔斯一样，都误解了一种单一性共识理想的作用，要求公民之间达成共识，收敛于相同的理由而非根据不同的理由达成一致。而多元性共识则要求，即使存在持续的分歧，也应该在公共慎思中保持持续性合作。这并不是说在多元社会中单一性共识无法通过公共辩护来实现，而是说限制不是公共理性论证本身的要求，公共理性要求公民资格的理想。这种共同的公民资格并不要求所有公民出于相同的理由而同意，它只要求公民在相同的公共慎思中持续合作或者妥协①。需要说明的是这种较低程度的多元性共识，并没有使得公共慎思瓦解了罗尔斯与哈贝马斯予以拒斥的那种临时协定（妥协）。于是，一旦慎思不再全部依赖单一的共识理念，一种道德性的妥协就成了关于冲突的政治慎思的目标。哈贝马斯也接受了一种功能性而非规范性的重叠共识概念。尽管如此，在现代社会，健全的公共社会要求达成一种较强意义上的共识，不难看出，这种共识更倾向于哈贝马斯的商谈共识。

① James Bohman, "Public Reason and Cultural Pluralism: Political Liberalism and the Problem of Moral Conflict", *Political Theory*, Vol. 23, No. 2 (May, 1995), pp. 253–279.

第五章　政治正义的公共哲学诠释

公共理性基于健全的公共社会之生活事实和文化背景，以小限度普遍化论证方式求得，公共哲学循着公共性问题的论证方式对正义作最小限度诠释。哈贝马斯注重程序正义，罗尔斯也看重程序正义但并不否定实质正义。古代人的自由与现代人的自由、现代社会个体自由与公共秩序，本质上反映了公共自主与私人自主的关系。罗尔斯的正义倾向于实质诊断、先验性观点、直觉认识，哈贝马斯坚持正义的形式性、历史性和变动性，分别走向正义的确定论和不确定论，哈贝马斯坚持正义的形式性、历史性和变动性，分别走向正义的确定论和不确定论，公共哲学的政治正义是健全的公共社会的最低限度要求。

一　政治正义的公共情结

1. 普遍性：公共理性的倾向

在现代多元主义背景下，民主社会的公民如何对公共事务展开讨论，是健全公共社会所要面临的主要问题。一种广泛的共识指出，除非有非常充足的理由，政府不会审查公众对公共的政治事务的讨论。但是，当这种公共哲学的思考，与道德政治问题相关联时，比如，追问哪种理想是公民应该追求的？这个问题的答案多种多样。如果在公共的辩论中，一种政治道德理想应该体现自由表达，所有的观点都应该在理念市场上公开竞争。这时，一种公共理性的观念可能就是这个主要问题的指引。

公共理性是一个历史性的概念范畴，我们在第二章中已经阐明了公共理性的具体发展脉络和内涵。简单来说，霍布斯在《利维坦》中第一个使用公共理性，用公共理性来指称主权者的理性或者判断。霍布斯对公共理性的主要观点是，主权者的理性是公众在那些有充分理由要去获取普遍的公共一致问题上的理性。第二个使用公共理性的卢梭认为，公共理性是与私人理性相对照的一种理性，是对公共善的一种观照。康德对公共理性的阐释最具代表性，康德的公共理性主要是针对公共辩谈的自由施加何种限制有助于促进公共启蒙？这种公共理性的理由是给予听众的定义，公共理性面向整个公众。罗尔斯继承和发展了康德对公共理性的解释，给予了更加完善的论证。

公共理性基于健全的公共社会之生活事实和文化背景。在理性多元论的背景下，公共理性为正义原则能够达成重叠共识而要求人们诉诸普遍接受的常识性信念以及推理形式来推出正义原则。哈贝马斯对罗尔斯公共理性的批评认为，罗尔斯的论证缺少一个公共视角，这种道德视角对公共理性的证成至关重要。哈贝马斯认为罗尔斯混淆了接受和接受性的区别，并且误解了道德真理。毋庸讳言，哈贝马斯对罗尔斯的批评是有道理的，但是罗尔斯的论证更是一种普遍性的公共证明，而不是一种妥协。公共理性的论证方式：以低限度普遍化论证方式求得。

罗尔斯受到广泛批评是因为，许多人认为他的理论在政治自由主义语境中明显地限制了作为公平的正义的应用。然而，这样的解读忽略了两个重要问题。一是罗尔斯在序言中描述了正义理论的目标，作为公平的正义提供了最合适的道德基础“民主社会”①；二是这样的语境化是一个长期的特点，罗尔斯将政治哲学的范围限制在政治哲学的方式上并不呈现语境主义。罗尔斯说正义是公平的，他希望这能被

① John Rawls, *A Theory of Justice*, Cambridge, MA: Harvard University Press, Revised edition, 1999, p. xviii.

证明是“普遍适用的”[1]。对于罗尔斯来说，这意味着它的基本框架可以得到扩展。笔者认为，普遍性这一概念可以广泛地应用于作为公平的正义，从而激发其政治而非哲学抱负。当一个理论的内容被认为普遍适用于某些适当的领域（人类或理性生物或人类社会）时，这个理论在范围上是普遍的。说一种理论在范围上是普遍的，就是对它的形式提出一种要求，并且是一种可以独立于它的真伪而被确定的理论。事实上，确定这个理论的范围是弄清什么是支持和反对它的真理的证据的必要步骤。

普遍性这一概念从根本上表达了该理论的愿望，指明了该理论认为可以回答的个人或情况。如果一种理论向每一个人提供答案，并向来自四面八方的批评敞开怀抱，那么它就具有普遍性。一个理论不能依靠坚实的基础或必要的前提而提前达到普遍性。普遍性是一个现实的愿望，一个永远不可能最终实现的愿望。民主国家的政治正当性渴望达到普遍性，公共理性也同样渴望达到广泛性。一种理论在范围上可能是普遍的，这也说明了为什么哈贝马斯所设想的三种理论的可能性实际上并不是详尽的。一个渴望成为普遍的国际关系的理论不是语境主义的、先验的或基础主义的。

人们普遍认为放弃一种特定哲学形式的正当性，就是放弃一些真正重要的价值，甚至是政治价值。只有哲学正当性，才能产生一种不可避免的，基于正确基础的权威。相比之下，政治正当性必须相对于地点和时间，取决于我们是谁，在哪里，以及通过正当性的方式我们此时此地彼此之间能说些什么。在这种情况下，按照哈贝马斯，政治正当性只能产生认可的权威，而不是可接受的权威。[2]有趣的是，这并不是罗尔斯的思想路线。这可能因为正如德雷本所坚持的那样，他总是把哲学放在事物中间，而不是为哲学主张提供绝对

① John Rawls, *Collected Papers*, S. Freeman (ed.), Cambridge, MA: Harvard University Press, 1999, pp. 530 – 533.

② John Rawls, *The Law of Peoples*, Cambridge, MA: Harvard University Press, 1999, pp. 121 – 122.

基础。[1] 但我想提出一个不同的答案，我认为罗尔斯从未发现这种指控令人担忧，因为他从未看到，将政治哲学的主张限制在政治正当性的权威范围内，代表了任何真正的损失。回想一下，从康德哥白尼式革命的立场来看，放弃柏拉图式的接近真理的机会并不是一种损失，因为这种接近真理的想法被揭示为一种幻觉，一种我们想象的把戏。同样地，一旦我们把政治哲学中的哲学正当性看作一种政治正当性的形式，那么对纯粹哲学正当性权威的主张似乎也只是一种幻觉，因此，放弃这些主张并不是真正的损失。因为无论是否存在一个外在的真理，无论这个真理是否有关于正义的事情要说，我们都不能产生正义，甚至不能在我们自己之间争论，除非我们能说一些让别人信服的事情，值得他们思考的事情并且能够改变他们自己的观点。我们在政治正当性活动中，相互之间带有一种特殊的权威，因为它是“基于哲学的”角度，很难理解。这并不是说，提出哲学思考、引用哲学方法和理论不能在这样的讨论中发挥作用。这只是要重申，正如罗尔斯那样，我们不是哲学专家，而是哲学学生，以公民的身份说话：“公民必须在他们的思想中有一些关于权利和正义的观念，并为他们的推理提供基础。哲学系的学生参与了这些思想的制定，但他们永远是公民。”[2]

2. 政治正义：公共哲学的最低限度

公共哲学的最小限度来源于公共理性的论证方式：公共哲学循着公共性问题的论证方式对正义作最低限度诠释。罗尔斯和哈贝马斯的共同点不只是他们对柏拉图方法的拒绝，因为他们都或多或少地以同样的方式取代了柏拉图关于理性和正义的概念。哈贝马斯和罗尔斯都

---

① Burton Dreben, “On Rawls and Political Liberalism”, and T. M. Scanlon, “Rawls on Justification”, both in Samuel Freeman, (ed.), *The Cambridge Companion to Rawls*, Cambridge: Cambridge University Press, 2003, pp. 322 – 323, 330.

② John Rawls, “Political Liberalism: Reply to Habermas”, *The Journal of Philosophy*, Vol. 92, No. 3 (Mar., 1995), pp. 174 – 175.

是在康德的哥白尼式的革命中提出的观点中工作的，他们认为这种不加思考的介入是不连贯的。[①] 理性本身是一种中介形式，一种理解世界的方式。我们没有办法在理性和人类感性的拯救之外，去比较我们的理性告诉我们的和真实存在的东西。如果我们认为理性的正确性的标准是它与外在的实在相符合，我们就必须设想站在理性之外的立场，从这个立场出发，我们可以看到实在，并把我们所看到的东西与理性的规定相比较。但康德告诉我们，这种观点的存在只是一种幻想。

一旦我们认识到这种观点的虚幻性，我们在追求理解和知识的过程中就不得不提出一个不同的问题。我们需要问："我们的推理实践是否可以？"用康德的话来说，受到并经受他们自己的批判。也就是说，即使我们想象"外面"有关于道德的推理实践试图准确描述的道德事实，确定这些实践的正确性过程本身就是这些实践的结果。因此，我们所能做的就是努力完善这些实践，不是通过外部纠正它们的目标，而是通过内部反思。这将哲学的注意力转向了对理性的批判，并赋予了它一个重要的、永无止境的任务。由于我们无法最终确定我们的理性实践是否一劳永逸的正确，因此对理性的批判是一项持续不断的任务。

首先，考虑到正义的本质，罗尔斯和哈贝马斯都反对行政正义（administrative conception of justice）的概念，采用了主体间性的概念。民主的正义观认为正义的适当主体是人与人之间的关系，现在从参与这些关系的人的角度进行了分领域的考虑。为了了解这种民主的正义观是如何形成正义理论的内容的，我们来看看罗尔斯的以下两个观点，他所提出的正义第一原则，即保证对充分的基本自由给予同等保护，其优先性的推进有赖于正义作为公平的这一特征如何在一个秩序良好的社会中构建公民之间的关系。正如罗尔斯所说，"人们相互宣布，尽管理论上

---

① 也许在政治自由主义的情况下，这种主张需要一些限定条件。罗尔斯否认了这样一种可能性，即以多元论为特征的人类社会的政治哲学可以依赖于理性对真理的无中介途径主张，但认可重叠共识中的一些完备性学说以肯定柏拉图式图景。

的效用计算总是有利于平等的自由（假设他在这里的情况确实如此），这是一个真正的优势，他们不希望事情已经不同了”[①]。

其次，考虑一个早期描述的公正思想作为公平正义的核心：“人从一个公正、公平实践中，可能面临另一个公开支持的立场，他们应该通过合理原则期望接受每个……只有这样的承认才可能是人与人之间在他们共同实践中成为一个真正的共同体，否则，他们的关系在某种程度上建立在暴力之上。”[②] 这里需要注意的是，公正的标准并不是一个社会与某个外部因素相匹配，而是与它的成员之间存在某种关系：这种关系的特征是成员可以“公开地面对彼此”，并根据所有人都接受的原则支持各自立场。所以我们不仅可以通过指向他们的角色在促进或构建不同主体间的关系主张公正的原则，而且可以主张民主正义的观点对我们的同胞而言是以某些类型的关系的想法为根据的。

罗尔斯和哈贝马斯采用了这种民主的正义观，认为正义主要是关于公民之间的关系，他们也基本上同意关系的基本特征，这些关系应该是公正社会的特征。也就是说，使我们之间的关系公正的原因是，我们每个人都可以自由地要求对方为任何影响我们的事情辩护，而辩护的成功与否并不取决于它是否符合某个特定的理论，而是基于我们对它的合理接受。[③] 换句话说，正义包括公民能够要求和提供政治上的理由。正是这一基本共识促使哈贝马斯声称他与罗尔斯之间的争论是家族性的。他们对这一正义概念的采用也解释了他们对古人和现代人自由的共同独创性的认可。[④] 简单来说，罗尔斯和哈贝马斯不同意这个观点采用一种主

---

① John Rawls, *A Theory of Justice*, Cambridge, MA: Harvard University Press, Revised edition, 1999, p. 139.

② John Rawls, *Collected Papers*, S. Freeman (ed.), Cambridge, MA: Harvard University Press, 1999, pp. 47 – 72, 59.

③ Rainer Forst, *Das Recht auf Rechtfertigung*, Frankfurt am Main: Suhrkamp, 2007; Appearing in English as *The Right to Justification*, Jeffrey Flynn (trans.), New York: Columbia University Press, 2011.

④ John Rawls, *The Law of Peoples*, Cambridge, MA: Harvard University Press, 1999, pp. 130, 163 – 165.

体间的正义概念来作为哲学论证的地位和观点的后果。

哈贝马斯思想的一个标志是，它在哲学家的活动和公民的活动之间，在哲学和政治的正当性之间划了一条相当清晰的界线。这并不是说哲学无关政治，但他需要现代性和辩证法思维，不再需要依靠哲学王。现代世界的政治问题应该通过民主的方式来解决，而不是通过形而上学的方式，通过政治实践而不是哲学论证来解决。这是我们从民主正义概念中得到的一个教训。然而，哈贝马斯认为哲学保持一个特定角色进行反思和批评实践，无论是在阐明交往结构和假定一般理由，或阐述隐含在深层民主实践中的民主原则的具体项目。在这里，虽然哲学专家不再以柏拉图的哲学王或者卢梭的立法者形式存在，但哲学家仍然有作为一种专家顾问或证人的角色。哲学家的政治理由自己实践：当讨论进入一个僵局，或者似乎扭曲了社会、政治或经济因素，以及质疑可能结果的有效性，尤其是当这种结果不容易追踪到我们协商合作伙伴的恶意。在这种情况下，公民可能需要进一步解释某些论点或原则是如何与我们的基本做法及其前提相冲突的，并希望这种解释有助于我们与对手更好地理解如何以公正的方式向前迈进。事实上，提供这样的帮助显然是批判理论更重要的目标之一。

哲学和哲学家在这方面有没有政治权威，取决于民主公民是否决定他们的论点符合哲学上认可的论点，但哲学家在这里仍然扮演着专家的角色。哲学的争论，导致其说明和建议是技术性和复杂的。即使他们基于人类共同理性，哲学家也提供了作为知识分子的思考，以及专家所认为的训练有素的公民。按照哈贝马斯的观点，完全有权利忽略哲学家，可能不是批评的方法。用哲学家作为专家顾问的观点来阐述的，正是这种专业知识与缺乏权威的结合。① 哈贝马斯在政治和哲

① 如果这个概念仍然模糊不清，可以联想现代民主国家经济学家们的类似情况。我们通常认为，听从经济学家对各种政策的经济影响的分析是明智的，尽管我们认为公民应该保留决定追求何种结果和价值的权利，因此，应该根据专家的建议追求哪种结果和价值。

学论证之间分离的立场，进一步得到了其观点的两个附加因素的支持。首先，哈贝马斯认为，他在哲学论证中提出的原则纯粹是程序性的，因为这些原则只涉及公民为其社会确立经授权的原则的程序。这样做的一个后果是，他不必十分担心哲学专家在他的观点中所起的作用是有限的。这些专家缺乏政治权威，只在程序上提供建议，因此无法破坏公民的民主自由或权威，至少表面看来是这样。其次，哈贝马斯认为哲学上的论证是提供先验论证，以确定推理实践的必要前提。他认为，在缺乏基础主义的情况下，可以继续为在范围上具有普遍性的原则奠定基础。与此相关的是，考虑到他在与罗尔斯的交流中提出的替代方案，他似乎认为自己的策略是唯一既能避免语境主义（放弃普遍主张的基础）又能避免基础主义的策略。

根据这些背景性评论，我们可以理解哈贝马斯的意思，他认为罗尔斯混淆了政治和哲学论证之间的区别和关系。从哈贝马斯的角度来看，似乎只有三种可能的理论立场，罗尔斯在这三种立场之间摇摆不定。其一，一个人可能会回到柏拉图模式，两者都将政治上的正当性瓦解为哲学上的正当性，并以一种新的基础主义来确保一个人的普遍性主张。这意味着哲学产生了实质性的理论，然后将其传递给公民，并以各种方式限制了公民的自主权。罗尔斯陷入这种可能性是哈贝马斯的指控，作为公平的正义剥夺了公民在合法化中的话语。① 从公共社会的角度作为公平的正义下令，将原则社会一直传下来的哲学家，哲学肩负着不同的理论负担。正如罗尔斯的观点那样，它主要阐述公正社会的理念，而公民则以这一理念为平台来判断现有的安排和政策。②

其二，一个人可能会完全忽视哲学上的论证的重要性，而满足于描述和参与政治上的论证。从这个角度看，后期罗尔斯并不是在真正

① John Rawls, *The Law of Peoples*, Cambridge, MA: Harvard University Press, 1999, p. 128.

② John Rawls, *The Law of Peoples*, Cambridge, MA: Harvard University Press, 1999, p. 131.

地研究哲学，而只是在做一些类似于公民工作的事情。虽然做公民的工作很好，没有什么应该阻止专业哲学家也做这样的工作，但重要的是不要混淆两者。如果一个人在做公民的工作时认为他在做哲学，就像哈贝马斯有时似乎认为罗尔斯在做的那样，那么他就必须放弃哈贝马斯所理解的做真正哲学的可能性。在这个意义上，放弃真正的哲学意味着放弃任何形式的理论普遍主义的可能性。用哈贝马斯的话说，就是要接受一种语境主义的形式，即原则的正确性完全取决于采纳它们的人的当地语境。在这个意义上，尽管哈贝马斯并不认为罗尔斯是语境主义者，但他似乎担心罗尔斯的某些观点对他的观点的理由是合理的而不是真正的需要澄清要完全加以避免的困境。

其三，按照哈贝马斯，政治正当性的实践是由公民进行的，而哲学家对民主实践的前提条件的阐明可以提供给他们所做的事情及其内在逻辑的清晰性。此外，由于这哲学理由纯粹是程序，它不限制或解决任何实质性的政治思考的过程本身。它确保了政治审议的界限，但它本身并不是一种政治形式理由。从哈贝马斯的角度来看，这解决了柏拉图主义和语境主义的双重问题，正是这种观点，程序道德理论和法律理论同时比罗尔斯的理论更加谦逊。它是比较温和的，因为它专门集中于公共理性所用的程序方面，并从其法律体制化的想法衍生出权利制度。它能留下更多的问题，因为它更信任理性意见和意志形成的过程。① 哈贝马斯假定他和罗尔斯对哲学正当性的作用、价值和本质有共同的看法，他们的分歧是关于正义的描述中的一些政治细节上：哈贝马斯倾向于认为他的正义是更充分的民主。然而，当转向罗尔斯的回答时，我们对他们的差异有了截然不同的看法。罗尔斯正确地看到了价值在哲学辩护中的作用，在这个层面上，罗尔斯是更彻底的民主主义者。

罗尔斯的《答哈贝马斯》之所以成为理解罗尔斯方案所具有的深刻哲学意义的关键文本之一，同时又在罗尔斯与哈贝马斯的辩论中产

---

① John Rawls, *The Law of Peoples*, Cambridge, MA: Harvard University Press, 1999, p. 131.

生了一种深切感受，那是因为鉴于这是一组逻辑上详尽无遗的条件：情境主义、基础主义和哈贝马斯实用主义，罗尔斯没有选择这些。在哈贝马斯看来，罗尔斯再次混淆了哲学和政治论证之间的区别。[①]哲学上的辩护就是政治上的辩护，这一立场究竟意味着什么呢？为了阐明这一立场，笔者依次考察了四种可以描述辩护实践或形式的特征：方法、标准、范围和权威性，并讨论了罗尔斯对哲学辩护的理解是如何沿着每条轴线进行的。说哲学上的论证是一种政治上的论证，并不是说哲学上的论证依赖于政治方法。毕竟，哲学方法的特征之一就是使论证具有普遍形式，并得出至少在某一特定地点或时间不特定的结论。

简单回顾一下罗尔斯在政治哲学中提出的哲学辩护的观点，为什么这样的观点是思考正义的更一般的方式。笔者认为罗尔斯的观点是有意义的，因为他认为他为充分和公开的辩护的讨论提供了一个回答哈贝马斯所提出的“合理的力量是什么”的挑战。[②] 完全正当理由毕竟是政治正当理由的一种形式：它是通过我们作为公民发现，我们的公民同胞也可以确认一种共同的政治观念（或一种合理的政治观念）而产生的。因此，它支持我们真诚地向提供与互惠的政治理想相一致的基于这一概念的论点的能力。

罗尔斯是这样解释的，一个良序社会是否会因为正当的理由而稳定，这在证明的过程中起到了一定作用。他说，做出这样的决定是“一种检查是否有足够的理由提出公平正义（或其他一些可以在他人面前真诚捍卫的合理原则）”的一种方式。[③] 在此，他可以描述这个理由的正当性，正义就是公平，既是一种哲学活动，也是一种政治活动，因为哲学上的正当性被认为是符合政治正当性标

① John Rawls, “Political Liberalism: Reply to Habermas”, *The Journal of Philosophy*, Vol. 92, No. 3 (Mar., 1995), pp. 142 – 147.

② John Rawls, “Political Liberalism: Reply to Habermas”, *The Journal of Philosophy*, Vol. 92, No. 3 (Mar., 1995), pp. 142 – 148.

③ John Rawls, “Political Liberalism: Reply to Habermas”, *The Journal of Philosophy*, Vol. 92, No. 3 (Mar., 1995), p. 146.

准的。

此外，他在解释为什么我们应该发展一个独立的公正的政治概念时表示，动机是与互惠的要求相联系的。从根本上区分“完备主义”和“政治概念”，以此用作判断标准。完备性学说以解释为目的，要用哲学的标准来判断。政治概念的目的在于政治的正当性，目的在于作为重叠共识的对象，因此也是如此用政治标准来评判。一个人不可能仅仅通过提取其关于政治问题的主张，并观察它们是否能够独立存在，就把一个完备性学说转变成一个政治概念。这样做会产生一种我们可以称为“政治学说”的东西，但我们没有理由认为这样一种学说，只是因为它在范围上是政治性的，就会像其更全面的前身一样，成为重叠共识的焦点。如果我们采取行动，这种差别就会变得更加明显，在“政治讨论”的过程中，每个问题都被提及。相反，一个基于政治正当性的政治概念认为，如果你理性地行动，那么它就可以成为我们关于如何共同生活的对话基础。此外，一旦我们理解了罗尔斯的正义观，我们就会发现，这种关于正义的观点几乎是不可避免的。从根本上讲，正义是公民之间的关系，以及他们之间的关系是否可以公开为彼此辩护的问题。这里，辩护的概念是政治上的辩护。

如果我们像哈贝马斯那样，分别对待哲学和政治的正当性，那么多元主义的事实看起来就仅仅是一个政治的事实：一个正义的概念应该解决的事实，当然，但几乎不可能需要一种新的政治哲学方法。但对于罗尔斯，从多元化事实的含义到政治哲学本身，它表明没有完备性原则可以作为正义的概念；正是因为没有全面的原则，鉴于多元化的事实，自己才不能对正义的概念提供充分的政治理由。换句话说，多元主义意味着没有一种全面的学说能在政治正当化中扮演唯一的角色。罗尔斯的哲学理由是一种政治上的理由，这意味着没有全面的原则，无论是柏拉图还是康德的正义理论，可以提供哲学依据。伯顿·德雷本说得对，这会让任何一个“受过良好教育的哲学家”感到震惊，任何一个想从事哲学研究的人都会感到震惊。① 这不仅解释了罗尔斯对哲学家的拒绝，而且解释了随之而来的更具戏剧性的“上帝禁止!”如果将罗尔斯的政治哲学简化为语境主义，就已经放弃了正确理解哲学。

虽然罗尔斯并没有明确地阐述关于正当性的主张，但似乎他在早期就表达了对哲学实践的广泛含义。罗尔斯在 1974 年美国哲学协会发表题为“道德理论的独立性”的主旨演讲，提出了一种反对主流学科的宣言，认为更纯粹的哲学领域如元伦理学、心灵和语言哲学是必要的第一步，从而塑造了道德理论，我们现在称之为规范的政治和道德哲学。罗尔斯认为现在完全颠倒过来了。随着数学哲学的发展，我们对一个领域的哲学基础只能跟随，而不能对这个领域本身的概念进行把握塑造。当涉及道德和政治时，我们所需要的不是哲学论证的抽象基础，而是对我们政治和道德论证的实践和传统概念的洞察力和清晰度。我们需要的不是正义的哲学正当性，而是对政治正义的正当性认可。对此，我们可能更需要哲学研究的新方法，而不是需要哲学专家。

二 程序主义 VS 实质正义

罗尔斯与哈贝马斯的辩论代表了“当代两位最伟大的思想家未能相遇”，这种说法不无道理。② 然而，无论罗尔斯和哈贝马斯如何讨论过去，还是彼此的讨论受到忽视，都是令人遗憾的。哈贝马斯想通过一个棱镜来审视罗尔斯的作品，从而使罗尔斯的一些理论预设变得

① Burton Dreben, “On Rawls and Political Liberalism”, and T. M. Scanlon, “Rawls on Justification”, both in Samuel Freeman, (ed.), *The Cambridge Companion to Rawls*, Cambridge: Cambridge University Press, 2003, p. 317.

② Jonathan Wolff, “In Front of the Curtain”, *Times Literary Supplement*, March 7, 2008.

清晰。哈贝马斯在对这些假设进行反思的过程中，对罗尔斯所设想的哲学与政治之间关系的可能性提出了挑战。

尽管如此，在罗尔斯和哈贝马斯之间仍然存在很多障碍。笔者主要关注程序性方法和实体性方法，这个切入点是罗尔斯和哈贝马斯对“正义”定义的不同理解。罗尔斯关注社会的正义原则，即基本社会制度的安排原则，这些基本社会制度既在这个制度框架内分配权利和义务，又调节社会合作利益和负担分配。① 哈贝马斯试图将平等权利的哲学问题（如法律面前的平等地位）与分配正义的政治问题分开。分配正义原则是对政治领域问题的回应，需要规范语境。平等权利原则“可以从普遍化的立场出发，并主张表面的有效性”，即使这些原则的应用必须对环境敏感。因此，哈贝马斯对正义的理解比罗尔斯更为严格。正义“不是物质的，不是确定的‘价值’，而是有效性的一个维度”②。更具体地说，“正义”是规范有效性的同义词，是真理的规范领域在理论领域的类比。

在考察罗尔斯和哈贝马斯都提出康德式的实践理性的程序概念而没有诉诸康德式的形而上学时，笔者认为不应该因为这个共同的出发点来掩盖他们对正义的不同理解的根本分歧。罗尔斯通过原初状态对平等权利，或平等自由的原则的阐述，与社会制度的概念，以及公民在这些制度中的政治关系有着千丝万缕的联系。这应该让人想起卢梭和黑格尔，就像想起康德一样。哈贝马斯以康德的普遍化原则和哲学概念为基础，对这种方法进行了批判，而哲学概念与捍卫理性的普遍性是同义的。哈贝马斯以交往理性的社会实践程序前提为基础，确立了一种普遍性原则，进而区分了程序理性在道德和法律上的地位，他宣称，康德的平等原则只是偶然地与社会制度的特定实体概念相联系。如果这是正确的，那么它就挑战了如下观点，即罗尔斯的正义观

---

① John Rawls, *A Theory of Justice*, Cambridge, MA: Harvard University Press, Revised edition, 1999, p. 4.

② Peter Dews, *Autonomy and Solidarity*: *Interviews With Jurgen Habermas* (Revised edition), Routledge, 1992, p. 249.

从根本上是普遍主义的，是康德式的，而哈贝马斯则阐明了黑格尔式的综合主义。

罗尔斯没有充分利用哈贝马斯对程序理性概念的替代阐述，他将规范性程序主义的问题与英美法律与民主理论的术语进行了同化。根据这一理解，程序正义是指在仲裁实体权利要求之间的程序公平或中立性。然而，仅仅因为哈贝马斯不是一个程序主义者，并不意味着他的立场与罗尔斯没有重大的不同。笔者认为应该从实践理性的实体概念和程序概念，而不是正义的角度来重新理解罗尔斯与哈贝马斯关于程序正义还是实质正义的讨论，以进一步展示罗尔斯的建构主义如何运用康德的程序，即在共享的社会世界的黑格尔实体中最初的位置。哈贝马斯的重构主义预设了一种社会理论，根据这种理论黑格尔的伦理实体被完全“升华”为康德的论述。

那么，如何理解正义和实践理性中的程序和实质？哈贝马斯关注的是罗尔斯如何通过对理性的当事人选择正义原则的规范性、实质性、合理约束来模拟道德观点的公正性。他提出了他的商谈伦理学，作为康德道德观点的另一种阐述，但这种观点会妨碍对一个良序社会的分配正义的实质原则的推导。对于哈贝马斯来说，一旦罗尔斯试图推导出实质性的原则，他就是在“以美国公民的身份说话”，因为没有“任何非程序性的、实质性的原则可以在任何时候适用于任何事情”①。正因为如此，哈贝马斯认为正义理论只是一部哲学著作。哈贝马斯的另一种方法在于他阐述了一种不局限于政治领域的交往理性概念，这种概念涉及规范原则的普遍性。

哈贝马斯从自己的道德商谈理论出发批判了罗尔斯对原初状态的运用，运用他的政治（法律和民主）理论批判了罗尔斯对政治领域的划分。他认为，不能简单地从道德的角度来确定政治领域；按照康德模式，“政治”应该根据法律规范的标准来区分。基本自由权利的实质性内容并非源于正义的实质性原则，而是公民对理性的公共使用制

① Peter Dews, *Autonomy and Solidarity*: *Interviews With Jurgen Habermas* (Revised edition), Routledge, 1992, pp. 200 – 201.

度化的法律形式所固有的。在这个意义上，哈贝马斯的重构主义比罗尔斯的建构主义更为温和，因为它“专门关注公共理性使用的程序方面，并从其法律制度化的理念中衍生出权利体系”①。对理性意见和意志形成过程的关注，留下了大量的问题有待于话语的参与者来决定。

哈贝马斯对罗尔斯方法缺陷的诊断的问题在于，罗尔斯犯了一个错误的举动，如果他使他的正义概念的全部理由取决于其能作为重点的重叠共识，那么他的立场的光秃秃的规范性使得他的理论脱离当代社会复杂的制度性现实法制。② 问题是，哈贝马斯先入之见地认为罗尔斯的理论是另一种康德式的方法，这使他忽视或最小化了基本的不同点。哈贝马斯证明罗尔斯的康德程序的原初立场取决于一个共享的社会世界的实质性背景，以及如何实现的实质性原则，如此派生的目的是在形成社会世界中的基本结构。为了正确定位分歧的领域，有必要将争论转移到一个更抽象的层面，即关于正义原则与社会环境的一致性问题，这是罗尔斯建构主义的核心，但哈贝马斯却正确地发现了这个问题。哈贝马斯的另一种康德式的重构方法既包括区分道德理论和法律理论，也包括在这些领域中，将对程序规范原则的重建与对其实现环境的社会理论描述相分离。③

然而，如果哈贝马斯的批评倾向于同化罗尔斯对他自己的框架的方法，这是更真实的罗尔斯的回答。当他转向程序正义与实体正义的话题时，罗尔斯并没有讨论，他是如何以及为什么将正义理论中的原始立场描述为“对康德的自治概念和定言令式的程序解释”④。更令

---

① John Rawls, *The Law of Peoples*, Cambridge, MA: Harvard University Press, 1999, p. 131.

② ［德］哈贝马斯：《在事实与规范之间》，童世骏译，生活·读书·新知三联书店 2014 年版，第 70—80 页。

③ John Rawls, *The Law of Peoples*, Cambridge, MA: Harvard University Press, 1999, p. 127.

④ John Rawls, *A Theory of Justice*, Cambridge, MA: Harvard University Press, Revised edition, 1999, p. 226.

人惊讶的是，他也没有采用更广泛、争议更少的观点，将最初的立场作为纯粹程序正义的一个实例，并评论说，他将把赌博这一特殊案例放在一边，而他此前曾将赌博作为纯粹程序正义的主要例子。[①] 罗尔斯所做的就是有力地论证正义从来不是简单的程序性的，而是始终依赖于实质性的原则。然而，罗尔斯并没有采纳哈贝马斯的观点，他采用了一种区分程序的正义和结果的正义的方法，这是他从斯图亚特·汉普郡那里学来的。罗尔斯反对汉普郡，并追随柯亨的观点，认为程序正义和实体正义是不可分割的：程序的正义在一定程度上取决于其结果的正义。[②]

罗尔斯肯定是对的，哈贝马斯关于公共使用理性的程序性观点并不纯粹是形式的，它依赖于实质内容。事实上，它依赖于哈贝马斯的交往理性概念中所隐含的自治或自由的价值，即平等的主体间的自我立法。然而，关键的问题是，规范性程序的实质性内容是否需要通过实质性原则进行规范，或者这些实质性原则是否隐含在道德话语的程序和公共理性使用的民主程序中。罗尔斯和哈贝马斯的方法都是实质性的，因为他们拒绝多数主义的观点，这些观点试图依赖于一种规范的、狭隘的民主进程的概念，即在追求实质目标的过程之间是公正的，没有任何影响。但对罗尔斯来说，这是拒绝多数主义的必然结果，即一个人必须支持自由的立宪主义，而哈贝马斯的康德共和主义反对这种二分法。

罗尔斯关于程序正义和实体正义之间的对比的讨论明显偏离了哈贝马斯的观点，即罗尔斯的观察"没有抓住我使用'程序'和'程序理性'这两个词的意义，当我断言以某种方式建立的论证实践倾向于支持这样的假设，即其结果是理性可接受的"[③]。要理解哈贝马斯

---

① John Rawls, "Political Liberalism: Reply to Habermas", *The Journal of Philosophy*, Vol. 92, No. 3 (Mar., 1995), pp. 132 – 180.

② See Joshua Cohen, "Pluralism and Proceduralism", *Chicago-Kent Law Review*, LXIX (1994), pp. 589 – 618.

③ ［德］哈贝马斯：《包容他者》，曹卫东译，上海人民出版社 2018 年版，第 120—151 页。

和罗尔斯的程序理性概念，有必要从程序正义与实体正义的对比，转向严格的程序正义与内容正义的实践理性哲学概念的对比。如果我们认识到罗尔斯和哈贝马斯对法律和民主理论的贡献都是从对程序主义的理解开始的，就像道德理论对程序主义的理解一样，那么我们就有资格评价他们对法律和民主理论的贡献。从这个意义上说，哈贝马斯更为严格的康德式程序方法与罗尔斯更为黑格尔式的方法形成了对比。罗尔斯在黑格尔式的方法中实现了程序上的道德约束，即构成我们社会世界的基本制度。

1. 罗尔斯实质中的程序

在对罗尔斯—哈贝马斯辩论进行解读过程中，笔者只能对分析所依据的框架做一简要概述。从罗尔斯和哈贝马斯在其作品中的假设出发，提出由卢梭、康德、费希特、黑格尔和马克思组成的现代理性传统，这是一种将自由视为自治和实践理性的协商能力的传统，通过这种协商能力实现自由。① 此外，罗尔斯和哈贝马斯都关注黑格尔遗留给这一传统的自我基础问题。这是将正义原则所寻求实现的自治价值应用于这些原则的哲学正当性的问题，并要求这些原则在现有的社会实践中被显示为隐含的。② 正如查尔斯·拉莫尔所认识到的，罗尔斯和哈贝马斯都有一个共同的目标，即对现代民主的指导原则形成一种独立或自主的概念。拉莫尔强调了罗尔斯将政治正义概念与完备主义区分开来的否定意义，并将前者描述为“独立的”。相比之下，当罗尔斯自己将政治概念称为“自立”时，笔者试图通过更积极的方式来理解这一点。③ 正义的政治概念是建立在政治领域的价值基础上的。罗尔斯的政治建构主义不是寻求依赖于一个基本的“中立”原则，即

---

① Robert B. Pippin, *Hegel's Practical Philosophy*: *Rational Agency as Ethical Life*, Cambridge: Cambridge University Press, 2008, p. 21.

② Charles Larmore, *The Autonomy of Morality*, Cambridge: Cambridge University Press, 2008, p. 153.

③ John Rawls, *The Law of Peoples*, Cambridge, MA: Harvard University Press, 1999, pp. 175, 179.

平等的关注和尊重，而是将这些价值预设为实用的政治目的，“旨在产生正义的正当性，而不是从一开始就强加它”[1]。

需要区分两个层次。[2] 首先是规范性基础，即平等权利的程序原则，这些基础是被建构或重建的。在这第一个层面上，罗尔斯和哈贝马斯都是程序伦理学的倡导者，因为他们所关注的都是一种现代道德，即主体间的权利原则，而不是与外在的实体利益相一致。[3] 其次，还有这些理由的根据的问题。罗尔斯和哈贝马斯都认为，这种程序性理由的充分正当性，在于它们是隐式的，而不是在现有的社会实践中完全实现的，对这种社会实践的论述涉及社会本体论和道德动机的论述。在这第二层面上，罗尔斯关于社会制度和理性公民动机的实质性规范概念，与哈贝马斯关于公民同意通过实证法来规范其生活的宪法所制定实践的形式主义概念形成了对比。规范基础与制度基础、动机基础之间的自我基础关系的理解也相应不同。目前用途最重要的区别是，罗尔斯的建构主义寻求以公共政治文化做出贡献的方式，以此带来（引出）一个秩序井然的社会的实质性概念。[4]

哈贝马斯注重程序正义，罗尔斯也看重程序正义但并不否定实质正义。哈贝马斯认为，对合法性的程序性理解源于卢梭，并被康德作为实践理性的概念进行了更充分的阐述。但是哈贝马斯批评卢梭混淆了合法性的程序原则和制度化公正统治的实质性建议。充分发展的程序正当性论述概念的意义在于，它是一种自反性的正当性证明，其有效性独立于

---

① Catherine Audard, *John Rawls*, Stocksfield: Acumen, 2007, p. 7.

② These two levels correspond to Charles Taylor's distinction between advocacy and ontological questions in his "Cross-Purposes: The Liberal-Communitarian Debate", in Nancy Rosenblum, (ed.), *Liberalism and the Moral Life*, Cambridge, MA: Harvard University Press, 1989.

③ Charles Taylor, "The Motivation behind a Procedural Ethics", in Ronald Beiner and William James Booth, (eds.), *Kant and Political Philosophy: The Contemporary Legacy* (New Haven, CT: Yale University Press, 1996).

④ John Rawls, *Lectures on the History of Political Philosophy*, S. Freeman (ed.), Cambridge, MA: Harvard University Press, 2007, pp. 1－7.

具体的实体制度形式。[①] 程序正当性的公正性不在于是否符合实体价值，而在于话语的程序本身是否可以反过来质疑其背景的实体预设。因此，哈贝马斯的方法与罗尔斯的不同之处在于，他进一步发展了自治的程序概念对哲学与政治关系的影响。这并不是像哈贝马斯所暗示的那样，罗尔斯允许实体元素以一种不用修改罗尔斯的基本结构就可以消除的方式侵入程序方法。这种分析既使罗尔斯的方法论预设更接近于哈贝马斯，又使罗尔斯的政治自由主义观与哈贝马斯的康德共和主义渐行渐远。罗尔斯—哈贝马斯之争，与其说是康德式的“家族之争”，不如说是两个不同分支之间的家族相似性以继承理性传统。

笔者通过分析罗尔斯的建构主义中程序与实体的关系，首先确定纯粹的程序正义在罗尔斯的建构体系中所扮演的角色，其次强调纯粹的程序正义对实体背景的依赖。在探讨罗尔斯的正义理论时，我们可以提出四个与罗尔斯问卢梭的正义理论相同的问题：

> 1. 这个概念说的是政治权利和正义的合理或真实的原则；这些原则的正确性是如何建立起来的？
>
> 2. 哪些切实可行的政治和社会制度最有效地实现了这些原则？
>
> 3. 人们如何学习正确的原则并从中获得行动的动力，以保持一段时间的稳定？
>
> 4. 一个社会如何实现正义和正义的原则；在某些实际情况中，如果存在这样的情况，它又是如何产生的呢？[②]

罗尔斯认为，任何关于权利和正义的政治概念都必须考虑这些问题，他自己关于正义即公平的概念也不例外。前三个问题对应着正义

---

① Jürgen Habermas, *Communication and the Evolution of Society*, T. McCarthy (trans.), Boston: Beacon. 1979, pp. 185 – 86.

② John Rawls, *Lectures on the History of Political Philosophy*, S. Freeman (ed.), Cambridge, MA: Harvard University Press, 2007, p. 237.

理论的三个部分——理论、制度和目的——第三个问题，关于稳定问题，包含两个部分。罗尔斯认为他未能充分解决第三个问题的第二部分，这促使他将正义重新表述为“政治而非形而上学”的公平概念，而重叠共识的观点既回应了这一问题，也回应了正义作为公平可能实现的第四个问题。

在考虑纯粹程序正义在这个框架中的地位时，认识到纯粹程序正义不同于罗尔斯所称的形式正义是很重要的。① 在《正义论》中，罗尔斯将形式正义定义为“不管法律和制度的实质原则是什么，公正和一致的法律和制度的执行”②。他把实体正义和形式正义是否总是同时进行的讨论推迟到他所考虑的最合理的实体正义原则之后。考虑到罗尔斯在此之前就已经提出了他的两个正义原则，不同形式的程序正义可以被解释为在正义的形式原则和实体原则之间建立了各种各样的关系，形式正义的充分性取决于公平的实体背景语境的维护。

作为公平的正义包含了最高层次的纯粹程序正义的理念，表现在无知之幕对原则选择的合理约束上。这是审议各方的理性自治的必然结果，因为他们不承认任何与他们自己的观点无关的立场，而这些立场将使他们受到先前的和独立的正义原则的限制。③ 第二，纯粹的程序正义的作用，与罗尔斯的第一正义原则——自由原则相联系，在于保障政治自由的公平价值。其想法是“将有效的政治程序纳入社会的基本结构，这种程序反映了原来职位所实现的人的公平代表权”④。正是这一点，连同正义的第二原则，包括差别原则，解释了为什么基本自由不仅仅是形式的自由。因此，我们第三次谈到纯程序正义在分

① “On the Novelty of Rawls's Idea of Pure Procedural Justice”, see William Nelson, “The Very Idea of Pure Procedural Justice”, *Ethics*, LXXX (1980), pp. 502 - 511.

② John Rawls, *The Law of Peoples*, Cambridge, MA: Harvard University Press, 1999, p. 51.

③ John Rawls, *A Theory of Justice*, Cambridge, MA: Harvard University Press, Revised edition, 1999, pp. 104, 108.

④ John Rawls, *Political Liberalism*, New York: Columbia University Press, Paperback edition, 1996, p. 330.

配份额方面的作用。这取决于公平机会平等获得通过建立和维护一个基本结构，保持背景正义："只有背景下的一个基本结构，包括一个只是政治宪法和经济和社会机构的安排，能说的只是过程存在。"① 作为公平的正义原则是由拥有财产的民主制度最有效地实现的。② 最后，罗尔斯对纯粹程序正义的承诺对我们如何理解反思平衡的正当性有影响。原初状态的论点没有独立的辩护力量，可以用来反对人们深思熟虑的判断。③ 相反，正如罗尔斯所说，"反思平衡是通过原初状态来运作的"，它的概念是纯粹的程序正义。④

罗尔斯认为康德为卢梭的自治思想提供了更深层基础，他认为普遍性不应该被视为康德伦理学的中心。罗尔斯称原始立场是对康德关于自治和定言令式的概念的程序性解释，这意味着它是在一个合理的社会制度的经验框架内，而不是先验唯心主义的框架内。这并不是说"康德的正义原则"是独立地派生出来，然后应用于基本结构。相反，一个基本结构的社会理论驱动着原初状态选择程序的构建。"鉴于基本结构的独特特征和作用，如果要实现康德式契约理论的意图，(在社会契约中) 协议的概念必须进行适当的转换。"⑤ 然后，平等将"由自然的一般事实来支持，而不仅是由没有实质力量的程序规则来支持"⑥。罗尔斯在强调社会和基本结构的作用时，颠倒了康德伦理

---

① John Rawls, *A Theory of Justice*, Cambridge, MA: Harvard University Press, Revised edition, 1999, pp. 104, 76.

② John Rawls, *Justice as Fairness: A Restatement*, E. Kelly (ed.), Cambridge, MA: Harvard University Press, 2001, pp. 135 – 180.

③ David Lyons, "Nature and Soundness of the Contract and Coherence Arguments", in Norman Daniels, (ed.), *Reading Rawls*, Stanford: Stanford University Press, 1989.

④ Quoted in Samuel Freeman, "Original Position", *The Stanford Encyclopedia of Philosophy*, (Spring 2009 Edition), (ed.), Edward N. Zalta. http://plato.stan-ford.edu/archives/spr2009/entries/original-position/.

⑤ John Rawls, *Political Liberalism*, New York: Columbia University Press, Paperback edition, 1996, p. 288.

⑥ John Rawls, *A Theory of Justice*, Cambridge, MA: Harvard University Press, Revised edition, 1999, p. 446.

学的方向。康德从对个人准则的绝对命令的应用转向了对系统秩序的创造，而罗尔斯则将绝对命令解释为调节社会基本结构的一致的集体协议的过程。在无知之幕背后，各方仅仅受到康德式的“权利概念的形式约束”的约束，这些约束是由原则在“调整人们对他们的制度和彼此的主张”中所起的作用来证明的。① 事实上，原初状态连同它所掩盖的具体事实和它所承认的一般社会事实，已经包含了一个实质性的民主概念，即“在社会的基本结构中公民之间的政治关系”，罗尔斯继续展开了这一概念。② 根据罗尔斯的观点，“一个纯粹的程序性理论，不包含任何构建公正社会秩序的结构原则，在我们这个政治目标是消除不公正并引导变革走向公正的基本结构的世界里，将毫无用处”③。

笔者已经说明了对原初立场原则选择的实质性限制如何导致对公正原则的选择，当这些公平原则为维持背景公平的市场运作提供了实质性制度约束时，其分配结果本身也将是公平的。但是，在原始状态下的实质性合理约束的最终正当性是什么呢？罗尔斯将公正描述为一种道德情操的理论，阐述了我们的正义感所遵循的规则。在认同反思平衡的正义概念时，我们“理解了道德情操如何在我们的生活中具有调节作用，并通过道德原则的形式条件赋予它们作用”④。在《政治自由主义》中，罗尔斯试图展示一种共有的政治正义感是如何与多种合理的完备性学说相兼容。如果正义的政治概念能够成为重叠共识的焦点，这将表明这一点，在这个过程中，公民实现了广泛和普遍的反思平衡。在思考为什么罗尔斯认为他可以利用共同的民主思想时，一

① John Rawls, *A Theory of Justice*, Cambridge, MA: Harvard University Press, Revised edition, 1999, p. 113.

② John Rawls, *Political Liberalism*, New York: Columbia University Press, Paperback edition, 1996, p. 217.

③ John Rawls, *Political Liberalism*, New York: Columbia University Press, Paperback edition, 1996, p. 285.

④ John Rawls, *A Theory of Justice*, Cambridge, MA: Harvard University Press, Revised edition, 1999, p. 418.

个有希望的可能是，罗尔斯以黑格尔的方式将基本结构的背景机构看作我们社会世界的组成部分。① 罗尔斯以各种形式的社会合作存在于“某种或多或少明确规定的情况下嵌入于基本结构的背景制度中”，而最初立场的目标是“将协议的概念扩展到这个背景框架本身”②，正义的概念针对那些“为了自己的利益而渴望一个社会世界，在这个世界中，他们作为自由平等的人，可以按照所有人都能接受的条件与他人合作”的公民③。

保罗·利科正确地识别了罗尔斯论证的解释学循环。罗尔斯首先提出了他的两个正义原则，然后认为他们将被选择在最初的立场，整个论点是一个渐进的系统化或合理化，即我们对正义的预先理解，在寻求反思的平衡。在提出纯粹的程序正义理论是否可能的问题时，利科得出结论，罗尔斯的“程序正义观充其量提供了正义意识的合理化，而正义意识总是预先假定的”④。道德的程序性义务观不能作为其自身存在的基础，而是以伦理学的实体性视角作为其存在的基础。问题是罗尔斯是否会同意这种观点。罗尔斯承认，作为公平的正义是实质性的，因为它“起源于并属于自由思想的传统和更大的民主社会的政治文化共同体”，因此，在哈贝马斯看来，它并不是正式的和普遍的。⑤ 在下一节中，我将概述哈贝马斯关于程序理性的另一种观点，并展示与罗尔斯不同，哈贝马斯是如何将义务论的程序与特定的实体

---

① See PL, 11, 23, 41, 43, 77, 229, 262 - 271. Michael Hardimon, “very closely related to Rawls's idea of the ‘basic structure’”, *Hegel's Social Philosophy: The Project of Reconciliation*, Cambridge: Cambridge University Press, 1994, p. 16.

② John Rawls, *Political Liberalism*, New York: Columbia University Press, Paperback edition, 1996, p. 23.

③ John Rawls, *Political Liberalism*, New York: Columbia University Press, Paperback edition, 1996, p. 50.

④ Paul Ricoeur, “Is a Purely Procedural Theory of Justice Possible?” in his The Just, (trans.), David Pellamer , Chicago, IL: University of Chicago Press, 2000, p. 50.

⑤ John Rawls, “Political Liberalism: Reply to Habermas”, *The Journal of Philosophy*, Vol. 92, No. 3 (Mar., 1995), p. 179.

伦理切断联系的。

2. **哈贝马斯程序中的实质**

规范的程序理性概念是哈贝马斯理解现代性后形而上学思维所要求的核心。在哈贝马斯看来，自 17 世纪以来自然科学的经验方法所发展出的程序理性、道德和法律理论中的形式主义以及自 18 世纪以来发展起来的立宪国家的制度，都削弱了以整体观点进行社会哲学思考的可能性。科学和道德都完全依赖于它们的过程的合理性："由于理性萎缩成了形式合理性，因此，内容合理性变成了结果有效性。而这种有效性又取决于人们解决问题所遵守的操作成熟的合理性。"①

哈贝马斯的道德话语理论是一种形式主义的伦理学，因为它规定了一个从道德角度判断道德相关冲突的程序，但这并不意味着它是科学工具理性意义上的形式主义。它"剥夺了所有具体规范内容的实践理性，并将其升华为一种程序，以证明可能存在的规范内容"② 的定言命令不是用来检验行为准则的，而是作为一种论证的原则，这种原则可以被赋予一种论述性的程序形式。与罗尔斯一样，哈贝马斯认为，道德实践的参与者已经失去了他们的形而上的保证，必须通过利用他们已有的共同实践来推导出规范原则。然而，哈贝马斯比罗尔斯走得更远，他认为在后传统社会中，人们不仅不能期待对善有实质性的共识，而且这些共有的特征"凝聚成了商谈语境的形式特征"。证明道德规范有理的共同实际审议使所有参与者信服，因为它们不偏不倚，成为一种后传统的相当于传统的、实质性的规范性协商一致意见的基础。"缺失的超验善只能通过深思熟虑的内在结构来替代。"③ 对哈贝马斯来说，正当优先于善意味着从个人和集体生活项目伦理反思

---

① ［德］哈贝马斯：《后形而上学思想》，曹卫东等译，译林出版社 2001 年版，第 34 页。

② Jürgen Habermas, "Towards a Communication-Concept of Rational Collective Will-Formation. A Thought-Experiment", *Ratio Juris*, Ⅱ (1989), pp. 114 – 154, 149.

③ ［德］哈贝马斯：《包容他者》，曹卫东译，上海人民出版社 2018 年版，第 78 页。

的垂直角度来看待人际关系道德规范的分离。“以权利为核心的善的残余”确保了正义和团结之间的内在联系，两者是同一枚硬币的两面。[①]

哈贝马斯的程序性民主概念不仅是形式上的，而且它假定，在后形而上学的条件下，我们不能期望在反映平等公民共同的实质性概念的价值上达成一致，而只能是公民之间通过实证法合法地调节他们生活的承诺。这一宪法制定实践以法律为约束规则的媒介，以话语原则为理解理性思考和决策的方式为前提，因此它并非没有任何规范性内容。[②] 以此暗示，实践包含了实质性的要素，指出了哈贝马斯承认程序性法律范式在自治思想中保留了一个教条主义的核心。[③] 但是，哈贝马斯认为，公民给自己制定法律思想，在宪法原则和权利体系中得到了解释，“已经包含了（卢梭—康德式的）自由平等的自愿联合公民的自我立法思想作为理论核心”。这可以“在制宪过程中得到充分发展，制宪过程不是以先前对实质性价值的选择为基础，而是以民主程序为基础”[④]。人民主权是一种程序概念，这与罗尔斯关于民主的实质性概念形成了鲜明的对比：

> 罗尔斯似乎致力于这样一种观点：“人民”是民主政治文化中隐含的一种理想：自由平等的人作为一个法律主体团结在一起，即政治主体，它行使宪法权力，以一种表达公共理性的政治价值的方式来制定更高的法律，从而使他们能够实现使他们成为

---

① ［德］哈贝马斯：《包容他者》，曹卫东译，上海人民出版社 2018 年版，第 65—66 页。

② ［德］哈贝马斯：《在事实与规范之间》，童世骏译，生活·读书·新知三联书店 2014 年版，第 103—163 页。

③ John Rawls, “Political Liberalism: Reply to Habermas”, *The Journal of Philosophy*, Vol. 92, No. 3 (Mar., 1995), p. 174.

④ “Reply to Symposium Participants, Benjamin N. Cardozo School of Law”, in Michel Rosenfeld and Andrew Arato, (eds.), *Habermas on Law and Democracy: Critical Exchanges*, Berkeley and Los Angeles: University of California Press, 1998, p. 406.

> 自由平等的民主公民的（道德）权力。这种人与人民的概念似乎是罗尔斯所认为的隐含的实质性民主概念的基础。在公共政治文化中，宪法是其不可分割的一部分。①

笔者概述了哈贝马斯关于理性的程序概念的基础，但罗尔斯仍然批评说，没有为可接受的理由提供实质性指导的制度程序，就不能“取消‘无用输入，无用输出’这一格言”②。这就提出了两个问题，首先是论述程序的结果，其次是在论述之外是否有实质性标准。

关于民主程序的结果，罗尔斯认为，为了确保公正的结果，多数决定原则必须受到预先定义的正义原则的约束。相比之下，哈贝马斯认为，对结果的限制构成了民主话语的程序。多数决定“只是在论证过程中的停顿，在做出决定的压力下（暂时）中断了这一过程”③。作为进行中的话语的临时决议，大多数决定都是由这些话语所决定的，它们的合法性取决于这些话语，但它们有可能在今后的话语中受到质疑。而不是看到民主程序的内在公平是局限于给每个正式参与者的公平平等机会以展示他们的论点而投下自己的选票，并邀请外部实质性原则需要调节的结果。哈贝马斯认为，程序民主话语意义的想法是不断寻找更好的实质性原因。借用罗尔斯的术语，哈贝马斯说，多数决定原则的合法性来自“不完善的”但“纯粹的”程序理性。④

---

① Samuel Freeman, “Political Liberalism and the Possibility of a Just Democratic Constitution”, in his *Justice and the Social Contract: Essays on Rawlsian Political Philosophy*, Oxford: Oxford University Press, 2007, p. 210.

② John Rawls, “Political Liberalism: Reply to Habermas”, *The Journal of Philosophy*, Vol. 92, No. 3 (Mar., 1995), p. 178.

③ “Reply to Symposium Participants, Benjamin N. Cardozo School of Law”, in Michel Rosenfeld and Andrew Arato, (eds.), *Habermas on Law and Democracy: Critical Exchanges*, Berkeley and Los Angeles: University of California Press, 1998, p. 415.

④ “Reply to Symposium Participants, Benjamin N. Cardozo School of Law”, in Michel Rosenfeld and Andrew Arato, (eds.), *Habermas on Law and Democracy: Critical Exchanges*, Berkeley and Los Angeles: University of California Press, 1998, p. 397.

我们注意到对哈贝马斯程序理性概念的分析是如何挑战罗尔斯将其描述为黑格尔式的综合学说的。罗尔斯认为，哈贝马斯的程序和物质之间的关系的方法是这样的，一旦从程序性话语的前提出发，“然后所有所谓的大量元素的宗教和形而上学的理论和传统的社区被吸收（或升华）为这些前提的形式和结构”①。但哈贝马斯对后形而上学思维要求的理解与罗尔斯的刻画相矛盾。哈贝马斯使用“后形而上学”一词，不仅在方法论意义上指的是对程序理性的关注，而且指的是一种实质性的“不可知论者”立场，这种立场在不否认宗教传统可能的认知内容的情况下，对信仰和知识进行了鲜明的区分。哈贝马斯区分了“理性主义方法（在黑格尔传统中）将（奥弗本）信仰的实质纳入哲学概念，而对话方法……对宗教传统采取批判的态度，同时也要虚心向它们学习”②。

3. 超越程序正义和实质正义

在对罗尔斯建构主义的“实体中的程序”和哈贝马斯的“程序中的实体”进行评价时，我们可以比较这两种方法的不同。罗尔斯和哈贝马斯都声称他们的方法比对方的更温和，罗尔斯的基础是政治而不是完备的，哈贝马斯的基础是严格的程序而不是实质。哈贝马斯说，他“从来没有想过要草拟一份规范的政治理论”，也从来没有想过要设计“一个‘秩序良好’社会的基本准则”③。但是，当我们把他们各自的方法看作一种思想体系，在这种思想体系中，哲学所提供的东西是力求对社会所要求的东西作出反应的时候，在每一种情况下，我们都应该牢记激发这种谦虚的雄心壮志。由于这种哲学上的谦虚，每个人都声称他们的理论包含了对方的理论。罗尔斯提出了哈贝马斯的

---

① John Rawls, “Political Liberalism: Reply to Habermas”, *The Journal of Philosophy*, Vol. 92, No. 3 (Mar., 1995), pp. 132 – 180.

② Jürgen Habermas, *Between Naturalism and Religion*, C. Cronin (trans.), Cambridge: Polity, 2008, p. 245.

③ Max Pensky (trans.) & (ed.), *The Fast as Future*, Max Pensky, Cambridge: Polity Press, 1994, p. 101.

民主合法性为公众所接受的原因,① 虽然哈贝马斯寻求罗尔斯规范性的合成方法，但是在社会制度的观点上与社会学系统理论家尼克拉斯·卢曼（Niklas Luhmann）相似。② 比较德沃金的方法来问哈贝马斯："谁能接受法律哲学家，社会学家，或反之亦然?"③ 我们可以对哈贝马斯和罗尔斯提出一个类似的问题。

笔者认为罗尔斯的前提假设是一个实质性的共享的社会世界，跟哈贝马斯一样，认为社会复杂性的增长会使这个假设变得有问题，并削弱它所假设的社会制度的规范性概念。正是出于这个原因，哈贝马斯指出："对当前世界状况的怀疑评估"是他的方法有别于"纯粹的规范性概念，如罗尔斯的正义理论，尽管其本身令人钦佩"④。但是，我们不应该忽视当代社会实践对道德和政治行动者的更大期望，以及对这些实践的哲学反思所预设的前提，这是对哲学与政治起作用的怀疑评估的另一面。如果哈贝马斯的程序重建主义不能维持一个秩序良好的社会的现实乌托邦，它可以提醒我们乌托邦的维度已经在我们的交往社会实践中发挥作用。在这种改变了的伪装下，哲学和民主的相互依赖继续为解决关于良序社会的基本规范问题提供基础。⑤

如何从罗尔斯的实体主义和哈贝马斯的程序主义的对比入手，将其与罗尔斯的"非形而上学"建构主义和哈贝马斯的"后形而上学"重构主义相联系？正如我们所看到的，罗尔斯有很多关于正义的概念如何被公开证明。遵循他的回避方法，但他没有说明从参与者的角度

---

① John Rawls, *The Law of Peoples*, Cambridge, MA: Harvard University Press, 1999, p. 42.

② ［德］哈贝马斯：《在事实与规范之间》，童世骏译，生活·读书·新知三联书店 2014 年版，第 70—80 页。

③ "Ronald Dworkin-A Maverick among Legal Scholars", in his Europe: *The Faltering Project*, Ciaran Cronin (trans.), Cambridge: Polity Press, 2009, p. 39.

④ "A Conversation about Questions of Political Theory", in his *A Berlin Republic: Writings on Germany*, Steven Rendall (trans.), Cambridge: Polity Press, 1997, p. 132.

⑤ "The Relationship between Theory and Practice Revisited", in Jürgen Habermas, *Truth and Justification*, Cambridge, Massachusetts: The MIT Press, 2003, pp. 277 - 292.

证明这些准则有理由的理由，而是把这项任务留给了参与者自己。这一举动至关重要，罗尔斯试图剥离自己的政治思想基础的过多理论负担。其结果是证明的概念缺乏对反思性认可的规范性结构的构成性说明。就其本身而言，这并不是一个异议，因为罗尔斯认为，通过使他的正义概念作为公共辩护的框架，从而使回避的方法能够带来显著的回报，而对自由正义的全面论述则无法做到这一点。轮到政治结合在一个不稳定而两个互不相容的游移不定的理论之间：一个理论在于类似的叙述，关于正义人的概念描述（即合理的人）将可以最终找到双方都能接受的。描述主义的批判试图将理论的共识驱动方法建立在最终的道德规范之上，而另一种观点则是形而上学的解决方案。但我认为，这一举动与赋予罗尔斯作品活力的普世和独立精神是不相容的。我已经把这个问题和罗尔斯的一些相互关联的特点联系起来：他坚持政治哲学是非形而上学，这使他可以利用合理的世界观的实质性内容而不关心如何“不动点”的现代道德世界观嵌入不同的综合理论，进而导致了问题单向依赖。前一章所讨论的，在公众视角中，正义的政治理念应该代表个人的完备性世界观。政治理论试图为公共理性而非形而上学提供一个规范的框架，避免公众单向的依赖私人拒绝这种实质性的方法过程，规范性理论将通过对民主立宪国家理性基础的规范重构来调节商谈和立法过程。

这里，我们将哈贝马斯理解为对罗尔斯之前理论所确认的问题的回应。罗尔斯认为，他并没有对“建构”和“重构”之间的区别给予特别重视，但事实上，这种区别被证明相当重要。① 重构试图捕捉产生结果的理性过程的结构，如解释、判断或者一种法律——而罗尔斯的建构主义以抽象的结果（即现代道德世界观的基本直觉）为起点，并为它们的综合和扩展设定了一个人为的过程。在一个重建中，要求处于参与者的视角。

方法论上的差异使得罗尔斯和哈贝马斯之间的比较存在问题。其

① John Rawls, *Political Liberalism*, New York: Columbia University Press, Paperback edition, 1996, p. 413, note 57.

结果之一是，哈贝马斯的政治哲学并不全是罗尔斯意义上的正义理论。可以肯定，哈贝马斯的道德理论重建了正义的公正观点，这个道德理论与他所认为的正确的社会和政治理论相联系。但至少自 1986 年的坦纳演讲，尤其是《在事实与规范之间》（1992），哈贝马斯特意区分了他的道德哲学，它专注于问题的正义与公正和普遍性理由的行动准则。在罗尔斯的意义上，从其政治哲学也就是他所说的“法律和民主的话语理论”的政治正义理论，是一个进步的理论实质原则。在哈贝马斯看来，法律和民主理论则不是。相反，法律和民主是使实行理性的集体自治成为可能的规范结构和程序。

那么，一个政治理论是否可以是独立的，程序性的而非实质性的，并且具有强烈的规范性暗示？如果我们把罗尔斯所特有的“独立”理解为既独立于形而上学的规范性来源，又能够将所有合理的（但通常是形而上学的）世界观作为一个“模子”，那么答案很可能是否定的。哈贝马斯提出的这种程序理论依赖于规范有效性的一般概念，而这种概念可能与罗尔斯所认为的合理的任何数量的完备性学说在实质上是不相容的有关。但如果我们把“独立式”在更一般的意义上看作类似于“后形而上学”的延伸，至少哈贝马斯的理论为我们提供了一种似是而非的尝试来证明这一点。“后形而上学”与“非形而上学”的区别在这里显然具有重要意义。正如我们所见，对于罗尔斯来说，“非形而上学”只是指用一种特定的方式来代表哲学家关于政治正义的概念，因此它将与任何理性的完备性学说兼容；没有人认为这个概念实际上是独立于形而上学基础之外的，而且对于那些反思地赞同这个概念的人来说，它很可能是独立于形而上学基础之外的。相比之下，对哈贝马斯来说，将理论命名为“后形而上学”意味着它承认现代理性——将自己置于试验之中的理性——不能接受给定的形而上学权威，它的规范性位于话语的程序、有效性主张的提高和弥补之中。因此，一个后形而上学的理论更有力宣称，它的规范性权威可以被证明，而无须诉诸任何形而上学伦理实体。

罗尔斯和哈贝马斯在政治理论的对象应该是什么（罗尔斯的政治

正义理论，哈贝马斯的法律和民主理论）上的根本区别，很大程度上是上述元哲学争论的结果。但一种使他们之间富有成效的对话成为可能的基本相似之处，也构成了这种差异的基础：他们本质上都致力于为立宪民主下的公共理性使用提供规范性框架。综合起来，罗尔斯的正义论倾向于实质正义，是一种实质性诊断，而哈贝马斯的正义论倾向于程序正义，具有形式性。

三　公共自主与私人自主

不难看出，在关于政治和社会正义理论基础的争论中，罗尔斯和哈贝马斯的方法发挥了重要作用。在“正义论”中，罗尔斯把政治哲学引向正义原则的正当性，这就构成了他的政治自由主义的讨论。同时，在事实与规范之间，哈贝马斯在他的话语理论的基础上发展了民主立宪国家的系统理论，这些理论最初起源于截然不同的传统和方法，但最终达到哈贝马斯可以称之为“家庭内部争论”的地步。罗尔斯与哈贝马斯的共同点在于以康德理论和自主的正义观念出发，形成了公共正义的自主观念。罗尔斯的非形而上学与哈贝马斯的后形而上学在道德上提供了道德证成，反映了道德原则在政治正义观念之间的区别。古代人的自由与现代人的自由、现代社会个体自由与公共秩序，本质上反映了公共自主与私人自主的关系。从罗尔斯和哈贝马斯之间的争论中可形成一个综合的超越性的理论选择。

1. 政治自主

罗尔斯与哈贝马斯两个理论方案的核心特征是，每个理论方案都提出了一个正义概念。罗尔斯站在传统立场上，试图放弃形而上学的基础，依赖对道德自治和理性的公共使用作为正义原则基础的主体间和程序间的解释。这里所讨论的正义概念主要是指社会的基本结构，即决定社会生活和个人生活计划的主要政治、经济和社会机构，可以成为公民要求正义的对象。① 无论正义的具体概念是什么，一般的正义概念都意味着，基本结构必须以所有公民作为自由、平等和自主的人都能接受的原则为依据。② 因此，对伸张正义至关重要的不是对自由或平等价值的具体解释，而是论证性的理由原则：每一个声称建立在普遍和互惠有效的正义原则之上的机制，都必须在公民之间的对话交往中获得普遍和互惠有效性。

对这一原则的认知洞察力对应于对基本的严密论证的一种实际的、道德上的洞察力，这一点不可能被任何一个道德的人所否认：他们声称自己是平等的作者和适用于他们的正义准则的接受者，不能用良好的道德理由拒绝他们的主张。这种见解同样具有“自主道德人格”的特点，即提供和承认相关理由的能力。这些人实际上是合理的，只要他们按照这一见解行事。在这种观点下，一个合理的正义概念可以被认为是在这个意义上合理的人所认为的理由。对正义正当性的解释将合理的理由转移到自由和平等的人之间的公众使用——这些人被认为是自由和平等的人，至少在某种意义上，他们在讲道理时享有平等的权利。哈贝马斯因此在康德自治原则的一种中间论版本中确定了他和罗尔斯计划的共同核心：当我们遵守那些能够被所有有关方面在公开使用其理性的基础上接受的法律时，我们就会自主行动。③ 重要的是要看到，康德道德自治概念的特定内部假设构成了基本原则正当性的基础。这也适用于罗尔斯的“政治的”正义概念。尽管他声称这需要一个政治上和道德上的自治概念，④ 他对前者的意思是，在

---

① John Rawls, *Political Liberalism*, New York: Columbia University Press, Paperback edition, 1996, pp. 257 – 288.

② John Rawls, *A Theory of Justice*, Cambridge, MA: Harvard University Press, Revised edition, 1999, p. 5ff.

③ Jürgen Habermas, “Reconciliation through the Public Use of Reason: Remarks on John Rawls's Political Liberalism”, *The Journal of Philosophy*, Vol. 92, No. 3 (Mar., 1995), p. 109.

④ John Rawls, “Political Liberalism: Reply to Habermas”, *The Journal of Philosophy*, Vol. 92, No. 3 (Mar., 1995), p. 154.

道德上受到蔑视：一个道德上负责任的公民的完全自治，他们接受正义的原则作为约束。与后一种“道德自主”概念不同的是，道德自主是“美好生活”的完备性学说不可分割的组成部分。①

罗尔斯和哈贝马斯都认为，正义的概念可以“自主地”获得正当化，仅仅基于实践理性的“观念”和“原则”（罗尔斯）或实践理性的“程序”（哈贝马斯），用我的话说，这是基于正当化原则和与之相应的自主的人的概念。没有最高的实质价值或客观善的理念的形而上学或道德授权，为相互和一般的正当权威程序开辟了道路。因此，在这两种理论中，出现了一种“独立的”正义概念的观点，它的有效性完全归功于它保证主观间正当性的能力。这样，正义问题本身就变成了一个含糊其词的项目，而这个项目仍然没有完成，总是会招致批评。在笔者看来，这就是处于社会地位的“正义批判理论”的规范核心，根据这一理论，正义本身除以正当的方式“挣得”的东西之外，没有任何权威；公开辩护仍然是规范的“试金石”。罗尔斯和哈贝马斯同意这一点。然而，争论始于如何从理论上解释这一观点的问题。尽管罗尔斯与哈贝马斯的“后形而上学”理论有着共同的特点，但两者的重要区别在于罗尔斯对“非形而上学”理论的理解方式。

对于哪种理论在理论上更好地解释了公共正当性原则而避开了形而上学基础的问题，哈贝马斯与罗尔斯的辩论可以理解为“谦逊的竞争”。竞争是由哈贝马斯引起的，他指责罗尔斯在错误的地方表现出谦虚或不谦虚。因此，罗尔斯对真理的“回避方法”主张可能与形而上学的“完备性学说”主张相冲突，罗尔斯冒着概念失去独立的道德基础、仅仅停留在一种“开明的宽容”的形式风险。与这种过分的谦虚形成对比的是，罗尔斯对哈贝马斯的政治哲学期望过高，因为他的目标是“阐述公正社会的理念”，并将其交给公民作为他们政治生活

---

① John Rawls, *Political Liberalism*, New York: Columbia University Press, Paperback edition, 1996, p. 77ff.

的基础。哲学家在这里扮演着正义的“专家”角色。[①] 相比之下，哈贝马斯认为，一种重构的道德和法律程序主义理论，它不能避免在理性和自主的人的概念上采取更强有力的立场，但它仍然可以限制自己通过分析不预期其内容的理性商谈程序条件，来澄清道德观点和民主合法性的标准。简言之，哈贝马斯认为，罗尔斯一方面淡化了正义原则的有效性主张，对道德自治概念的考虑不够充分；另一方面，罗尔斯对政治自治概念的构想不够激进，以原始立场构建正义原则对自我决定的公民的实际政治实践期望过高。

罗尔斯并不接受这两种批评。在他看来，哈贝马斯的理论具有一种形而上学特征，因为它为了提供“存在的解释”而提出了一种完备性的理论——在一个理性多元主义的时代，这对于正义理论来说太过傲慢。[②] 而对于“专家”的指责，罗尔斯以一种散文式的方式重新阐释了自己的理论，特别是“反思平衡”的观念和“原初状态”的设置，在这方面则更接近哈贝马斯。

2. 道德证成

按照哈贝马斯，罗尔斯误解了自己的理论。罗尔斯相信它可以压制对真理或道德正义的主张，认为合理的主张是足够的，因此有可能将该理论的有效性降低到与各种完备性学说相一致的偶然事实上。哈贝马斯认为，缺少什么是公民对正义的共同看法，也是真正的道德共识。哈贝马斯认为一个独立的“正义概念的正当性”的观点是正确的：在道德上（在一个完备性理论的意义上）或政治上（在仅仅是一种权宜之计的意义上）是错误的，理性必须建立在普遍可以接受

① Jürgen Habermas, “Reconciliation through the Public Use of Reason: Remarks on John Rawls's Political Liberalism”, *The Journal of Philosophy*, Vol. 92, No. 3 (Mar., 1995), p. 131; see also Jürgen Habermas, *Moral Consciousness and Communicative Action*, C. Lenhardt and S. W. Nicholsen (trans.), Cambridge, MA: MIT Press, 1990, pp. 66–67, 94.

② John Rawls, “Political Liberalism: Reply to Habermas”, *The Journal of Philosophy*, Vol. 92, No. 3 (Mar., 1995), p. 137.

的、有效的道德理由上。在这一点上，重要的是要注意“道德”和“伦理”的这种区别。[①] 道德规范（哈贝马斯称之为正义规范）与伦理价值观之间的区别类似于罗尔斯正当与善的区分，基本观点是普遍性问题和相应的范畴有效性形式规范。其核心思想是，只有当这些原则或规范建立在不能以神话术语相互作用和普遍拒绝的理由之上时，这些原则或规范才是正当的。对于伦理价值观，没有严格的有效性要求。然而，道德的范围和伦理的范围不能是先验的，甚至不是严格分开的；相反，必须在每一种情况下证明哪些准则或价值能够满足这一要求。

我们发现，正义的“独立性”概念必须被认为是道德上“独立的”，在规范和认知的意义上也是如此。一个良序社会的公民们必须达成共识，其中不仅是他们对基本概念和原则的不同伦理观点的重叠；他们还需要一个共同的视角，在这个视角下，他们从共同的理由中肯定正义原则，而不仅仅是相互兼容的部分理由。罗尔斯认为，他们也不会拥有真正共同的正义语言，尽管正义必须结合伦理信念的善，但它不应该作为一个完全陌生的力量对抗他们。罗尔斯“合理的”公民必须有实际理由，使他们能够欣赏“互惠性和普遍性”和评估公正的共享理由和背景下的特定伦理信念。根据不同的伦理学说正义可能散发出不同特色，但它的道德价值并不依赖于这种要求。除此之外，正当优先于善如何被规范地解释为“公共的”正当性？除罗尔斯的政治建构主义所依赖的实践理性的“理想”和“原则”之外，“理性的”人是具有道德反思能力的，只有在这些人能够被合理地建构并被普遍地接受的情况下，他们才认为规范是公正的。只有这样，才能解释“在他人无法合理拒绝的条件下安排我们共同的政治生活”的道德动机。[②]

---

① Jürgen Habermas, *Moral Consciousness and Communicative Action*, C. Lenhardt and S. W. Nicholsen (trans.), Cambridge, MA: MIT Press, 1990, p. 108.

② John Rawls, *Political Liberalism*, New York: Columbia University Press, Paperback edition, 1996, p. 124.

不过，罗尔斯认为哈贝马斯对这个看法的反对力度太大。对“独立于宗教和形而上学”的规范进行道德辩护的必要性，是在恳求一种完备性的道德（即使不是伦理）理论。尽管哈贝马斯的合理概念从根本上挑战了完备性理论，但政治自由主义避免了这一点：政治自由主义从不否认或以任何方式提出怀疑，只要它们在政治上是合理的。[①] 罗尔斯认为，宽容原则在政治上是不适用的。宽容的个人或群体有着合理的道德基础，他们共同分享，无论他们的伦理价值观可能有多大差异。罗尔斯解释了这一合理性的两个基本特征：一是愿意为社会合作提供公平的理由，二是愿意接受导致分歧的判断负担，这些分歧可能无法清楚地确定，因为这些分歧可追溯到伦理本质的深层差异。

罗尔斯体现他如何想象独立性理论的正当性与其走向完备性学说之间的关系，这与政治建构主义的核心是一致的。因为在公共理性中，政治概念的正当性只考虑政治价值，[②] 这种观点并不来自完备性的理论。正义的政治概念首先是一种独立的观点被认为是合理的，而不需要去寻找或与现有的完备性理论相吻合。这是一个独立的正义观念的正当性。这里提出了一个核心问题，即正义概念的道德力量。罗尔斯无法清楚地解释政治观念的道德有效性。显然，这是在一种基于伦理的理解和一种独立的道德辩护之间波动。最终，罗尔斯选择了后者，如果一个人不能依靠对正义的道德自主洞察，那么它就不可能是一个正当的理由。对于罗尔斯来说，最重要的是合理的和道德上的自主，这是不可缺少的。

哈贝马斯对罗尔斯提出的反对意见也是针对这一点。罗尔斯的核心论点是，只要在公民中没有通过公开辩护建立起对正义的共同看法，就无法满足定义正义概念的认识论地位。除了作为一个完全遵循

---

① John Rawls, “Political Liberalism: Reply to Habermas”, *The Journal of Philosophy*, Vol. 92, No. 3 (Mar., 1995), p. 136.

② John Rawls, “Political Liberalism: Reply to Habermas”, *The Journal of Philosophy*, Vol. 92, No. 3 (Mar., 1995), p. 142.

道德教义的参与者和一个遵守各教义之间协议的观察者的角色，罗尔斯必须赋予公民一个道德参与者的角色，这个角色接受正义是基于共同的理由，而不仅仅是基于他们自己的不同理由：①

> 一个公共的正义概念最终从非公共的理由中获得道德权威，这是违反直觉的。任何有效的东西都应该能够被公众证明。合理的陈述应该以同样的理由被每个人接受。②

否则，在哈贝马斯看来，重叠共识不可能支持正义。理性必须独立于道德真理，并优先于道德真理。哈贝马斯在正义和善之间划出了严格界限，否认伦理学说的真理主张。伦理价值观主要是对"美好生活的实际问题"（clinical questions of the good life）③ 的回答，只能从生活方式和传统的真实性角度来看待。④ 当涉及伦理道德时，我们不能说价值领域或规范性内容事先固定分离，而只能说价值或规范的正当性不同语境以及它们的主观性或主观联结性。⑤

罗尔斯式的模型认为，完备性学说在正义的一般概念所确定的一点上是重叠的。一方面，这可以以一种"独立"的方式被证明是合理的；另一方面，这并不是基于共同的道德原因而被接受的，而是基于公民的不同伦理原因。因此，这些学说在共同原则方面相互重叠，他们认为这些共同原则是合理的，并"嵌入"他们的完备性学说中，但

---

① ［德］哈贝马斯：《包容他者》，曹卫东译，上海人民出版社 2018 年版，第 130 页。

② ［德］哈贝马斯：《包容他者》，曹卫东译，上海人民出版社 2018 年版，第 132 页。

③ Jürgen Habermas, *Justification and Application*, C. P. Cronin (trans.), Cambridge, MA: MIT Press. JA, pp. 1 – 18, 4.

④ Jürgen Habermas, "Reconciliation through the Public Use of Reason: Remarks on John Rawls's Political Liberalism", *The Journal of Philosophy*, Vol. 92, No. 3 (Mar., 1995), pp. 125 – 126.

⑤ Jürgen Habermas, *Moral Consciousness and Communicative Action*, C. Lenhardt and S. W. Nicholsen (trans.), Cambridge, MA: MIT Press, 1990, pp. 81 – 82.

每个学说都对这些原则的有效性提出了不同的理由。相反，哈贝马斯提出了另一种模式，即公民基于公开分享的理由接受正义的概念，从而使独立于完备性学说之外的实际道德共识得以存在。但这可能会在很大程度上剥夺其自身规范内容的完备性理论，并将其描述为仅仅是主观的生活方式。为了避免这种情况，这两种模式都应该合并成这种模式：在道德上进行反思的公民必须准备并能够参与对正义原则的共同辩护，他们基于共同的理由接受这些原则，并且在正义问题上（只有在那里）优先于他们的其他信仰。

现在的问题是，正义理论如何从这些道德高度返回到具体的政治背景，因为到目前为止，我们主要关注的是正义的道德原则。这些问题是否与政治民主和社会正义有关？新的辩论就此开始。到目前为止，哈贝马斯一直批评罗尔斯在正义原则上的有效性问题，对道德自主概念的意义没有充分发挥出来。更进一步，他批评罗尔斯在社会基本结构的概念中没有充分考虑政治自主的概念。在这个层面上，这不再是一种谦虚的竞争，而是一种理论家最好地表达人权和人民主权的“同源性”概念的争论。

3. 自由的根基

在澄清以原则为导向和以过程为导向的康德主义之间究竟有多大的差异之前（罗尔斯与哈贝马斯对此有差异），有必要更仔细地分析哈贝马斯如何将商谈原则置于法律和民主背景下的尝试。我们在考察他的理论后，讨论他对罗尔斯的批判以及罗尔斯的回应。这样做，无论是将共同独创性的论点与所讲内容结合起来，还是在这一层面上公正地对待正当性原则，都不能令人满意。虽然罗尔斯的政治自治观并没有满足政治建构主义理论的要求，哈贝马斯的人权观也没有充分解释他所提出的反对罗尔斯正义基本原则的道德建构主义。因此，我们需要道德建构主义和政治建构主义的替代组合。

哈贝马斯的《在事实与规范之间》反对主要从道德理论的角度提出和回答政治和社会正义的问题。道德权利优先于道德上的善或政治上的权宜之计，不应以直接基于决定公正的基本结构框架的道德原则（基本权利和宪法准则）的方式转变为正义理论。哈贝马斯认为，由于没有充分注意到现代功能分化社会的复杂现实，以及在这些社会中，只有作为一种制度的实证法才能在“系统的”和社会一体化之间进行调解，因而排除了这种方法。正义理论必须特别关注现代民主立法的功能和相对自治，根据哈贝马斯的看法，罗尔斯忽视了这一点。① 因此，在“后传统”社会中，由于没有统一的道德价值标准，而实证法和原则性道德已经分离，因此不可能以超级积极原则的形式——在传统自然法的延续中——将道德自治原则具体化，并将其作为一种“更高的法律”从外部投射到法律上，从而使之与公民的政治自治相抵触。因此，哈贝马斯对立宪国家的非道德概念论证，不仅是指法律功能复杂性，而且主要是指其独立的民主合法性。

> 一旦道德原则必须体现在强制法和实体法的媒介中，道德人的自由就会以一种相互假定的方式分裂为共同立法者的公共自主和法律受众的私人自主。这种公共和私人之间的互补关系并不涉及任何给定的或自然的，而是概念上由法律媒介的结构产生的。因此，必须由民主进程不断地界定和重新界定私人和公共之间的不稳定边界，以确保所有公民在私人和公共自主形式中享有平等的自由。②

因此，除道德自治之外，出现了作为法律接受者的法人的法律自治和作为法律制定者的公民的政治自治——正是这种双重角色构成了立宪国家与激进民主，或人权与人民主权之间联系的核心。道德和政治自我立法的结构性认同和区别在于：在这两种形式中，规范的发出

---

① ［德］哈贝马斯：《在事实与规范之间》，童世骏译，生活·读书·新知三联书店 2014 年版，第 80 页以后。

② Jürgen Habermas, *Moral Consciousness and Communicative Action*, C. Lenhardt and S. W. Nicholsen (trans.), Cambridge, MA: MIT Press, 1990, p. 101.

者和接受者是相同的，但法律规范必须与道德规范区分开来，不仅因为它们（a）指的是一个受限制的法学界，而且它们在政治话语中是合法的，而政治商谈（b）本身是法律上制度化的，在政治话语中（c）不仅考虑道德理由。最后，（d）法律规范将接受（收）者视为强制法。当然，他们可以在洞察力的基础上被遵守——而且，事实上，他们必须以一种能够在洞察力的基础上被遵守的方式被创造出来——①但是，他们也考虑到法律主体的利益和自由选择，他们的行为必须受到约束而不参考道德动机。从这个意义上说，法律与道德是一种互补和补偿的关系。正是法律的这种双重地位，既是具有事实约束力的规范体系（也可以用社会功能的方式来描述），又是主张规范有效性的，它内在地连接着宪法国家和民主："在法律的有效性模态中，国家对法律之施行的事实性，与法的制定程序——这种程序被认为是合理性的，因为它保障自由——的论证合法性力量，彼此结合起来了。"②

因此，从自主原则开始的正义理论必须解释真实性和有效性之间的这种联系，这是现代法律秩序的组成部分。为了勾勒出自主基本结构的轮廓，它提出了这样一个问题："如果公民想要通过实在法合法地管理他们的共同生活，他们必须给予彼此什么样的权利。"③ 商谈理论从一种道德规范理论转变为一种法律秩序下的政治合法性理论。那么，问题出现了，在这个框架中，处于政治社会"重叠共识"中心的"独立的"道德概念的位置是什么。

根据哈贝马斯，罗尔斯虽然没有从自然法的角度进行论证，但他站在自由的自然权利传统立场上，认为主观自由凌驾于民主自决之上。不仅如此，他的理论不仅"产生了自由权利的优先性，从而使民

① ［德］哈贝马斯：《在事实与规范之间》，童世骏译，生活·读书·新知三联书店 2014 年版，第 147 页。

② ［德］哈贝马斯：《在事实与规范之间》，童世骏译，生活·读书·新知三联书店 2014 年版，第 34 页。

③ ［德］哈贝马斯：《在事实与规范之间》，童世骏译，生活·读书·新知三联书店 2014 年版，第 103 页。

主进程降至较低的地位”①，而且公民的政治自主受到了正义原则的限制，而这两个原则已成为宪法秩序的基础：

> 政治自主在原初状态，也就是在理论形成的第一个阶段，只处于潜在的地位，在法治社会的核心部分并没有得到落实。也就是说，“无知之幕”越是被撤除，罗尔斯的公民越是变得有血有肉，他们就越是被卷入一个逐步制度化的等级秩序当中。这样，理论就被剥夺了公民太多的洞见，而这些洞见本来是他们一代代所必须掌握的。②

因此，在罗尔斯的理论中，公民的政治自主权受到两种方式的限制：一是通过事先在道德上合理明确的自由基本权利限制，二是通过对原初状态的思想实验对许多政治问题的预期。根据哈贝马斯的说法，罗尔斯两次都未能抓住基本权利和人民主权的同源性。

罗尔斯拒绝了这两种反对意见，他对原初状态、宪法惯例、立法和审判的四阶段概念是，无知之幕在最后阶段被揭开，所有社会事实都已为人所知。③ 这实际上是被哈贝马斯误解了：第一，哈贝马斯没有具体区分这些阶段；第二，他没有看到这些阶段总是受到制约，是由公民作为社会成员承担的。因此，四个阶段的序列没有假定任何限制这种批判性反思的权力。在这种意义上说，罗尔斯把宪法看作一个政治团体决定给自己一部宪法时人民主权的一种表达。④ 罗尔斯将四

---

① Jürgen Habermas, “Reconciliation through the Public Use of Reason: Remarks on John Rawls's Political Liberalism”, *The Journal of Philosophy*, Vol. 92, No. 3 (Mar., 1995), p. 128.

② Jürgen Habermas, “Reconciliation through the Public Use of Reason: Remarks on John Rawls's Political Liberalism”, *The Journal of Philosophy*, Vol. 92, No. 3 (Mar., 1995), p. 128.

③ John Rawls, *A Theory of Justice*, Cambridge, MA: Harvard University Press, Revised edition, 1999, p. 195ff.

④ John Rawls, “Political Liberalism: Reply to Habermas”, *The Journal of Philosophy*, Vol. 92, No. 3 (Mar., 1995), p. 157ff.

个阶段的过程置于市民社会成员的反应之中，他的理论限制了公民的自我决定，就像他为原宗教裁判所做的那样。宪法并不是单独出现的，是一个历史赋予的框架，他们必须遵守这个框架。

哈贝马斯的概念问题在于他试图以法律内在的方式来进行基本权利的正当化，而罗尔斯却未能在道德权利、积极权利和民主自主之间建立起充分的内在联系。从道德和政治的基本权利出发的任何理论都不能避免一个两阶段的争论，而且基本权利有一个核心的道德内容——即使哈贝马斯也没有争论过——在罗尔斯的理论中，道德和政治的基本权利（与自主性）并未调和。与其将道德正当性视为每一项基本政治正当性的核心，并以此理解基本权利和原则，以及实践真正民主、互惠和普遍自决的程序和实质规范条件，对原初状态的思想实验导致了一种原则的形成，还不如“外部强加”于政治自主的过程，并具有实质性内容，在规范上给予优先地位。因此，人民主权的政治自主更多的是一个执行原则的机构，而不是积极建设和构成政治和社会基本结构的决定形式。

罗尔斯坚持反对哈贝马斯的观点，即基本权利和原则必须在道义上是相互独立的，即使只有通过政治自主的法律制定才能成为合法法律，也必须保持其道德内容。这里要强调的是，道德内容必须通过正当化的社会程序进入基本结构本身。正如道德与政治的两种证成的正当性无须避免一样，这两个层面也无须严格分离和具体化。从人既是道德的人又是公民这一基本正当性权利出发，就有可能区分道德建构主义和政治建构主义。在这里，“建构主义”被理解为无序的建构主义，它要求自主的人在道德上公正的基础上建造一座“规范性的大厦”，并且只使用那些材料，只按照那些他们能够以正当的方式接受的计划进行设计，这些计划同时也代表了后来的居民。[1] 建筑的基础是人的概念和合理的实践理由的特定标准；其他一切都留给散乱的实践。因此，与罗尔斯相比，建构本身并不是一种思想实验，而是一种

---

① On this image, see O'Neill, *Towards Justice and Virtue*, Cambridge: Cambridge University Press, 1996, ch. 2. 3.

社会实践形式，它也不坚持非形而上学的“理论需要抛弃道德建构主义而有利于政治建构主义”（正如我们所看到的，罗尔斯也有道德上的阴暗面）。道德建构主义回答了道德主体之间普遍应该遵循哪些规范以及他们在道德规范中拥有哪些权利的问题。

证明道德合法和公正的共同生活规范的必要形式，代表了政治建构主义的公平社会和政治基本结构的每一做法的中心。因为在有道德的人中间能够被证明是正当的，在一个共享基本结构的公民中间也必须是正当的，这些公民希望通过法律合法地规范他们的共同生活。因此，他们承担了一项基本的道德权利的正当性。但是，这不仅是一种积极的参与权形式，而且构成了（程序上和实质上的）所有权利的理由、决心和承认的基础，公民之间不能合理地相互剥夺，无论是人身安全的自由权利、参与权还是社会和经济权利。为了确定，必须以政治参与的形式行使申辩权，但它仍然是一项基本权利，一般要求公民根据能够为所有人辩护的规范，为自己的共同生活辩护。宪法所规定的基本权利在道义上和政治上都是合理的，这本身就是一个关于政治原则的讨论中要决定的问题。在这些权利中，公正的基本权利赋予每个人否决权，确保他们在道德上有正当理由的要求（行动自由、安全、参与或进入社会机构）不被忽视。基本权利并不是在政治自决之前具体地“给予”的，而是合法行使政治自决所固有的权利，因为这种做法不能有理由侵犯基于道德的权利。

因此，道德和政治建构主义不应被视为一视同仁，因为政治社会基本结构和立法程序的每一种理由都必须符合互惠和一般性的标准（即使在较小程度上要根据需要对监管的事项加以确定）。道德和政治自主是内在关系，不会模糊道德规范和法律规范之间的区别。在道义上和政治上负责任的公民，应该在法律的媒介内对他们的共同生活进行公正管理。基本权利的道德正当性这一论点并不意味着作为积极有效的权利，它们主要指道德的人作为法律的接受者。接受者仍然是有义务遵守法律的法人。

这种道德和政治建构主义模式具有两个完整而又不同的阶段，与哈贝马斯的共同原创理论相比，它提供了一种合理的解释，说明为什么自主的公民不能以充分的理由彼此否认权利和自由，包括一系列全面的自由权利、政治参与权和社会参与权。特别是对于前者，根据这一模型，没有必要论证它们是隐含在“法律形式”中的，因为从一开始就存在着对最大程度的平等自由的正当要求，而且与哈贝马斯相反，主观自由的“内在价值”可以直接进入正当性。[①] 因为这些权利不仅是法律媒介中政治自主制度化的必要含义，从而包括一个开放主观选择自由的空间。相反，它们是个人特定伦理身份的“保护罩”。法人的外部“消极”自由保护伦理个体的“积极”自由。这一内在价值必须是共同原创命题的一部分，这意味着主观权利可以根据这一保护功能在一般情况下得到相互肯定的正当性。这样，法律形式在概念上保持不变，但保留了一种重要的规范性意义，这超出了哈贝马斯的论点，并使“私人”自治的概念显得远不像他在提到放弃交流的权利时那样“私人”或“私有化”。只有这样，平等的主观自由的最大尺度原则的全部意义才得以揭示。

四　公共社会的政治正义限度

罗尔斯的正义倾向于实质诊断、先验性观点、直觉认识，哈贝马斯则坚持正义的形式性、历史性和变动性，二者分别走向正义的确定论和不确定论，而公共哲学的政治正义是健全的公共社会的最低限度要求。这里需要明确一点，那就是罗尔斯与哈贝马斯两人对政治的观点的聚焦是一致的。

1. 独立的观点与完备性理论

在这一部分，笔者主要概述了罗尔斯和哈贝马斯之间的基本方法

---

① ［德］哈贝马斯：《在事实与规范之间》，童世骏译，生活·读书·新知三联书店 2014 年版，第 137 页。

差异，即罗尔斯在对话中提请我们注意："独立的"和"完备性"理论之间的差异。罗尔斯指责哈贝马斯是个完备的理论家，这意味着他很容易受到罗尔斯对康德和密尔等前辈的同样反对。哈贝马斯把他的立宪民主理论建立在对规范来源"深入"描述的基础上，利用他的交往理性理论将其定位于他认为是预设的理想化，并被旨在相互理解的语言中介交际的所有参与者默认。罗尔斯认为，这一"完备性"的理论大厦将哈贝马斯置于康德和密尔的框架中，他们对自由主义的描述分别基于自治和个人主义的价值观。

众所周知，罗尔斯和哈贝马斯都遵循西方政治思想中的社会契约传统，注重正当性问题。粗略地看一下 1995 年罗尔斯与哈贝马斯对话的内容，我们就会发现它们之间关键的区别在于正当问题。这两位哲学家都可以被解读为阐明了具有双重功能的原则、规范、标准或价值观的辩护框架：（a）可用于评估立法过程产品的合法性；（b）公民可利用该框架向其同胞提供其拟议使用政治权力的理由。因此，理由是通过这种理由框架进行，有主动和被动之分。一方面，罗尔斯和哈贝马斯认为，一个框架应该有可能使公民理解其强制力作为合法（被动）所接受的法律，也就是说，如果我们的法律是在建议的规范框架内制定的，我们应该能够认为自己有充分的理由遵循这些法律。[①] 罗尔斯的"自由主义的合法性原则"清楚地抓住了这一点：

> 只有当我们履行政治权力的实践符合宪法——我们理性地期许自由而平等的公民按照为了共同的人类理性可以接受的原则和理想认可该宪法的根本内容——时，我们履行政治权力的实践才是充分合适的。[②]

① See Jürgen Habermas, "The New Obscurity: The Crisis of the Welfare State and the Exhaustion of Utopian Energies", in *The New Conservatism: Cultural Criticism and the Historians' Debate*, (ed.) and (trans.), Shierry Weber Nicholsen, Cambridge, Ma: MIT Press, 1989, pp. 48 – 70.

② John Rawls, *Political Liberalism*, New York: Columbia University Press, Paperback edition, 1996, p. 137.

另外，正当理由的框架应该是公民可以积极使用的东西，以便为他们的投票、政策偏好、行使政治权力等向他们的同胞辩护，条件是公民同胞可以（或无论如何应该）接受，以便他们在政治上的相互调解的关系是透明和相互的。对罗尔斯来说，这是公共理性实践所承诺的。在这方面，罗尔斯和哈贝马斯最明显的区别是，他们提出了不同类型的辩护框架：对罗尔斯而言，辩护框架包括正义的政治概念。一个秩序良好的社会将是一个公民所理解的社会合作的基本条件是由他们都接受的正义概念来确定的社会。罗尔斯为此目的提出的正义概念是“公正即公平”，当然包括第一个原则，保证平等基本自由的最大方案。

所以，这些确保机会平等的第二原则，规范不平等，只有在有利于社会最不有利的情况下才有理由（差异原则）①。此外，哈贝马斯的辩护框架就是他所说的“权利体系”。我们需要研究罗尔斯和哈贝马斯如何设想为那些使用它们的人（即我们）辩护的框架，并受通过它们行使政治权力的制约，这使我们回到了关于最适合政治哲学的理性概念。在对哈贝马斯的答复中，罗尔斯清楚地描述了这两个问题：哪种框架？如何证明一个框架是合理的？他明确表示后者更具有重要意义。他在哈贝马斯的理论和他的理论之间得出了两个关键的区别。②首先，最重要的是，他说哈贝马斯的理论是一个“完备性理论”，而他的理论是“独立的”或仅仅是“政治的”③。因此，哈贝马斯的理论被认为依赖于一个完备性的理论，以及这样一件事所带来的所有包袱；而罗尔斯声称，他的理论只取决于合理的概念，这可以嵌入各种完备性理论中。其次，哈贝马斯用来识别有效规范的“代表设置”是一种由交往行为理论发展出来的“理想的辩谈情境”；而罗尔斯则使

---

① John Rawls, *Justice as Fairness*: *A Restatement*, E. Kelly (ed.), Cambridge, MA: Harvard University Press, 2001, pp. 42 – 50.

② John Rawls, *Political Liberalism*, New York: Columbia University Press, Paperback edition, 1996, p. 373.

③ Samuel Freeman, "Deliberative Democracy: A Sympathetic Comment", *Philosophy and Public Affairs* 29, No. 4, 2000, pp. 371 – 418.

用了原初状态，这种立场可以独立于任何完备性道德和有效性理论。

实际上，罗尔斯是正确的，第一个区别更根本。如果我们接受他对完备性理论和独立性观点的区分，这将化解罗尔斯和哈贝马斯之间的问题，使罗尔斯默认成为胜利者。在罗尔斯看来，正义概念的有效性最终取决于理性公民对其反思性接受正义理论与他们所考虑的道德直觉相结合时是否有效。由于我们在我们的政治文化中缺乏这样的共识，我们作为哲学家的工作是描述“合理的”，利用这个概念来确定对我们这样的人来说最合适和最相互同意的正义概念。根据罗尔斯，无论哈贝马斯的理论是什么，它都不可能是权威的，因为人们不需要接受这个理论支持它，以便被认为是合理的：与哈贝马斯的信念不同的理性人可能会拒绝与哈贝马斯的交往行为理论相关的开放的、程序性的理性概念。对罗尔斯来说，哲学不应该与那些准备遵守公平社会合作条件的人的道德直觉相抵触，因为这样便破坏了政治哲学阐明合理共识的实际任务。因此，如果人们希望为哈贝马斯的立场提供任何支持，就必须对罗尔斯提出的第一个基本差异表示异议。

罗尔斯对“独立的”和“完备性”理论的区分，以及后来放弃后者而支持前者，标志着西方政治哲学的突破。作为对最好的、真实的或最正确的原则和制度安排的充分说明，它应该指导我们的社会政治生活。罗尔斯的动机是为具有广泛不同的完备性（即不同的道德价值观、生活项目、宗教信仰等）观点的公民之间的社会合作寻求坚实基础，而这一任务不能通过一种在基本道德问题上站在一边的理论来完成。正如他在《作为公平的正义：政治的而非形而上学的》一书中所说：

> 他把公正作为一种政治概念的目标是实际的，而不是形而上学或认识论的。也就是说，它本身不是一个真实的正义概念，而是一个可以作为被视为自由而平等的公民之间知情和自愿政治协议的基础的概念。①

① John Rawls, *Collected Papers*, S. Freeman (ed.), Cambridge, MA: Harvard University Press, 1999, p. 394.

根据罗尔斯，“判断的负担”和“理性多元论的事实”导致理性人得出结论，我们不能指望罗尔斯所说的民主社会的“背景文化”中关于美好生活的完备性观点最终趋同，因此，只有通过使用强制性的国家权力，① 才能在坚持全面理论的基础上建立社会团结。判断的负担被定义为“政治生活中正确（和认真）行使理性和判断的许多障碍”②。这些问题包括：难以评价与实际问题有关的证据，以及对各种考虑因素的重视；我们的道德政治概念的不确定性和模糊性，使它们“受制于艰难的案例”；难以评估生活经验的差异在多大程度上导致了判断上的差异，以及确定这些差异在多大程度上是认识论上合法的复杂问题。认识到这些负担的理性人会承认，就道德和政治问题达成一致并不是不可避免的，判断和综合理论的差异不应归咎于推理的错误。

合理性的人还认识到，完备性理论中的“合理多元化”是自由社会中随着时间的推移公众行使理性的自然结果。③

> 现代民主社会的特点不仅仅是完备的宗教、哲学和道德学说的多元论，而是不相容但理性的完备性学说的多元论。政治自由主义假设出于政治目的，多个理性但不相容的完备性理论是在立宪民主制度的自由体制框架内行使人的理性的正常结果。④

罗尔斯认为，理性多元论的事实是具有“自由制度”（如良心、宗教、新闻、言论等自由）的现代社会的一个永久特征。虽然在这种

---

① ［德］哈贝马斯：《后形而上学思想》，曹卫东等译，译林出版社 2001 年版，第 35 页。

② John Rawls, *Justice as Fairness: A Restatement*, E. Kelly (ed.), Cambridge, MA: Harvard University Press, 2001, p. 35.

③ John Rawls, *Collected Papers*, S. Freeman (ed.), Cambridge, MA: Harvard University Press, 1999, pp. 403 - 404.

④ John Rawls, *Political Liberalism*, New York: Columbia University Press, Paperback edition, 1996, p. xviii.

自由制度中发展了罗尔斯所谓的“理性”道德力量，为自己表达和我们生活中追求的善观念，会使不同的人朝着不同的方向发展，因为拥有“有效正义感”的“合理”道德力量的人，[①] 他们愿意提出和遵守公平的社会合作条件，更多是作为合理的“渴望自己的社会世界，作为自由和平等的人，可以在所有人都能接受的条件下合作”[②]。换句话说，他们渴望一个“良序社会”，如果“（1）每个人都接受并知道他人接受同样的正义原则，（2）社会基本机构满足这些原则”，社会就会秩序井然。[③] 当然，罗尔斯提出用他的两个正义原则来实现这一角色。但罗尔斯相信，这些考虑的结果是正义概念的提出和辩护，“应尽可能独立于有争议的哲学和宗教学说”[④]。与康德或密尔不同，罗尔斯肯定了自由正义的原则，因为他认为这些原则以价值或权利概念为基础，政治哲学家采用了“回避方法”。

综观罗尔斯和哈贝马斯的作品，很大程度上证实了罗尔斯对不同理论取向的评估。虽然正义论确实植根于西方政治思想史，罗尔斯声称通过在“更高的抽象层次”上发展社会契约论的基本洞察力来完成洛克、卢梭和康德的工作。但是，罗尔斯对政治哲学独立于哲学其余部分有着强烈的感觉，虽然他不羞于借用经济学、理性选择理论、道德和分析哲学以及语言学等多种学科。他通过挖掘这些材料来说明正义是公平的，并为其正当性提供合理性证明。但其基本理论应该只依赖于一般的心理和社会学知识，都可以提供给理性公民。罗尔斯强调政治哲学的独立性，声称它必须将容忍原则扩展到哲学的其余部分[⑤]。

---

① John Rawls, *Justice as Fairness: A Restatement*, E. Kelly (ed.), Cambridge, MA: Harvard University Press, 2001, p. 9.

② John Rawls, *Political Liberalism*, New York: Columbia University Press, Paperback edition, 1996, p. 50.

③ John Rawls, *A Theory of Justice*, Cambridge, MA: Harvard University Press, Revised edition, 1999, p. 5.

④ John Rawls, *Collected Papers*, S. Freeman (ed.), Cambridge, MA: Harvard University Press, 1999, p. 388.

⑤ John Rawls, *Collected Papers*, S. Freeman (ed.), Cambridge, MA: Harvard University Press, 1999, pp. 394 – 395.

因此，自由民主立宪理论不应取决于关于伦理基础的任何特定观点、任何特定形而上学、认识论或哲学人类学。虽然罗尔斯从未支持过罗蒂的通缩实用主义（deflationary pragmatism）之类的东西，但不难理解他的思想如何能与罗蒂的思想合而为一。[①] 然而，对于罗尔斯著作的精神更为敏感的是，在经过适当的反思之后，理论的结果不能与许多理性的完备性理论相一致，因此不应该在公共话语中被呼吁。我们可以把罗尔斯看作敦促那些从事理论的人，他们认为这些理论对公共问题有一定的影响，以一种能够适应众多合理世界观的方式来构建他们的研究和结果，而这些合理世界观正是公共正当性的来源。[②]

哈贝马斯对待罗尔斯独立观点的态度是试图引诱他进入认识论辩论，迫使他承认合理性概念意味着对真理和有效性问题的哲学承诺：

> 在我看来，罗尔斯必须更明确地区分可接受性和实际接受性。对于理论的工具主义理解之所以失败，是因为：在取得这样一种“重叠共识”之前，公民们首先必须信服他所提出的正义概念。……如果罗尔斯反对从功能主义的视角把正义解释为公平，他就必须允许在他的理论的有效性与他坚持世界观在公共商谈中的中立性之间建立一种认知的关系。[③]

罗尔斯回答说，政治自由主义可能确实满足于仅仅归因于反思性宽容的合理态度：

> 哈贝马斯认为，政治自由主义不能回避真理问题和人的哲学观念。我不明白为什么不能。政治自由主义既避免依赖于这些理

① Michael Sandel, *Liberalism and the Limits of Justice*, New York: Cambridge University Press, 1982.

② Max Horkheimer, *Eclipse of Reason*, New York: Continuum, 2004, chapter 1.

③ ［德］哈贝马斯：《包容他者》，曹卫东译，上海人民出版社2018年版，第106—107页。

> 念，也避免在一种情况下用别的理念来取代理性、在另一种情况下又用别的理念来取代被看作平等而自由的公民之个人观念。……我相信，理性和真理、合理性之间的主要区分线索已经非常清楚，足以表明理性的重叠共识所确保的社会统一性理念的可信性。当然，人们可以继续提出真理的问题和个人的哲学理念问题，也可以斥责政治自由主义没有讨论这些问题。由于它没有触及各种特殊问题，所以这些抱怨并不足以构成对它的反驳。[①]

虽然哈贝马斯并不是唯一一个对罗尔斯的政治转向提出这种保留的批评者，但罗尔斯断然拒绝了这种批评。

因为理解和评估一个独立的、政治的和非形而上学理论的观点对于评价罗尔斯的理论性质功不可没。我们注意到哈贝马斯和罗尔斯的方法与指导他们理论的规范性来源之间的表面相似性，尽管在独立和完备性方法之间似乎存在着令人望而生畏的鸿沟。两者都有康德格言中所能捕捉到的一种广义的契约主义直觉："（理性）没有独裁权威，但它的主张永远不会超过自由公民的同意。"[②] 当然，哈贝马斯否认他的方案可以被描述为一种社会契约理论，但他和罗尔斯普遍认同的直觉是，理性的主张不会从外部强加给我们：自由理性的人不会经历理性的严格约束，因为他们被迫服从。相反，理性思想是解放的，与胁迫的经历完全不同，因此理性的权威必须产生于理性和理性人承认和同意的原则：规范的权威是由价值赋予的，以承认规范或原则可以从自由和理性人那里主张。发展一种符合契约主义直觉的政治理论的困难在于说明什么使规范值得赞同，使规范权威不会崩溃为空洞的决策主义或自愿主义，其中有效的只是人们决定有效的任何东西，同时仍然遵守反形而上学的契约主义直觉。罗尔斯和哈贝马斯都试图这样

① John Rawls, *Political Liberalism*, New York: Columbia University Press, Paperback edition, 1996, p. 395.

② See Jürgen Habermas, "The Entwinement of Myth and Enlightenment: Re-Reading Dialectic of Enlightenment", *New German Critique* 26, No. 2, 1982, pp. 13–30.

做，而且两者偶尔都强调了这一基本相似性。罗尔斯[①]为了强调了这一点，引用了《在事实和规范之间》中的一段：

> 商谈论所要做的工作，是对这种自我理解作一种重构，使它能维护自己的规范性硬核，既抵制科学主义的还原，也抵制审理主义的同化。现代性自我理解所分化出来的三个有效性维度……在过去的一个世纪比任何其他世纪都更使我们领教了存在其中的非理性的恐怖，这一百年过后，对理性的本质主义信念的最后痕迹也已经荡然无存。但是，现代性已经意识到自己有种种不确定的现代性，更加依赖于一种程序性理念，换句话说，一种将自己也置于审理程序之下的理性理念。对理性的批判是理性自己的工作，这个康德式的双重理解，来源于一个激进地反柏拉图主义的洞见：既没有一个更高的东西，也没有一个更深的东西，使我们——发现自己已经处于语言地构成的生活形式之中的我们——所能够诉诸的。[②]

罗尔斯断言：他的目的是为正义的概念提供理由，这种概念不依赖于“越高”或“越深”，而仅仅取决于特定政治文化中公民的合理同意。然而，他补充说，他的理论留给个人来决定他们是否和如何以一种“更高”或“更深”的方式为原则辩护，而不是公开地的方式：也就是说，大多数人将倾向于将正义的概念置于自己的完备性理论之中。[③] 这是罗尔斯认为他的理论比哈贝马斯理论更温和的最基本方式：它不寻求将正义作为完备性观点的公平的一部分，也不解决因此在任

---

① John Rawls, *Political Liberalism*, New York: Columbia University Press, Paperback edition, 1996, p. 377.

② ［德］哈贝马斯：《在事实与规范之间》，童世骏译，生活·读书·新知三联书店 2014 年版，第 4—5 页。

③ See Jürgen Habermas, “Technology and Science as Ideology?” in *Toward a Rational Society*, (trans.), Jeremy Shapiro, Boston, Ma: Beacon Press, 1970, pp. 81 – 122.

何强调意义上是真实的还是正确的问题。这指出了另一个非常有趣的区别：罗尔斯认为，无论“更高”或“更深”的理论如何不适用，都是为了公共辩护，但人们很可能会认为，正义概念的最终理由（即他们认为它具有权威性的最基本理由）取决于以某种方式“更高”或“更深”。公共哲学应该仍然不知道这种强调真理的主张是否可信，更不用说任何一种特定的完备性观点是否构成公正的道德源泉。另外，哈贝马斯大概不会否认这个时代仍然存在许多“形而上学”思维，但他似乎认为更高或更深的理由是站不住脚的，并且在现代失去了力量。① 从罗尔斯的角度看，这很好地总结了哈贝马斯公共哲学的一个严重问题：他卷入了关于理性命运和现代形而上学世界观的智力争论。② 但是，罗尔斯排除了他的理论可以作为一个公开理由框架的可能性，因为具有更多“迷人”世界观的合理的人会发现自己被排除在这之外。对此，罗尔斯同意查尔斯拉莫尔的批评：

> 我应该强调，目前情况下的要点不是哈贝马斯的理性概念是否正确，而是它是否能作为确定我们政治生活条件的适当基础。这两个问题必须加以区分，一旦我们确信，政治联系至关重要地转向寻找原则，合理的人可以接受，尽管他们在基本的生活和价值问题上存在分歧。在寻求解决这一政治问题的办法时，我们不能要求我们自己合理地认为对这些问题都是真实的。哈贝马斯很少关注这两种观点之间的差异。毫无疑问，这就是为什么他把他

---

① See Seyla Benhabib, *Critique*, *Norm*, *and Utopia* (New York: Columbia University Press, 1986); Axel Honneth, "From Adorno to Habermas: On the Transformation of Critical Theory", in *The Fragmented World of the Social*, ed. Charlesw. Wright (Albany, NNY: SUNY Press, 1995), pp. 92 – 120; and Peter Uwe Hohendahl, "From the Eclipse of Reason to Communicative Rationality and Beyond", in *Critical Theory*: *Current and Future Prospects*, (ed.), Hohendahl and Jaime Fisher (New York: berghahn, 2001), pp. 3 – 28.

② Raymond Geuss, *Outside Ethics*, Princeton: Princeton University Press, 2005, chapters 1 – 2.

们联系在一起。①

罗尔斯认为哈贝马斯的理论过于哲学化，这容易引起不必要的冲突，从而破坏契约主义直觉。但是，哈贝马斯显然渴望发展一种能够解释其自身规范来源的批判性理论。如果罗尔斯没有这样的理论，他会争辩说，这是因为方法比规范更具描述性，因此，它不能解释自己的规范权威。② 事实上，罗尔斯独特的哲学谦逊证明了他的缺点：让公民自己来决定公正作为公平如何符合（并以）他们的完备性理论为理由。我们以此决定这一概念在实践中的意义，以及如何应用这一概念合法地调解完备性理论之间的分歧。

2. 先验直觉与变动历史

围绕现代民主国家的合法性问题，罗尔斯与哈贝马斯给出了两种截然不同的论证方式。二者在思维方式、哲学立场以及论证结构上带有很大差异，但如果从一个根本的基点上来看，那就是二者对于正义的讨论，显示了一种公共哲学的对话。尽管罗尔斯与哈贝马斯都肯定关于自由民主的现代理念，他们对政治正义的理解却是不同的。至于这种公共哲学对话的结局怎样，则建立在对二者各自阐述的正义理论进行总结性分析的基础之上，以此得出更加精确的结论。

罗尔斯在《正义论》的序言中指出，他的首要目的就是为民主社

---

① 这一点，在目前正在复兴中的阿多诺越来越明显，在比哈贝马斯更受法国结构主义启发的批判理政家中也越来越明显。See, J. M. bernstein , *Recovering Ethical Life*: *Habermas and the Future of Critical Theory* (New York: Routledge, 1995), and *Adorno*: *Disenchantment and Ethics* (New York: Cambridge University Press, 2001); Espen Hammer, "Habermas and the Kant-Hegel Contrast", in German Idealism: Contemporary Perspectives, (ed), Hammer (New York: Taylor and Francis, 2007), pp. 113 – 34, and Adorno and the Political (New York: Routledge, 2005); Nikolas Kompridis, *Critique and Disclosure*: *Critical Theory between Past and Future* (Cambridge, M. A.: MIT Press, 2006).

② ［德］哈贝马斯：《后形而上学思想》，曹卫东等译，译林出版社 2001 年版，第 27—50 页。

会建立一种正义道德观，以此替代当时盛行的功利主义，更好地对自由平等的民主价值给出解释。为此，罗尔斯继承了源自洛克、卢梭和康德的社会契约论。后来，在《政治自由主义》中，罗尔斯日益关注民主正义或曰政治正义，政治正义逐渐成为其哲学的目标，对一些一般问题的关注使得罗尔斯走向一种政治哲学。在《正义论》中，罗尔斯曾反复强调他的正义观是一种纯粹程序正义。那么，究竟怎样来理解纯粹程序正义呢？罗尔斯是通过对完善和不完善的程序正义来解释的。对于完善程序正义来说，可以考虑公平分配的最简单的情况。如果一些人要分一个蛋糕，假定公平的划分是人人平等的一份。为了保证这个结果，最好的办法就是让分蛋糕的那个人拿最后一份。这样才能使他平均地分割蛋糕，确保自己得到可能有的最大一份。在这种假设的情况中，这个例子揭示了完善程序正义的两个典型特征：一是对什么是公平的分配有一个独立的标准，这个标准独立并优先于随后要遵循的程序；二是设计一种一定能达到想要的结果的程序是可能的。对于不完善的程序正义来说，罗尔斯举了刑事审判的例子。只要被告犯有被控告的罪行，他就应当被判有罪。审判程序是为了探求和确定真实的情况而设计的，但不可能把法规设计得总能到达正确的结果。即使法律被正确地遵循，程序被公平地贯彻，也有可能达到错误的结果：一个无罪的人有可能被判有罪，而一个罪犯却可能逍遥法外。可以看出，不正义并非人的过错，而某些偶然因素显然挫败了法律规范。因此，不完善的程序正义的标志是，虽然有一种判断结果正确的独立标准，但是没有可以保证到达的程序。①

与之相对，在纯粹程序正义中，并不存在判定正当结果的独立标准，只存在公平正确的程序，这种程序只要被人们遵守，其结果就是公平正确的。罗尔斯举了赌博的例子，如果人们参加了程序公平的赌博，那么，在最后一次赌博后的现金分配一定是公平的。赌博的程序是公平的，人们在公平条件下自由地进入，有一种背景性假设条件确

---

① John Rawls, *A Theory of Justice*, Cambridge, MA: Harvard University Press, Revised edition, 1999, pp. 74 – 75.

定了一种公平的程序。纯粹程序正义的特征是，决定正当结果的程序必须是实际被执行的，在这些情形中没有任何独立的、参照它就能知道一个确定结果的正义标准。对于纯粹程序正义来说，最后结果的公平与否，来自公平正义的程序。只有这种公平的纯粹正义程序在实际中被贯彻执行，它所达到结果才是正确的。对于罗尔斯来说，正义原则是程序的，甚至是某种形式的。按照程序正义的思路，正义是程序正义的结果。也就是说，只有程序才是确定的，而结果则不是确定的。换句话说，只要程序本身是正义的，不管它所达到的结果如何都是正义的。需要说明的是，罗尔斯在设立正义程序之前，已经对自由和平等的价值做出了承诺，程序只不过是这两种价值推演的结果而已。只要正义原则的价值基础是正义的，正义原则就是正义的。于是，正义不是正义程序的结果，程序成了某种结果的预设。可以发现，在罗尔斯的程序正义当中，隐含着某种实质性。

哈贝马斯敏锐地发现了罗尔斯的这个矛盾之处，批评罗尔斯的正义论在表面上是程序的而实际上是实质的看法，这是有道理的。在哈贝马斯看来，所谓“程序正义”在于正义是程序的结果，也就是“什么是正义”并非预先设定，而是通过民主公民之间的交流、对话和协商以后达成共识。而“实质正义”在于对诸如自由平等价值的承诺，这些价值是先验的、普遍的和确定的，体现了政治制度与法律制度。在程序正义与实质正义之间，哈贝马斯认为真正的正义是程序性的，而非实质性的。在这里，程序就意味着形式。由于哈贝马斯认为伦理学讨论的主要问题就是正义，所以，罗尔斯的正义论在哈贝马斯看来就是一种形式伦理学，只不过这种形式伦理学被哈贝马斯称为“商谈伦理学”。当然，我们通过前面的讨论可以看出，哈贝马斯并不主张正义原则像罗尔斯那样通过道德推理得出，而是要对话参与者通过交流和协商达成共识。在达成共识的过程中，道德商谈需要某种公平的商谈程序，这就是哈贝马斯所谓的商谈规则：①

① Jürgen Habermas, *Moral Consciousness and Communicative Action*, C. Lenhardt and S. W. Nicholsen (trans.), Cambridge, MA: MIT Press, 1990, p. 89.

（1）每个具有言语行为能力的主体都被允许参与商谈。

（2）a. 每个人都被允许质疑任何声称；

b. 每个人都被允许在商谈中提出声称；

c. 每个人都被允许表达态度、欲望和需要。

（3）不允许以内在或者外在的方式阻止言说者履行（1）和（2）所规定的权利。

这种商谈规则反映了哈贝马斯对伦理学的基本看法，那就是伦理学的道德商谈并不产生任何规范，而是检验正在接受的规范有效性。事实上，道德商谈并不是在道德真空中进行的，而是从某些道德规范出发的。道德商谈所涉及的内容反映了道德商谈之外的生活世界，道德商谈的参与者处于生活世界之中，并以此为前提。也就是说，哈贝马斯的商谈伦理学所提供的一种程序，既保证道德商谈的开放性，又保证道德商谈的自由性。

进一步看，就形式伦理学的实质而言，构成道德规范有效性的基础是什么？哈贝马斯认为道德规范的普遍性在于其普遍性。这种普遍性既是形式的，又是内容的。从形式上讲，道德规范普遍性是一种经验的选择的对话沟通；从内容上看，道德规范普遍性建立在参与者的普遍利益的基础上，构成了人们遵守道德规范的动机。但是，这种看法在康德那里是不相容的，坚持道德普遍性就要放弃确定性，坚持确定性就要放弃普遍性。我们知道，康德坚持了形式上的普遍性。罗尔斯不同意康德的看法，认为道德原则既是普遍的又是确定的。哈贝马斯同意罗尔斯的这个看法，所不同的是，哈贝马斯认为道德规范的内容是不确定的，具有选择性，是通过交流协商的方式达成的。也就是说，哈贝马斯的立场在罗尔斯与康德之间，哈贝马斯比罗尔斯弱，但是比康德强。

后来，罗尔斯在《答哈贝马斯》一文中进一步区分了程序正义和实质正义，并对程序正义和实质正义之间的关系做了说明。“把程序正义和实质正义的区分，相当程度上看作一种程序正义（或者公平）

和该程序的结果正义（或者公平）之间的区分。程序正义与结果正义分别是某些价值的例证化，而在下述意义上，这两个价值之间相互融合。也就是说，一种程序正义总是依赖于（赌博情况除外）可能的结果正义，或者依赖于实质正义。因此，程序正义与实质正义相互联系而非分离。"① 不难看出，罗尔斯强调了程序正义与实质正义是相互联系而非对立，并没有一种纯粹的程序正义。在这种意义上，罗尔斯认为哈贝马斯的理论也不是纯粹程序正义，而是实质正义。

自由、平等和法治是资产阶级民主法治国家的构成要素，作为一流的哲学理论家，二者当然要对其有所关注，都要为其论证和辩护。或者说，这是罗尔斯与哈贝马斯的理论前提，虽然在二者的理论体系中身份不同。表面看，罗尔斯与哈贝马斯都在为资产阶级民主法治国家论证，理论应该具有相似性，但是，由于二者的出发点不同，结果也大为不同。罗尔斯把这些构成要素作为论证的出发点，作为原初状态中的共同特点和谈判立场，在实践理性的中介作用下推出了一个社会联合的契约，从中产生了一种普遍同意的正义原则。于是，自由、平等和法治的民主法治国的合理性就通过作为正义结果的道德实践被证明了。不难看出，罗尔斯的证明具有某种实用主义特征，其证明是一种价值先行的方式，表现为用结果证明前提。而在哈贝马斯那里，自由、平等和法治的民主法治国的这些要素并非论证的出发点，而是以一种能够实现某种普遍原理的条件出现。在哈贝马斯的重构中，作为交往理性的普遍规范构造了让社会联合体成为可能的手段。也就是说，这些因素在哈贝马斯那里是论证的终点而非起点。为什么会有如此差异，我们还要进一步分析二者的方法论。

我们知道，哈贝马斯对晚期资本主义的社会合法化危机诊断指出，资本主义合法化危机的实质就是认同危机。如果要想得到人们的认同，就要有合理性。这种合理性要求是指人们认为符合道德要求并普遍有效的属性。"合法律性和合法性是不能用一种独立的、

① John Rawls, *Political Liberalism*, New York: Columbia University Press, Paperback edition, 1996, p. 421.

可以说与道德分离地居住在法律形式之中和合理性来解释的；相反它必须追溯到法律和道德之间的一种内在关系。”[①] 还有，“法律形式本身并不足以为政治权力的实施提供合法性。当然，政治权力的规范性权威仅仅来源于在上述模式中所叙述的那种同法律的融合。但是，这种重构也表明法律只有当它能够起提供正义之来源的作用时，才具有提供合法性的功能”[②]。这就是说，法律本身必须要求合乎正义。哈贝马斯虽然从法律的合法性追寻扩展到了正义，但是问题的关键是法律正义如何可能。联系到罗尔斯，他的目的是立宪民主国家的正义如何可能，可以确定二者的证成目标应该是一致的。不同的是，罗尔斯是在宪法正义的基础上开始，而哈贝马斯则是以一般法律为基础。理论活动的构建以一定的方法为基础，就罗尔斯与哈贝马斯研究的目的而言，是为资产阶级民主法治国的基础提供某种辩护。在资产阶级民主政治的文化背景里，可以被合理接受的制度安排和决策标准是普遍同意，自由而民主的公民把普遍同意看作社会合理化的标准。很显然，在罗尔斯和哈贝马斯的理论中，普遍同意成了他们预先设定的原则，他们在自己的理论体系中预设了共同的普遍同意的抽象内容。

可以看出，罗尔斯与哈贝马斯虽然具有基本一致的理论筹划，但是各自采取的路线并不相同。罗尔斯采取政治哲学的路线，以一种经验直观的方式确定了普遍同意的论证方式。在政治哲学视野内，罗尔斯将普遍同意视为一种实体的理性表现，个体的理性选择指向了生活中的善。也就是说，罗尔斯把满足普遍性要求作为理论的致思进路，在经验的语境中设计了普遍同意的道路选择。这种以公平正义为起点，达到公平结果的论证方式，显示了一种带有因果性的普遍同意规则。哈贝马斯则在语言学的语用学转向这一哲学路线基础上确立了普

① ［德］哈贝马斯：《在事实与规范之间》，童世骏译，生活·读书·新知三联书店 2014 年版，第 566 页。

② ［德］哈贝马斯：《在事实与规范之间》，童世骏译，生活·读书·新知三联书店 2014 年版，第 178 页。

遍同意的论证方式。哈贝马斯的交往行为理论把普遍同意作为交往条件加以考察，普遍同意成了交往理性的先验设定。换句话说，作为一种交往条件的普遍同意，是内涵在交往理性之中的，并非个体的后天选择。如果一个交往是成功的，那么他的结果一定是必然达成普遍同意，这也从另一个方面显示了交往媒介的内在规定性。方法论的差异导致了认识道路的差异，并最终导致了二者思想的差异。二者的目的都是为资产阶级法治国家辩护，但是论证的构成要素和逻辑属性不同，论证方式以及次序不同，显现出了二者存在的距离。罗尔斯从自由平等这些价值出发，把这些价值看作理论建构的基本原则。哈贝马斯则实现了交往理性的先验论证，使得交往理性的普遍规则产生了现实的表现形式。罗尔斯倾向于先验性观点、直觉认识，哈贝马斯则坚持历史性和变动性。

3. 政治正义：在确定论与不确定论之间

出自英美分析哲学传统的罗尔斯，提出一个超越了分析哲学的自由主义正义论体系，使得这种自由主义哲学在西方成为显学。罗尔斯在他的思想实验中，将正义原则按照归纳式论证方式展开，从一系列特殊的情况推出了两个一般意义上的正义原则，并不断对其进行修正和限制。事实上，这种论证方式没有终点，即论证结果往往缺乏强有力的确定性。但是，它虽然不具备演绎逻辑的确定性，但是符合归纳逻辑的概然性。这种坚持归纳的认识论证，恰好说明他与实在和认识的认识论假设立场一致，其中含有形而上学的成分。罗尔斯一再声明政治自由主义是非哲学而是政治的，其证明并不以哲学和宗教观念为前提。但是，如果承认他理论达到目的是一种普遍同意，那么，这里面就会包含某种形而上学的思维了。由于个体被看作自由的意识主体，相关的一些假设就具有了一定的形而上学性质。正是这种主体的假设，才使得普遍同意被解释成为不同的自由个体之间的妥协的结果。不难看出，罗尔斯是在有意识的梳理自己的政治自由主义与这些的关系。罗尔斯从无知之幕推出了普遍适用的正义原则，相当于间接承认了人的理性思维的先验性和确定性，这也能够看出传统哲学对他的影响。

哈贝马斯则不然，他直接反对意识哲学并拒斥形而上学，倡导一种后形而上学思想。但是，只要有某种普遍同意被确信，那么特定交往规范所蕴含的必定是一种形而上学。哈贝马斯借助了维特根斯坦的语言学转向，构造出人们对世界的观念和普遍概念的语法形式，这种分析论断具有经验性和实证性，并不属于形而上学。然而，当哈贝马斯在将这种转化关系运用到社会的交往领域，把交往媒介看作主体间一致的根源时，这种关系就发生了某种微妙的变化。本来是一种形式的东西，却变成了一种内容，本来是一种直言命令的行为规范，却成了句法形式的逻辑占位。毋庸置疑，纯粹形式能够被人接受并遵守，但是如果涉及个人的生存状况并带有实质内容的规范却并不具有如此接受性。语言形式仅仅是个体的表达，而一般意义上的交往规范则超出了个体的范围。也就是说，包含具体内容的交往规范转化为普遍同意时需要一个保证条件，那就是要取消个体的自我意识及其独立性，使之成为交往规范的一种直接反应。从证成的角度看，要否定这种主张，就一定同个体理性的意识哲学一样，重新陷入形而上学中去。不难看出，哈贝马斯用交往理性来替代传统理性，正是基于这样一种考虑。

哈贝马斯的哲学态度令人怀疑，就是因为他带有某种认识论的形而上学痕迹。哈贝马斯试图从交往理性概念推出其他概念，如民主法治等，实际上暗含了某种目的论的思维。这种目的论思维预设了交往理性的内容，然后寻找满足这些概念的条件。这种论证方法类似于倒推法，在给定结果的情况下寻找其实现条件。这种论证方式不是从交往规范到交往方式的逻辑演绎，只是一种对交往原则的阐释，对生活世界的行为和交往理性之间的关系的一种确认，进而赋予生活世界合法意义，体现了一种目的论诠释。这种目的论诠释隐含了一种形而上学，换句话说，世界的存在是合目的的。哈贝马斯诠释历史的变动性使得这种目的论显示了运动性和不确定性。哈贝马斯在论证法律的程序正义时，认为认识不可终结，正义应该具有某种当代性。哈贝马斯坚持认识的历史性和变动性，但他的这些观点在逻辑意义上超越了经验，具有形而上学的性质。

不难发现，虽然二者的出发点和目的相同，但是两人在概念和原理以及论证方式上的差别和对立，使得两人的论证走向对立。按照各自的思路和方法，罗尔斯对正义作出了实质性诊断，给出先验性观点和直觉性认识，最终走向了一种确定论。而哈贝马斯则坚持对正义的形式论证，认为正义是历史性的变动性的，最终走向了一种不确定论。罗尔斯通过契约确立了正义原则，哈贝马斯则认为正义只产生于商谈之中。实际上，契约和商谈存在重大差别，契约背后是每个人的合理计算和必然结果，人们之间可以通过交谈，结果往往是永恒的。而商谈则是要求人们分享意见差异与经验差异，按照商谈伦理学展开规范性的讨论，商谈概念是一种开放的形式。于是，罗尔斯的哲学属于现代哲学的范畴，而哈贝马斯的（思想）则与后现代较为接近。

虽然二者对正义的理解有所差异，但罗尔斯与哈贝斯旨在为资产阶级民主法治国提供论证基础的实质就是讨论一种政治正义。从公共哲学的角度看，政治正义是健全的公共社会的最小限度要求。为什么这样说？公共哲学的论者大都持以下共同特点：第一，对当今社会道德与政治状况感到担忧。① 第二，由于公民参与公共社会生活的愿景降低，将自由主义视为公共哲学遭受指责的社会政治根源，进而引发了民主制度危机，这就更加使得对公共哲学的解释必须与基本政治制度基础结合起来。第三，公共哲学对于国家公共权力的限定、对公民

---

① 李普曼在《公共哲学》中以西方国家的衰落为前提论证公共哲学，就显示了这个特点，这本书分为两个部分，第一部分的标题是“西方的衰落”（The Decline of the West），第二部分才真正讨论公共哲学，Cf. Walter Lippman, *The Public Philosophy*, New Brunswick, NJ: Transaction, 1989；贝拉针对个人主义导致公众对公共生活的拒斥表示担忧，在《美国透视——个人主义的困境》第四部分第九章讨论了个人主义，参见［美］罗伯特·贝拉《美国透视——个人主义的困境》，张来举译，社会科学文献出版社 1992 年版；桑德尔曾经斥责公共领域悬置了道德和宗教论证导致了政治话语贫乏，参见［美］迈克尔·桑德尔《民主的不满——美国在寻求一种公共哲学》，曾纪茂译，江苏人民出版社 2008 年版，第 26—27 页。

组织的形式区别于国家的公共社会空间以及市场运行所需要的宪法和法制基础，这些都缺乏强有力的理论分析与论证。[①] 而这些恰恰是罗尔斯与哈贝马斯对话所讨论的问题的关注焦点，揭示了人类社会政治生活的秘密。它致力于解释政治体制如何依靠公共的特质来维系，以理性精神处理权力、制度和国家—社会—市场的分化，以及公民如何认同自己的国家并参与公共事务。

罗尔斯的政治哲学认为，政治正义是基本理念，这是公共哲学的主题。罗尔斯在《正义论》中指出，政治正义就是宪法正义。[②] 在第36节，罗尔斯把政治正义解释成通过对国家制度的安排达到全体公民基本权利和义务的分配，进而在立宪民主国家政治框架内实现社会对公平正义普遍认可。现代立宪民主条件下，由于现代理性多元化状况长期存在，道德规范已经无法达到一种普遍有效的制度约束。要改变这一状况，最根本的就是要完成或者实现社会基本制度的合理安排，通过这种制度结果来规范社会的公正秩序。正义是社会制度的首要价值，正义的主题是社会的基本结构，是社会主要制度分配基本权利和义务，决定由社会合作产生利益划分的方式。[③] 为此，罗尔斯提出了公平正义的两个基本原则，认为社会制度就应该按照这两个原则来安排。[④] 罗尔斯把两个正义原则看作康德意义上的绝对命令，将其转化为社会制度的基本原则，完成了道德规范自主到社会制度约束的转换。

面对来自自由主义内部和外部的批评，罗尔斯认识到如何使正义原则成为社会基本制度的基础，如何适应现代立宪民主国家的政治文明？以及如果没有公民个人的正义德性，如何保证正义原则的普遍有效性？（当然，这也是后来哈贝马斯提出的问题）这两个问题合起来

---

① 参见任剑涛《公共的政治哲学》，商务印书馆2016年版，第6页。

② John Rawls, *A Theory of Justice*, Cambridge, MA: Harvard University Press, Revised edition, 1999, p. 194.

③ John Rawls, *A Theory of Justice*, Cambridge, MA: Harvard University Press, Revised edition, 1999, pp. 3–6.

④ 罗尔斯在《正义论》的第二章详细讨论了两个正义原则。

实质上就反映了如何对政治正义做出新的解释。罗尔斯采取的方式是，将康德的道德建构主义转向政治建构主义。政治建构主义的第一步就是将前期罗尔斯的政治正义从道德哲学之中分离出来，对政治正义重新做出解释。罗尔斯在《政治自由主义》中对政治正义做了详尽的论述。将政治自由主义看作政治的，从民主社会的政治正义的第一个问题入手："在被看作自由平等、世世代代在整个生活中都能充分合作的公民之间，规定其合作的公平项目的最恰当的正义观念是什么?"第二个问题是，"把理性多元论事实当作自由制度不可避免的结果来理解和给定的宽容的基础是什么?"把这两个问题合而为一就是，"因各种理性的宗教、哲学和道德学说而产生深刻分化的自由平等的公民组成的公正而稳定的社会如何实现长治久安?"这被称为政治自由主义的基本问题。[①] 政治正义的观念是一个道德观念，这种道德观念是指该观念内容是由某些思想、原则和标准给定的，这些规范表达了某些政治的价值。政治正义观念适用于社会基本机构的领域，诸如基本政治制度、社会制度和经济制度等，反映了现代社会立宪民主政体。按照罗尔斯的构想，政治正义是一种独立的观点，表现在完备性学说之中，并从该学说中推导出来。它的内容借助某些基本理念表达，这些基本理念隐含在民主社会的公共政治文化之中。[②]

围绕政治自由主义基本问题，罗尔斯将其正义理论的限度严格限定在政治领域之内，并且将主题限定在了现代立宪民主政体社会的政治正义主题。该政治正义的理念是政治的，而不是道德或形而上学的。唯其如此，在这个核心理念基础上推导出来的正义原则才是现代民主社会赖以存在的基础。在现代立宪民主社会，由于理性多元论的事实是一种永久存在的事实，任何一种完备性学说都不可能获得整个社会的认同。这也正是现代民主社会所要面对和解决的道德多元化状

---

① John Rawls, *Political Liberalism*, New York: Columbia University Press, Paperback edition, 1996, p. 3.

② John Rawls, *Political Liberalism*, New York: Columbia University Press, Paperback edition, 1996, p. 11 – 13.

态下的政治认同问题。罗尔斯的政治正义及其原则为这个问题的解决提供了可能，那就是用政治建构主义的方法寻求政治制度认同。当然，按照罗尔斯的理论，政治正义也是有限度的，但是，由于制度本身的正义性与制度运行的正义性本不是一回事，这也就造成了正义制度不一定保证社会正义的普遍有效性。

哈贝马斯虽然没有正义标题之类的论述，但是他对合法性的追问实际上显示了对正义问题的研究。晚期资本主义社会合法化危机实质上是一种认同危机。只有具有合理性，才能得到人们的认同，这种合理性是人们所认为的符合道德要求的普遍有效性。正义价值要求承认相对有效性，正义则要求绝对有效，是适合所有人的有效性。“资产阶级形式法的合法性并非产生于那些所谓‘合理’特征，而至多产生于借助于有关经济秩序之结构和功能的进一步经验假设而可以从那些特征中引出的道德含义。”[①] 我们发现，哈贝马斯将合法性问题延伸到正义领域，合法性问题的关键是法律正义如何可能。回到罗尔斯，他的目标是为现代立宪民主法治国家制度的正义奠定基础，只是罗尔斯将这个问题集中到了宪法正义，即政治正义。而哈贝马斯对法律正义的追问实际上与罗尔斯对宪法正义的追问在逻辑上来说是自洽的，或者说，在研究问题的主旨上是一致的。当然，哈贝马斯曾经认为，程序主义就是一种商谈政治，商谈政治的规范解释尽管要求法律共同体具有一种商谈的社会形态，但这种形态并未深入整个社会，民主法治国的政治系统基础就是社会的总体性。[②] 从罗尔斯的宪法正义到哈贝马斯一般的法律正义，实际上就是一种逻辑抽象。从逻辑上讲，罗尔斯与哈贝马斯的关注主题都是政治正义。在确定了理论目标及其主题之后，科学的认识方法能够满足理论期待。罗尔斯和哈贝马斯都是优秀的理论家，根据主题及其逻辑性质的研究分析，必定能够完成一

---

① ［德］哈贝马斯：《在事实与规范之间》，童世骏译，生活·读书·新知三联书店 2014 年版，第 562 页。

② ［德］哈贝马斯：《包容他者》，曹卫东译，上海人民出版社 2018 年版，第 317—320 页。

种合理的理论建构。

根据政治自由主义的问题，以政治正义为基础的政治制度要同时满足两个条件。这个问题提醒我们，政治正义并不一定能够完美的处理现代社会的政治生活，还要有社会的历史文化资源和公民的政治美德做支撑。从这种意义上说，政治正义及其原则实际上是现代公共社会的一个最低限度，或者说是一种最基本的底线原则。仅仅依靠政治正义是不能够实现现代民主社会的政治理想的。虽然良序社会是一个正义的社会，除稳定和谐的社会基本秩序之外，还要包括公民个人的物质生活与精神愉悦。因此，单纯强调政治正义往往会忽视个人的良善生活。人们对美好幸福生活的追求既需要公平正义的社会环境，也需要幸福生活的价值追求，仅仅依靠政治正义是不能解释人们的精神生活的。也就是说，政治正义是社会制度的首要价值，但不是现代公共哲学的全部内容。换句话说，公共哲学的主题不能仅仅限于政治正义的层面，政治正义是一种底线。特别指出的是，根据罗尔斯的政治自由主义，政治正义只能是一种底线式的公共哲学理论，而非公共哲学的全部。在公共哲学的主题之下，我们还要关注政治正义之外的东西。

第六章　一种综合的公共哲学解析

至此，我们基于文本对罗尔斯与哈贝马斯之间的公共哲学分析已经基本完成。作为总结展望性的一章，还有一些问题需要进一步澄清。朝向公共的政治正义，构建综合的公共哲学，是当代公共哲学的理性选择。虽然都关心世界主义的构建，但是罗尔斯与哈贝马斯世界视域中的公共哲学构建却呈现出（了）不同特色。构建当代公共哲学，阐释其理论限度、言说方式和解释方法等，为公共哲学这一新兴哲学学科做尝试研究。我们讨论罗尔斯与哈贝马斯之间的公共哲学对话，就是要以一种综合性的视角超越二者之间的差异。

一　理论指向

究竟如何在一般公共哲学的意义上理解罗尔斯与哈贝马斯的公共哲学对话，是我们需要面对的基本问题。朝向公共的政治正义，构建综合的公共哲学，是当代公共哲学的理性选择。综合的公共哲学建构，政治正义是最低限度。如果说政治正义是最低限度，如何评价罗尔斯与哈贝马斯的公共哲学与政治哲学的区别至关重要。本节一是回顾并展望一般意义上的公共哲学，并指明罗尔斯与哈贝马斯围绕公共哲学而展开的对话是公共哲学发展中比较精彩的部分；二是要对世界主义的公共哲学进行分析评价。

1. **朝向公共的政治正义**①

关于公共哲学，无论是作为学术概念，还是作为一门学科，都是一个历史并不太长、尚未确立的学术领域。一般而言，公共哲学是一种为了探索让人们的共同幸福如何可能的学问，我们讨论罗尔斯与哈贝马斯围绕公共哲学对话的目标是，为了打破现代学科分化和壁垒之间的学术现状，让二者在文本分析的基础上展开横向对话，力图达成一种新的学术共识。

谈论公共哲学首要面对的问题是，公共哲学是什么？近来冠以公共之名的学术研究越来越多，从而使读者们很难搞清楚公共哲学概念的真正内涵。我们在第一章已经简要回顾了欧美公共哲学的发展，主要是美国的李普曼和贝拉等人。当然，他们未能给公共哲学下一个完整准确的定义。或者可以说，从公共哲学的发展来看，无论就其产生背景还是学问理念，似乎根本问题并未解决。关于公共哲学的一般理解，我比较同意日本学者山胁直司的说法：②

> 公共哲学，似乎是由阿伦特和哈贝马斯的公共性理论，以及李普曼、沙利文、贝拉、桑德尔、古定等人的提倡开始的，在20世纪后半叶新出现的学问。其实，如果跨过他们的概念之界定，把公共哲学作为“哲学、经济、政治以及其他的社会现象从公共性的观点进行统合论述的学问”来把握的话，虽然这种把握是暂定性的，但是即使没有使用这个名称，公共哲学在欧洲和日本都是一种拥有传统渊源的学问。

对此，卞崇道和林美茂分析指出，这种看法至少包含两个层面的

① 在第一章第三节中曾经详细分析过公共哲学的概念演变，这里主要是从如何给出公共哲学的科学含义来讨论。

② ［日］佐佐木毅、［韩］金泰昌主编：《21世纪公共哲学的展望》，卞崇道等译，人民出版社2009年版，第1页。

意思：一是公共哲学看似崭新的学问，实则具有悠久的传统；二是公共哲学是一种从公共性观点出发的综合性学问。① 笔者认为，这是迄今为止比较准确的关于公共哲学的定义。

如果从这两个方面来对罗尔斯与哈贝马斯围绕公共哲学的对话展开分析，就可见一斑。首先来看第一个方面，罗尔斯与哈贝马斯的公共哲学对话，具有很深的传统渊源。因此，说它是一种新的学问是不太准确的，充其量顶多是一种新的形式，而内容则是无法从本质上改变的。事实上，这种无法改变的东西就是那种传统的深厚渊源。在这一点上，柏拉图、亚里士多德以及普罗泰戈拉的哲学已经展现了公共秩序的端倪。当然，我们也不能忽视新的东西。公共哲学一方面要避免普遍性统括，另一方面也要克服学科分化，实现学科之间横向对话。就其内涵而言，公共哲学深厚的传统渊源实际上是一种纵向视野。山胁直司曾经指出公共哲学在五个方面是新的：第一，对现存的学科体系中存在学科分割问题进行综合研究，特别是没有把必然论、现实论和可能论分开研究是公共哲学的主要特征；第二，以提倡共存在、私存在和公共存在的三元论，取代了公私领域分开对待的公私二元论；第三，提倡开启民众的公共智慧，使得政府的公共开放逐步克服传统的灭公奉私或者灭私奉公；第四，把人们交往活动中的性质进行抽象，探索一种公开公正的公共性理念，这是公共哲学的实践特征；第五，尝试进行在公共关系的思想史中重新构建公共哲学的公共关系，这是公共哲学研究的重要内容。② 不难看出，第一点讨论公共哲学与学科划分之间的关系问题；第二点和第三点是关于公共哲学的公私关系的讨论；第四点认为公共性问题是公共哲学的核心问题；第五点指出公共哲学的研究一定要注意思想史背景。以此来看，我们对罗尔斯与哈贝马斯围绕公共哲学对话的话题分解并没有偏离一般公共

---

① 参见［日］佐佐木毅、［韩］金泰昌主编《21 世纪公共哲学的展望》，卞崇道等译，人民出版社 2009 年版，第 7 页。

② 参见［日］佐佐木毅、［韩］金泰昌主编《21 世纪公共哲学的展望》，卞崇道等译，人民出版社 2009 年版，第 13 页。

哲学主题。

回到一般的公共哲学含义，所谓公共哲学，首先是探索公共性问题的一种哲学；其次是从公民的立场出发思考、判断和行为；最后是从公共哲学的作用来看，公共哲学是一种反应自我—他者—世界关系的幸福哲学。当然，我们依然不能明确给出公共哲学的准确概念，还是只能模糊地说，公共哲学是一门探索公共性及其相关问题的学问。按照山胁直司的解释，公共性的概念包含实证性记述的对象和规范性价值理念两个方面，① 这是一个跨学科的主题。但实际的情况是，学界虽然表面上提倡跨学科交流，但是这种学科之间的分离现象仍然大行其道。不过，我们可以从罗尔斯与哈贝马斯的对话来尝试解开这个问题。

20 世纪后半叶，阿伦特和哈贝马斯将“公共性”概念引入学界。阿伦特在 1958 年出版了《人的境况》，哈贝马斯在 1961 年出版了《公共领域的结构转型》，分别从不同的视角研究公共性的问题，具有划时代意义。② 阿伦特将古希腊的城邦政治视为典范，认为公共性是通过兼具独立性和共同性的人类语言活动形成的，是明示万人的世界。只是这种公共性随着近代的财产私有制和市场经济的发展正在逐步消亡。而站在启蒙主义立场上的哈贝马斯认为，近代欧洲的公共性与古希腊不同。哈贝马斯揭示了 18 世纪市民公共性与国家公共性的抗衡，并指出，由于国家行政体制和货币经济体制的进一步臃肿，通过市民的公共性来形成公共舆论越来越困难。事实上，阿伦特和哈贝马斯都提出了与政府之公共性不同的民众公共性，这是一种政治的视角，但是没有把经济当中的公共层面纳入进来。

后来，美国哲学家们纷纷倡导公共哲学，李普曼主张追溯到柏拉

---

① ［日］佐佐木毅、［韩］金泰昌主编：《21 世纪公共哲学的展望》，卞崇道等译，人民出版社 2009 年版，第 1 页。

② 在第一章中曾经有过详细论述，这里不再赘述。参见［美］汉娜·阿伦特《人的境况》，王寅丽译，上海人民出版社 2017 年版；［德］哈贝马斯《公共领域的结构转型》，曹卫东等译，学林出版社 1999 年版。

图时代，沙利文和桑德尔等主张追溯到亚里士多德时代。回顾欧洲公共哲学的发展历程发现，城邦政治消亡后，欧洲进入了罗马帝国时代，斯多葛派和基督教为欧洲公共哲学的发展打开了新的局面。中世纪的托马斯·阿奎那把基督教、自然法和亚里士多德的实践哲学统一起来，提出了共同之善。博丹的国家主权思想以及霍布斯和洛克的社会契约论为宗教战争画上了休止符。不难看出，亚里士多德的实践哲学、托马斯的共同之善、洛克的社会契约论以及亚当·斯密的道德哲学都可看作欧洲公共哲学的经典。此外，法国启蒙思想家卢梭的社会契约论也属于公共哲学的范畴。英国功利主义的杰出代表边沁的倡导最大多数人的最大幸福原则，也是公共哲学的重要体现。

在学科分化日益严重的今天，对于从公共性角度综合研究哲学、政治、经济和其他社会现象的公共哲学至今未能形成真正意义上的研究，我们的研究一定要打破学科壁垒，复兴公共哲学。虽然不能给出公共哲学的准确定义，我们完全可以就公共哲学探讨的问题意识、预期目标以及论证方法等方面展开研究，从而达到对公共哲学及其问题的本质的把握。当然，对公共哲学相关问题本质的把握，除了理论方面的探讨，还要注意社会的变革和生活的实践。具体到罗尔斯与哈贝马斯关于公共哲学的对话，只是上述众多问题领域中的某个或者某几个领域的讨论。这种公共哲学的探索，实际上是关于公共性问题的哲学，或者说，在罗尔斯与哈贝马斯的对话中，公共性问题始终是核心和关键。即使公共性问题的内涵不尽相同，也是罗尔斯与哈贝马斯讨论问题的背景和传统不同所带来的解释差异，从本质上说，公共哲学的核心问题，即公共性问题的本质并没有多大变化。在这一意义上说，我们以罗尔斯与哈贝马斯的对话为契机，展开关于公共哲学的探索，实质上是对公共哲学的某个特例进行的讨论，即便能够在二者对话的基础上吸收二者关于公共哲学对话的精髓建立一种综合的公共哲学，这也不能代表是公共哲学的全部，只能是一种公共哲学的代表。

可以肯定，以公共性问题为核心讨论公共哲学毫无悬念。在这种形式下展开公共哲学的研究，尤其是对罗尔斯与哈贝马斯的对话展开分析研究，主要是对公共性问题的领域进行圈定、目标定位、方法论构筑。当然，这些都是在西方理性主义的传统中展开探索的。21 世纪是全球化的时代，世界的思想在交往中融通发展。基于这个认知，构筑公共哲学的新体系、探索新的思维方式是研究罗尔斯与哈贝马斯公共哲学的必经之路。为此，除了研究罗尔斯与哈贝马斯对话的文本，我们对公共哲学研究的交流对话显得尤为重要。

哈贝马斯与罗尔斯之间的思想交流有一个比较令人不满的地方，那就是两位思想家之间的哲学交流水平相对较低。最引人注目的是罗尔斯对哈贝马斯的一般理论方案缺乏兴趣。其中一些原因是传记性和文化性的，但也有一个重要的哲学原因，在他的回应的一开始，罗尔斯就把哈贝马斯的哲学计划归为一个完备性的学说。因此，他并没有将其视为与自己理论相对立的理论，也没有将其视为试图占据同一概念空间的一种建构；相反，他将其视为康德主义的另一种风格。“哈贝马斯的立场和我的立场之间的两个主要区别”，他写道，“他的立场是完备的，而我的立场是政治的，而且仅限于此”①。因此，他觉得没有必要讨论哈贝马斯哲学计划的细节，就像没有必要讨论任何其他私人的完备性学说一样。

哈贝马斯本人在抵制这一分类时，并不像他表现得那样坚决。他没有否认自己的观点是完备性的，相反，他选择挑战正义理论成为罗尔斯意义上的“政治”的必要性。② 更确切地说，他主张对正义的政治概念应力求以中立性进行更狭义的定义。同时他尊重反至善论者的约束，认为正义理论应该努力保持中立，不偏向与之对立的善观念——他反对罗尔斯所坚持的“政治自由主义应该避免在‘对立的、不可调和的宗教、哲学和道德教义’上偏袒任何一方”③ 的观点。然

① John Rawls, “Political Liberalism: Reply to Habermas”, *The Journal of Philosophy*, Vol. 92, No. 3 (Mar., 1995), p. 132.

② Thomas McCarthy, “Kantian Constructivism and Reconstructivism: Rawls and Habermas in Dialogue”, *Ethics*, CV (October 1994), pp. 44–63, 51–53.

③ John Rawls, *Political Liberalism*, New York: Columbia University Press, Paperback edition, 1996, p. 4.

而，大部分的讨论都偏离了这一主题，变成了一场关于“合理性”与“真理”之间关系的相对无果的辩论。但是，这无意中却支持了罗尔斯的主要观点，即我们极不情愿地让制订正义理论的计划受制于有关真理或正当理由的正确解释等问题的哲学辩论。[①]

很明显，哈贝马斯的观点可以被归类为一种私人的综合主义，或者更具体地说，哈贝马斯的观点与罗尔斯关于公正即公平的概念相矛盾，即“民主原则”与从中派生出来的权利体系难道不能被给予一个独立的制定方法吗？事实上，哈贝马斯没有批评罗尔斯对正义的“政治”概念所表现出来描述特征，而是简单地宣称他自己的理论是政治的。罗尔斯始终认为，作为公平的正义只是作为一种独立的正义概念而被采纳的一种形式，而不是一种从任何意义上说都是独一无二的特权。笔者认为哈贝马斯部分地基于一套先验主张，这意味着预设了完备性的教义。

我们通过对罗尔斯与哈贝马斯公共哲学的分析发现，如何有意识地让公共哲学从二者的哲学传统中凸显出来，发现他们公共哲学的学术特色以及学术理念就显得尤为重要。首先，二者关于公共哲学的对话都强调交流讨论进而达成共识，显示了公共哲学的目标不是追求一种真理，而是以日常的交往辩论为主要任务。罗尔斯要达成一种重叠共识，哈贝马斯要达成一种商谈共识。其次，公共哲学是以问题与回答的关系为出发点，阐明相互之间的关系。最后，公共哲学与其他的哲学关系密切，与威权主义保持一定距离。基于以上认识，如何评价罗尔斯与哈贝马斯关于公共哲学的对话，就显得尤为迫切。虽然罗尔斯与哈贝马斯围绕公共哲学的对话，最后落脚在一种公共的政治正义，但是我们不能将公共哲学当作一种政治哲学或者政治学来理解，顶多将二者的政治哲学因素当作特定公共哲学中的一种研究领域，而

---

① Joseph Heath, *Communicative Action and Rational Choice*, Cambridge, MA: MIT Press, 2001, pp. 251 –253; see also Thomas McCarthy, “Kantian Constructivism and Reconstructivism: Rawls and Habermas in Dialogue”, *Ethics*, CV (October 1994), pp. 44 –63, 57.

且是很重要的研究领域。这也与我们所提到的政治正义在公共哲学中是一种最低限度要求相一致。

至于我国的公共哲学研究，虽然公共哲学是什么的问题没有被明确界定，但公共哲学的概念陆续在使用，关于公共哲学的研究论著逐年增多。但是问题也不少，诸如缺少全球化背景，针对道德失范、生态危机、经济失衡以及政治困境等与公共性有关问题的讨论没有体现公共哲学的崭新一面。上述问题直接导致了公共哲学研究的问题意识模糊、学术目标混乱等现象，使得我们的研究没有重大成果。这也为我们研究罗尔斯与哈贝马斯对话提供了契机，是对公共哲学研究的重要补充。

有一点是可以肯定的，无论国内还是国外，当前的公共哲学研究尚处于探索阶段，究竟什么是公共哲学、公共哲学的理论框架及其理论目标，尚未形成统一意见。这也使得我们的研究只能根据罗尔斯与哈贝马斯对话的相关文本进行理论构建，以期达到有重要意义的研究成果。在当今时代背景下，对公共哲学的研究不仅是对公共哲学的重建，还要注意公共哲学对实践的现实关怀。当前的公共哲学应该是摆脱原有的国家层面的公共哲学，我们应该在对自己所处环境进行充分理解的基础上，尽可能站在世界的高度上相互承认彼此文化的多样性，达成一种普遍的共识和协议，这样才能真正称得上公共哲学。

从自然、文化和历史角度看，每个人都有许多被他者所替代的偶然性所决定。人们不能选择自己的自然属性，也不能选择自己所属的家族、民族等环境。人类一方面受到作为给予的自然、文化和历史的限制，另一方面又在处理自我与他者之间的关系，进而发展出一套交往类型的自我——他者理论。在这一点上罗尔斯显然有一定的狭隘性，而哈贝马斯则眼界更加开阔。无论如何，在此基础上建立起来的跨越民族、国家的公共世界，是带有多样性并充满活力的世界。我们坚信，这种交往类型的公共哲学能够为解决实际问题提供理论基础。

2. 世界视域中的公共哲学

在人类历史上公共实践各个阶段的特征和划分是不同的，最早的古典时期的公共实践是一种有限条件下的限定性的公共实践。城邦、帝国或者世界国家是人类现实的公共实践政体，具有一定的国家形态。这里的城邦当然就是典型的希腊城邦，罗马共和国的公民共和主义是帝制的国家哲学。基督教统一后的国家是中世纪被理想化的国家形态，在上帝的名义之下，众生平等、世俗国家被置于神权之下。1500 年以后的现代世界，以世俗国家脱离基督教的国家体系为特征。在民族国家的现代政治体制建构中，在国家主权范围内，国际的法律担保公民资格，现代国家的公共体系得以建立。

历史地看，民族国家这种公共的政体建制，萌芽于 13 世纪，形成于 17 世纪，欧洲与世界的区分始于 19 世纪，并以一种势不可当的力量被推向世界范围。后来，这种公共的政治世界的建构模式逐渐成为世界各地的一种成长方式。但是，20 世纪晚期，民族国家受到了全球化的挑战。全球化浪潮与市场经济的关系密切，以资本及其谋利为特征的现代市场体系为本质特征的全球运行机制打破了民族国家的限制。在效益原则指导下，市场突破了地区和国家的限制，必然地向世界扩张。由于全球市场与国家贸易的紧密相连，使得民族国家的政治体制无法控制经济机制，民族国家受到了市场经济发展的严重挑战。

尽管如此，全球化在经济领域发展顺畅，但是民族国家的政治体系却发生了巨大变化，受到了冲击。由于西方的国家模式建构成为其他国家效仿的模式，世界政治进入了一个复杂局面。这种复杂性体现了后发民族国家对西方发达民族国家的警惕，并试图在国际竞争中与西方国家分庭抗礼。正是这种矛盾使得全球化一方面使世界各国之间的关系越来越紧密，另一方面则进一步强化了民族国家的固定结构，阻止了全球化进程。

以公共哲学的世界视角来看，罗尔斯与哈贝马斯对欧盟的一些看法，代表了罗尔斯与哈贝马斯对世界主义的公共哲学的基本主张。在把罗尔斯和哈贝马斯分开的许多问题中，他们对世界秩序的可能性的看法是最鲜明的对比之一。一方面，正如《万民法》所显示的那样，罗尔斯坚决反对世界主义，这让那些把他的正义理论和差别原则扩展到为分配正义辩护的人感到沮丧。另一方面，自 20 世纪 90 年代中期以来，哈贝马斯强烈支持康德关于以普遍人权为基础的世界主义法律秩序的概念。这一分歧并不是他们 1995 年辩论的直接主题，辩论主要集中在罗尔斯关于政治自由主义的论点及其对立宪民主审议实践的影响。他们关于超越国家的民主和世界主义的观点之间的鸿沟甚至更大，这表明了在超国家层面上需要民主制度，而罗尔斯一直拒绝这种可能性。此外，罗尔斯只接受一套有限的普遍人权，而哈贝马斯主张包括政治权利在内的全部补充。

然而，在哈贝马斯看来，这一巨大的鸿沟在最近几年已经明显缩小。哈贝马斯很早就接受了赫尔德的世界主义民主思想，他认为民主仅限于国家和区域组织的层面，而政治机构则建立在讨价还价或司法权威的基础之上。詹姆斯·博曼讨论了哈贝马斯和罗尔斯对任何国际秩序的理解中对社会事实的运用。罗尔斯排除了现行国际秩序的任何可能性，而哈贝马斯则把注意力集中在国家以外出现民主秩序的真正可能性上，并认为这种可能性是有限度的。然而，哈贝马斯关于规模依赖的主张与他自己关于民主程序在协商民主中的作用的论述并不一致。鉴于他对重叠共识的纯粹程序主义解释，协商民主能够有效发挥作用——在任何级别的集合上都能提供正确的制度和程序。事实上，这两个层次是互补的。然而，令人惊讶的是，哈贝马斯对国家之外民主的讨论似乎与罗尔斯的观点一致，即没有重叠共识，就没有民主，在实质性意义上共享的政治文化和协商是最基本的人权。这与他自己的观点相悖，即民主审议应该有认知层面。①

哈贝马斯撰写了一系列国际法和国际政治著作，代表了他对 21 世纪世界主义的主要思想。哈贝马斯主要研究全球化对福利国家的影响、国际法第二次世界大战在战后和欧洲一体化中的发展、联合国的改革以及新型全球治理体系。哈贝马斯通过描绘一个普遍人权的概念

---

① James Gordon Finlayson and Fabian Freyenhagen, *Habermas and Rawls: Disputing the Political*, London/New York: Routledge, 2011, p. 265.

以及对国际法的解释，提出了一种“没有世界政府的全球治理”理念①。这种理念是对国际社会面临的种种政治挑战的回应的规范性体现，并可以通过宪法国际化来实现。这种全球治理模式，将一种超国家政体和跨国政体结合起来。但是，这种多层次的系统不是一个国家的蓝图，而是一个整合全球立宪的框架体制。哈贝马斯的这种世界主义模式将规范性要求和经验性考察结合在一起，共同体现在一个政治框架之中，为国家和全球政治提供了一个反思基础。但是，他并没有形成一个完整的理论体系。哈贝马斯基于全球化的分析，提出了后民族结构的概念。

后民族结构指全球化导致的主权国家国际体系发生的转变。不论民族国家喜欢与否，民族国家都越来越成为一个日益相互依存的全球社会。哈贝马斯的全球化是对再生产出生活世界的交往媒介进行殖民化的全球性阶段，这个殖民化依赖于基于操纵媒介的社会协调系统。当然，这种操纵媒介主要是指金钱和权力。如果这种非人格的力量不能获得政治的有效控制，公共社会就会面临失去正义与平等要求的管理能力，最终导致全球社会日益摆脱控制。哈贝马斯提出通过对私人和公共自治的物质前提保障获得合法性的问题。② 关键问题是，由于民族国家对公民权利的公允价值保障遭到了经济全球化的侵蚀，引发了政治反应是否可能的问题。哈贝马斯基于国际法的宪法化提出了超国家治理体系的相关论点，针对全球内政在跨国层次上进行谈判和实施提出建议。全球治理体系对民族国家和国家主权产生了深远影响，哈贝马斯关于全球治理的三种模式如何才能获得民主？

在由国家现代化发展动力推动的全球化进程中，有些民族国家力求突破国家界限以实现国家间政治经济力量的整合，建立超越民族国家的经济政治联盟。这些组织大多是一些比较稳定的经济组织，政治上相互支持并与主权无关。但欧盟是一个比较有代表性的组织。以公

---

① Barbara Fultner, *Jürgen Habermas Key Concepts*, Routledge, 2014, p. 196.

② ［德］哈贝马斯：《后民族结构》，曹卫东译，上海人民出版社 2019 年版，第 78—82 页。

共哲学的视角看，欧盟已经超越了传统的国家政治体制，需要以一种新的视角加以审视。经济方面，欧盟已经实现了经济与货币的联盟；政治方面，突破了传统民族国家的界限，使得这种经济联合体被赋予了新的政治意蕴。在政治公共领域，各种冲突依然表现为国家、欧洲和国际等不同层面，其不确定性在一种规范的自我理解背景下展开。社会不平等与政治压迫并非与生俱来，而是一定社会历史的产物，可以改变。因此，在民族国家认同的基础上，欧盟成员国如何形成强有力的新的政治认同来解决冲突？这也是后民族国家亟待解决的公共建制问题。哈贝马斯并没有对“后民族结构”给出明确的界定，后民族结构的含混用法主要是指民族国家以后的以超大政治体命名的临时概念。哈贝马斯认为民族国家已经转变成为后民族国家结构，这种孕育在全球化市场中的政治治理结构，为福利资本主义国家之间的发展乏力找到了平衡点，欧盟就是其典范。“后民族结构开创的发展趋势，仅仅被我们认为是政治挑战，因为，我们依然还是从民族国家的视角出发来考察它们。”① 也就是说，在民族国家中具有的政治含义，依然是我们研究的出发点，但是已经发生了变化。不过，哈贝马斯指出：“我们的社会还建立在民族国家观念之上，但已经受到了非民族化运动的冲击；今天，面对经济领域当中率先建立起来的世界社会，我们的社会也在走向‘开放’。”②

哈贝马斯一直致力于正义概念和合法性概念的一元性，这使得不论在任何治理层面上，政治权威以及公民义务都必须建立在人权和主权的原则之上。于是，即使超越国家体系的权力以及世界公民的义务受到严格限制，它们在本质上也需要与国家政治体系同样的民主合法性。而民主合法化的成功，将依赖于具有相当影响力的全球公共舆论，这种全球公共舆论将给世界组织和跨国商谈参与者有

① ［德］哈贝马斯：《后民族结构》，曹卫东译，上海人民出版社 2019 年版，第 77 页。

② ［德］哈贝马斯：《后民族结构》，曹卫东译，上海人民出版社 2019 年版，第 78 页。

效施压。一个持久有效的全球公共舆论必须建立在跨国公共领域基础之上，如此，才能确保相关问题能够在现有的国家公共领域内以同样的方式获得解决。事实上，在超国家层面上，民主合法性是间接的，通过有记者和专家构成的中介获取民主合法性。因此，“缺乏民主的问题并不仅仅出现在跨国治理当中。跨国治理的基础是集体行为者之间的协定，而且，它本来也不具备一个政治公民社会的合法性力量”①。

然而，全球化是否触及了民族国家范围内形成的公民团结的文化基础呢？哈贝马斯认为，从现实的民主角度来看制度，庞大社会的民众在政治上实现一体化是民族国家的成就。但是，由于政治的分化，民族这个陈旧的结构已经出现了一道缝隙。从规范的角度看，民主过程深入共同的政治文化中，这不是一种排斥性的民族特性，而是一种包容性的意义。这里的包容，主要是指“政治共同体对所有的公民都保持开放状态，不管他们有怎样的出身”②。由于文化同质性使得基本的共识成为一种暂时，但是，如果通过公共商谈建立起来的意志使得陌生人之间可以达成一种合理的政治共识，那么基本共识就是多余的。于是，民主就是在必要的时候填补一下社会一体化的空白，在民众文化结构发生变化的情况下提供一种共同的政治文化。

除此之外，多元文化的公民资格所要求的一系列政策动摇了公民团结的民族基础，而全球化只是变换了一种方式加强民族共同体的凝聚力。民主秩序并非一开始就扎根作为共同体的民族当中，民主法治国的贡献就在于用公民的政治参与来弥补社会一体化的不足。民主过程也只有在达到了公共的社会正义标准之后，才能消除分裂的危险。根据对后民族国家的认可度，哈贝马斯重点分析了欧洲一体化，由一

---

① ［德］哈贝马斯：《后民族结构》，曹卫东译，上海人民出版社 2019 年版，第 88 页。

② ［德］哈贝马斯：《后民族结构》，曹卫东译，上海人民出版社 2019 年版，第 90 页。

个欧洲联邦国家建立一个未来的世界体制。世界社会没有现成的样板可以借鉴，“重新调节的首要对象不是政府，而是公民和公民运动”①。在社会运动的前提下，我们必须找到令人满意的视角。事实上，在应对全球化的过程中，欧盟还只是民族国家、欧盟与世界国家之间的中间环节，如果将全世界视作一个最终运行一体的国家或者组织，产生世界宪法和世界公民的难度可想而知。因此，人们常常将全球化放在一个次要的位置上进行认知。既然实现全球政治一体化难度较大，从现实主义的角度来看，从全球化视角处理一些全球问题还是可以的。当然，这并不是说我们已经放弃了对全球政治经济一体化的探索与尝试。

为了实现欧盟一体化，欧盟制定了欧洲宪法草案。在民族国家范围之外，试图建立欧盟不仅要关注经济利益方面的导向，还要关注如何落实民众关心的深沉问题。作为一项政治创新，有几个民族国家组成一个新的国家，在动员过程中就要关注大众的利益的心声。也就是说，欧洲公民的生成是一个真正整合的制度框架，依赖于是不是能够达成他们所认同的共同价值和生活方式。一个欧洲的公共社会兴起，以欧洲范围的公共领域出现，就已经超越了民族国家的界限。哈贝马斯认为，制定一部欧洲宪法是实现这个宗旨的根本途径，能够有力推动欧盟的政治一体化进程。“它们又必须制定纲领，揭示这个活动空间，而且目的有两个——在建立一个欧洲社会的同时，使之具有大同的政治意义。”② 依靠立宪的方式推动建立欧盟，其本质上还是对民族国家立宪体的进一步应用。但是，面对全球化的浪潮，这种做法还有很多困难。诸如怎样形成新的价值立场与生活方式、新的公民身份认同等，都具有极大困难。

罗尔斯的《万民法》正是顺应了全球政治经济一体化这个问题

---

① ［德］哈贝马斯：《后民族结构》，曹卫东译，上海人民出版社 2019 年版，第 129 页。

② ［德］哈贝马斯：《后民族结构》，曹卫东译，上海人民出版社 2019 年版，第 129 页。

而作出的一种全球公共设想。面对全球化时代的独特价值，罗尔斯首先回顾了万民法的理念。万民法是指运用国际法与实践原则中的权利与正义的特殊观念，而人民社会则是指那些遵守万民法理想和原则的所有人。[①] 虽然这种万民法来源于正义的自由观念，但是作为一种社会契约的正义观念在权利与正义原则选定和同意之前，国内与国际情形是不同的。罗尔斯认为万民法的理念是为了解决全球化的世界公共规则而设定的现实的乌托邦理念。[②] 罗尔斯认为万民法来自古罗马，是罗马帝国处置罗马政府民族和被征服民族关系的一种制度建设。

罗尔斯在《正义论》第58节指出，为了判断正义战争目标与限度的有限目的，作为公平的正义能够扩展到国际法。《万民法》主要围绕现实的乌托邦是否可能，以及实现条件等相关问题展开研究。按照罗尔斯的理念，始于现实的乌托邦观念，也终于这个观念。[③] 如果政治哲学扩展到现实的政治可能性限度时，它就成了现实的乌托邦。我们对未来社会的希望主要基于这样的信念，相信社会世界的性质准许合理正义的立宪民主社会作为人民社会的成员而存在。只有在这样的社会中，自由的人民无论在国内还是国外才能够和平与正义。很显然，这种社会观念是一种现实的乌托邦，结合政治权利与正义描绘了一个可成就的社会世界。

由于将公民意识到的根本利益条件与现实乌托邦的合理性和正义结合在一起，这种现实的乌托邦方案是存在的，且非常吸引人。罗尔斯也明确提出了许多困扰公民与政治家的外交政策问题，诸如非正义战争、移民和核武器以及其他大规模杀伤性武器。罗尔斯认识到，“万民法在政治自由主义当中得以发展，并认识到万民法乃是争议的

---

① John Rawls, *The Law of Peoples*, Cambridge, MA: Harvard University Press, 1999, p. 3.

② John Rawls, *The Law of Peoples*, Cambridge, MA: Harvard University Press, 1999, p. 4.

③ John Rawls, *The Law of Peoples*, Cambridge, MA: Harvard University Press, 1999, p. 6.

自由总念由国内体制扩展到人民社会”①，当正义的自由观念发展出万民法时，需要制定合理的正义的自由人民之外交政策，以此确立自由的首要价值与立宪民主政体的制度。只有这样，万民法才能够真正实现公民自由。不难看出，这种对万民法的现实意义的解释，实质上就是对自由和合宜的公共社会的公共阐释。

关于罗尔斯对国内司法准则可以适用于国际案件这一观点的反对，已经说了很多，特别是关于差异原则是否出现在第二原始的立场上，这种立场确立了《万民法》列举的基本原则。这是因为，在国内民主和社会合作与其在全球秩序中的缺失之间存在着广泛的体制鸿沟。正如塞缪尔·弗里曼所提出的基本假设，民主、社会和政治合作在全球范围内不存在，而且永远不会存在。② 这一主张不仅反映了对康德所说的世界国家的“没有灵魂的专制”的误解，也反映了对一套共同原则的需要，这套原则将使人们能够以自由平等的公民身份参与各种机构。基于他们在最小限度权利上的重叠共识，罗尔斯承认自由和正派的人民可以组成联盟。自由民族也可以加入“欧洲共同体”或“共和国联合体”这样的联邦，因此，按照罗尔斯，我们很自然地设想这样一个世界社会，它的大部分是由这样的联盟和某些机构组成的，如联合国，它有能力代表世界上的社会。③

但对于罗尔斯来说，这并没有建立起差别原则所提出的平等要求，即使在联邦内部也是如此。罗尔斯低估了联盟内部的合作，他认为这是一个可能的未来的例子。例如，欧盟本身保护其公民的权利，当国家的法律不再是最高的，国家就会改变。同时，辅助性原则促进了亚单位自治。尽管这种自治可能导致产生有限不平等的差异，但是

---

① John Rawls, *The Law of Peoples*, Cambridge, MA: Harvard University Press, 1999, p. 9.

② Samuel Freeman, “Distributive Justice and the Law of Peoples”, in Rex Martin and David A. Reidy, (eds.), *Rawls's Law of Peoples: A Realistic Utopia?* Oxford: Blackwell, 2006, pp. 243 – 260, 255.

③ John Rawls, *The Law of Peoples*, Cambridge, MA: Harvard University Press, 1999, p. 70.

也有人主张基于共同成员和相互依存的平等。因此，即使联盟不像那些基于差异原则的联盟那样强大，它们也会在其成员之间带来独特的平等诉求。与弗里曼相反，罗尔斯并没有否认跨国政治合作，但他低估了通过加入联邦而产生的平等倾向。欧盟的分歧可能仍然很大，但改善最糟糕成员国的状况却是一个重要目标。

当罗尔斯认识到联合民族的可能性时，哈贝马斯最近试图进行一项更广泛、更雄心勃勃的计划，主张建立一个由政治构成的多层次的世界社会。① 该方案综合了以前的观点，重点是改造国际法及其法律主体的基本目标。但是，一旦罗尔斯对区域联盟的认可得到认可，即使哈贝马斯反对将“人民”作为基本单位，罗尔斯的基本架构也会惊人的趋同。在多级秩序中，国家作为“最重要的行动者和最终的仲裁者”，对哈贝马斯来说扮演着重要的角色，这正是因为他们通过将法律与实现自由联系起来的方式，解决了合法权利的问题。即便如此，哈贝马斯认为，自治国家的这些规范性资源已不足以解决全球化带来的许多问题，包括跨境交易和人口迁移带来的各种风险。至少还需要两个层次的机构来解决各国没有资源应付的许多问题。国家之外是跨国和超国家层面，在这两种情况下，制度化的过程已经发生。哈贝马斯认为，联合国的行政和司法方面使它成为一个具有充分包容性的“世界组织”，联合国的核心制度成就了作为模型超国家制度化的行政和司法：安理会和各种世界法庭，包括国际刑事法庭和联合国。这些有选择地加强的世界组织将把自己限制在两项任务中，而且仅仅是这两项任务：确保和平以及促进和执行人权。对于所有其他全球政治问题，哈贝马斯继续将它们置于跨国层面，置于相关参与者和利益相关者之间的公平谈判体系中，其任务是创造“全球国内”“政策”，使这一结构真正具有跨国性质，不再仅仅涉及国际外交政策问题。但是，超国家层次继承并改变了哈贝马斯所称的经典国际法议程，即“促进和平、安全与自由，为全人类代言”。但是，法律是这个结构的

① Jürgen Habermas, *Between Naturalism and Religion*, C. Cronin (trans.), Cambridge: Polity, 2008, pp. 314, 106, 316.

主要焦点，因为“这个世界组织面临的问题更多的是法律问题，而不是政治问题”①。

这种对世界政治秩序的描述存在两个主要的结构性困难。首先，哈贝马斯现在明确地把民主合法性的范围限制在民族国家及其区域组织的边界上，超过这个界限，人民就不能既是法律的制定者又是法律的主体。民主的自我立法是民主的限制性条件，限制了民主的范围，就像重叠的共识对罗尔斯所做的那样。协商民主是哈贝马斯对重叠共识观点的批评的基础，它不需要一个自我立法的人，但可以与各种各样的人合作。② 这种把国际机构限制在只从事执行人权的司法机构的做法，甚至对狭隘构想的国际法机构来说，也造成了合法化的缺陷。如果不将民主合法化扩展到所有各级组织，就很难看出这些构想狭隘的司法机构如何能够普遍保护所有人的权利。

其次，哈贝马斯低估了新兴市场的重要性“国际社会”，即超越正式机构的交往形式，包括跨国公民社会和公共领域。这种形式的协调有助于我们理解在多级系统中计算出不同种类和不同层次的民主的贡献的根本重要性。哈贝马斯不必要地忽视了这样一个新兴的国际社会在产生对规范和价值的相互了解方面可以发挥的重要作用，即使在没有一个全球国家的情况下也是如此。正是在这些跨国界的互动形式中，各种话语和互动规范应运而生，并在科学组织、非政府组织和世界社会论坛等各个领域发挥着调节和中介作用。在这里，我们可以把各种组织看作是沟通的中介。因此，出现了一个新兴的国际社会，在这个社会中，人们通过建立共同的交流规范和实践来相互给予交流自由，而不诉诸至高无上的权力。

最重要的是，在哈贝马斯的多极世界秩序中，任务的功能分化并没有解决其合法性的问题，而且这个问题也不是容易解决的。因

---

① Jürgen Habermas, *Between Naturalism and Religion*, C. Cronin (trans.), Cambridge: Polity, 2008, p. 343.

② For a defense of a democracy of *demoi*, see James Bohman, *Democracy across Borders*, Cambridge, MA: MIT Press, 2007.

为在多极世界社会中，许多机构的决策程序既不是商议性的，也不是民主的（当它们是基于讨价还价的时候）。此外，任何解决办法都变得更加困难，因为国际法不像国内法那样是法理上的。哈贝马斯认为，人权机构的合法性要求并非高得不可能，因为它不需要是一个“类似于公民团结的”深厚共识，而是一种类似于情感回应的共识。[①] 这种共识距离使得为体制进行程序性辩护还有很长一段路要走。诚然，康德的立宪计划与民主国家内的立宪是相辅相成的，而不是相类似的。但还有另一种可能性：即使层次是互补的，哈贝马斯的全球政治秩序并不排除建立新形式的民主组织决策机构来分配治理任务的可能性。

面对欧盟，哈贝马斯试图制定一部欧盟宪法有效推动欧洲国家之间的有效整合，这是一种基于现实的政治体制的想象建构，在一定程度上顺应了政治现实。罗尔斯的万民法则雄心巨大，但现实感有所下降。罗尔斯对万民法的定位是一种“现实乌托邦”，这就反映了一个立宪民主国家建构的基本理念，以及一种公共的政治哲学的论证方式体现了政治现实的有限性。罗尔斯指出：民主国家之间不进行战争，在我们所知道的范围内，这是最为接近社会关系的经验法则的，[②] 欧盟以民主化为标准，作为衡量新成员国家的基本条件，无疑也正是基于这个信念。当然，罗尔斯这样的尝试与全球化的发展趋势可能不相称，哈贝马斯的努力则显得视野狭窄，缺少超前性。

就现实性而言，罗尔斯与哈贝马斯似乎呈现逐级上升态势，只要人们要建构一个对全球公民具有正义的国际政治体，就必须面对很多不公平现象。实际上，世界上的很多国家连基本的人权都很难保障，无论是哈贝马斯的欧盟，还是罗尔斯的万民法，都显得有些超前了。

---

① Jürgen Habermas, “A Political Constitution for the Pluralist World Society?” in *Between Naturalism and Religion*, C. Cronin (trans.), Cambridge: Polity, 2008, pp. 343 – 344.

② John Rawls, *The Law of Peoples*, Cambridge, MA: Harvard University Press, 1999, pp. 52 – 53.

罗尔斯与哈贝马斯都局限于民族国家范围而审视问题，都有从民族国家的公共建构理念扩展到国家政治体的公共建构理念的缺陷。要想真正适应全球化的时代要求，就必须超越民族国家的政治视野，以一种世界主义的公共眼光，重新审视全球化时代的国际政治经济秩序。这对罗尔斯与哈贝马斯来说，都是一种基于政治行为主体建构的超越功能。在自由平等的现代立宪民主背景下，任何政治共同体的构建，不论规模大小，不论结构复杂与否，都必须使其公民的自由民主权利得到公正对待，这是必须遵循的基本的公共立场。

二 方法意识

构建当代公共哲学，需要阐释其理论限度、言说方式和解释方法等。罗尔斯与哈贝马斯的对话为公共哲学这一新兴哲学学科的尝试研究提供哲学思考并获得启示，这是公共哲学研究的一种有益的探索。

1. 公共哲学的理论限度

从哲学视角看，公共哲学限定在人类社会中对公共生活智慧的追求。公共的生活世界的形成是人类文明的重要标志，人类文明语言的公共运用是其显著标志。通过前面的分析发现，公共哲学作为一种哲学的存在应该是不成问题的，关键是以一种什么样的方式呈现。这里，涉及公共哲学的理论限度的问题。公共哲学的理论限度包含两个方面的意思：一是公共哲学的主题和空间，也就是公共哲学是什么的问题；二是公共哲学在什么样的层面上能够发生作用。

先看第一个问题。只有确定了公共哲学能说什么，才能进一步讲怎么说。公共哲学对人们美好生活的公共智慧的追求，隐含了一种技术化意图，容易把公共哲学理解成为一种为人类提供生存技巧的学说。于是，确定公共哲学的理论主题显得尤为重要。根据上一节的论述，尤其是山胁直司为公共哲学的定义，我们认为公共哲学的主题就在于公共性的问题。这就是公共哲学的主题。但“公共性”与“公共”的概念内涵千差万别。“公共性”不分古今中外和政制差异，没有严格公共建构的国家都有共同底线形式，专制政权也有公共性的底线。而“公共”则需要有一套严格的哲学和制度建构，或是罗尔斯的公共理性，或是哈贝马斯的商谈伦理，最终诉诸公共理性。公共理性指向公共权利，而不是个人趣味。我们对“公共”的捍卫，应当超越对“公共性”的捍卫。因为“公共性”背后的假设，可能剥夺我们的“公共”。

就罗尔斯和哈贝马斯的公共哲学对话来看，二者将公共哲学的公共性主题确立在现代社会的公共理性及其适用范围上。具体而言，罗尔斯对公共理性的要求较为严格，是一种政治哲学的诉求，哈贝马斯则更倾向于一种普遍化了的理性主义的社会哲学。由于二者的倾向有所不同，这就导致了对公共哲学的理解不尽相同。罗尔斯严格的政治哲学视角显示，公共理性是一组文化多元论前提下的理性的重叠共识基础上的基本政治原则。哈贝马斯的普遍理性主义思路要求，公共理性通过复杂的社会观念与实践批判而获得。于是，文化多元主义与理性对话之间形成的特定的语言、语境和言说的语用学条件，成了公共哲学的基本内涵。需要说明的是，虽然两种思路都试图摆脱形而上学的思维方式，使得公共哲学的讨论免除了先验主义或者本质主义的前提预设，从而影响理论的证成。罗尔斯严格的政治哲学就把公共哲学限定在了一种低限度的理性层次，这是一种最小限度的最大可能性规则。哈贝马斯普遍理性主义的立场对公共哲学的某种相对较高的理性化要求，使得哈贝马斯对公共商谈所依赖的理想语言的语用学探究显示了这一哲学倾向。

无论是罗尔斯严格的政治哲学还是哈贝马斯的社会批判理论，关于公共哲学的主题和层次虽然有所差异，但是并没有本质的不同。他们都是对传统的社会政治哲学的一种重构，这也就是为什么哈贝马斯称他们的对话为“家族内部的分歧”的原因所在。历史地看，虽然人类社会事务的所有关于哲学的解释，都无法避免带有普遍理性的色彩，这就使得现代以前的西方社会政治哲学带有先验主义、本质主义和形而上学的特点。于是，古典哲学的主题讨论就显得泛化了。一切关于社会政治哲学的课题都或多或少地服从于某种社会伦理的价值预设，进而限制了传统社会政治哲学的公私分辨，不能保证对公共哲学的解释准确性。

在这种历史条件下，对道德形而上学的回避明确了公共哲学的理论定位，使公共哲学的解释及其制度实现成为可能。当然，无论以何种方式追寻公共理性，对公共理性主题的确认凸显了公共哲学彰显人类文明社会对公共生活智慧的要求，从而获得了理论自律的品格。作为一种独立的公共哲学，这种理论取向可以满足人们对美好社会生活的追求。这样，在哲学逐渐丧失权威的现代语境中，公共哲学为哲学开辟了一种新的课题和语境。

但是，将公共性作为公共哲学的主题，在罗尔斯和哈贝马斯的哲学中就是公共理性，将公共哲学从传统的形而上学拉回到公共生活的经验层面。这将导致：其一，脱离了原来理论的语境，将公共哲学传统社会政治话语解释成新的公共哲学话语；其二，公共哲学主题的变化改变了哲学的论证方式，如何论证公共理性的普遍性并使公共理性具有合法性，是现代公共哲学的主要任务。[①] 在公共的生活领域，语言的公共性由其语用学意义的客观普遍性决定，哈贝马斯关于交往行为理论的“理想辩谈情境”的语用学考察具有重要意义。当然，公共哲学的表达应当严格限制在公共语言的范围之内，这就需要建立公共语言及其使用标准。同时，还要有公共的商谈语境，需要展开公共商谈的公共论坛等。公共哲学诉诸一种平等的公共商谈模式，公共商谈所能讨论的只能是那些能够进入公共的生活领域的话题，如关于社会的基本结构、社会生活的公共事务等话题。那些涉及个人因素的非公共因素并非不能讨论，只有这些非公共因素与社会公共事务相关时，才能进入公共商谈的讨论范围。这可看作公共哲学的第一个理论

① 参见万俊人《公共哲学的空间》，《江海学刊》1998 年第 5 期。

限度。

再看第二个问题。之所以要谈论公共哲学，那是因为公共哲学能够把人与国家之间的中间领域实现活性化、健全化、成熟化的理论与实践作为基本的研究课题，可以从多方位的联系上、从人与国家之间的关系处于怎样的状况、应该是什么样的状况进行提问。所有对这些问题的思考，将给未来的世界带来影响，如果把这些公共哲学的思考放在公平、正义、交往、合作、责任等问题上，就可进一步引发我们关于公共性问题的思考。

公共哲学的解释话语转换由公共哲学的主题限定和理论的层次下移来决定。这种限定本质上是一种从统合式的形而上学到限制性的公共哲学的层次转化，但是，这并不意味着公共哲学放弃了对普遍理性的理论诉求。需要说明的是，在普遍性的诉求上，传统哲学与现代公共哲学并无不同，只是在对普遍性的寻求方式上有所不同。这种不同首先体现了公共哲学的主题是一种公共性，在罗尔斯与哈贝马斯这里就是公共理性。事实上，通过前面的分析我们也可以发现，公共理性实际上就是一种对普遍理性的讨论。现代社会的文化多元主义要求，任何哲学理论都不能依靠非哲学的强制性力量来实现其普遍化，公共哲学尤其如此。我们把公共理性看作公共哲学的基本任务，把公共理性的论证方式看作公共哲学的论证方式，而不是某种先验理性或者普遍理性。这种公共理性的普遍理性品格不是诉诸先验哲学或者任何权威力量，而是基于最基本的公共生活实践和公共的政治文化背景，并以一种最低限度的论证方式获得。

当然，这里的前提是文化多元论是现代社会的一个基本事实。这种长期存在的事实要求我们必须放弃对某种普遍理性的追求，这就要求公共哲学只能建立在公共性的基础上。公共理性能够成为一种普遍理性，只能通过公共商谈，在交往对话的基础上达成共识，而不是依赖某种形而上的假设或者外在权威。用罗尔斯的话来说就是重叠共识，用哈贝马斯的话来说就是商谈共识。这种共识的建立实质上只能是以经验和现实为基础的，这就决定了公共哲学的限度是以一种经验和现实为基础。也就是说，公共哲学需要一种跨学科研究的视角，只有在公共生活的实际层面上，才能焕发出勃勃生机。

为了评估社会事实在罗尔斯与哈贝马斯对话中的作用，最好的起点是对一种可行的国际秩序进行简单描述，而这正是罗尔斯所提出的。极简主义的冲动影响了罗尔斯的思想，如果他的思想中有世界主义的空间，那么最好把它看作社会主义而不是政治主义。罗尔斯提出，我们应该确定人们在第二种“原初状态”中所同意的制度的基本结构，同时通过多元主义事实所要求的宽容来调节这些制度的范围。不过，即使我们可能同意罗尔斯的观点，即当我们超越国家时，我们是否应该接受他的极简主义版本仍是一个问题。正如艾伦·布坎南所说，问题不在于道德上的极简主义，而在于这种极简主义有多小。① 决定极简主义是否合理的唯一方法是在考虑政治稳定和可行性问题时考虑社会事实的范围。社会科学不仅关注阐述一个理想以使规范性论证具有说服力，而且关注它的可实现性和它在一般社会事实方面的可行性，这些社会事实构成了怀疑论的挑战，表明环境使这样的理想成为不可能。

在罗尔斯看来，当社会事实成为建立稳定有序社会范围的永久性因素时，它们就成为约束，并不是所有的约束都可以从如此大规模和长期的社会事实的角度来考虑。民主还需要对行动的自愿约束，如对基本权利的承诺和对政治权力的宪法限制，这使民主成为可能。另外，社会事实是对民主原则适用范围的非自愿约束。例如，罗尔斯的“多元主义的事实（或现代社会中道德学说的多样性）是现代社会的一个永久特征，因为它的条件深刻地影响着一个可行的正义概念的要求”②。由于包括立宪民主和言论自由在内的宗教战争后发展起来的现代制度和理想促进而不是阻碍了制度的发

---

① Allen Buchanan, *Justice, Legitimacy, and Self-Determination: Moral Foundations for Internation at Law*, Oxford: Oxford University Press, 2004, p. 176.

② John Rawls, *Collected Papers*, S. Freeman (ed.), Cambridge, MA: Harvard University Press, 1999, p. 424.

展，多元主义等社会事实在西方社会中便成为永久性的了。因此，对于罗尔斯来说，不管这些事实是被认为是可能性还是可行性，它们都只是被认为是限制功能稳定性的约束”。在纯粹的认知过程主义中，它们可以被用作解决问题的资源——这一点很快就会变得很明显。

如果作为一种约束是罗尔斯政治理论中事实所扮演的唯一角色，那么它就不是一个完整的实践理论，因为我在这里使用了这个术语。如果某个社会事实是永久性的，“那么它应该允许理论家对现代社会和民主制度的可行范围设置一般性的约束”。甚至用罗尔斯自己的话来说，最好还是把这些事实看作“根深蒂固的制度事实”一些偶然的，特定的社会秩序，而不是普遍的规范约束民主制度。因此，实践理论必须考虑这样的事实如何成为这一过程的一部分，这一过程可以称为“生成堑壕”[①]。“所谓社会事实的确立”意思是，相关的民主制度促进了使制度社会事实成为可能的条件，即假定这些条件具有其自身的可能性。在这个过程中，社会事实通过制度规范变得根深蒂固；制度不仅具有维持使这些事实成为可能的条件的功能，而且通过其具体的制度规范直接调节这些事实。当社会事实的运作过程开始超越维持其在制度内的特定制度反馈机制时，如果要使制度与使其可行和可实现的事实保持适当的关系，就必须对制度进行改革。所有的制度，包括民主制度在内，都在实现其自身的可能性时确立了一些社会事实。社会科学所概括的关于民主的保护作用在饥荒或战争情况下不代表机构的功效，甚至法治，而是通过更好的民主实践，创造积极条件保障权力和公民权利。

哈贝马斯对西方现代性的社会事实有了更广泛的理解，他没有以自由国际主义的制度来划定民主的界限。然而，实施民主的可行性受到“不可避免的社会复杂性”的限制，这“使得以一种无区别

---

① William Wimstatt，“Complexity and Organization”，in R. S. Cohen，（ed.），*Proceedings of the Philosophy of Science Association 1972*，Dordrecht：Riedel，1974，pp. 67–86.

的方式应用（民主合法性的）标准变得不可能”[①]。这一事实使得某种结构不可避免，因为复杂性意味着民主“不再能够控制实现它的条件”。在这种情况下，社会事实已经成为“不可避免的”，某些制度对于社会一体化是必要的，而对于社会一体化是“没有可行的选择”的。[②]

有了体制规范和它们所规定的社会事实之间的这种必要关系，我们能够在所有各级显示这种分析对民主的实际意义。作为现代社会的一个宏观社会学事实，复杂性确实可能使民主作为所有社会制度的单一组织原则的任何直接实现成为不可能，但它并不排除民主的可能性。调解式的民主不仅仍然是可能和可行的，而且对于规范地塑造社会复杂性的现实也是必要的。这一民主概念的规范核心是，法律的主体在某种程度上也可以认为自己是法律的制定者。第二点，相对较弱的条件可能会让哈贝马斯比罗尔斯看到更多的国家以外的民主制度的政治可能性。然而，当讨论“后国家合法性”时，哈贝马斯却明确地将自我决定作为民主理想的基本规范核心。哈贝马斯眼中的复杂性，就像罗尔斯眼中的国内领域的多元性一样，意味着唯一可行的国际政治秩序是一个比哈贝马斯早先对赫尔德的世界主义民主愿景的认可所能给人的预期更为微小的国际政治秩序。哈贝马斯忽视了制度不仅受到事实的约束，而且可以用许多不同的方式塑造同样的社会事实，包括以各种不同的方式改变自身。

哈贝马斯在《后民族国家》和《欧盟论文集》中，都试图适应更广泛的制度多元化。[③] 能够处理跨国界的社会相互依存的事实的制度秩序不是最小限度，也不能局限于以法律的主体为其作者的有限的政治团体。至少，单一民众的民主不再能够塑造它帮助建立起来的社

---

① Jürgen Habermas, *Between Naturalism and Religion*, C. Cronin (trans.), Cambridge: Polity, 2008, p. 305.

② ［德］哈贝马斯：《后民族结构》，曹卫东译，上海人民出版社 2019 年版，第 144—145 页。

③ 参见［德］哈贝马斯《分裂的西方》，郁喆隽译，上海译文出版社 2019 年版，第 127—221 页。

会事实。然而，他不能两全其美。这里所呼吁的社会事实不是复杂性或社会分化，而是在需要一个共同的政治文化和一个有限的政治社区方面的限制。在这里，哈贝马斯没有把多元主义看作一种资源，而不是一个问题。在考虑各种分散和分散的跨国政治秩序时，他用非民主的术语把它们描述为一种由公平谈判支配的“谈判制度”。这是因为他显然和确实令人惊讶地接受通过立法实现自决（法律的主体也是其作者）是民主的决定性标准，而把民主国家之间的谈判作为跨国一级政治活动的基本形式。即使这些民众充其量只是一个公民，他仍然将后国家民主的可能性与“一种共享的、因此也是特殊的政治认同”联系在一起。他认为，没有这种认同，我们就只剩下道德上的“团结”，而不是公民的“团结”。此外，没有一个共同的伦理基础，政府机构看起来并不苛刻的合法性基础在国际谈判系统的组织形式审议过程中，可以访问各种公众和组织国际公民社会，而不是自己的民主组织。①

近来，哈贝马斯认为全球管制性政治机构只有具备无政府施政的特征才能有效，即使人权作为司法地位必须在国际制度中被纳入宪法。② 就像布坎南的极简主义一样，这种不那么苛刻的合法性标准并不包括对谈判体系本身的政治权威条款进行讨论的能力。这种立场是跨国的，但最终是非民主的，主要是因为它将其过于健全的协商民主限制在民族国家的层面。更严格的民主标准并不适用于民族国家之外，在那里，治理只是留给谈判和政策网络的间接民主。此外，对人权作为法律地位的承诺将他推向了赫尔德的政治世界主义的基本法律形式。这种说法的难点在于，正如约翰·德莱泽克等人所指出的那样，这种解释是所有国家都必须“在其运作的核心领域（包括经济增长、社会控制和合法化）”满足一些必要条件，这些规定对“国家在

① ［德］哈贝马斯：《分裂的西方》，郁喆隽译，上海译文出版社 2019 年版，第 121 页。

② ［德］哈贝马斯：《分裂的西方》，郁喆隽译，上海译文出版社 2019 年版，第 152 页。

政策问题上的公共取向”施加了结构性限制。①

哈贝马斯和罗尔斯提倡最小限度的国际正义标准，理由各不相同。在哈贝马斯看来，极简主义与民主立法的局限和对基本人权的保护有关；对罗尔斯来说，它与对尊重的要求有关，与万民法基本单位的选择有关。这样一种解释不会是关于人权的极简主义的版本，因此不能如此严格地诉诸政治层面的国家模式。尽管如此，即使有人反对这种需要，这里仍然存在一个问题：国际正义和人权规范对于理论的适当类型是必要的，最小或者不是。那么，第一个问题是，这些机构的范围应该是国际性的还是跨国的？世界主义的民主是充分转变为民族主义的民主，这正是因为它自上而下地阐述的全球合法机构需要一个统一的全球民众，而不是一个个体民主。在这方面，跨国民主更为可取。一个不太好的替代方案应该同时拒绝一种强调以有力的相互作用的方法作为公众与制度之间民主变革和制度创新的持续源泉的自下而上和自下而上倾向。这样，跨国民主的论述或许能够保留罗尔斯的多元主义和哈贝马斯对协商制度的最佳特征，同时又能克服他们关于民主制度极简主义的规范性弱点。重新强调协商是将沟通自由转化为沟通能力的一种方式，我们可以回到哈贝马斯与罗尔斯的对话中对认知过程主义的讨论。无论如何，我们不能把公共哲学视为囊括一切社会问题的解释系统，即使相对于个人来讲，哲学也不能这样理解。这种解释的潜在含义是，公共哲学有其最小限度。

2. 言说方式和解释方法

公共哲学有一种跨学说交流的倾向，很明显，哈贝马斯是这个方面的典范。怎么评价罗尔斯的方法呢？分析的方法关注实践的问题，或者说形式的问题与实质性问题的结合，或者实证分析与思辨概括的结合。当然，这也从侧面反映了罗尔斯哲学的实质性与程序性的结

① John Dryzek, *Deliberative Democracy and Beyond*: *Liberals*, *Critics*, *Contestations*, Oxford: Oxford University Press, 2002, p. 93.

合。“程序正义与实质正义是相互联系而非相互分离的。”① 从罗尔斯与哈贝马斯对话的文本来看，哈贝马斯实际上是在讨论问题的同时尽量缩小二者之间的差异，但是，罗尔斯是在分析讨论问题的同时逐渐凸显了或者明晰了自己的理论特质，从而区分了二者之间的不同，也就是说将二者之间的差异不断扩大。

在学科分化日益明显的大学里，从公共性角度研究公共哲学并将其贯彻到教学研究中去，似乎是将来发展的一个方向。现代学术呈现出一种别样态势，各学科在灵活运用各自专业优势的同时，已经认识到各自的局限性，相互交流、相互影响，一致面对社会各种学术问题。在这种情况下重建公共哲学，必须要具有一种将哲学、政治学、经济学、法学、教育学和科学技术等学科相互影响、相互探讨、共同发展的跨专业思路。按照山胁直司教授的意见，对公共哲学的考察必须以对社会的实际经验性考察、对应有的理想社会的理论性构建、对实现这种理想社会的可能性追求，三者相互区别、相互联系，呈现出两条公共哲学的研究路径：一是理想的现实主义路径，二是现实的理想主义路径。②

理想的现实主义路径认为，从和平、正义、人权、环保、公共善、多元文化的相互承认以及和解等概念出发，在现实生活中寻找实现这些理念的路径。这种思路一般是从哲学和社会规范理论入手，被吉登斯称作乌托邦式的现实主义。现实的理想主义认为，从对现实社会的考察出发，在考察过程中追寻建立较为理想社会的可能性。这种方法从经验的社会科学角度出发，以波普尔的渐进式社会学为代表。在公共哲学研究过程中，将理想的现实主义和现实的理想主义结合起来，意味着将现实的社会认识和理想的实现统一起来，从而突破了途径差异，两种方法互为补充、相得益彰。循着这样的思路，我们来进一步分析罗尔斯与哈贝

① John Rawls, *Political Liberalism*, New York: Columbia University Press, Paperback edition, 1996, p. 422.

② ［日］佐佐木毅、［韩］金泰昌主编：《21 世纪公共哲学的展望》，卞崇道等译，人民出版社 2009 年版，第 25 页。

马斯围绕公共哲学的对话。现代社会的公共性问题最适宜以公共的方式讨论，以更加开放的方式面向公共社会，使其获得尽可能充分的公共讨论，进而达成尽可能多的公共认同，从而获得尽可能充分的公共实践。不难看出，这样的思路更加符合哈贝马斯的思路。

三　反思性结论

自由主义公共哲学作为现代主流的公共理论，既是因为其与现代理论发生之际的如影随形，又是因为其自身理论体系的不断发展而具有的公共哲学谱系。自由主义的公共哲学家关注的公共性问题主要是公共与私人的区分。在这方面，罗尔斯的两个正义原则设定了原初状态和无知之幕的逻辑前提，尽可能地将达成政治共识的私人性条件屏蔽。还是在这样的条件下，罗尔斯的政治自由主义进一步将道德哲学的论证收缩到了政治哲学领域，宣称将个人的道德、哲学和宗教信念与公共理性和重叠共识区分开来。如果将私人信念带入公共事务的商谈之中，各种完备性的道德、哲学和宗教学说就成了立宪民主建构的共识基础，这种共识将永远也无法达成。

哈贝马斯对罗尔斯进行了全面批判。在《论理性的公用》这篇文章当中，哈贝马斯针对罗尔斯正义理论的一些基本预设，进行了建设性的内在批判。（1）哈贝马斯质疑罗尔斯原初状态的设计是否从任何一个角度都能澄清并确保公正的评判非本体论的两个正义原则；（2）罗尔斯把论证问题与接受问题截然分开，似乎放弃了正义概念的认知有效性要求，并希望以此为代价换得正义概念在世界观中的中立性；（3）罗尔斯在建构民主法治国时把自由主义的基本权利凌驾于民主的合法性原则之上，无法实现现代人自由与古代人自由协调一致的目标。① 事实上，我们在前面几章的分析已经给出了部分答案。比如，

---

①［德］哈贝马斯：《包容他者》，曹卫东译，上海人民出版社 2018 年版，第 93 页。

第三章原初状态与理想辩谈情境的对比分析。

罗尔斯在回答哈贝马斯时，体现了一种政治自由主义分析哲学的严谨性和谨慎性。罗尔斯认为哈贝马斯对政治自由主义的批评由两个差异引起：一是哈贝马斯的理论是完备性的，而罗尔斯的理论是政治哲学的；二是哈贝马斯的代表设置是理想的辩谈情境，而罗尔斯的代表设置是原初状态。由于上述两个差异，哈贝马斯的评论正好是罗尔斯试图避免的公平正义思路，政治自由主义并不影响哲学的发展。罗尔斯无法满足达成共识所需的条件，政治自由主义并不妨碍人们对背景文化的认识。政治自由主义既不把各种完备性的学说纳入自身，也不把背景文化作为达成重叠共识的条件。罗尔斯否认哈贝马斯批评原初状态的设置是自言自语，只有在宽泛的反思平衡中才能达到公共正义的观点，而这恰好是对话的结果。宽泛的反思平衡所呈现的不是独立的主体，而是主体间性。每个公民都会考虑其他公民的理性推理和论证。[①] 罗尔斯认为，重叠共识基础上的立宪稳定性，虽然不是一劳永逸的，但是却受到了公民的支持，不必诉诸哲学家。这是基于现代人自由和公共自主基础上的私人自主与古代人的自由之间关于公平正义获得的公共保障。这是历史发展的产物，并非哲学家的发明创造。所以，在私人自主与政治自主之间并不存在哈贝马斯所说的无法消除的竞争，因为私人自主和政治自主之间是同源的且分量等同。

关于程序正义与实质正义，罗尔斯认为实质正义与程序正义不过是程序正义（公正的形式）与程序结果正义的区分，哈贝马斯自认为交往行为是一种程序正义，实质上则是一种实质正义。因为，没有实质正义的判断，就不会有纯粹程序的正义判断。罗尔斯指出，立宪民主很难像哈贝马斯理想的辩谈情境那样来安排政治程序，立宪民主不会超越合法性范围。在现实的条件下，议会与其他政治实体不会如此严格依照这样一种理想状态运转。因此，罗尔斯拒绝接受哈贝马斯将公共正义纳入完备性学说的解释。后来，哈贝马斯回应罗尔斯称，他

---

① John Rawls, *Political Liberalism*, New York: Columbia University Press, Paperback edition, 1996, pp. 407 – 408.

继续坚持交往商谈作为立宪民主的根本立场，并进一步澄清自己既不是自由主义也不是共和主义的民主进路。①

以接受性问题为例，哈贝马斯自己也在最后的一次回应中对此问题做过回答。安东尼·西蒙·拉丹从新亚里士多德的角度诠释了公正概念的“独立”特征。他想裁剪政治理论在公民社会被公众接受，因为它属于修辞学的领域；政治哲学在他看来必须适应“政治”模式的理由，因为它在公众领域争取协议。这种模式的理由是一个标志性的关键问题：对协议的原因仅仅是有效或“好”的原因，如何公正地评估？在一场政治辩论的修辞上的成功中，接受一项提议应该在某种程度上与它的可接受性相结合。笔者不确定这是否是对拉维斯作品的一合理解释。根据笔者理解，拉丹大大低估了罗尔斯对正义的“合理”概念的认知主张，尤其是对原初状态辩护功能的认知主张。即使正义概念的合理性与完备性学说为真理主张之间的循环关系问题留下了余地，罗尔斯最终甚至需要一个真理主张支持，以证明“政治正当性”的正确性。因为他使一个良序社会的制度合法性和稳定性依赖于把真理从一种学说转移到普遍接受的正义观念：“任何一种学说的真理都保证所有学说都产生正确观念的政治正义，即使不是所有的权利，因为正确的理由，由一个真正的教义……当公民意见不一时，并非所有人都能完全正确；然而，如果他们的某个信条是正确的，从政治角度讲，所有公民都是正确的。”② 拉丹明显不具有涉及实际问题的不可认知性。如果不需要以理由来达成公众的协议，政治上的辩解就没有必要了。但是，政治背景有什么特别之处？政治背景引出了这样一个问题：理性的说服力是建立在其内在特征之上的，还是建立在与相应的本地背景信念偶然达成的一致之上的？迅速作出决定的实际压力往往会妨碍对特定情况下普遍存在的价值观念进行更深入的审查。但这

---

① 参见［德］哈贝马斯《包容他者》，曹卫东译，上海人民出版社 2018 年版，第 307—321 页：“民主的三种模式”。

② John Rawls, *Political Liberalism*, New York: Columbia University Press, Paperback edition, 1996, p. 153. n19.

丝毫没有削弱人们对政治原则正当性的渴望，即实现一种更广泛的、在这种比较意义上更普遍的共识，拉登也不否认这一事实。在最后的分析中，他从公共话语的主体间性特征出发，论证了“政治”与“哲学”论证之间问题的界限：“与大多数哲学论证的伪装不同，政治论证是一种基本的主体间性推理形式。”①

如果我们假设所有的有效性声称都必须以不连贯的方式进行，那么标准的选择就不合适。描述性陈述的有效性声称与规范性陈述的有效性声称之间的区别更能说明问题。“真理”的非认识论概念承载着事实陈述对“世界”上独立存在的对象的本体论内涵，而“客观性”或“规范性状态的正确性”则承载着我们理性接受的认识论意义。但是，即使在有争议的描述性命题的真理的情况下，也没有确定的或不可抗拒的论点不受双重论证的影响。这就是为什么在这两种情况下，我们都必须依赖于仍在主体间共享世界的限度内（无论多么理想的可扩展性）容易犯错误的商谈。当然，在论证模式和各种适合于论证的理由之间是有区别的，例如……物理陈述或道德陈述，但在这两种情况下，这些陈述是真实的还是正确的，必须以论述论证的方式来决定。这对于哲学与科学理性和政治理性之间的区别意味着什么？

根据社会中的问题和知识状况，可能只能用或多或少具有一定专业知识水平的专门语言来证明这种说法是正确的。“语言劳动分工”（帕特南）随着社会的复杂程度而增加，结果所有非专家都被排除在相应的专家商谈之外。被断言为真实或正确的陈述，原则上必须为任何学会遵循相关论点的人所理解。某些学科比其他学科更远离日常交际语境，这与它们与实践的内在联系有关。自然科学研究的技术开发成果在这方面不同于人文科学或哲学的发现。后者无法在技术上实现。他们既可以通过专家的意见进入社会下层，也可以通过不透明的大众传播和解释学的适当性，对大众文化产生广泛的心理塑造影响。在这方面，政治哲学的论述也不例外。最终，我们也会在同事之间争

① Cf. James Gordon Finlayson and Fabian Freyenhagen, *Habermas and Rawls: Disputing the Political*, London/New York: Routledge, 2011, p. 137.

论。然而，有一件事必须牢记：如果政治哲学要有助于澄清某一特定政治团体的正当性依据，那么就必须保持其专门论述与公民一般论述之间的转换桥梁。因为一个立宪国家的公民必须能够说服自己——在有机会的情况下反复地说服自己——他们是这个政权的合法性的一部分。这并不是说那些对宪法原则有一定见解的政治哲学家就不能作为专家来解决相应的法律问题，而是他们是可以发挥间接影响作用的政治文化的作家或者知识分子。

后来，哈贝马斯对罗尔斯区分政治与形而上学的思路进行了批判。他认为这种区别的目的是实现自由主义的本质要求，重叠共识能够对不同的世界观或者完备性学说保持中立性。哈贝马斯重申，如果理性的公民无法以一种道德视角审视，这个道德视角独立于理性公民所持有的不同世界观，且先于这些世界观存在，那么重叠共识就不会达成。脱离道德的理性概念无法获得主体间认可的正义的概念有效性，从而导致实践合理性与道德正确性混为一谈。在哈贝马斯看来，这就是罗尔斯诉诸实践理性的根本原因。①

哈贝马斯还对罗尔斯根据离开完备性的道德、宗教和哲学学说试图达成重叠共识的内在困难提出批评。哈贝马斯认为，商谈理论的程序正义有利于保证理性的公共运用。只有这样理解政治正义，民主的自我立法问题才会取代消极自由在政治自由主义中的地位，才更倾向于与一种康德式的共和主义立场。② 康德式的共和主义立场是，没有人能在享受自由的同时牺牲别人的自由。于是，个体自由与其他人的自由是联系在一起的。个体自由既是消极的，又是相互约束的，个体自由应该以一种公共的自我立法实践获得。当道德发展体现强制法与实在法时，道德人格自由就分解成了立法者的公共自主与接受法律者的私人自主，并互为前提。民主的使命在于，不断重构公与私的关

---

① 参见［德］哈贝马斯《包容他者》，曹卫东译，上海人民出版社 2018 年版，第 123 页。

② 参见［德］哈贝马斯《包容他者》，曹卫东译，上海人民出版社 2018 年版，第 123 页。

系，以此保证同时具有公共自主与私人自主的公民享有同等自由。哈贝马斯认为商谈政治理论正好可以解决罗尔斯政治自由主义的难题，即不排除哲学也能够为公共共识的达成提供支持。

综合前面的分析，罗尔斯与哈贝马斯之间的差异是很明显的。首先，罗尔斯与哈贝马斯的关键分歧在于，足以作为立宪民主在正义理论上的依据的一种哲学的实践理性构想应当有怎样的性质与范围。尽管两人都采用了建构主义的方法来处理实践理性问题（他们都讲立宪民主的正义原则等同于公民对同意的恰当反思或商谈的过程的结果），但哈贝马斯更相信隐含在现代民主宪法中的合法性概念需要一种比罗尔斯所允许的要更加完备的实践理性理论。因此，哈贝马斯重新坚持原来的论证：罗尔斯关于合理性的重叠共识不足以为根本的宪法原则的合法性奠基，它并没有考虑从一个公共的视角出发，出于同一种理由，公民们能够确信该原则的有效性。哈贝马斯坚持，这一视角隐含在讲话者从事实际讨论所不可避免的前提中，以至于规范性原则奠基在纯粹的程序方法之上。但是，罗尔斯拒绝了这种方法，其理由是一种关于正义的政治理论必须是独立的，理性的任何部分都不能奠基于完备性学说之上，哈贝马斯的交往行为理论是一种完备性学说。实际上，罗尔斯看到了问题的本质所在，即如果完全避免诉诸实质性的理念，没有一个正义理论能够是纯粹程序的，哈贝马斯也不例外。但是，重要的区别在于他们如何奠基各自实质性原则的基础：罗尔斯诉诸隐含在自由民主的政治文化规范理念，限制了政治哲学的理论范围；哈贝马斯则认为规范有效性的一种充分的普遍原则基于言语和行为的规范前提，这些前提是交往行为者如果从事实践论证而不可避免要进行预设的。因此，实践商谈程序并不是一种关于理性或者人格的完备性形而上学，而是规范性的来源。

其次，哈贝马斯接近康德式的共和主义立场，秉持一种道德、宗教和哲学的完备性学说的立宪民主观点。如果不能保证理性民主的商谈，就不能够为民主提供有力支持。罗尔斯则认为，这需要着眼于尽力避免公平正义的论证思路。罗尔斯将哈贝马斯的思路归结为一种背景文化。当哈贝马斯在阐述交往行为基础上民主意见形成而构成为民主的基石时，他既要顾及自由主义重视国家作为经济社会守卫人的优点，又要顾及共和主义国家是道德共同体的特点。只有商谈理论才能在协商、自我理解的商谈与公正话语之间建立联系，从而将国家与社会的区分与公民自我组织的政治意志对国家的质疑问题共同解决。前者是自由主义重视的，后者是共和主义重视的。虽然主体间性的思路似乎解决了独立个体或者组织主体的民主难题，但是这种主张不可能为罗尔斯之自由主义所接受，当然，由于它忽视了群体的德性价值，也不会被共和主义所接受。

再次，哈贝马斯的民主理论比罗尔斯的理论更具有经验性和批判性。哈贝马斯认为，《政治自由主义》并未因其遭到反对而修补了它的局限性。由于重叠共识理念的基础太脆弱也不可靠，因此并不能够成为立宪民主规范的基础。立宪民主的规范应该依靠植根于语言当中交往理性的普遍逻辑。由于罗尔斯过度关心立宪民主秩序的政治稳定性问题，这样会低估民众从而损失自由体系之中的私人自主。哈贝马斯的结论是，罗尔斯是一个自由主义者，而他是一个康德式的共和主义者。罗尔斯坦称，与其理论相比，哈贝马斯的理论很少锋芒毕露。笔者觉得这是分析哲学的一个特征，或者说这是之前的一个判断，那就是罗尔斯在一定意义上是一个澄清的辩护者，在与哈贝马斯的对话过程中，哈贝马斯试图在理论上更加接近自由主义，而罗尔斯则进一步展现了自由主义与哈贝马斯共和主义的不同。罗尔斯的民主理论以某种方式进行了论述，而哈贝马斯却没有。安德森认为，正如哈贝马斯所说，这种互相的指责是温和的，仍是家族内部的争吵。①

最后，罗尔斯的公共哲学是一种辩护理论，对立宪民主的理论与实践具有修正作用。这种开创于洛克的古典自由主义基本原则是一种捍卫立场，很难遭到致命反驳。而哈贝马斯则不是对自由主义的捍卫或者重建，他对公共哲学的理解是基于一种对晚期资本主义社会不连

---

① Cf. Perry Anderson, *Spectrum*: *From Right to Left in the World of Ideas*, London: Verso, 2005, pp. 126 – 128.

贯的公共空间的民主社会的重建。哈贝马斯显露出一种明显的将合法性问题置于自由选择程序之上的理论思路，并将这两个问题对立起来。①

哈贝马斯评论罗尔斯政治自由主义时一再声称他们是“家族内部争论”②，二者之间究竟有哪些共同的地方让我们思考？探寻他们之间的这种共识，对于公共哲学的理论建构具有重要意义。罗尔斯与哈贝马斯共同的出发点：假定在现代多元社会中，社会规范只能从决策和互动都受约束的人所具有的理性和意志中得到有效性。对此，弗斯特创建了独特的政治哲学体系——以“宽容、辩护、规范”为核心的批判的正义理论。他继承了哈贝马斯的政治哲学，并与罗尔斯的道德哲学结合在一起，将“正义、宽容、辩护”这些基本概念，以非常根本的方式思考、表达了这个认知：人必须总是嵌入不同的辩护实践中。③

如前所述，哈贝马斯属于一种强程序主义，罗尔斯对实质正义严正捍卫，哈贝马斯则对程序正义刻意批评。罗尔斯对哈贝马斯批评的回应指出，对哈贝马斯关于重叠共识不能摆脱哲学的纠缠，公共理性不能同时保证公民私人自主和政治自主，政治自由主义不能随时激发公民的民主主张等进行了反批评。此外，罗尔斯还对哈贝马斯对小的共同体能够激发公民的民主主张以及共和主义的类似观点进行了批评。当然，哈贝马斯并不认为自己的观点接近共和主义，事实上，他试图对自由主义和共和主义围绕个体和团体展开共同批评，认为自己的观点能够解决二者共同存在的问题。这种理论之间的短兵相接、攻守攻防，所反映的恰恰是公共哲学的共同主题，虽然隐约反映出一种反现代的思路。如果聚焦公共哲学本身，

---

① 任剑涛：《公共的政治哲学》，商务印书馆 2016 年版，第 87—88 页。

② John Rawls, *Political Liberalism*, New York: Columbia University Press, Paperback edition, 1996, p. 434.

③ 王凤才：《从霍克海默到弗斯特：“法兰克福学派”四代群体剖析》，《南国学术》2015 年第 2 期。

那就显示了二者之间对公共问题主题一致的一种最大关注。这种关注点是如此一致，以至于我们需要找到更多证据证明二者之间的思想共性。在二者关于公共哲学的对话过程中，我们能够发现某些思想底线共识：第一，在西方政治思想史背景中，二者遭遇了共同的思想难题。第二，在二者看似争论的对话中，探寻二者思想中不同层面的共同的东西，即公共哲学的公共性准则问题。实质上，这也是公共哲学的主题。第三，如果第二点成立，那么二者存在共同的现代性境遇。正是由于上述因素，使得罗尔斯与哈贝马斯关于公共哲学的对话不会有本质上的根本差异，这也正是我们研究罗尔斯与哈贝马斯的对话，并尝试提出一种综合的公共哲学的原因所在。当然，这些方面我们还要进一步详细分析。①

其一，从思想史的角度来看，罗尔斯与哈贝马斯的公共哲学对话表面上看针锋相对，但实质上他们都是以反现代为价值取向的思潮面前，有着共同的现代性公共哲学的价值取向。二者之间的张力能够在应对反现代性思潮中体现出精神活力，也各自体现了自己的思想谱系。具体而言，罗尔斯的自由主义公共哲学源自洛克的古典自由主义，阐释了限制权力以保护权利的制度精神；植根于西方马克思主义的哈贝马斯，在社会主义从空想到科学发展过程中展现的经典思想，都在努力争取人们当家做主。第二次世界大战以来，西方思想出现了很多对立面，罗尔斯与哈贝马斯的对话就体现了自由主义与西方马克思主义的对立，但是，二者都对立宪民主的价值取向和基本制度非常赞同。退一万步讲，即便自由主义的现代性政治方案要颠覆西方马克思主义的政治图景，它从革命的主张讨论立宪民主如何可能的时候，也已经显示了对革命手段的放弃，在这一点上又与自由主义接近。正是在这种意义上，哈贝马斯称与罗尔斯是家族内部的争吵，是不同公共哲学传统资源的共同认可，在立宪民

① 这里我们一般把罗尔斯归结为自由主义，哈贝马斯称为新左派。事实上，承袭马克思主义的整个西方马克思主义都是新左派，法兰克福学派尤甚，哈贝马斯则是法兰克福学派的杰出代表。

主这个问题上被二者所接纳。当然，罗尔斯与哈贝马斯的观点各有特点，但是，二者在立宪民主政体的价值取向和制度安排上并无根本差异。一句话，罗尔斯与哈贝马斯的理论对话，主要围绕立宪民主政体如何可能展开。

其二，从罗尔斯与哈贝马斯思想的深处发现，二者的思想主题具有一致性，即公共性问题。哈贝马斯在考察自由主义与社会主义对立时指出，马克思所谓的真正的市民社会与虚构的市民社会具有重大差异，社会主义模式的公共领域之中，公私关系颠倒了。这种新的公共领域，自律无法建立在私人领域之中，必须建立在公共领域之中。后来，公共领域发生了深刻变化，公共领域和私人领域之间原来的关系消失了，资产阶级公共领域随之瓦解。这种变化带来的结果就是，无论是社会主义还是自由主义，都不适合现实中悬浮在这两种模式之间的公共性。公共性越加深入社会领域，并且丧失了政治功能，一是公共性过多会忽视私人的权利，二是公共性过少则公共领域的秘密增多，公共性逐渐削弱私人领域，批判的公共性就失去了其原则力量。① 于是，哈贝马斯试图兼顾两边的优势，提出了自己的商谈政治理论，并阐发了程序主义的政治建构。这就是哈贝马斯与罗尔斯能够和谐相处，但是会担忧罗尔斯的论证会削弱了其理论说服力的原因。当然，这些在古典自由主义与经典马克思主义那里似乎是匪夷所思的事情。

其三，从现代性内部来看，二者存在共同的理论对手。卡尔·施密特对议会制与自由主义的虚伪进行批判的时候，并非只是针对自由主义。致力于自由主义批判的施密特在现代性内部展开，其思想是对自由主义和民主社会主义的拒斥。在现代性外部批判现代性的思想家施特劳斯虽然轻视自由主义，但其理论始终受到自由主义的束缚。施特劳斯致力于阐发一种柏拉图式的哲学，试图实现哲学王的崇高事业，进而超越自由主义。事实上，施特劳斯对自由主义的批判更加彻

① 参见［德］哈贝马斯《公共领域的机构转型》，曹卫东译，学林出版社 1999 年版，第 140—157 页。

底，对罗尔斯与哈贝马斯的公共哲学具有同等的效力。抛开施特劳斯的批判效果，对罗尔斯与哈贝马斯的公共哲学而言，二者所维系的共同目标就是一个共同的理论工作。需要说明的是，当公共哲学的外部威胁不能够颠覆公共哲学的基本预设时，公共哲学内部之间的讨论才会激化。但是这最后讨论不是一种话语权争夺，而是一种关于公共的可靠性论证。这就不难理解，为什么哈贝马斯能够接受立宪民主制的基本价值和制度安排，当然也就能够接受自由主义。当然，这也不能说是自由主义的胜利，只能看作公共哲学的视野宏达、公共论证的认可度高，介入其中的公共性主题论证都能够被二者所代表的不同流派所接受。在某种意义上说，立宪民主的胜利正是共享了这种公共哲学的现代价值和制度理念的结构。

其四，两个思想家后期著作之间的渊源来自共同的含糊其词，《在事实与规范之间》比《政治自由主义》的含糊其词表现得更加明显和强烈。哈贝马斯对商谈理论地位的阐述，奠定了这本书的核心策略。结果是理论回答既不能精确地描述现实的世界，也不能提出有关完善世界的批判性建议。处在事实与规范之间的不是作为中介的法律，而是过时的哲学。①罗尔斯与哈贝马斯之间的对话，实质上是自由主义内部的家族相似，他们都肯定了立宪民主的重要性，分歧在于立宪民主是否需要哲学基础。在《正义论》中，罗尔斯试图追寻形而上学的政治哲学基础，而在《政治自由主义》中，他已经不需要完备性的宗教、道德和哲学学说来支撑政治的自由主义。哈贝马斯认为，这成了罗蒂毫无根基的自由主义，只是对政治的自由主义建构论来说还不够。正是由于理论与实践的共同指向，哈贝马斯和法兰克福学派之间保持着默契。需要说明的是，“公共”需要一套严格的哲学和制度建构，要么是罗尔斯的公共理性，要么是哈贝马斯的商谈伦理，最终诉诸公共理性讨论。公共理性讨论的指向是公共权利，而不是指向我们的个人趣味。因此，我们捍卫“公共”的热情，应当超越捍卫

---

① Cf. Perry Anderson, *Spectrum*: *From Right to Left in the World of Ideas*, London: Verso, 2005, p. 128.

“公共性”的热情。因为“公共性”背后的假设，可能恰恰在剥夺我们的“公共”。

综合起来，罗尔斯与哈贝马斯的核心立场是他们各自对理性公共运用的合法性分析，显示了他们从不同的路径来对待实践理性的问题。按照前面的分析，我们完全是以一种这样的方式讨论罗尔斯与哈贝马斯之间的公共哲学对话，那就是要以一种综合性的视野超越二者之间的差异，从公共性问题出发，找到他们理论对话的可能性。尽管罗尔斯与哈贝马斯分别代表了以英美分析哲学和欧洲大陆哲学为特征的实践哲学，但我们抛开这种分野与对峙的思想桎梏，更加关注二者对公共哲学问题的处理是否恰当，是否值得我们学习借鉴。这种讨论方式要求我们，不需要对二者各自的理论本身预设立场并提出偏好，而只是对他们所讨论的问题给出进一步的解释，并对他们提出的观点给出哲学的评价，无论他们提出问题及其回答动机是什么。

无论我们如何看待罗尔斯与哈贝马斯之间的对话，这个对话对于公共哲学来说至少具有历史意义。如果承认二者之间存在差异的历史事实，我们是否需要致力于理解二者的差异是如何产生的，以及二者之间的矛盾冲突和交流对话是如何产生的。在此，笔者试图阐明，我们无须对罗尔斯与哈贝马斯之间的差异甚至冲突做出任何选择性的评判，也无须根据其中任何一方的工作展开对当代公共哲学乃至西方哲学的研究。与之相对，我们对二者的关注应该是立足于当代西方哲学的整体发展兴趣，同时，我们更希望通过对二者围绕公共哲学对话的理解来促进对西方哲学总体特征的把握。

于是，我们按照这样的方式讨论二者之间的对话，澄清对话产生的历史根据和思想来源，就能够分析罗尔斯与哈贝马斯对话的实质。事实上，可能情况并非如此简单。我们找到了二者所讨论的共同话题——公共哲学，甚至判定他们所讨论话题的共同依据，这似乎对我们所讨论的问题并无特别帮助。我们更关心的是二者为何具有相同的问题根源却导致了不同的哲学立场和方法。于是，问题的关键在于他们之间的差异究竟如何开始。只有搞清楚这个问题，我们才能算是真正理解了二者对话的理论内容和历史意义，而并非只是一种好奇心满足。有鉴于此，我们对罗尔斯与哈贝马斯对话的讨论做了深入分析，通过公共哲学的具体问题揭示了问题的本质。我们更多的是从两位哲学家所讨论的问题出发，而不是从他们处理问题的不同方式，如此，才能有助于我们深入理解当代哲学问题及其公共哲学建构。

参考文献

RAWLS

John Rawls, *A Theory of Justice*, Cambridge, MA: Harvard University Press, 1971, Revised edition, 1999.

John Rawls, *Collected Papers*, S. Freeman (ed.), Cambridge, MA: Harvard University Press, 1999.

John Rawls, *Justice as Fairness: A Restatement*, E. Kelly (ed.), Cambridge, MA: Harvard University Press, 2001.

John Rawls, *Lectures on the History of Moral Philosophy*, B. Herman (ed.), Cambridge, MA: Harvard University Press, 2000.

John Rawls, *Lectures on the History of Political Philosophy*, S. Freeman (ed.), Cambridge, MA: Harvard University Press, 2007.

John Rawls, *Political Liberalism*, New York: Columbia University Press, Paperback edition, 1996; Second edition, 2005.

John Rawls, *The Law of Peoples*, Cambridge, MA: Harvard University Press, 1999.

Samuel Freeman, *Rawls*, New York: Routledge, 2007.

Thomas Pogge, *John Rawls: His Life and Theory of Justice*, Oxford University Press, 2007.

[美] 萨缪尔·弗里曼:《罗尔斯》，张国清译，华夏出版社 2013 年版。

[美] 涛慕思·博格:《罗尔斯：生平与国际正义》，顾肃等译，中国

人民大学出版社 2010 年版。

［美］约翰·罗尔斯：《道德哲学史讲义》，顾肃、刘雪梅译，中国社会科学出版社 2012 年版。

［美］约翰·罗尔斯：《道德哲学史讲义》，张国清译，生活·读书·新知三联书店 2003 年版。

［美］约翰·罗尔斯：《万民法》，张晓辉等译，吉林人民出版社 2001 年版。

［美］约翰·罗尔斯：《正义论》，何怀宏等译，中国社会科学出版社 1988、2009 年版。

［美］约翰·罗尔斯：《政治哲学史讲义》，杨通进、李丽丽、林航译，中国社会科学出版社 2011 年版。

［美］约翰·罗尔斯：《政治自由主义：批评与辩护》，万俊人等译，广东人民出版社 2003 年版。

［美］约翰·罗尔斯：《政治自由主义》，万俊人译，译林出版社 2000 年版。

［美］约翰·罗尔斯：《作为公平的正义：正义新论》，姚大志译，生活·读书·新知三联书店 2002 年版。

HABERMAS

Albrecht Wellmer, *Ethik und Dialog: Elemente des moralischen Urteils bei Kant und in der Diskursethik*, Suhrkamp, 1999.（《伦理学与对话：康德和对话伦理学中的道德判断要素》）

Barbara Fultner, *Jurgen Habermas: Key Concepts*, Routledge, 2014.

Hugh Baxter, *Habermas: The Discourse Theory of Law and Democracy*, Stanford University Press, 2011.

Jürgen Habermas, *Between Facts and Norms: Contributions to a Discourse Theory of Law and Democracy*, W. Rehg (trans.), Cambridge, MA: MIT Press, 1996.

Jürgen Habermas, *Between Naturalism and Religion*, C. Cronin (trans.),

Cambridge：Polity，2008.

Jürgen Habermas，*Communication and the Evolution of Society*，T. McCarthy（trans.），Boston：Beacon，1979.

Jürgen Habermas，*Die nachholende Revolution*，Frankfurt am Main：Suhrkamp，1990.

Jürgen Habermas，*Die neue Unübersichtlichkeit*，*Kleine Politiscbe Scbriften V.*，Frankfurt am Main：Suhrkamp，1985.

Jürgen Habermas，*Justification and Application*，C. P. Cronin（trans.），Cambridge，MA：MIT Press，1993.

Jürgen Habermas，*Knowledge and Human Interests*，J. J. Shapiro（trans.），Boston：Beacon，1971.

Jürgen Habermas，*Legitimation Crisis*，T. McCarthy（trans.），Boston：Beacon，1975.

Jürgen Habermas，*Moral Consciousness and Communicative Action*，C. Lenhardt and S. W. Nicholsen（trans），Cambridge，MA：MIT Press，1990.

Jürgen Habermas，*On the Logic of the Social Sciences*，S. W. Nicholsen and J. A. Stark（trans.），Cambridge，MA：MIT Press，1988.

Jürgen Habermas，*On the Pragmatics of Communication*，B. Fultner（trans.）Cambridge，MA：MIT Press，1998.

Jürgen Habermas，*Postmetaphysical Thinking Ⅱ*，Ciaran Cronin（trans.），Polity，2017.

Jürgen Habermas，*Postmetaphysical Thinking*，W. M. Hohengarten（trans.），Cambridge，MA：MIT Press，1992.

Jürgen Habermas，Reply to Symposium Participants，Benjamin N. Cardozo School of Law，*Cardozo Law Review* 17，W. Rehg（trans.）；with German text following：Replik auf Beiträge zu einem Symposion der Benjamin N. Cardozo School of Law. English reprint in M. Rosenfeld and A. Arato（eds），*Habermas on Law and Democracy*（Berkeley：University of California Press, 1998). German reprint in Habermas 1996a, 1996.

Jürgen Habermas, *The Divided West*, C. Cronin (trans.), Cambridge: Polity, 2006.

Jürgen Habermas, *The Future of Human Nature*, W. Rehg, M. Pensky, and H. Beister (trans.), Cambridge: Polity, 2003.

Jürgen Habermas, *The Inclusion of the Other: Studies in Political Theory*, C. Cronin and P. De Greiff (eds), Cambridge, MA: MIT Press, 1998.

Jürgen Habermas, *The Postnational Constellation*, M. Pensky (trans., ed.), Cambridge, MA: MIT Press, 2001.

Jürgen Habermas, *The Structural Transformation of the Public Sphere*, T. Burger and F. Lawrence (trans), Cambridge, MA: MIT Press, 1989.

Jürgen Habermas, *The Theory of Communicative Action*, Vol. Ⅰ, *Reason and the Rationalization of Society*, T. McCarthy (trans.), Boston: Beacon, 1984.

Jürgen Habermas, *The Theory of Communicative Action*, Vol. Ⅱ, *Lifeworld and System*, T. McCarthy (trans.), Boston: Beacon, 1987.

Jürgen Habermas, *Theorie und Praxis*, Frankfurt: Suhrkamp, 1971.

Jürgen Habermas, *Theory and Practice*, J. Viertel (trans.), Boston: Beacon, 1973.

Jürgen Habermas, *Truth and Justification*, B. Fultner (trans.), Cambridge, MA: MIT Press, 2003.

Jürgen Habermas, *Vorstudien und Ergänzungen zur Theorie des kommunikativen Handelns*, Frankfurt am Main: Suhrkamp, 1984.

Peter Dews, *Autonomy and Solidarity: Interviews With Jurgen Habermas* (Revised edition), Routledge, 1992.

[德] 阿尔布雷希特·韦尔默:《伦理学与对话:康德和对话伦理学中的道德判断要素》,罗亚玲、应奇译,上海译文出版社 2013 年版。

［美］芭芭拉·福尔特纳：《哈贝马斯：关键概念》，赵超译，重庆大学出版社 2016 年版。

［美］莱斯利·A. 豪：《哈贝马斯》，陈志刚译，中华书局 2002 年版。

［英］佩里·安德森：《思想的谱系：西方思潮左与右》，袁银传等译，社会科学文献出版社 2010 年版。

［美］斯蒂芬·埃里克·布朗纳：《批判理论》，孙晨旭译，译林出版社 2019 年版。

［德］斯蒂芬·穆勒－多姆：《于尔根·哈贝马斯：知识分子与公共生活》，刘风译，社会科学文献出版社 2019 年版。

［德］德特勒夫·霍斯特：《哈贝马斯》，鲁路译，中国人民大学出版社 2010 年版。

［美］托马斯·麦卡锡：《哈贝马斯的批判理论》，王江涛译，华东师范大学出版社 2010 年版。

［德］于尔根·哈贝马斯：《包容他者》，曹卫东译，上海人民出版社 2018 年版。

［德］于尔根·哈贝马斯：《分裂的西方》，郁喆隽译，上海译文出版社 2019 年版。

［德］于尔根·哈贝马斯：《公共领域的结构转型》，曹卫东等译，学林出版社 1999 年版。

［德］于尔根·哈贝马斯：《合法化危机》，刘北成等译，上海世纪出版集团 2009 年版。

［德］于尔根·哈贝马斯：《后民族结构》，曹卫东译，上海人民出版社 2019 年版。

［德］于尔根·哈贝马斯：《后形而上学思想》，曹卫东等译，译林出版社 2001 年版。

［德］于尔根·哈贝马斯：《交往行为理论》（第二卷），洪佩瑜等译，重庆出版社 1994 年版。

［德］于尔根·哈贝马斯：《交往行为理论》（第一卷），曹卫东译，

世纪出版集团 2004 年版。

［德］于尔根·哈贝马斯:《交往与社会进化》，张博树译，重庆出版社 1989 年版。

［德］于尔根·哈贝马斯:《理论与实践》，郭官义等译，社会科学文献出版社 2004 年版。

［德］于尔根·哈贝马斯:《认识与兴趣》，郭官义等译，学林出版社 1999 年版。

［德］于尔根·哈贝马斯:《现代性的哲学话语》，曹卫东等译，译林出版社 2004 年版。

［德］于尔根·哈贝马斯:《在事实与规范之间：关于法律和民主法治国的商谈理论》，童世骏译，生活·读书·新知三联书店 2014 年版。

［德］于尔根·哈贝马斯:《重建历史唯物主义》，郭官义译，社会科学文献出版社 2000 年版。

［德］于尔根·哈贝马斯:《作为"意识形态"的技术与科学》，李黎等译，学林出版社 1999 年版。

［英］詹姆斯·戈登·芬利森:《哈贝马斯》，邵志军译，译林出版社 2015 年版。

RAWLS and HABERMAS

Charles Larmore, "The Moral Basis of Political Liberalism", *The Journal of Philosophy*, Vol. 96, No. 12 (Dec., 1999).

James Gordon Finlayson and Fabian Freyenhagen, *Habermas and Rawls: Disputing the Political*, London/New York: Routledge, 2011.

John Rawls, "Political Liberalism: Reply to Habermas", *The Journal of Philosophy*, Vol. 92, No. 3 (Mar., 1995).

Jürgen Habermas, "Reconciliation through the Public Use of Reason: Remarks on John Rawls's Political Liberalism", *The Journal of Philosophy*, Vol. 92, No. 3 (Mar., 1995).

Kenneth Baynes, *The Normative Grounds of Social Criticism: Kant, Rawls, Habermas*, Albany: SUNY Press, 1992.

Perry Anderson, *Spectrum: From Right to Left in the World of Ideas*, London: Verso, 2005.

Thomas McCarthy, "Kantian Constructivism and Reconstructivism: Rawls and Habermas in Dialogue", *Ethics*, Vol. 105, No. 1 (Oct., 1994).

Todd Hedrick, *Rawls and Habermas: Reason, Pluralism, and the Claims of Political Philosophy*, Stanford University Press, 2010.

艾四林:《康德和平思想的当代意义——哈贝马斯、罗尔斯对康德和平思想的改造》,《复旦学报》(社会科学版)2004 年第 4 期。

崔平:《当代西方正义理论的深层分裂及其哲学根源——以哈贝马斯和罗尔斯为视角》,《天津社会科学》2013 年第 1 期。

龚群:《理性的公共性与公共理性》,《哲学研究》2009 年第 11 期。

顾肃:《论自由正义理论的道义基础》,《哲学分析》2011 年第 6 期。

何怀宏:《公共哲学的探索》,《哲学动态》2005 年第 8 期。

江怡:《语言问题：一种思维模式的选择——论现代英美哲学与欧陆哲学的合流》,《中国社会科学》1991 年第 2 期。

童世骏:《关于"重叠共识"的"重叠共识"》,《中国社会科学》2008 年第 6 期。

万俊人:《公共哲学的空间》,《江海学刊》1998 年第 3 期。

姚大志:《何为正义：罗尔斯与哈贝马斯》,《浙江学刊》2001 年第 4 期。

应奇:《两种政治观的对话——关于哈贝马斯与罗尔斯的争论》,《浙江学刊》2000 年第 6 期。

袁祖社:《"公共哲学"与当代中国的公共性社会实践》,《中国社会科学》2007 年第 3 期。

袁祖社:《全球化与市场社会"公共生活"合理性的理性审视与价值吁求》,《哲学动态》2004 年第 3 期。

OTHERS

Allen Buchanan, *Justice, Legitimacy, and Self-Determination: Moral Foundations for Internation at Law*, Oxford: Oxford University Press, 2004.

John Dryzek, *Deliberative Democracy and Beyond: Liberals, Critics, Contestations*, Oxford: Oxford University Press, 2002.

Joseph Heath, *Communicative Action and Rational Choice*, Cambridge, MA: MIT Press, 2001.

Michael Sandel, *Liberalism and the Limits of Justice*, New York: Cambridge University Press, 1982.

O'Neill, *Towards Justice and Virtue*, Cambridge: Cambridge University Press, 1996.

Peter Dews, *Autonomy and Solidarity: Interviews With Jurgen Habermas* (Revised edition), Routledge, 1992.

Robert B. Pippin, *Hegel's Practical Philosophy: Rational Agency as Ethical Life*, Cambridge: Cambridge University Press, 2008.

Robert N. Bellah, *Habits of the Heart: Individualism and Commitment in American Life*, University Of California Press, 1985.

Thomas Hobbes, *Leviathan*, J. C. A. Gaskin (ed.), Oxford University, 1998.

Walter Lippman, *The Public Philosophy*, New Brunswick, NJ: Transaction, 1989.

陈宪:《走进公共社会》，上海大学出版社 2006 年版。

任剑涛:《公共的政治哲学》，商务印书馆 2016 年版。

中国社会科学杂志社编:《社会转型：多文化多民族社会》，社会科学文献出版社 2000 年版。

［俄罗斯］阿·伊·涅克列萨:《理解新世界的意义》，吴晓都译，梁展编《全球化话语》，上海三联书店 2002 年版。

［英］奥斯汀：《如何以言行事》，杨玉成等译，商务印书馆 2019 年版。
［美］罗伯特·贝拉《美国透视——个人主义的困境》，张来举译，社会科学文献出版社 1992 年版。
［法］布舒：《〈法义〉导读》，谭立铸译，华夏出版社 2006 年版。
［日］川本隆史：《罗尔斯：正义原理》，展献兵译，河北教育出版社 2001 年版。
［美］汉娜·阿伦特：《人的境况》，王寅丽译，上海人民出版社 2017 年版。
［德］康德：《道德形而上学原理》，苗力田译，上海世纪出版集团 2005 年版。
［德］康德：《历史理性批判》，何兆武译，商务印书馆 1990 年版。
［德］康德：《实践理性批判》，韩水法译，商务印书馆 2003 年版。
［德］康德：《永久和平论》，何兆武译，上海世纪出版集团 2005 年版。
［法］库朗热：《古代城邦——古希腊罗马祭祀、权利和政制研究》，谭立铸等译，华东师范大学出版社 2006 年版。
［希腊］尼古拉斯·克里斯塔基斯：《蓝图》，贾拥民译，四川人民出版社 2020 年版。
［英］雷蒙·盖斯：《批评理论的理念》，汤云等译，商务印书馆 2018 年版。
［古希腊］亚里士多德：《政治学》，吴寿彭译，商务印书馆 1995 年版。
［美］迈克尔·桑德尔：《公共哲学：政治中的道德问题》，朱东华等译，中国人民大学出版社 2013 年版。
［美］迈克尔·桑德尔：《民主的不满——美国在寻求一种公共哲学》，曾纪茂译，江苏人民出版社 2008 年版。
［斯洛文尼亚］齐泽克：《意识形态的崇高客体》，季广茂译，中央编译出版社 2002 年版。

[美] 乔治·弗雷德里克森:《公共行政的精神》,张成福等译,中国人民大学出版社 2003 年版。
[古罗马] 西塞罗:《论共和国的法律》,杨焕生译,中国政法大学出版社 1997 年版。
[日] 佐佐木毅、[韩] 金泰昌主编:《21 世纪公共哲学的展望》,卞崇道等译,人民出版社 2009 年版。
[日] 佐佐木毅、[韩] 金泰昌主编:《公与私的思想史》,刘文柱译,人民出版社 2009 年版。
[日] 佐佐木毅、[韩] 金泰昌主编:《欧美的公与私》,林美茂等译,人民出版社 2009 年版。